ERNST LOEWY

Zwischen den Stühlen

Essays und Autobiographisches aus 50 Jahren

Mit einem Nachwort und Anmerkungen
von Felix Schneider

Europäische Verlagsanstalt

Für Rega,
den Söhnen

Die Deutsche Bibliothek - CIP-Einheitsaufnahme

Loewy, Ernst:
Zwischen den Stühlen : Essays aus 50 Jahren / Ernst Loewy.
Mit einem Vorw. des Autors. Mit einem Nachw. und Anmerkungen
von Felix Schneider. - Hamburg : Europäische Verlagsanstalt 1995
ISBN 3-434-50055-3

Umschlaggestaltung: MetaDesign, Berlin
Signet: Dorothee Wallner nach Caspar Neher »Europa« (1945)
Herstellung: Das Herstellungsbüro, Hamburg
Satz: H & G Herstellung, Hamburg
Druck und Bindung: Clausen & Bosse, Leck
Printed in Germany 1995
ISBN 3-434-50055-3

Inhalt

Vorwort

Der Autor der hier versammelten Texte – Essays, Aufsätze, Vorträge und Rezensionen vorwiegend zum Thema Exil, insbesondere Exilliteratur, darunter bislang ungedruckt gebliebene – versteht sich als »Nachzügler« und »Vorreiter« zugleich. Als »Vorreiter« in sehr engem Sinne, weil er sich bereits in den vierziger und fünfziger Jahren, zum Teil selbst noch im Exil, publizistisch mit der Exilliteratur beschäftigte und den Wunsch hatte, ihr im öffentlichen Bewußtsein dieses Landes eine Bresche zu schlagen; als »Nachzügler« in einem eher weiten Sinne, etwa des von Ruth Klüger im Vorwort zu ihrem Buch »Katastrophen« geäußerten Bedürfnisses, aus »Empörung und Nostalgie« einen »letzten Zipfel erwischen« zu können von einer Kultur »zwischen Aufklärung und Endlösung«. Mein Begehr war freilich bescheidener: Es galt bereits dem allerletzten Zipfel, den ich noch gleichsam in Statu nascendi kennengelernt hatte: der deutschsprachigen Exilliteratur. Persönlich vom Schlimmsten verschont, kann sich mein Schicksal an dem einer Überlebenden wie Ruth Klüger nicht messen. Zwischen den Gezeiten geboren, habe ich nur noch dunkle Erinnerungen an die Weimarer Zeit – scharfe und peinigende hingegen, was das Gymnasium betrifft, das ich in der NS-Zeit besuchte. Noch »wanderte ich aus«, wie man es *vor* der »Kristallnacht« (sofern man nicht unmittelbar und persönlich verfolgt war) nannte, allerdings die Eltern zunächst zurücklassend. Das Ziel war Palästina.

Der emphatischere Begriff »Exil« war freilich nicht an endgültiger

»Auswanderung« orientiert, sondern an einer Flucht – wie die der politischen Gegner, wie vieler Oppositioneller aus Literatur, Künsten und Wissenschaften. Sie verließen ihre Heimat, um der Verhaftung, dem KZ zu entgehen und um den Kampf gegen die Nazis vom Ausland aus führen zu können. Mit ihrem Verbleiben hätten sie ihr Leben riskiert. »Heimat« war das Ensemble all dessen, was diese Menschen verloren hatten, an erster Stelle den Gebrauch ihrer Sprache, besonders im öffentlichen Leben. Heimatliebe war darüber hinaus die Erinnerung an all das, was sie aufzugeben hatten – geliebte und befreundete Menschen, ihnen lieb gewesene Orte und Landschaften, bei vielen auch die Vorstellung von einem »anderen« Deutschland, das sie gekannt hatten oder gekannt zu haben glaubten und welches sie, in der Gegenwart geschunden und verstellt, zwar hinter sich gelassen hatten, doch im Exil auch zu erhalten trachteten.

Was die Juden betraf, so hatte die »Kristallnacht« ihnen die Illusion genommen, daß der Spuk ein Ende nehmen könne oder sie wenigstens noch auf eine halbwegs geregelte Ausreise rechnen könnten. Mit der Verhaftung des Großteils der jüdischen Männer und ihrer zunächst noch in den meisten Fällen vorübergehenden Verbringung in die KZ hatte der Terror seine Instrumente gezeigt, die er nun in kurzer Folge verschärfend anwandte. Wer noch ein Aufnahmeland fand, flüchtete. Manche ließen sich mit unbekanntem Ziel auf eine Passage mit seeuntüchtigen Schiffen ein, von denen sie nicht wußten, ob diese sie je in die Freiheit führen würden. Die Austreibung der Juden aus Deutschland, dann aus großen Teilen Europas, trieb ihrem Höhepunkt zu: dem fabrikmäßigen Mord durch jene »Meister aus Deutschland« in den Vernichtungslagern im Osten, deren Betrieb und deren Duldung die Geschichte der menschlichen Zivilisation ad absurdum geführt hat.

Das Unvorstellbare hatte nicht nur bereits in seinem Vorfeld, sondern erst recht, als es ruchbar wurde, die Vorstellungskraft der Zeitgenossen überfordert und zu Verdrängungen geführt. Selbst in der Gegenwart wirken diese noch auf vielfältige Weise nach. Schon der Kampf gegen die Herrschaft des Nationalsozialismus, der Widerstand, war (wie hätte es anders sein können) von vielerlei Illusionen geprägt, von Fehleinschätzungen, die einer nüchternen Beurteilung nicht standhielten. Manche davon waren die Folge eines blinden Glaubens an die Sowjetunion, in welche ein großer Teil der (nicht nur kommunistischen) Linken die eigenen Vorstellungen von einer Lösung der drängenden sozialen und nationalen Fragen hineinprojiziert hatte.

Auch der Zionismus in allen seinen Spielarten trug voluntaristische Züge, seine Versprechungen blieben allerdings nicht nur Illusion. Er konnte die Realität im nahen Osten wesentlich mitbestimmen, freilich aufgrund von Umständen, die nicht vorhersehbar waren. Denn vorauszusehen war der Holocaust nicht. Ohnehin tat auch dieser den Verdrängungen nur wenig Abbruch: Kaum war der Krieg zu Ende, das Schlimmste wenigstens in Umrissen bzw. statistisch bekannt, so wurde überall die Zukunft anvisiert, in Westdeutschland als demokratischer Neuanfang, in Ostdeutschland als Sozialismus, in Palästina als jüdischer Staat, wobei die, die das Schlimmste überlebt hatten, meist am wenigsten gefragt wurden. Der Holocaust wurde weitgehend verdrängt, und nicht nur auf der Seite der Täter. Erst Ende der siebziger Jahre drang die Erinnerung an ihn mit Macht in das öffentliche Bewußtsein.

Die Nazizeit hatte die Differenz zwischen ihren Gegnern und ihren Opfern vorübergehend oder wenigstens partiell eingeebnet. Das galt auch für die Menschen im Exil. Jedenfalls hatte sich bei mir eine erhebliche Solidarität mit den politischen Mit-Emigranten hergestellt. Unter der Flagge des Antifaschismus hatten sich Organisationen gebildet, wurden Zeitschriften gegründet, Bündnisse ins Leben gerufen. Es wurde allerorten Aufklärung getrieben, die, soweit gedruckt, auch Palästina erreichte und deren Erzeugnisse ich, als Jungbuchhändler, bereits Ende der dreißiger Jahre begierig verschlang. Auch Mythen wurden dabei gepflegt, die die Risse in den eigenen Reihen nur temporär überbrücken konnten. Sie hießen »Einheitsfront«, »Volksfront« und so ähnlich und dienten während der letzten Kriegsjahre vor allem dazu, die westlichen Alliierten zur Eröffnung einer zweiten Front gegen den von den Nazis beherrschten Teil Europas zu bewegen, zum einen, um schneller das Kriegsende herbeizuführen und damit die Zahl seiner Opfer zu begrenzen (nicht zuletzt der noch lebenden Juden), zum zweiten aber auch, um der Sowjetunion, die die größte Last des Krieges zu tragen hatte, zu helfen. Unsere Sympathie war trotz früherer Anfechtungen wieder auf ihrer Seite, weil es schien, daß sie unter dem Zwang der nationalen Einheit ihre innenpolitischen Gräben, wie sie uns wenige Jahre vorher in den stalinistischen »Säuberungs«-Prozessen auf drastische Weise offenbar wurden, zuzuschütten im Begriff war. Wir glaubten, daß mit dem Kriegsende auch hier neue und bessere Zeiten anbrechen würden. Die Erkenntnis, daß der Glaube allein keine Berge versetzen kann, haben wir uns erst langsam, nach neuerlichen Enttäuschungen (und neuen Hoffnungen während der kurzen »Tauwetterperiode« 1956) schließlich aber um so schmerzlicher aneignen müssen.

Ich hatte inzwischen einiges in einem deutschsprachigen Blättchen in Palästina, weniges in Ostberlin und in Wien publiziert. Der Gedanke lag nahe, eines Tages in den deutschen Sprachbereich zurückzukehren. Die hebräische Sprache beherrschte ich nur unvollkommen, ich konnte jedenfalls nicht in ihr »schreiben«. Sie blieb mir fremd. Auch hatte ich nichts gelernt, außer daß ich mit Büchern, und zwar vorwiegend deutschen, einigermaßen umgehen konnte. Ich hatte noch vor der Mittleren Reife die Schule verlassen, eine Universität nie von innen gesehen und hätte mit den mangelhaften Hebräischkenntnissen in Israel auch kein Abitur machen können. Ich war auf Gedeih und Verderb mit der deutschen Sprache verbunden. Sie und der Wunsch, ein Studium nachzuholen, waren vor mir selbst und vor anderen die Legitimation, die mich später veranlaßte, nach Deutschland überzusiedeln. Es war keine leichte Entscheidung, und sie bedurfte auch langer Jahre, zumal inzwischen in Israel Krieg war und ich während desselben und auch in den Jahren danach als Reservist das Land nicht hätte verlassen können. Von Freunden und Bekannten wurde aus Gründen, die ich verstehe, ein solcher Schritt als fragwürdig betrachtet. Nicht unproblematisch freilich war er auch für uns. Zwar hatten wir keine Zweifel, daß wir auch dort Freunde finden würden. Den Gedanken, daß es auch ein »anderes« Deutschland gab, hatten wir durch die Exillite-

pathetisch; oder nur einige 'andere' Deutsche

ratur über die Jahre gepflegt. Er wurde später durch persönliche und briefliche Aussagen erhärtet. Vorstellungen über Umfang und Qualität hatten wir kaum. Vom »Prinzip Hoffnung« freilich jede Menge.

Mit dem Lande, in dem wir (ich hatte inzwischen Familie, d.h. Frau und zwei Kinder) seit zwanzig Jahren lebten, hatte uns vieles verbunden und verbindet uns auch heute, an erster Stelle die Tatsache, daß es uns Zuflucht gegeben hatte vor dem Tod in den Gaskammern, einem Geschick, von dem wir freilich nicht geahnt hatten, daß es auch uns hätte ereilen können, so wie viele unserer nächsten Verwandten und Freunde. Wir hatten Wurzeln geschlagen wie viele andere, hatten auch eine minimale Existenz, durch die wir uns vom Gros der Neueinwanderer kaum unterschieden. Der Entstehung des Staates Israel hatten wir mit vollem Herzen zugestimmt, da sich alle früheren Pläne als undurchführbar erwiesen hatten und der Druck jener noch in den ersten Nachkriegsjahren flüchtigen Juden auf Einlaß in ein Land, das ja bereits zu erheblichen Teilen von Juden bewohnt war, weiter zunahm. Dem entsprach ein Plan, der bis ins Detail von den Vereinten Nationen ausgearbeitet war und von dem seinerzeitigen sowjetischen Außenminister Gromyko dem Sicherheitsrat der Vereinten Nationen vorgelegt wurde.

Meine Vorstellungen hatten vorher eher einem Kompromiß gegolten, wie er etwa von Menschen wie Martin Buber anvisiert war, d.h. der Idee eines bi-nationalen Staates. Der Gedanke an eine Teilung Palästinas war mir zunächst völlig fremd. Als er unter dem Zwang der Umstände nach dem Zweiten Weltkrieg dennoch aufkam, empfand ich ihn nicht als die bestmögliche, doch als die einzig verbliebene Lösung. Allerdings hätte ich ihre Realisierung lieber in der von den Vereinten Nationen geforderten Form gesehen, als die durch den Krieg schließlich hergestellte. Mein Herz schlug freilich mit dem der Menschen des entstehenden Israel, während mein Denken die Interessen der Palästinenser nicht ausließ. Längst wissend, daß politische Probleme nicht auf dem Reißbrett erledigt werden, waren wir trotzdem immer der Auffassung, daß man ein Unrecht, das man erleidet, nicht dadurch wettmacht, daß man anderen Unrecht zufügt, ob es ein individuelles oder kollektives sei. Den gestrandeten Flüchtlingen die Einreise in ein Land zu verwehren, welches ihre Zuflucht war, widersprach ihrer Auffassung von Moral, dies auf Kosten eines anderen Volkes zu tun, unseren Vorstellungen vom Völkerrecht. Von Ben-Gurion, Israels erstem Mininsterpräsidenten, soll das Wort stammen, daß die seinerzeitige Situation deshalb so kompliziert war, weil beide Seiten mit guten Gründen auf ihrem Recht bestanden. Es ist für mich eine Genugtuung, nach fast fünfzig Jahren, daß sich wenigstens ein Rest dieses Denkens mit der praktischen Politik der Regierenden vor Ort verbunden und von der Völkergemeinschaft Anerkennung gefunden hat. Ihr Scheitern wäre eine Katastrophe.

Inzwischen waren wir längst wieder nach Deutschland zurückgekehrt, nicht eben leichten Herzens, doch mit dem Wagemut junger Menschen. Die Zustände, die sich seitdem hier hergestellt haben, nicht zuletzt die Ausländerfeindlichkeit in diesem Lande, das Ausweichen vor der Zivilgesellschaft in Staatsbürgerschaftsangelegenheiten, auch der Antisemitismus, machen uns Sorgen. Gelegentlich fragen wir uns, ob der Weg, den wir gegangen sind, der richtige war. Doch als einen falschen betrachten wir ihn bis heute nicht. Allerdings ist der naive Fortschrittsglaube längst einer wirklichkeitsnäheren Skepsis gewichen. Aber diese resultiert nicht aus den Verhältnissen in Deutschland allein.

Die Mehrzahl der hier versammelten Arbeiten gilt auf diese oder andere Weise den hier angesprochenen Themen, insbesondere dem Thema Exil, seiner Literatur und bereits seiner Erforschung. Ich will nicht mehr hier vorwegnehmen, als daß das Denken auch dieses Autors sich im Laufe eines Lebensalters zwar konstant, doch nicht ohne Brüche entwickelt hat. Als Individuum reagierte er auf die Herausforderung der Zeit angemessen oder auch nicht, zögernd oder abrupt, doch haben sie ihn nie losgelassen. In diesem Sinne kann und will dieser Band seine autobiographische Absicht nicht verleugnen. Er ist nicht zuletzt auch der Versuch, ein Leben zwischen den Stühlen darzustellen, was übrigens nicht heißen soll, daß der Autor diesen Platz immer gesucht hätte. Von Natur wie von Haus aus ist ihm das Vermittelnde näher als der Streit. Völlig fern allerdings liegt ihm die Mitte um ihrer selbst willen: Sie wäre das Ende jeden Fortschritts.

Ein Leben, welches bereits drei Viertel dieses Jahrhunderts ausgefüllt hat, kann nicht umhin, die Erfahrungen und Enttäuschungen dieser Zeit widerzuspiegeln. Ihr Leid und ihre Hoffnungen. Die entsetzlichsten Verbrechen werden sich darin eingeschrieben finden, aber auch die inbrünstigsten Träume. Man wird Schlüsse aus allem zu ziehen und Erkenntnisse zu sortieren haben, sich fragen, was davon zu bewahren sei. Gewiß nicht jene allzu kühnen Wunschvorstellungen von uns Weltverbesserern, die an einer Wirklichkeit zerschellen mußten, für die wir lange blind waren. Aber doch wohl etwas von der Hoffnung, Verhältnisse zu ändern, die unerträglich geworden sind, Verhältnisse, in denen die Lüge, das Unrecht, die Ungerechtigkeit überhandgenommen haben. Denn keineswegs wird die Welt dadurch besser, daß wir sehend einen Status quo zu erhalten trachten, der sich selber von Tag zu Tag gefährlicher wird, indem er seine sozialen und nationalen Widersprüche nur noch reproduzieren kann und damit ins Unermeßliche, nicht mehr zu Steuernde führt. Wahrer Fortschritt ist unter solchen Bedingungen kaum in Sicht. Jedenfalls so lange nicht, wie die Menschen, und sei es nur in kleinen Schritten, die Durchschaubarkeit gesellschaftlicher Prozesse nicht vermehren, sich nicht aktiver in diese Prozesse einbringen, d. h. Räume für ihre eigene Mitgestaltung erobern und sich verantwortlich fühlen für das Ganze wie für seine Teile. Demokratie wäre eben dies. Und Freiheit, die sich nicht allein im Konsumverhalten erschöpft, wäre nur auf einer solchen Ebene möglich. Dies sind keine neuen Ideen, doch haben sie an Geltung nicht verloren. Ob und in welchem Maße sie sich durchsetzen oder nicht: Man wird immer wieder an sie erinnern müssen. Jeder Fortschritt zur Freiheit bleibt auf der Tagesordnung, solange er nicht erfüllt ist und solange sich Freiheit nur als die je eigene versteht.

Die vorliegende Sammlung größerer und kleinerer Arbeiten ist ein Querschnitt durch 50 Jahre publizistischer Tätigkeit. Eine Auswahl dieser Art ist zwangsläufig subjektiv. Sie wird solche Stücke bevorzugen, die dem Autor nahegeblieben sind, ob er sich im Detail noch mit ihnen identifiziert oder nicht. Manches war von vornherein davon auszunehmen, da es allzusehr dem Zeitgeist verhaftet war und den Tag nicht überlebte. Die

Dichte dieser Auswahl aber schwankt auch deshalb, weil Schreiben nie mein Beruf, sondern meine Leidenschaft war und die dafür nötige Zeit bis zu meiner Pensionierung, sofern überhaupt, immer nur nach dem Tagwerk (erst als Buchhändler, dann als Bibliothekar und zuletzt als Archivar) aufgebracht werden konnte und der Freizeit abzutrotzen war. Daß dies nur auf Kosten meiner Frau und meiner Kinder geschehen konnte, nötigt mir größten Dank ab sowie das Bewußtsein einer nicht begleichbaren Schuld.

*

Dank gebührt Felix Schneider für seine geduldige und einfühlsame Hilfe bei der Zusammenstellung und Kommentierung dieses Buches. Es wäre ohne sein anhaltendes Interesse ebensowenig zustandegekommen wie ohne den sanften Druck der Verlegerin.

Frankfurt am Main, Frühjahr 1995 — Ernst Loewy

Editorische Notiz: Der numerierte Teil der Anmerkungen gehört zu den verwendeten Textunterlagen, die übrigen sind von Felix Schneider.

Autobiographisches

Jude, Israeli, Deutscher – Mit dem Widerspruch leben (1986)

I

Den Vorschlag, mich über die Gedanken zu äußern, welche mich während der Kriegsjahre zum Thema Nachkriegsdeutschland bewegten, habe ich mit großem Zögern angenommen. Denn zu beantworten war nicht nur die Frage, wie ich mir damals das zukünftige Deutschland vorgestellt, sondern auch, was ich – unter dem Gesichtspunkt einer eventuellen Rückkehr – von diesem erwartet und, vor allem, warum ich, ein mit 15 Jahren nach Palästina emigrierter deutscher Jude, überhaupt so zäh an dem Gedanken einer Rückkehr festgehalten hatte. Zu zeigen war also, welche Hoffnungen, Wünsche und Utopien, welche realen und illusionären Vorstellungen das Bewußtsein des bei Kriegsausbruch noch nicht Zwanzigjährigen bestimmten, und wie er diese in Handlungen umzusetzen versuchte, das heißt, welchen Einflüssen er folgte, als er so etwas wie seinen Lebensplan zu ordnen sich anschickte.

Betrachtungen wie diese haben ihre Eigengesetzlichkeit. Sie lassen den Blick auch in die fernere Vergangenheit wie in die Zukunft schweifen. Die Frage nach dem Woher und Wohin schließt sich unweigerlich an. Auch über die Herkunft war deshalb zu berichten, nicht zuletzt aber der Frage nachzugehen, wie – und ob überhaupt – die jugendlichen Ansätze sich entfalteten und durchzusetzen vermochten, was von ihnen blieb und was verworfen werden mußte.

Zunächst jedoch hieß es, sich zu fragen, was denn gerade an meinem Leben und an meiner Person öffentliche Aufmerksamkeit beanspruchen sollte. Denn die Tatsache, daß ich mich in diesem Lande seit langer Zeit für die Rezeption der deutschen Exilliteratur engagiere, kann es ja wohl allein nicht sein. Was also dann?

Vermutlich ist es der Widerspruch, der in dem oben Angedeuteten liegt, ein Widerspruch, der Fragen provoziert und nach Antworten verlangt. Es sind Fragen, die – in welchen Variationen auch immer – die deutsche Emigration von Anfang an begleitet haben. Jedenfalls betrachte ich dies als Legitimation, den persönlichen Fall, wiewohl – oder gerade weil – er offensichtlich wenig typisch ist für die gleich mir in den dreißiger Jahren nach Palästina emigrierten deutsch-jüdischen Jugendlichen, als eine Art Paradigma zu verwenden. Denn mir scheint, daß gerade auf diese Weise Probleme verdeutlicht und Widersprüche sichtbar gemacht werden können, Widersprüche und Probleme freilich, die sich keineswegs auf das Zielland Palästina beschränkten.

Ich möchte von der Hypothese ausgehen, daß die Generation deutsch-jüdischer Einwanderer, der ich angehörte, gleichsam eine Zwischengeneration darstellte. Jedenfalls stellt sie sich in meiner Erinnerung als widersprüchlicher dar als die ihr vorausgegangene oder die ihr folgende. Mal der Zeit nachhinkend, mal ihr vorauseilend, scheint sie mir allemal Anlaß zu geben, an ihr einen Begriff von »Ungleichzeitigkeit« zu erproben, der auch eine Art von Unzeitgemäßheit meint. Denn wenn der Emigrant der ersten Generation sich dadurch auszeichnete, daß er seine Sprache, seine Kultur, seinen Beruf als ein bereits festerworbenes Gut, als zweite Natur sozusagen, mit ins Exil nahm, und so gut es ging, auch daran festzuhalten suchte, so trifft dies auf meine Generation kaum zu. Und wenn es so scheint, daß unser Alter (oder unsere Jugend) zur Zeit der Emigration uns zu jeder Anpassung an das uns rettende Land befähigte, so stimmt auch dies nur bedingt. Denn so jung waren wir wiederum nicht, als daß man uns der zweiten Generation, d. h. der draußen Aufgewachsenen, einfach hätte zurechnen können. Wir waren noch in der deutschen Sprache und im deutschen Kulturkreis verwurzelt, hatten auf alle Fälle aber deutliche Erinnerungen an das Geburtsland. Auch war unsere traumatische Belastung noch nicht *so* groß, als daß wir diese Erinnerungen zu verdrängen und jede

Regung, die uns mit dem Land unserer Herkunft verband, zu unterdrükken versucht hätten. Ich spreche von den jungen jüdischen Menschen, die zwischen dem Beginn der NS-Zeit und etwa der sogenannten »Kristallnacht« nach dem damaligen Palästina »ausgewandert« sind: Wir saßen sozusagen zwischen den Stühlen. Unsere Optionen waren noch nicht völlig vorbestimmt.

Die Zeitschrift *Orient*, 1942-1943 in Haifa, dann in Jerusalem erschienen und von Wolfgang Yourgrau und Arnold Zweig herausgegeben [1], war weder zionistisch festgelegt noch antizionistisch und empfand sich gewiß auch nicht als Organ des deutschen Exils. Vielmehr war sie ein Forum zumeist linksliberaler deutschsprachiger Neueinwanderer, das eben diese Bindungslosigkeit mancher von uns artikulierte. Nicht ohne eine gewisse Logik hatte sie den Haß der Rechten auf sich gezogen und mußte nach nur einjährigem Bestehen ihr Erscheinen einstellen. Genauer: Ihr wurde das Weitererscheinen durch einen von militanten Zionisten in der Druckerei gelegten Brand unmöglich gemacht. Für die Vorgeschichte des Staates Israel blieben die Zeitschrift und die sie tragenden Autoren und Leser eine Quantité négligeable, für die Geschichte des deutschsprachigen Exils indessen ist sie gewiß eine wertvolle Quelle.

II

Ich bin im Deutschland der Weimarer Zeit, 1920, in Krefeld, geboren. In den Erinnerungen und Erzählungen meiner Eltern, vor allem aber meines Großvaters, war immer noch viel von der Zeit des »Friedens« die Rede: Sie sprachen davon als *dem* »Frieden«, als ob es nur diesen einen gegeben hätte, bevor der Ausbruch des Ersten Weltkriegs auch sie – wie die meisten Bürger jener Zeit – völlig unvorbereitet überraschte. Es war eine Zeit scheinbarer »Sekurität« und »machtgeschützter Innerlichkeit« (Thomas Mann), durch die die private Freiheit des Bürgers garantiert, dieser gleichzeitig aber auch von der »schmutzigen« Politik ferngehalten wurde. Auch den Juden, ja ihnen besonders, muß diese Sicherheit viel bedeutet haben, denn mit ihrem Zusammenbruch in Krieg und Inflation mußten sie um den erst kürzlich erreichten Status in Wirtschaft, Gesellschaft und Kultur fürchten. Der von vielen als nicht mehr gefährlich angesehene Antisemitismus erhob von neuem sein Haupt. Bereits 1930 konnte ich im Realgymnasium, das ich wie die meisten Söhne des Krefelder jüdischen Mittelstandes besuchte, deutliche Anzeichen davon erkennen, vor allem unter der Lehrerschaft, in welcher der Typ des strammen Reserveoffiziers dominierte. Ich erlebte den Übergang aus dem warmen Nest der jüdischen Volksschule, in welcher jeder jeden kannte, in die Anonymität der konservativ oder deutschnational geprägten »Anstalt« bereits 1930 als eine Art Schock. Die zunächst als diffus empfundene Bedrohung schlug 1933 in offenen Antisemitismus um. Bereits 1935 hatte dieser Formen angenommen, die mir einen Verbleib in der Schule unmöglich machten. Ich verließ diese am Jahresende, ohne die »Mittlere Reife« abzuwarten.

Mein Vater stammte von böhmischen Landjuden ab, seine Familie war seit langem diesseits und jenseits der bayerischen Grenze ansässig. Die Familie meiner Mutter hingegen lebte seit Generationen in Krefeld, ein Zweig allerdings stammte aus Westfalen. In ihr waren Handwerker, Kaufleute und Bedienstete der jüdischen Kultusgemeinde vertreten, auch zählte sie einen bedeutenden rabbinischen Gelehrten zu ihren Vorfahren.

Die jüdischen Bräuche wurden in der kleinbürgerlichen Familie, die meine Kindheit prägte, nur noch locker gehandhabt. Die Einhaltung der Speisegesetze beschränkte sich darauf, Schweinefleisch zu meiden, es mit dem Schinken jedoch weniger genau zu nehmen. Samstägliche Synagogenbesuche gab es gelegentlich. An Feiertagen, insbesondere den hohen, waren sie die Regel. Mein Vater trug dann einen schwarzen Zylinder. Hebräisch lernte ich soweit, daß ich die Buchstaben entziffern und die Wörter lesen konnte. Verstehen mußte ich sie nicht. Der gut gefüllte Bücherschrank im sogenannten Herrenzimmer gab kaum einen Hinweis darauf, daß er einer jüdischen Familie gehörte. Bongs Klassiker (von meiner Mutter mit in die Ehe gebracht) und das Brockhaus-Lexikon standen deutlich sichtbar hinter Glas. Auffälliges gab es kaum, außer einer bebilderten Geschichte der russischen Revolution sowie der *Sittengeschichte* von Eduard Fuchs. Mein Vater hatte, soviel ich weiß, immer die Sozialdemokraten gewählt. Auch hing in der Wohnung eine Sammelbüchse der zionistischen Fonds, die mehrmals im Jahre geleert wurde und deren

Inhalt dem Aufbau Palästinas zugute kommen sollte. Mein Vater fühlte sich als guter Deutscher und war stolz, am Ersten Weltkrieg teilgenommen zu haben. Er hatte es bis zum Gefreiten gebracht und besaß, wie übrigens jeder Kriegsteilnehmer, das Eiserne Kreuz. Hurrapatriotismus war ihm allerdings fremd. Er erklärte, daß er sich glücklich fühle, nie einen Menschen getötet zu haben. Auf mich wirkte es beruhigend. Die soldatischen Tugenden, die er mir gegenüber so gerne pries, waren – wie ich aus nachgelassenen Papieren erfuhr – im Grunde die seinen nicht. Jüdisches Leben in säkularisierter Form mag man das Ganze wohl nennen, wiewohl es, von der Art der Religionsausübung abgesehen, in einem nichtjüdischen deutschen Haus ähnlich zugegangen sein wird. Da war aber diese Ehrerbietung gegenüber dem Buch sowie das Bewußtsein, einem Volke anzugehören, das sich in nicht geringem Maße durch den Glauben an ein solches definierte und seinen Zusammenhalt dadurch erfuhr. Allerdings hatte das Alte Testament seine hervorragende Bedeutung im Bewußtsein der meisten Mitglieder der Familie, soweit ich sie kannte (es waren Dutzende allein in Krefeld), längst eingebüßt. Doch war es ein Teil der sonnabendlichen Liturgie geblieben, aber wer verstand denn noch genügend Hebräisch, um seiner kapitelweisen Verlesung in jenen eigenartigen Tonkombinationen folgen zu können, die seit Jahrhunderten festgelegt waren? Von seinen Gedanken allerdings, seinem Sinngehalt, seinen ethischen Maximen waren wir vermutlich stärker geprägt, als uns bewußt sein mochte. Bewußt blieb einem allemal, daß man anders war als die anderen, wiewohl man es als deutscher Jude vielfach nicht wahrhaben wollte. Es hatte nicht zuletzt mit dem eigentümlichen Bewußtsein der Juden von Zeit und Geschichte zu tun, möglicherweise mehr als mit dem dahinschwindenden Rest ihrer Eigenart.

Bürgerliche Bildung indessen stand hoch oben auf der Werteskala. Ich erinnere mich, daß mein Vater mich einmal heftig ins Gebet nahm. Ich mochte zwölf gewesen sein, als er mich (er stand vor einer schweren Operation und fürchtete um sein Leben) fragte, was aus mir eigentlich werden soll, da ich so wenig für meine Bildung tue. Denn wenigstens ein »halbwegs gebildeter Mensch« solle einmal aus mir werden. Dies sei ich ihm und mir schuldig.

Ich erwähne dies alles deshalb, weil sich selbst mit dem dürftigen, mehr den Zwecken der Konversation als der Erkenntnis dienenden Begriff von Bildung, der mir in meiner Kindheit vermittelt wurde und der ja eher Halbbildung meinte, immer noch ein Begriff von Gesittung verband. Das Moralische verstand sich von selbst, auch ohne daß viel darüber geredet wurde. Die politische Dimension allerdings blieb ausgespart. »Anständigkeit« den Mitmenschen gegenüber wurde großgeschrieben, die Lüge war verpönt (der »Notlüge« allerdings verziehen). Sich im Streit zu schlagen oder sich zu betrinken, galt als roh. Die Tiefen oder die Untiefen des eigenen Daseins blieben unausgesprochen, jedenfalls vor mir. Die Strenge des Vaters, der als »Reisender Kaufmann« immer nur an den Wochenenden zu Hause war, hatte etwas Herrisches an sich. Sie duldete keinen Widerspruch, weder von mir noch von seiten meiner Mutter. »Schneid« zeichnete seines Erachtens den Mann aus und gehörte gewiß auch zu dem Bild des Deutschen, das er sich machte. Es war eine bittere Enttäuschung für ihn, daß ich seinen Vorstellungen nicht folgen konnte, mich vielmehr eher an meinem Großvater orientierte, der – klein, aber durch seinen Bart martialisch wirkend – sein Leben lang überzeugter Zivilist gewesen war und als »Stubenhocker« von meinem Vater verachtet wurde. Mein Großvater hat in der Tat in seinem ganzen Leben nie seine Stelle gewechselt: Er begann als Lehrling in einer Krawattenfabrik und beschloß dortselbst als leitender Angestellter sein Berufsleben. Auch wohnte er bei seiner Firma direkt um die Ecke, später gar nebenan. In seinem Leben passierte wenig, es war in jeder Hinsicht überschaubar. Eine Badereise nach Scheveningen war einer der Höhepunkte seines Lebens. Der wöchentliche Skatabend, bei dem es laut zuging und die ganze Wohnung in Zigarrenrauch gehüllt war, fiel selten aus. Mein Großvater hatte noch das Glück, 1941 in Krefeld eines natürlichen Todes gestorben zu sein, während meine Großmutter wenig später nach Theresienstadt deportiert wurde und dort umkam.

Für den Heranwachsenden war er ein großartiger Opa. Er verstand es, immer Geschichten »von früher« zu erzählen, vor allem aus seinem und der Familie Leben, und er verstand zuzuhören, wenn der Enkel zur selbstgebastelten Puppenbühne mit stimmbrüchigem Organ die Arien röhrte, die er dem Vater oder gelegentlich dem Radio abgelauscht hatte. Bei den selbstverfaßten »Libretti« aber handelte es sich – soweit ich mich erinnere – um Kurzfassungen vor allem von *Carmen*, dem *Fliegenden Holländer* und *Zar und Zimmermann*. Auch hörte mein Großvater mir geduldig zu, wenn ich den Fechtdegen nahm, den ich auf dem Speicher gefunden hatte, mir ein aus Pappe zurechtgestutztes Schild umband und als Lohengrin oder Tannhäuser, die Puppenbühne beiseite lassend, selber auftrat, Arien schmetternd, aber keine Note beherrschend. Jedenfalls stand das einfühlende Verhalten des Großvaters ebenso wie das unaufdringliche und doch prägende Laissez-faire meiner Mutter in starkem Kontrast zu den väterlichen Zwängen. Den Widerspruch auszuhalten zwischen dem von Mutter und Großeltern bestimmten Familienalltag und den vom Vater »pädagogisch« genutzten Wochenenden war freilich schwer und bot dem Heranwachsenden reichlichen und ihn nachhaltig prägenden Konfliktstoff.

Ich muß meinem Vater jedoch zugute halten, daß er auch in den schwersten Zeiten unseres Lebens nie den Mut verlor. Auch unter den widrigsten Umständen tat er, ohne zu klagen, was er für seine Pflicht gehalten hat, nämlich mit allen ihm zur Verfügung stehenden Kräften unsere Existenz zu sichern. Vielleicht habe ich ihm Unrecht getan, wenn ich ihm dabei die zutage tretende Kleinlichkeit verübelte. Mein Vater war zuverlässig in der Not. Er verbrachte zwei volle Jahre selbstlos am Krankenbett meiner Mutter, das ihr am Ende zum Sterbebett wurde. Da mein Vater es nicht lassen konnte, in meine und meiner Familie Angelegenheiten hineinzudirigieren, kam ein lockeres Verhältnis zwischen uns nicht zustande. Mich ihm innerlich wieder zu nähern, gelang erst gegen Ende seines Lebens, als er die Masken fallen ließ, darauf verzichtete, den starken Mann zu spielen, und sich mir – wenn auch schon leicht verwirrten Geistes – mit unverstellten Gefühlen öffnete.

Aufgewachsen in der niederrheinischen Provinzstadt, schien für mich die große Welt durch meinen in Berlin lebenden Onkel verkörpert, dessen äußere Ähnlichkeit mit meinem Großvater unverkennbar war. Errell, wie er sich mit seinem Kunst- oder Künstlernamen nennt (er war aus den Initialen seines Namens Richard Levy zusammengesetzt), kam schon in den zwanziger Jahren mit einem selbstgesteuerten Ford aus dem fernen Berlin angefahren, soweit er es nicht vorgezogen hatte – für mich nahezu unvorstellbar – zu fliegen. Das Neueste war ihm immer gerade gut genug, vor allem auch was seine Kleidung betraf. Sie war von betonter Eleganz.

So viel Verständnis der Großvater seinem Enkel gegenüber aufbrachte, so wenig hatte er anscheinend für die frühen künstlerischen Versuche seines Sohnes übrig gehabt. Meine Mutter erzählte mir, daß die beiden Ölbilder über meinem Bett (Porträts von Wagner und Liszt, die der knapp Zehnjährige verfertigt hatte) den Großvater in größte Sorge versetzt hatten. Jedenfalls muß es ein herzzerreißendes Bild gewesen sein, als er, an der einen Hand den Knaben, in der andern die beiden »Gemälde«, sich auf den Weg machte, um einen Arzt aufzusuchen, der den Jungen auf seinen Geisteszustand hin untersuchen sollte. Errell entfloh in jungen Jahren der provinziellen Enge seiner Heimatstadt und der Familie. Er ging nach Düsseldorf, wo er später an der Kunsthochschule studierte, nach Saarbrücken, schließlich nach Berlin. Bereits in den frühen zwanziger Jahren war er ein gefragter Werbegrafiker. Er gehörte zu den ersten, die die Fotografie konsequent in der Werbung einsetzten. Wenn er alle paar Jahre mal in seine Vaterstadt kam, so brachte er Großstadtluft mit, eine Vorstellung von Moderne, einen Schimmer der (heute) legendären zwanziger Jahre, an die meine eigene Erinnerung allerdings eher prosaisch ist. Jedenfalls bewunderte ich ihn, er machte mich neugierig auf eine Welt, die ich bislang nicht kannte. Errell floh 1933 nach Prag, gelangte 1938 nach Palästina, war später als künstlerischer Berater der Israel-Regierung tätig und lebt heute – mehr als 85jährig – im Tessin als Publizist und Schriftsteller.[2]

III

Daß meine Eltern so weitsichtig waren, sich von ihrem einzigen Sohn zu trennen und mich 1936 mit der sogenannten Jugend-Alijah nach Palästina zu schicken, rechne ich ihnen hoch an. Es rettete mir das Leben. Die innere Verselbständigung, das intellektuelle Erwachen setzte dann sehr plötzlich und unvermittelt ein, und zwar in einer Umwelt, auf die ich kaum vorbereitet war. Palästina: Das war für mich während der ersten zwei Jahre ein Kibbuz in der Nähe von Jerusalem. Unsere Gruppe lebte dort – noch auf Kosten der Eltern – in einer Art von Internat, in dem wir vier Stunden am Tage zu arbeiten hatten und weitere vier Stunden mit Lernen verbrachten. Der Unterricht sollte uns mit der Sprache, der Geographie und der Geschichte des Landes vertraut machen. Wichtiger für meine Entwicklung war allerdings die Begegnung mit einigen in die gleiche Siedlung verschlagenen Intellektuellen. Erwähnen will ich Dr. Conrad Rosenstein (1910 bis 1977), Zahnarzt und Schriftsteller aus Berlin, ein Mann von hoher Bildung und der erste Schriftsteller, den ich persönlich kennengelernt habe. Er war nach eben abgeschlossenem Studium, ein Köfferchen mit Instrumenten in der Hand, in diese Siedlung gekommen, wo er bis ans Ende seines Lebens blieb. Rosenstein hatte eine Anzahl von Romanen, Erzählungen und Gedichten verfaßt, jedoch nur weniges davon, zumeist in hektographierter Form und auf eigene Kosten, veröffentlichen können. Eine Erzählung von ihm erschien in der »Deutschen Rundschau«, herausgegeben von Rudolf Pechel. Seine Arbeiten waren von einem hohen künstlerischen Anspruch geprägt, den sie jedoch nur punktuell einlösen konnten. Sie offenbarten sich letztlich als Relikt einer vergangenen, der Weimarer Epoche. Sie befinden sich heute im Archiv der Akademie der Künste in West-Berlin. Rosenstein beeindruckte mich allerdings nicht nur durch sein bemühtes Künstlertum, sondern auch als Interpret Brechtscher Lyrik, vor allem aber durch seine intime Kenntnis des Werkes von Thomas Mann, in dessen Bann ich durch ihn geriet. Auch mein letztes Wiedersehen mit ihm, wir hatten uns mehr als zwanzig Jahre nicht gesehen, ereignete sich im Zeichen Thomas Manns, während der Gedenkfeiern zu dessen 100. Geburtstag in Zürich 1975.

Politisch stand der Kibbuz Kirjath Anavim voll auf dem Boden der herrschenden, d. h. rechten Sozialdemokratie (Mapai), sein geistiges Klima war bieder. Revolutionäre und internationalistische Vorstellungen, wie die linksorientierten marxistischen Kibbuzim des Haschomer Hazair sie pflegten, waren ihm fremd. Sozialistisch war er dennoch in *dem* Sinne, daß sich hier – wie in den Kibbuzim aller Richtungen – eine neue Lebensform etabliert hatte, die auf Solidarität und nicht auf persönlichem Gewinn basierte und die insbesondere den Neuankömmling aus bürgerlichem

Haus tief beeindrucken mußte. Für mich selber sah ich allerdings schon aus beruflichen Gründen in der von der Landwirtschaft lebenden Kommune keine Zukunft.

Als meine Eltern kamen, hatte ich den Kibbuz bereits verlassen. Sie waren unmittelbar nach der »Kristallnacht« aus Deutschland geflüchtet, mit je einem Handkoffer und 20 Reichsmark in der Tasche. Der Knabe, den sie zwei Jahre vorher in die Fremde geschickt hatten, war inzwischen ein junger Mann geworden, zwar noch ohne Verdienst, jedoch mit einer Menge Bildungssplittern sowie sozialistischen Vorstellungen im Kopf. Auch hatte er sich von dem angestammten Glauben abgewandt, der ihm nichts mehr bedeutete. All das war Ausdruck eines eigenen emanzipatorischen Selbstverständnisses. Ich war über die Maßen enttäuscht, als meine Eltern die Wandlung nicht zur Kenntnis nehmen wollten.

Von einem Studium, meinem größten Wunsch, konnte ich nur träumen. Ich hatte kein Abitur, nicht einmal die Mittlere Reife. Meine Hebräisch-Kenntnisse waren gering. Vor allem aber hätte ich dafür Geld gebraucht, viel Geld, dabei mußte ich froh sein, daß ich – bald zusammen mit meinen Eltern oder sie mit mir – überhaupt über die Runden kam.

Ich hatte ein halbes Jahr zuvor, im Frühjahr 1938, eine Lehrstelle in einer deutschsprachigen Buchhandlung in Tel Aviv angetreten im Glauben, auf diese Weise meinen Interessen noch am ehesten nachkommen zu können. Diese Tätigkeit indessen trug mir herbe Enttäuschungen ein, ich glaube, bereits am ersten Tag. Eine Kundin wünschte das neueste Werk von Thomas Mann (es muß *Joseph in Ägypten* gewesen sein), es war nicht vorhanden. Mein Chef verlangte von mir, ich möge der Dame statt dessen einen jüngst erschienenen Unterhaltungsroman empfehlen. Ich war fassungslos. Auch der Buchhandel, erkannte ich, war Kommerz – wie das meiste, das um mich herum geschah. Der Kibbuz hatte mich gegen Besitzstreben und Konkurrenzdenken immun gemacht. Ja, ich war verwundert, daß es dergleichen in diesem »Pionierland« noch gab. Mit Verachtung reagierte ich auf die vermeintlichen »Relikte« einer bürgerlichen Welt, die in Wahrheit eher Ausdruck eines noch frühen, relativ unentwickelten Kapitalismus waren.

Erst nach der »Kristallnacht« stellten sich in Palästina Verhältnisse her, die mir in der Rückschau die verbrachte Zeit im Kibbuz als ein Leben in paradiesischer Unschuld erscheinen lassen. Denn mit dem Flüchtlingsstrom, der jetzt einsetzte und – wie auch meine Eltern – Tausende von Menschen ohne jegliche Mittel nach Palästina schwemmte, hatte die Not nun auch auf mein Leben übergegriffen. Die Zahlungen aus Deutschland waren eingestellt. Dafür hätte ich von meinem knappen Lehrgeld jetzt auch meine Eltern miternähren müssen, was völlig unmöglich war.

Um ein paar Pfund zu verdienen, ging meine Mutter putzen, und mein Vater begann, mit Eiern hausieren zu gehen. Wir hatten zufällig Bekannte auf dem Lande, bei denen mein Vater die Eier frühmorgens abholte und erst am folgenden Tag bezahlen mußte. Bald stieg er auf den Verkauf von Seife um, was weniger beschwerlich war. Ich hatte inzwischen den Arbeitsplatz gewechselt und war Angestellter der Firma »Kedem« geworden (Buchhandlung und Verlag, vormals Berlin). Herr Bronstein, der Besitzer, war gebürtiger Russe. Er hatte nicht nur Trotzkis ursprünglichen Namen, sondern sah auch wie dieser aus. Man munkelte, daß die beiden miteinander verwandt seien. Bronstein hatte die vorzügliche Idee, für seine Leihbücherei einen Katalog herstellen zu lassen, der ihn nichts kosten, vielmehr durch Inserate finanziert werden sollte. Mein Vater, der vorübergehend einmal Buchhändler war, sollte den Katalog für ihn machen. Es war eine vergleichsweise befriedigende Tätigkeit, die ihn der Pein enthob, treppauf-treppab zu laufen und an Privatwohnungen anzuklopfen.

Die neue Tätigkeit meines Vaters veränderte unser Leben. Zu dem ersten Auftrag kamen Druckaufträge von anderer Seite, es wurde daraus freilich nur eine mehr als bescheidene »Existenz«. Arm wie wir waren, konnten wir uns nur eine halbe Wohnung leisten. Wir teilten die drei kleinen Zimmer mit einer Witwe und ihrem Sohn, die gleichfalls Flüchtlinge aus Deutschland waren. Der junge Mann war Nachtchauffeur. Wenn ich abends nach Hause kam, ging er arbeiten, desgleichen am Sabbath. Ich sah ihn so gut wie nie. Wir hatten zusammen das kleinste Zimmer. Wir konnten es nur mit dem Dürftigsten möblieren, nein, nicht einmal mit dem. Es fehlte an einem Schrank, einem Tisch, ja an einem Stuhl. Ich las und schrieb auf der Couch. Da Schreibpapier teuer war, mußte ich mich mit einseitig Bedrucktem (Probeseiten oder Ausschuß von Drucksachen, die mein Vater nach Hause brachte) begnügen. Um die gemeinsame Stromrechnung nicht zu belasten, durfte ich abends ab neun Uhr nur noch eine Petroleumfunzel benutzen, und auch dann klopfte es am späteren Abend oft noch an die Tür, mein Vater ermahnte mich, auch mit dem Petroleum sparsam umzugehen.

Es war die Zeit, in der ich Rega (Regina), meine spätere Frau kennenlernte. Es war 1940. Auch sie war in Deutschland geboren, in unmittelbarer Nähe von Badenweiler, ihr Vater stammte aus dem österreichischen Teil von Galizien; jedoch die christliche Mutter erzog die Kinder im protestantischen Glauben. Vater und Bruder wurden bereits 1934 als Staatenlose nach Polen ausgewiesen. Die Mutter mit ihren drei Töchtern folgte ihnen nach. Rega kam dann mit der Jugend-Alijah nach Palästina und verbrachte wie ich einige Jahre im Kibbuz. Der Vater wurde kurz nach dem Einmarsch der Deutschen in Lemberg Ende 1941 von der Straße weg verhaftet und kurz danach ermordet. Ihre Mutter überlebte. Als ich Rega kennenlernte, wohnte diese zusammen mit zwei Freundinnen in einer kleinen Holzbaracke im Zentrum von Tel Aviv. Sie stand am Beginn einer künstlerischen Ausbildung, die sie bald in das Atelier der angesehenen Tel Aviver Bildhauerin Trude Chaim führen sollte, einer Schülerin der Käthe Kollwitz. Neben Bildhauerei lernte sie Zeichnen und Aquarellieren. Noch als Mutter von zwei kleinen Kindern besuchte sie eine Abend-Kunstschule, an der bekannte israelische Künstler unterrichteten. Ihre großen Vorbilder aber sah sie in Käthe Kollwitz, Paula Modersohn-Becker, van Gogh und Rodin. Rega war, im Gegensatz zu mir, in einem linkssozialistischen, marxistisch orientierten und intellektuell sehr regen Kibbuz des Haschomer Hazair gewesen und hatte dort viele Anregungen empfangen, von denen sie mir später manches vermitteln konnte. Als wir uns begegneten, verstand sie sich, die nie einer Partei angehört hatte, als »Kommunistin«, in einem Sinne allerdings, der mehr mit dem Urchristentum als mit Marxismus-Leninismus zu tun hatte. Wenig mehr als ein Jahr, nachdem wir uns kennengelernt hatten, lebten wir bereits zusammen.

IV

Die Bücher mußten bei mir das Studium ersetzen. Tagsüber hatte ich sie zu verkaufen oder auszuleihen. Abends verschlang ich, was mir an Interessantem in die Hände fiel, und nachts versuchte ich mich selber mit dem Schreiben von Artikeln, Geschichten und Gedichten, von denen – glücklicherweise – nichts das Licht der Öffentlichkeit erblickte. Das Bezeichnende war, daß sich dies alles in deutscher Sprache vollzog. Von den Autoren, die mich bereits im Kibbuz faszinierten und deren Bekanntschaft ich zumeist Dr. Rosenstein zu verdanken hatte, habe ich Thomas Mann bereits genannt. Der *Tonio Kröger* war mein erstes wirkliches Leseerlebnis. Goethe, Heine, Nietzsche und Freud waren die großen Befreier. Ich liebte Rilke, George, Klabund (letzteren wegen seiner Übersetzungen chinesischer Lyrik), daneben Ibsen und Romain Rolland. Etwas später trat (der Lyriker) Brecht hinzu. Die *Legende von der Entstehung des Buches Taoteking* sowie das Gedicht »An die Nachgeborenen« wurden unter Freunden mündlich überliefert. Ich war von beiden Gedichten tief beeindruckt und schrieb sie mir sofort auf. Den gedruckten Text habe ich erst sehr viel später gesehen, er stimmte fast wörtlich mit meinen Aufzeichnungen überein.

Die Exilliteratur lernte ich in der Zeit meiner buchhändlerischen Tätigkeit in Statu nascendi kennen. Fast täglich nahm ich bei Walter Zadek, damals Besitzer der Grosso-Buchhandlung »Biblion« in Tel Aviv und noch ohne Prophetenbart, die eben angekommenen Neuerscheinungen von Querido, Allert de Lange und anderen Exil-Verlagen in Empfang. Dazu gehörten, um nur ein paar Beispiele herauszugreifen, die Romane von Klaus Mann und von Lion Feuchtwanger, von Anna Seghers und von Arnold Zweig, von Irmgard Keun und von Hermann Kesten, von Joseph Roth und von Oskar Maria Graf, die Reportagen von Egon Erwin Kisch, aber auch die politischen Schriften etwa von Konrad Heiden und Rudolf Olden.

Es ist eine seltsame Vorstellung, daß im Vorfeld der Zerstörung des deutschen Judentums, ja parallel zu seinem Untergang, die deutsch-jüdische Literatur, produktiv eingebunden in die deutsche Exilliteratur und zum Teil mit dieser identisch, noch einen beachtlichen Aufschwung nahm. Ich möchte die These wagen, daß die deutsch-jüdische Symbiose – oder was in der Rückschau so gern als solche bezeichnet wird – in der Literatur des Exils nicht nur ein Nachspiel erlebte, sondern auch einen späten Höhepunkt fand. In ihren Werken verband sich die Erinnerung an die vertanen Möglichkeiten der Geschichte mit der Vorstellung, daß bisher unrealisierte Hoffnungen noch einzulösen wären. Diese Hoffnungen blieben der Nährboden für meine Utopien.

Durch die Zeitschriften des Exils (etwa *Das Neue Tage-Buch*, *Die neue Weltbühne*, *Das Wort*, *Internationale Literatur*, *Aufbau*) wurde ich bereits früh mit seinen Auseinandersetzungen, darunter nicht zuletzt diejenigen über Deutschlands Zukunft, vertraut. Die Frage »Was soll aus Deutschland werden?« wurde lange vor Ausbruch des Zweiten Weltkrieges gestellt und in diesen Zeitschriften diskutiert, vielfach unter sozialistischer Perspektive und mit deutlicher Distanzierung von den Fehlern der Weimarer Republik, allerdings nicht immer auch von den eigenen. Die Parole »Zurück zu Weimar« wird man, von wenigen Ausnahmen abgesehen, jedenfalls vergeblich suchen. Unter dem Einfluß dieser Diskussionen festigten sich in meinem Bewußtsein solche Grundthesen des Exils wie die, daß »Deutschland nicht Hitler« sei, daß es ein »anderes Deutschland« gebe, das es aus der Vergangenheit in die Zukunft hinüberzuretten gelte, und daß der Widerstand und das Exil dazu aufgerufen seien, eben dies zu leisten. »Von Grund auf anders« (Anna Seghers) aber werde die Zukunft sein, die – als Resultat der gegenwärtigen Kämpfe – die »Nachgeborenen« (Brecht) erwarte, eine Welt gewiß nicht ohne Konflikte, eher – wie Thomas Mann es in seiner Erzählung *Das Gesetz* gleichnishaft umschrieb – »ein Tal der Notdurft, aber doch keine Luderwiese«.

Die Ereignisse im unterworfenen Europa, vor allem die allmählich durchsickernden Nachrichten über die NS-Verbrechen, und die Verbissenheit, mit der der längst verlorene Krieg von deutschen Soldaten an allen Fronten weitergeführt wurde, führten bei den deutschsprachigen Emigranten zu einem Auseinanderdriften des primär politisch-motivierten (sich als das »andere«, das »wahre« Deutschland verstehenden) Exils und der wachsenden, mehrheitlich unpolitischen Flüchtlingsmassen. Unter diesen Bedingungen konnte es nicht ausbleiben, daß die These von der Kollektivschuld der Deutschen immer neue Nahrung erhielt. Von Menschen schließlich, denen Deutsche überhaupt nur als Besatzer oder Folterknechte begegnet sind, waren Differenzierungen kaum zu erwarten. Noch Hoffnungen in eine Zukunft dieses Landes zu setzen, dazu gehörte schließlich ein Maß an politischer Überzeugung (oder an Naivität) sowie eine Stärke (oder Enge) des Gedankens, die sich beide durch die wahrnehmbare Realität jener Jahre kaum begründen ließen.

Ich muß bekennen, daß mein damaliges Weltbild eher holzschnittartig war und der Komplexität der Verhältnisse kaum entsprach. Von Adorno und Bloch, die für mich später wichtig wurden, war mir der erste noch unbekannt. Von Bloch hatte ich kaum etwas gelesen. Von Lukács dagegen kannte ich alles, was die mir zugänglichen Zeitschriften aus Moskau veröffentlicht hatten. Nicht auf das Blochsche »Prinzip Hoffnung«, das es als Buch freilich noch nicht gab, kann ich mich also berufen, wenn ich zurückschauend mich meiner eigenen Hoffnungen entsinne. Der Zukunftsglaube aber war ein Faktum. Spätestens seit dem deutschen Überfall auf die Sowjetunion hatte ich die schwer begründbare Zuversicht, daß sich die Geschichte doch zum Guten wende und der Sieg über den NS-Staat unausweichlich sei. Ja, ich glaube, ich hatte vorher keinen Augenblick daran gezweifelt. Der deutsche Vormarsch in Osteuropa bewahrte Palästina davor, Kriegsschauplatz zu werden. Die Tatsache, daß die Sowjetunion fortan die Hauptlast des Krieges zu tragen hatte, war Grund genug für ein Gefühl tiefer Dankbarkeit.

Dem Glauben an die Sowjetunion muß freilich auch ein elementares Bedürfnis nach Gerechtigkeit entsprochen haben. Ausgerichtet am Mythos der Oktoberrevolution sowie ihren tatsächlichen und vermeintlichen Errungenschaften, steigerte es sich zu einer Erwartung, der gegenüber kritische Einwände schweren Stand hatten. Das geringe Vertrauen in die Westmächte, noch aus der Zeit des Appeasement herrührend, ließ jedenfalls die Sowjetunion zu einem Hoffnungsträger ersten Ranges werden. Den westlichen Demokratien, die mehr zögernd als entschlossen in den Krieg gegen Nazi-Deutschland eingetreten waren, schien jetzt ein Verbündeter erstanden, der diesen Krieg in einen wahrhaft antifaschistischen umzuwandeln versprach. »Die Nazi-Lügenrevolution«, ich zitiere eine Radiorede Thomas Manns vom Juli 1942, »ist auf eine echte und wirkliche Revolution gestoßen, eine, von deren Entschlossenheit im Aufräumen ihr manches werdet profitieren können, ihr Deutschen, wenn eure Stunde kommt.« Ich muß gestehen, daß wir solche Töne damals mit Genugtuung vernahmen, sie hatten auch *unsere* Stimmung getroffen. Kein Wunder, denn wir erhofften von der Sowjetunion, daß sie nicht nur die Schreckensherrschaft in Europa beenden, sondern auch dazu beitragen würde, Zustände herbeizuführen, die dergleichen in Zukunft unmöglich machen würden.

V

»Das Aufatmen von 1945« hieß ein Artikel von Arnold Zweig, den er aus Anlaß des Kriegsendes in Europa geschrieben und in der Mai/Juni-Nummer 1945 eines in Tel Aviv erschienenen deutschsprachigen Blättchens veröffentlicht hatte. Die linksorientierte Zeitschrift mit dem Titel *Heute und Morgen – Antifaschistische Revue*[3] wurde von mir mitredigiert, das Manuskript von Zweig besitze ich. Auffallend ist der verhaltene Ton des Artikels. Wiewohl der Aufsatz der Befreiung vom Nationalsozialismus galt, sah Zweig zum Jubeln keinen Anlaß.

Anders als viele meiner Altersgenossen im damaligen Palästina, die in britischer Uniform, sei es in Deutschland oder sonstwo in Europa, das Kriegsende erlebten, hatte ich meinen bescheidenen »Kriegseinsatz« bereits Ende 1943 hinter mir. Die britische Militäreinheit, für die ich als Zivilangestellter in und bei Tel Aviv gearbeitet hatte, war nach Ägypten verlegt worden und entließ ihre Arbeiter und Angestellten. Ich war als Storeman in einem großen Camp beschäftigt gewesen, in dem der Umschlag von Lebensmitteln für die britische Armee von der Schiene auf die Straße (und umgekehrt) stattfand. Bereits vorher hatte ich bei der Armee gearbeitet, und zwar war ich in einem »Rechenzentrum« tätig, das zur Nachschub- und Versorgungseinheit für Ausrüstung und Ersatzteile der Armee gehörte. Das »Rechenzentrum« wurde freilich nicht von Computern, sondern mit Hilfe eines gewaltigen Karteiapparates und eines enormen Aufgebotes von Arbeitskräften bedient und beanspruchte für sich allein ein ehemaliges Verwaltungsgebäude von fünf Stockwerken.

Ich stand also schon wieder im normalen Berufsleben, als der Krieg in Europa zu Ende ging. In meiner Freizeit arbeitete ich für die oben erwähnte Zeitschrift. Geographisch allerdings weit vom Schuß, glaubte ich mich – wenn auch auf ganz andere Weise – den Kriegsereignissen immer ganz nahe. Dem Ende des Krieges hatte ich seit Jahren entgegengefiebert. Jetzt war es auch förmlich besiegelt. Ja, die Chance schien greifbar nahe, daß nach dem »Aufatmen«, von dem Zweig sprach, der Gedanke eines dauerhaften Friedens verwirklicht werde, eines Friedens, der allen Völkern des Erdballs zugute kommen sollte, selbst demjenigen, das soviel Unheil und Grauen über die Welt gebracht hatte, dem deutschen. Daß der Weg dahin schwierig sein würde, war jedem bekannt, mit welchem geographischen oder politischen Ort er auch seine persönliche Zukunft verband. Daß es aber überhaupt wieder eine Möglichkeit geben sollte, diesen Ort selbst zu bestimmen, eigene und kollektive Ansprüche aneinander zu messen, dies allein schien schon der Vorgriff auf eine Freiheit, die man lange entbehren mußte. Und daß sich diese sowohl in sozialer als auch in nationaler Hinsicht zu erfüllen habe, schien selbstverständlich. Dies galt nicht zuletzt auch für das Land, das mich aufgenommen hatte und in das jetzt die Überlebenden des Holocaust strömten, in der Hoffnung, hier eine neue Heimat zu finden und ein selbstbestimmtes Leben führen zu können. Daß die gerade gegründeten Vereinten Nationen mit dem Ziel antraten, zukünftige Kriege zu verhindern, und bald auch in die Bemühungen um eine Lösung des Palästinakonflikts eingeschaltet wurden, schien ein gutes Omen für eine generelle Neugestaltung der internationalen Beziehungen.

Man war jung und durfte gewiß noch Illusionen haben und den Schein für die Wahrheit, den allenthalben spürbaren guten Willen bereits als Garanten für seine Umsetzung in die noch immer leidvolle, jetzt von den Kriegsfolgen bestimmte Wirklichkeit nehmen. Scham allerdings befällt mich bei dem Gedanken, daß dieses nicht nur den Blick für die Gegenwart, sondern auch für die Vergangenheit trübte, selbst die jüngste. Gerade als Linker tendierte man leichtfertig dahin, sie zur »Vorgeschichte« zu degradieren, die Narben und Wunden ignorierend, die allgegenwärtig waren, auch in uns selbst. Natürlich war es uns bewußt, daß der Sieg unzählige Opfer erforderte, darunter auch freiwillig erbrachte. Die Trauer von uns

Überlebenden war ihnen sicher, auch unsere Dankbarkeit, unser Schuldgefühl. Das Sterben derer, die in den Lagern ermordet wurden, hatte, als die Kenntnis davon zu uns drang, Entsetzen ausgelöst. Es war in keiner der uns bekannten Kategorien von Krieg, Widerstand und Tod zu fassen. Seine absolute Irrationalität war deshalb auch durch kein Gedenken an irgendeinen wie immer verstandenen »Sinn« aufzuhellen. Es war das Fehlen jedweden Trostes, das unsere Trauer so hilflos machte. Verarbeiten konnten wir sie nicht, trotz mancher wohlfeilen Erklärung, die uns angeboten wurde und die wir begierig aufgriffen. Wir klammerten uns daran. Doch die dem dogmatisch erstarrten Marxismus entlehnten Deutungen blieben abstrakt, unsere Erklärungen rationalistisch. Dem Gegenstand wurden sie in keiner Weise gerecht, im Gegenteil: er verblaßte. Es dauerte Jahrzehnte, bis Auschwitz von neuem, aber auch als ein neues, bis dahin unbekanntes, in unser Bewußtsein trat, es holte uns ein, je weiter wir uns zeitlich davon entfernten. Dinge mußten geschehen, die es uns möglich machten, ja zwangen, der vollen Wahrheit ins Auge zu sehen. Denn zu groß noch war damals auch für uns der Verdrängungsmechanismus, als daß er die »Botschaft« des »Holocaust« unzensiert zugelassen hätte. Gipfelte diese doch in der simplen, doch nur schwer zu ertragenden Erkenntnis, daß der Mensch allem Anschein nach auch zum Schlimmsten fähig ist und es darum keine übergeordneten Gründe für die Annahme gibt, in Zukunft werde sich derlei Schreckliches nicht wiederholen. Es sei denn, der Mensch selber wüßte es zu verhindern.

Das Leben nach Kriegsende, in die Eindimensionalität des (jeweiligen) Neuaufbaus gezwängt, sollte weitergehen. Es ging weiter. Auch unser Blättchen legte in seiner ersten Nachkriegsnummer davon Zeugnis ab. Dem Artikel von Arnold Zweig folgten eine kritische Auseinandersetzung mit dem zionistischen Nationalismus unter der Überschrift »Nicht unser Sieg?«, ein Aufsatz über die ersten britischen Nachkriegswahlen (bei denen Labour gewinnen sollte), ein Beitrag »Österreich: Helfer oder Opfer der Nazis?«, ein Nachruf auf Roosevelt sowie einige Nachdrucke aus der internationalen Presse über Deutschlands Zukunft, die Kolonialfrage, die italienischen Partisanen u. a. Ein

Beitrag von mir hatte bezeichnenderweise den Titel »Die Welt der Fülle«. Es handelte sich dabei um die Rezension eines britischen Propagandafilms *The World of Plenty,* der mit großem Optimismus das Bild einer zukünftigen Wohlstandsgesellschaft entwarf. Wir waren bereits zur Tagesordnung übergegangen.

VI

Die Zeitschrift *Heute und Morgen,* von der insgesamt zwölf Nummern erschienen, wurde von einem »Kreis der Bücherfreunde« herausgegeben, der wie einige andere deutschsprachige Gruppen in Palästina, z.B. der »Jerusalem Book Club«, der »Kreis für fortschrittliche Kultur« in Tel Aviv etc. [4] sich der Sowjetunion verbunden fühlte und in dieser oder jener Form der palästinensischen KP nahestand. Auch gab es kleine informelle Zirkel, die der gemeinsame Wunsch verband, eines Tages in ein antifaschistisches Deutschland zurückzukehren. Es soll sogar, wie die siebenbändige Exilgeschichte der DDR zu berichten weiß, einen Ableger der Bewegung »Freies Deutschland« in Palästina gegeben haben und Arnold Zweig ihr Ehrenpräsident gewesen sein [5], allerdings alles streng geheim. Denn dergleichen war in Palästina nicht nur im höchsten Grade riskant, es wäre auch von den Menschen, unter denen man lebte und die unter Verlust ihrer Nächsten gerade der deutschen Mordmaschinerie entronnen waren, als eine Provokation empfunden worden. Ich persönlich hatte von all dem nie gehört. Ich hätte mich einer solchen Gruppierung auch nicht anschließen können. Es lag mir fern, meine eigenen Remigrationsabsichten, wie sehr sie auch durch politische Vorstellungen motiviert gewesen sein mochten, anders als eine persönliche Option zu bewerten. Erstaunlicherweise wirkte der Bonus, den die »Freien Österreicher« hatten, sich damals auch in Palästina aus, wo das »Free Austrian Movement« relativ ungeniert tätig war und über eine größere Anzahl von Anhängern verfügte.

Wenn ich an die Zeitschrift *Heute und Morgen* sowie an andere kulturelle Aktivitäten in ihrem Umfeld zurückdenke, so treten einige Namen in meine Erinnerung, an denen ich hier nicht vorübergehen möchte. Auf einen von mir veröffentlichten Artikel hin lud uns der in Tel Aviv lebende Fotokünstler Helmar Lerski (geb. Straßburg 1871), einer der Großen seiner Profession, ein, ihn einmal zu besuchen oder an einem der in der Dachwohnung der Lerskis regelmäßig stattfindenden »jours fixes« teilzunehmen. Aus der Begegnung wurde eine langjährige Freundschaft, wir besuchten die Intellektuellentreffen regelmäßig. Lerski, der in frühen Jahren auch Schauspieler war, in den zwanziger Jahren Kameramann bei der Ufa, besaß als Künstler wie als Mensch eine außerordentliche Ausstrahlung. Seine Porträts waren vom Pathos einer Menschenwürde geprägt, von der er meinte, daß sie in jedem Individuum aufscheinen könne, vorausgesetzt, man erkenne sie. Das auf Spiegeln eingefangene und bewußt gelenkte Sonnenlicht schien ihm das probate Mittel, sie in jedem und für jeden sichtbar zu machen. Den Künstler verband etwas mit den Vorstellungen der frühen sozialistischen Realisten von der Art Maxim Gorkis, von dem sich mir das Wort eingeprägt hat »Der Mensch – wie stolz das klingt«. Lerski sollte auf Vorschlag von Arnold Zweig und Bertolt Brecht an die neugegründete Akademie der Künste in Ost-Berlin berufen werden. Auch war von einer Professur in Prag die Rede. Die Lerskis verließen Palästina, gelangten aber nur bis Zürich, wo sie sich niederließen. Ihre Absichten konnten sie nicht realisieren. Als wir im Herbst 1956 auf der Durchreise von Israel in die Bundesrepublik die Lerskis in Zürich besuchen wollten, öffnete uns Frau Anneliese im Trauerkleid. Sie hatte ihren Mann am selben Tag zu Grabe getragen. Spät, allzu spät, wiederentdeckt wurde der bereits in der Weimarer Zeit berühmte Künstler (nach kleineren Ausstellungen in Frankfurt und Hamburg) durch die Bemühungen der Fotografischen Abteilung des Museums Folkwang in Essen. Es hat Lerskis gesamten Nachlaß von seinen heutigen Besitzern als Dauerleihgabe erhalten und ihn 1983 in einer umfangreichen Ausstellung der Öffentlichkeit präsentiert.[6]

Zu erwähnen ist mein Freund und Mentor Dr. Kurt Freyer (1885 bis 1973), Kunsthistoriker, von zierlicher Statur, doch großer Gelehrsamkeit, der in seinen letzten Lebensjahren die kleine Bibliothek des Kibbuzes leitete, wo er bei zwei Töchtern lebte. Die Verhältnisse waren ihm bereits in den Weimarer Jahren nicht günstig. Nach seinem Studium war er Assistent am Museum in Flensburg, fand jedoch nach dem Ersten Weltkrieg keine

Anstellung mehr und verdiente seinen Lebensunterhalt in Berlin als Antiquar. Er emigrierte zuerst nach Amsterdam, dann nach Palästina. Noch in späten Jahren (er war bereits um die fünfzig) hat er sich eine profunde, wenn auch nicht von Dogmatismus freie Kenntnis des Marxismus angeeignet. Er gab sie freigiebig weiter, sei es in Kursen, Vorträgen oder, wie mir gegenüber, in einer Jahre andauernden Korrespondenz. Freyers Bestreben war es vor allem, den historischen Materialismus an der Kunstgeschichte zu erproben. Es schwebte ihm vor, das Werk von Lukács in dieser Richtung weiterzuführen. Als Resultat legte er ein umfangreiches Werk vor, das in zwei Bänden in hebräischer Übersetzung erschienen ist. Für das deutsche Original hat er weder in der BRD noch in der DDR einen Verleger gefunden. Gegen Ende seines Lebens verfügte der im fernen Galiläa lebende Autor vermutlich nicht mehr über die wissenschaftlichen Kontakte, die es ihm erlaubt hätten, neuere Methoden und Forschungsergebnisse in seine Arbeit einzubeziehen. Die von Frank Benseler 1965 herausgegebene Lukács-Festschrift enthält einen Beitrag von ihm.[7]

Freyers Schwiegersohn, mein viel zu jung verstorbener Freund Hans Rosenthal (1900 bis 1950), war das, was man in den späten zwanziger und frühen dreißiger Jahren als proletarisch-revolutionären Schriftsteller bezeichnete, ein Kennwort, das er für sich bestimmt gern akzeptiert hätte. Bereits die Wirtschaftskrise hatte Rosenthal aus der Bahn geworfen, in Palästina fristete er ein Leben als Plantagen- und Bauarbeiter. Sein sehr schmales Werk ist durch die Tatsache gekennzeichnet, daß sein Autor sich vorwiegend mit Themen der palästinensischen Gegenwart beschäftigte. Unähnlich jenen vorwiegend »mit dem Gesicht nach Deutschland« schreibenden Autoren deutscher Herkunft, fühlte Rosenthal sich ganz dem Land verpflichtet, in dem er lebte. Seine Gedichte widmete er der Mühsal der Arbeit, der Ausbeutung, dem Kampf, aber auch dem jüdisch-arabischen Zerwürfnis. Andere Gedichte kommentierten aktuelle Probleme der Weltpolitik, eine Anzahl von Sonetten rühmt große und vorbildliche Gestalten der jüdischen Geschichte und Legende. Einige der gelungensten Gedichte sind Satiren voller Sarkasmus auf die »l'art pour l'art«-Praxis eines Jerusalemer Dichterkreises, nicht zu vergessen ist die Persiflage auf Rilkes »Cornet«, in der dieser »als Lenker eines Gaswagens im Osten« eine schaurige Wiederauferstehung erfährt.[8] Rosenthal verstand sich als »hebräischer«, das heißt nationaler Kommunist. Im Gespräch über einen gemeinsamen Freund, der die Absicht hatte, nach Deutschland zurückzukehren und diesen Schritt literarisch thematisieren wollte, meinte Rosenthal lapidar: »Aus Palästina geht man nicht, nach Palästina kommt man.« Es war ein monströser Zufall, daß Rosenthals jüngerer Sohn, Schriftsteller und politisch engagiert wie er, Übersetzer von Brecht-Gedichten ins Hebräische und aktiv in der israelischen Friedensbewegung, dem sogenannten Jom-Kippur-Krieg zum Opfer fiel.

Last not least: Louis Fürnberg. Fürnberg (1909-1957) hatte sich in der Vorkriegs-Tschechoslowakei als deutschsprachiger Schriftsteller, Mitarbeiter und Redakteur der kommunistischen Presse, als Bänkelsänger und als Begründer der Spieltruppe »Echo von links« einen Namen gemacht. Er war nach illegaler Tätigkeit und Haft 1941 nach Palästina gekommen, ein Land, mit dem ihn nichts verband, und 1946 in seine tschechische Heimat zurückgekehrt.

Als angehender Lyriker hatte Fürnberg in jungen Jahren Rilke an seinem letzten Wohnsitz im Wallis besucht und die Begegnung nicht ohne Wehmut in seinem in Jerusalem geschriebenen Poem »Der Bruder Namenlos« beschrieben. Wir waren unmittelbare Zeugen davon. Denn Fürnberg hatte uns während seiner Arbeit an diesem Werk mehrmals daraus vorgelesen. Es war derselbe und doch auch nicht derselbe Louis Fürnberg, Romantiker wider Willen, der später in der DDR das Lied von der Partei, die immer recht hat, gereimt und vertont hatte. Er bedurfte wohl selbst dieses Zuspruchs. Er hatte seine böhmische Heimat in zahllosen Liedern besungen. Die zweite Trennung von ihr muß ihn außerordentlich geschmerzt haben, auch wenn sie ihm eine diplomatische Existenz in Ostberlin und den Titel eines Ersten Botschaftsrates der ČSSR bescherte. Dieser Wechsel vollzog sich in der Folge der Aussiedlung der sudetendeutschen Minderheit aus der ČSSR. Durch sie hatte er hier seine Leser, sein Publikum verloren. Froh werden konnte er seiner privilegierten Stellung allerdings aus einem anderen Grunde kaum. Ich kann nur mutmaßen, daß auch er während des Slansky-Prozesses um seine Sicherheit, vielleicht um sein Leben bangen mußte: Sein Chef, der tschechoslowakische Botschafter in Berlin, Otto Fischl, gehörte zu den Hauptangeklagten dieses Prozesses, dessen antisemitischer Charakter unverkennbar war. Er wurde 1952 hingerichtet. Was in diesen Jahren im Herzen Fürnbergs vorging, weiß ich nicht. 1953 noch einmal nach Prag zurückberufen – er wurde Abteilungsleiter im Schulministerium – übersiedelte er 1954 endgültig in die DDR. In den letzten drei Jahren seines Lebens hatte er den hochrangigen Posten eines stellvertretenden Direktors der Nationalen Forschungs- und Gedenkstätten der Klassischen deutschen Literatur in Weimar und gehörte zu den Mitbegründern der literatur-wissenschaftlichen Zeitschrift *Weimarer Beiträge*. Ich besuchte ihn dort Anfang des Jahres 1957. Er wohnte – wie denn anders? – in der Rainer-Maria-Rilke-Straße, wo seine Witwe noch heute lebt. Er war auf dem Höhepunkt seiner Laufbahn. Er starb im Juni des gleichen Jahres, nur 48 Jahre alt, an einem Herzinfarkt.[9]

VII

Wir – meine Frau und ich – werden oft gefragt, warum wir (manchmal auch mit dem Zusatz »eigentlich«) zurückgekommen seien. Die Frage kann Interesse, sie kann aber auch Abwehr signalisieren. Gelegentlich verbirgt sich hinter ihr eine ganz andere Frage: »Warum seid ihr – ›eigentlich‹ – nicht dort geblieben?« Der *so* fragt, verrät sich vielfach als einer, der noch nachträglich die Vertreibung der Juden rechtfertigt, auch wenn er dies unter Umständen mit Sympathiebekundungen für den Staat Israel verbindet. Ich will zunächst nur die Frage dagegenhalten: Warum hätten wir vom Standpunkt eines demokratischen Deutschen oder eines deutschen Demokraten aus – »eigentlich« – nicht zurückkehren sollen, da wir doch hier geboren sind wie schon unsere Urgroßeltern und also – »eigentlich« – Deutsche sind. So einfach, nein so schwierig, stellt sich diese Frage dar. Schwierig übrigens auch für uns selbst, da wir hier in einer Gesellschaft leben, in der deutschnationale Tendenzen einerseits neutralisiert zu sein scheinen, andererseits – und eben gerade wieder – immer auch deutlich sich bemerkbar machen. Allein vor diesem Hintergrund ist die Frage nach den Beweggründen für unsere Remigration verständlich. Wir werden ihr auch in Zukunft nicht ausweichen können.

Die Antwort ist in dem Gesagten implizit bereits enthalten. Sie hat mit Sprache zu tun, aber auch mit Landschaft, dem Klima, dem Grün der Wälder, der Romantik alter Städte und (nicht ganz so alter) Bahnhöfe, mit Gefühlen also, die allein vielleicht wenig erklären, ohne die das Übrige allerdings unerklärbar bleibt. Meine Frau hatte mir bereits, als wir uns kennenlernten, klargemacht, daß sie nach dem Kriege nach Europa zurückzukehren gedenke. Sie hatte eine außerordentliche Affinität zu ihrer heimatlichen Landschaft. Es war der Schwarzwald. Da waren aber auch enttäuschte Hoffnungen und ein ganzes Bündel von Illusionen, schließlich auch der praktische Wunsch, ein Studium nachzuholen, für das ich in Israel keine Möglichkeit sah, sowie das vage Verlangen nach einer Aufgabe, die meinen Neigungen und Vorstellungen entsprach und von der ich Grund hatte zu glauben, ihr nur in meiner Muttersprache nachkommen zu können.

Mit Israel freilich verbindet uns auch heute noch vieles. Wir haben unser Überleben der Tatsache zu verdanken, daß wir rechtzeitig nach Palästina gelangt sind. Wir haben unsere besten Jahre dort verbracht. Zwei unserer drei Söhne sind in diesem Land geboren. Schließlich hat die dort verbrachte Zeit vielfache Spuren in uns hinterlassen, die wir so wenig missen möchten wie alte Freundschaften, die sich erhalten haben. Mehr als nur eine romantische Jugenderinnerung ist für uns die Zeit im Kibbuz, auch wenn wir die Bedeutung dieses sozialen Experimentes erst richtig zu würdigen verstanden, als wir den Kibbuz bereits verlassen hatten.

Der Orient allerdings, seine Sprache, seine Landschaft, seine Kultur und seine Menschen waren uns in vielerlei Hinsicht fremd geblieben. Es fällt mir auf, daß wir 20 Jahre dort gelebt hatten wie in einer Enklave. Eine Art unsichtbarer Mauer hatte uns von ihm getrennt. Daß die Palästinenser (damals haben wir noch undifferenziert von Arabern gesprochen) mir lange Zeit unheimlich waren, hatte gewiß mit der Tatsache zu tun, daß kurz nach der Ankunft unserer Gruppe in Palästina die »Unruhen« begannen, die von 1936 bis 1939 andauerten und in deren Verlauf unser Kibbuz nächtlichen Schießereien ausgesetzt und für lange Zeit von der Umwelt so gut wie abgeschnitten war. Man konnte ihn lange Jahre nur mit gepanzerten Fahrzeugen erreichen. Es dauerte Monate, bis ich zum ersten Mal in das nur wenige Kilometer entfernte Jerusalem fahren konnte.

Ich konnte die Palästinenser deshalb nicht hassen, schließlich mußten sie uns als Eindringlinge empfinden. Problematischer schienen mir die Ansprüche des jüdischen Nationalismus, der die Rechte dieses seit Jahrhunderten in Palästina seßhaften Volkes mißachtete und sich verhielt, als ob er sich dabei auf einen Rechtstitel berufen könne. Hier einen Ausgleich zu suchen, d.h. die Probleme des Landes auf eine friedliche Weise zu lösen, war das Ziel von Männern wie Martin Buber und Nachum Goldmann. Aber diese humanistische Tradition geriet immer mehr in die Defensive, je vertrackter die Situation im Mittleren Osten wurde. Der Wunsch der Juden, vor allem der aus Europa Flüchtigen und Gestrandeten, nach einer jüdischen Heimstatt in Palästina gewann als Folge von Auschwitz und durch die Zerstörung der jüdischen Zentren in Europa eine außerordentliche Dringlichkeit – und schließlich auch eine breite internationale Anerkennung. Möglicherweise spielte dabei auch das schlechte Gewissen derer eine Rolle, die es versäumten, der Katastrophe Einhalt zu gebieten, als es noch möglich war.

Die Gründung des Staates Israel wurde von den Mächtigen in Ost und West unterstützt, konnte jedoch nur gegen den Willen der arabischen Bevölkerung sowie der umliegenden arabischen Staaten mit Waffengewalt durchgesetzt werden. Vorausgegangen war dem der Beschluß der Vereinten Nationen vom Herbst 1947, auf dem Territorium des noch unter britischer Mandatsverwaltung stehenden Palästina einen jüdischen *und* eine arabischen Staat zu errichten. Ich hatte auf diesen Beschluß mit Genugtuung reagiert, wohl wissend, daß dieses nicht die beste Lösung war. Jetzt hatte sich zwar der jüdische Staat etabliert, doch hatten die Nachbarländer die verbleibenden Teile Palästinas an sich gerissen. Es hätte dem Staat Israel ein großes Maß an Einsicht und Besinnung abverlangt, die Probleme aufzufangen, die ihm aus den Umständen seiner Entstehung erwachsen waren. Ob es ihm unter den obwaltenden internationalen Verhältnissen, vor allem dem sich zuspitzenden Ost-West-Konflikt, hätte gelingen können, sie zu lösen, lasse ich dahingestellt. Tatsache aber ist, daß die Entwicklung eine Richtung nahm, die das Gegenteil davon bewirkte.

Was uns irritierte, waren nicht zuletzt auch die subtilen Zwänge, die die aus unterschiedlichen Kontinenten und Ländern herbeiströmenden Juden sprachlich und kulturell zu einer Nation amalgamieren sollten: Diese Zwänge waren von denen am wenigsten zu spüren, die seit jeher durch ethnische Gemeinsamkeiten wie Sprache und – mehr als nur religiöses – Brauchtum geprägt waren. Bei der Mehrzahl der Einwanderer aus Mitteleuropa, den »Jeckes«, war dies nicht der Fall. Sie mußten bei ihnen auf Widerstand stoßen. Ich persönlich hatte diese Zwänge immer empfunden und nicht versucht, sie wegzurationalisieren. Auch schämte ich mich nie meiner deutschen Herkunft. Es waren meine Urahnen, nicht ich, die sich einst einem Assimilationsprozeß unterworfen hatten, von dem ich übrigens nicht weiß, ob sie ihn je auch unter dem Gesichtspunkt eines Verlustes (z.B. an sprachlicher und kultureller Eigenständigkeit) gesehen haben oder nur unter dem des Gewinns (eines Anschlusses an die bürgerliche Kultur). Ich meinerseits betrachtete diese Assimilation weder als Auszeichnung noch als Schmach. Jedenfalls war der Prozeß für mich nicht einfach umzukehren.

Die inzwischen dezimierten und fast schon der Vergangenheit angehörenden deutschsprachigen Gruppen im *heutigen* Israel machen die fortschreitende Isolation deutlich, der sie sich ausgesetzt fanden. Sie konnte erst während der letzten Jahre durch mehrere Publikationen, wenn auch nicht aufgebrochen, so doch wenigstens aufgezeigt werden. [10]

Wir wollten es uns und unseren Kindern ersparen, in zwei Sprachen miteinander sprechen zu müssen und sie auf diese Weise eines Tages an eine andere, uns nicht mehr vertraute Welt zu verlieren.

Die forcierte Schmelztiegel-Ideologie, verbunden mit einer weitgehenden Verdrängung (oder nur noch selektiven Zulassung) der Diaspora-Vergangenheit im öffentlichen Bewußtsein der israelischen Juden, hat diesen keineswegs gutgetan. Beides hat dazu beigetragen, sie von ihren geistigen Ursprüngen, ihrer Geschichte zu entfremden, genauer: dieselbe durch einen Geschichtsmythos, eine Art Heilslehre zu ersetzen, die in ihren extremen Ausformungen einen fundamentalistischen Charakter annimmt. Geschichtsbewußtsein reduziert sich dabei auf die Konstruktion eines Leidens- und Heilsweges, dessen Stationen klar definiert erscheinen. Es sind dies vor allem: die Zerstörung des Tempels in Jerusalem, die Vertreibung und Zerstreuung, die »alltäglichen« Pogrome in Mittelalter und Neuzeit, der Holocaust, der Kampf um und die Rückkehr in das Gelobte Land, die Errichtung des Staates Israel, die Wiederinbesitznahme von Jerusalem.

Als ich vor Jahren Jerusalem wieder besuchte, faszinierte mich die Stadt wie nie zuvor. Es war vor Anbruch der Dunkelheit, als ein Freund uns an einen Aussichtspunkt auf dem Ölberg führte, der den Blick auf die gesamte Altstadt freigab. Die untergehende Sonne ließ die Kuppeln vor uns noch einmal aufleuchten, bevor in der Dämmerung die Konturen der Stadt sich langsam verwischten. Das Bild ist unvergeßlich.

In diese Erinnerung jedoch mischen sich regelmäßig auch Konturen, die nicht im Verlauf der Jahrhunderte gewachsen sind, sondern das Ergebnis stadtplanerischer Arbeit der letzten Jahrzehnte darstellen. Durch sie – so scheint mir – wird dem Stadtbild eine Prägung verliehen, mit der sich das verkürzte Geschichtsdenken von heute geltend macht. Ja, es erscheint mir als dessen vollkommene Entsprechung. Lasse ich – diesmal von Westen – die Stadt an meinem inneren Auge vorüberziehen, so finde ich am unteren Rand des Bildes, in dunkles Grün gebettet, die »Holocaust«-Gedenktstätte Jad Washem; sie liegt im Schutz des sich darüber erhebenden Ehren- und Heldenfriedhofs; ganz oben, vor dem blauen Hintergrund des Himmels, einem antiken Tempel gleich das Stadtbild beherrschend, erhebt sich die Silhouette der Knesset; die Hügel ringsum schließlich säumt ein Kranz neuer Wehrsiedlungen, deren Charakter man kaum mißversteht, wenn man sie gleichzeitig als Wohnsiedlungen erkennt. Nur im Turmbau des Hilton-Hotels erblicke ich eine Konzession an die Welt außerhalb dieses hermetisch geschlossenen Ganzen. Die Verschmelzung von Stadtbild und Landschaft hatte Jerusalem übrigens schon immer ausgezeichnet. Dieser Eindruck wurde jetzt noch unterstrichen durch die »Sinngebung«, die das Zusammenspiel von Zweckmäßigkeit, Mythos und Ästhetik suggeriert. Unter diesem Aspekt gewinnt die Stadt ein gebieterisches Aussehen. Sie, wie auch die Geschichte, die die Stadtarchitektur zitiert, scheint mir ganz an der herrschenden Staatsphilosophie orientiert. Einen Diskurs läßt sie nicht zu.

Ob allerdings diese steinerne Gebärde dem Trauma Auschwitz wirklich gerecht wird, wage ich zu bezweifeln. Mit diesem Trauma umzugehen, hieße doch wohl nicht nur, seiner Verdrängung zu widerstehen, sondern auch einem Mißbrauch entgegenzuwirken, zu dem viele seiner Nachkommen innerhalb und außerhalb Israels ihre Zuflucht nehmen. Zweifellos ist Widerstand geboten, wo Juden ihrer Rechte beraubt, wo sie wegen ihres Judeseins angegriffen oder verfolgt werden. Nur gebannt auf das Entsetzliche zu blicken, das sich mit dem Trauma verbindet, läuft man allerdings Gefahr, Schrecken der Gegenwart, in der wie leben, wie auch den Katastrophen der Zukunft, die ihre Schatten vorauswerfen, blind gegenüberzustehen. Diese aber bedrohen uns alle – Juden und Nichtjuden – gleichermaßen. Die Lehre aus Auschwitz, wenn es denn eine sein soll, kann nicht nur »Stärke«, sie muß auch »Augenmaß« heißen. Nichts wäre schlimmer, als wenn sie einäugig bliebe.

VIII

Wir wußten, daß wir in ein Land zurückkehren würden, in dem von den erinnerten Lebenszusammenhängen kaum noch etwas übriggeblieben war. Es ist deshalb kein Wunder, daß sich die zwölf Jahre des »Dritten Reiches«, vor allem seine letzten, wie eine Art »Sintflut« in mein Gedächtnis eingegraben hatten. Vergangenheit und Gegenwart waren so weit auseinandergerissen, daß ich sie wie zwei Welten empfand. Natürlich traten Erinnerungen an Menschen sowie an bestimmte Kindheitssituationen immer wieder ins Gedächtnis, doch stellte das früh Zurückgelassene sich eher als diffuser Schatten, denn als ausdifferenziertes Bild in meiner Erinnerung dar. Auch hatten wir fast die Hälfte unseres jungen Lebens außerhalb Deutschlands verbracht. Dies ließ uns den Blick weniger an dem Alten haften als auf das Neue richten, das uns erwartete. Nicht irgendwo wiederanzuknüpfen war die Absicht, als vielmehr neu anzufangen, und dies keineswegs da, wo wir seinerzeit hatten abbrechen müssen. Als wir Ende 1956 aus Israel kommend bei Basel die Grenze passierten, war dieses Gefühl besonders stark. Es hat übrigens meiner publizistischen Beschäftigung mit der NS-Zeit nie im Wege gestanden. Wahrscheinlich war es die Voraussetzung dafür. Es hat lange gedauert, bis ich darangehen konnte, die Kluft in meiner eigenen Lebensgeschichte zu überbrücken. Ganz verschwinden wird sie nie.

Zunächst aber war es die damalige Sowjetzone (und später die DDR), die unser Interesse auf sich gezogen hatte. Wir sahen in ihr jenes Deutschland, das das Erbe des Exils angetreten hatte und sich an der Tradition des »anderen Deutschland« zu orientieren suchte. Auch hofften wir, daß der Militarismus hier keine Chance mehr hätte. Wir sahen die Kriegs- und NS-Verbrecher ihrer gerechten Strafe zugeführt und eine Entschädigung wenigstens für die materiellen Verluste in Gang gesetzt. Die verfassungsmäßige und reale Garantie der Grundrechte schien uns ebenso nur eine Frage der Zeit wie die volle Überantwortung der gesellschaftlichen und politischen Entscheidungsprozesse in die Hand des Volkes. Das sich zu Beginn der fünfziger Jahre zwischen der DDR und der BRD herausbildende Gefälle des Lebensstandards störte uns dabei wenig. Denn warum sollte ein Volk, in dessen Namen und mit dessen Beihilfe so Entsetzliches geschehen war, einige äußerliche Annehmlichkeiten des Lebens nicht für eine Zeitlang entbehren? Wir wären niemals auf den Gedanken gekommen, dieses Faktum der DDR negativ anzulasten. Das Gegenteil, das schnelle Geld, das nach der Währungsreform im Westen winkte, schien uns bereits in Israel suspekt.

Worauf es uns ankam, war etwas anderes. Wir begrüßten die Indizien, die darauf hinzudeuten schienen, daß die DDR einen konsequenten Strich unter die Vergangenheit gezogen hatte. Dazu gehörte die Tatsache, daß so viele alte Nazis sich wohl mit gutem Grund nach Westen abgesetzt hatten. Auch war es die DDR, in die zahlreiche Autoren des Exils gegangen waren, wie etwa Anna Seghers und Arnold Zweig, Brecht und Bloch, und in die Heinrich Mann überzusiedeln sich anschickte, bevor der Tod ihn ereilte und vor sicheren Enttäuschungen bewahrte. Enttäuscht vom realen Sozialismus (der sich damals noch nicht als solcher bezeichnete), ließen sich Ernst Bloch, Hans Mayer und Alfred Kantorowicz später in der Bundesrepublik nieder. Auch Lukács' Werke erschienen am Ende hier, nachdem ihr Weitererscheinen in der DDR nicht mehr möglich war.

Uns waren vergleichbare Enttäuschungen erspart geblieben. Bereits ein früher Versuch, in die sowjetische Zone und dann in die DDR zu gehen, scheiterte am Mißtrauen der Sowjetunion gegenüber den Westemigranten. Wir galten vermutlich als »Kosmopoliten«, wenn nicht gar als verkappte »Zionisten«. Louis Fürnberg hatte uns bei seiner Abreise versprochen, sich über seine ausgedehnten Beziehungen für uns zu verwenden. Wenige Jahre später, der Kalte Krieg hatte bereits begonnen, ein Erfolg seiner Bemühungen war nicht erkennbar, ließ er uns wissen, daß die »Schwierigkeiten der internationalen Situation« unseren Absichten nicht förderlich seien. Auch eine Bemerkung über die »komplizierte Sache mit dem Zionismus«, mit der er eine Artikelreihe von mir über die Situation im Nahen Osten quittierte (» ... ich habe keine Ahnung, wie die offizielle Einstellung ist. Ich mische mich nicht ein ...«), empfand ich als einen Fingerzeig.[11] Allerdings hatte der israelisch-arabische Krieg von 1948/49 Absichten wie die unseren ohnehin illusorisch gemacht. Ich wurde in die eben gegründete Israel-Armee eingezogen.

Zweifel, die sowjetische Politik betreffend, hatte es bei mir schon anläßlich der Moskauer Prozesse während der späten dreißiger Jahre gegeben. Nach dem Abschluß des deutsch-sowjetischen Paktes von 1939 waren sie einem handfesten Mißtrauen gewichen. Es schien, zwei Jahre später, durch den deutschen Überfall auf die Sowjetunion gegenstandslos geworden zu sein. Gewisse Irritationen jedoch stellten sich immer wieder ein. Merkwürdigerweise hefteten sich diese eher an Bagatellen wie der Wiedereinführung zaristischer Uniformen, der alten Orden und Ehrenzeichen, oder wie der neuen Nationalhymne, durch die die ehrwürdige »Internationale« weitgehend ersetzt wurde. Auch daß die Komintern, gleichfalls ein Relikt aus der Zeit des »proletarischen Internationalismus«, aufgelöst wurde, konnte uns nicht gefallen. Aber dieses schienen mir Konzessionen an ein Volk, dessen letzte Reserven, auch wenn sie vorrevolutionärer Natur waren, mobilisiert werden mußten. Der Mobilisierung diente wohl auch die Errichtung des Jüdischen Antifaschistischen Komitees, dessen Sendboten in die Länder der westlichen Verbündeten geschickt wurden, um Juden in aller Welt für die gemeinsame Anstrengung des antifaschistischen Krieges zu gewinnen. Als kurz nach der Entstehung des israelischen Staates im Sommer 1948 das Komitee aufgelöst und seine Spitze – es waren vor allem Schriftsteller, Schauspieler und andere Künstler – fast in ihrer Gesamtheit verhaftet und zum Teil ermordet wurde, wollte ich es nicht glauben, zumal erst wenige Monate davor die Sowjetunion einen entscheidenden Beitrag zur Entstehung des Staates Israel geleistet hatte. Diese Hilfe hatte ihr in unseren Augen noch einmal einen großen Vertrauensvorschuß gebracht und machte es uns schwer, ihren bald darauf ins Absurde gesteigerten Antizionismus auch als Anitsemitismus zu begreifen. Die Ausschaltung der kommunistischen Westemigranten aus zahlreichen höheren Funktionen in den Ländern des realen Sozialismus war schockierend, mehr noch die anrollende Prozeßwelle. Ich muß gestehen, ich verstand das alles nicht, wollte es nicht verstehen und wußte doch, daß es so war. Vom Umfang und von der Tragweite des GULAG hatte ich noch keinen Begriff.

IX

Ich hatte der Kommunistischen Partei Palästinas (später Israels) viele Jahre lang nahegestanden. Im Widerspruch zu meiner politischen Erfahrung, die sich langsam, doch unerbittlich in mein Bewußtsein eingegraben hatte, fühlte ich mich ihr um 1950 noch durchaus verbunden. Als ob ich die unausgesprochenen Vorwürfe gegen mich entkräften wollte, wohl auch, um mich wegen der in mir angestauten Zweifel zu disziplinieren, trat ich in einer Art von innerlichem Kraftakt der Partei bei. Die Folgen waren absehbar.

Die Partei ging seit einiger Zeit auf Volksfrontkurs und hatte sich eben mit einer der zahlreichen Splittergruppen, die die Geschichte der Linken auch in Israel kennzeichneten, vereinigt. Ich hoffte auf einen Aufschwung der Partei, d. h. ein Heraustreten aus ihrer Isolation, verbunden mit einer Reihe von Kurskorrekturen. Ich selber wollte nicht länger abseits stehen. Meine nie ausgeräumten Befürchtungen wurden allerdings weit übertroffen, ohne daß meine Erwartungen eingelöst worden wären. Die blinde Moskauhörigkeit herrschte wie eh und je, desgleichen ein undifferenzierter Antizionismus. Dieser war bei den mehrheitlich arabischen Mitgliedern der Partei durchaus verständlich, hatte bei den jüdischen jedoch oft einen zynischen Beigeschmack. Von einer freien Meinungsäußerung innerhalb der Partei gab es keine Spur. Der so notwendig gewesene Diskurs über Alternativen linker Politik hat weder in noch mit ihr stattgefunden. Sogenannte »Abweichungen« wurden im Keim erstickt.

Das Beklemmende aber war für mich, daß ich mich sofort für alles mitverantwortlich fühlte, was die Partei tat oder unterließ, während ich doch bis dahin von einem komfortablen Beobachterstandpunkt aus mich von Fall zu Fall und nach eigenem Wissen und Gewissen entscheiden konnte. Denn jetzt hatte ich mich mit der Partei zu identifizieren, ich hatte nicht nur mein Tun, sondern auch mein Denken an ihr auszurichten.

Mein Eintritt vollzog sich im Zeichen einer rapide sich verschlechternden Weltsituation, die in einer hysterisch geschürten Polarisierung ihren Ausdruck fand. Beispiele dafür waren der in den USA sich ausbreitende McCarthyismus, im Osten die im Zeichen des Antisemitismus geführten bzw. vorbereiteten Monsterprozesse und die damit verbundene Stimmungsmache. Ich hätte den Zeitpunkt meines Parteieintritts nicht schlechter wählen können. Denn bald setzten in Prag die spektakulären Verhaftungen, zumeist jüdischer, des »Zionismus« und »Kosmopolitismus« beschuldigter, höchster Parteifunktionäre ein, deren Ergebnis der berüchtigte Slansky-Prozeß war. Die Tatsache, daß ein Funktionär des israelischen Links-Zionismus als Angeklagter und Hauptzeuge in diesen Prozeß involviert war, zwang die israelische Linke – in der, weit über die Kommunisten hinaus, die Sowjetunion damals noch über zahlreiche Freunde verfügte – zum Offenbarungseid. Die Stimmung unter den Linken war gedrückt, die öffentliche Meinung bis zum Zerreißen gespannt. In der Partei aber erreichte die Unterwürfigkeit unter die Sowjetunion ihren Höhepunkt. Die wachsenden Skrupel innerhalb der Mitgliedschaft wurden als politische »Bauchschmerzen« abqualifiziert. Ich wagte die meinen gar nicht erst zu äußern. Denn das Klima von Verdächtigungen hinderte den Novizen mehr noch als andere, mit diesem Dilemma fertig zu werden. War ich doch gerade ausgezogen, Solidarität zu üben, das bürgerliche Ego zu domestizieren und die »intellektuellen Bedenken« hintanzustellen.

Denn zweifelte ich auch an tausend Details, so glaubte ich noch immer an das Ganze, d. h. die Weisheit der Partei, die sich durch alle Irrtümer hindurch am Ende doch immer behaupten würde. Ich meinte deshalb, und war damit ja auch keineswegs allein, daß es besser sei, *mit* der Partei zu irren als *gegen* sie recht zu haben. Allerdings hatte ich nicht damit gerechnet, daß mein Vegetativum gegen eine Strapazierung dieses Grundsatzes für Zwecke revoltierte, die für mich nicht mehr einsehbar waren. Der Konflikt wurde nicht etwa entschärft, er brachte mich vielmehr bis an die Grenze der seelischen Belastbarkeit. Der Parteiarbeit entzog ich mich fast ganz.

Die mit der Entstalinisierung rasch einhergehenden Korrekturen an der sowjetischen Innen- und Außenpolitik, vor allem die Demontage des Stalinkultes, erregten Verwirrung und Verwunderung bei den meisten Parteimitgliedern. Ich empfand sie als Erlösung aus einem unerträglich gewordenen Druck. Der Eindruck, den die Veränderungen auf mich machten, war jedenfalls enorm. In der israelischen Partei freilich änderte sich wenig, während die Ereignisse im Ausland sich überstürzten. Sie gipfelten in den Enthüllungen Chruschtschows auf dem XX. Parteitag der KPdSU in Moskau im Frühjahr 1956.

An die »Tauwetter«-Periode knüpften wir, sowohl hinsichtlich der Regenerationsfähigkeit des realen Sozialismus im allgemeinen als auch hinsichtlich unserer (ganz persönlichen) Remigrations-Wünsche, noch einmal unsere Hoffnungen. Im Herbst des gleichen Jahres unternahmen wir einen neuen Anlauf. Wir taten es auf eigene Faust, d. h. ohne jede Unterstützung durch die Partei, allerdings auch ohne deren ausdrückliche Mißbilligung. Die Tatsache, daß wir mit einer Anzahl von »Abweichlern«, zumeist ausgeschlossenen oder ausgetretenen Mitgliedern, gut bekannt, gar befreundet waren oder die Wohnung mit ihnen teilten, mußte ihr freilich von jeher suspekt gewesen sein. Überdies war es ihr gleichgültig, ein Mitglied loszuwerden, dessen Tätigkeit sich auf das gelegentliche Schreiben von Rezensionen und Presseübersichten für die Parteizeitung beschränkte, und für dessen Eigenbrötelei sie bestenfalls ein mitleidiges Lächeln übrig hatte. Mein Wunsch, unbedingt in die DDR zu gehen, hat sie bestimmt mit Argwohn zur Kenntnis genommen.

Die »Eigenbrötelei« hatte mir allerdings eine Einladung eingetragen, die ich im Gepäck mitnahm, als wir Israel verließen. Sie stammte von Wolfgang Harich, mit dem ich – er war seinerzeit Lektor beim Aufbau-Verlag in Berlin – über ein Manuskript von mir korrespondiert hatte. Von seinem Konflikt mit der SED-Führung wußte ich nichts. Wir waren bereits in der Bundesrepublik, wo wir zunächst die Stätten unserer Kindheit besuchten, als die »Tauwetter«-Periode sich definitiv ihrem Ende näherte. Bereits die Niederschlagung des Ungarn-Aufstandes hatte unsere Zuversicht gedämpft. Als wir jedoch am Vorabend einer Erkundungsreise nach Berlin (29.11.1956) aus dem Radio erfuhren, daß Harich, u. a. auch wegen seiner Verbindung zum Budapester Petöfi-Kreis und insbesondere zu Lukács, verhaftet worden sei, wurde uns die Vergeblichkeit unserer Bemühungen bewußt. Wenn wir dennoch nach Berlin fuhren, so nur noch aus dem verzweifelten Festhalten an einer bereits verlorenen Sache. Zwar wurde ich in Berlin sehr freundlich, ja herzlich empfangen. Doch ungeachtet der Empfehlungen von Arnold Zweig, Louis Fürnberg und Lea Grundig, die wir alle von Israel her kannten, ungeachtet auch der Bemühungen des Schriftstellerverbandes und seines Sekretärs Max Zimmering, sprachen die Behörden ihr »Nein«. Der Schock, der sich bei uns bereits bei der Nachricht von der Verhaftung Harichs eingestellt hatte, wirkte lange nach. Er trug wesentlich dazu bei, daß wir unsere Illusionen endgültig verabschiedeten. Es war ein Prozeß, der in mehreren Etappen vor sich ging, er war schmerzlich, doch befreiend zugleich. Er entband uns von der zum Zwang geratenen Vorstellung, daß es *unsere* Hoffnung war, die im real existierenden Sozialismus Wirklichkeit geworden sei, und machte damit den Weg frei für eine nüchterne Sicht, die uns allerdings nicht nur hinsichtlich des realen Sozialismus zugute kam, uns vielmehr auch im realen Kapitalismus auf unseren Wegen begleitete.[12]

Blieben mir vorwiegend auch ungute Erinnerungen an die Partei, so hat diese Tatsache doch meinen Sinn für die historische Bedeutung des Kommunismus nicht ausgelöscht. Er hat das Gesicht der Welt nachhaltig verändert, indem er lange unterdrückte Emanzipationsbestrebungen von Klassen und Völkern artikuliert und zur Geltung gebracht hat. Auch sind mir die identitätsstiftenden Erfahrungen insbesondere älterer Genossen, vor allem im antifaschistischen Kampf, gut vertraut. Unantastbar bleibt mein Respekt für diejenigen, die ihre Existenz, ihr Leben für die Sache der Freiheit aufs Spiel gesetzt haben, ich fühle mich in ihrer Schuld. Dabei haben sich längst die Verhältnisse dahingehend gewandelt, daß mit der wachsenden Machtausübung des kommunistischen Systems sich die Auseinandersetzungen um Recht und Freiheit immer mehr auch in dieses System selbst verlagert haben. Genau besehen, schon von Anfang an.

Geblieben aber ist die Bitterkeit der Erkenntnis, daß unser Vertrauen in die Partei, unsere Träume und unsere Hoffnungen am Ende für Zwecke instrumentalisiert wurden, die nicht die unseren waren. Geblieben sind die Narben, die das Gefühl, einem – zuzeiten mörderischen – Mythos aufgesessen zu sein, bei denjenigen hinterlassen mußte, deren Denken sich an den Ideen der Aufklärung orientierte und die meinten, gegen jede Art von Despotie gefeit zu sein. In Wahrheit aber hatten auch über uns Ideologie und Zeitgeist mehr Macht gehabt, als wir wußten. Es dauerte seine Zeit, bis ich dessen gewahr wurde. »Es gibt«, um einen Satz aus Adornos *Minima moralia* zu zitieren, »kein richtiges Leben im falschen.«

Daß wir ausgerechnet in der BRD wieder Boden unter die Füße bekamen, war eher ein Zufall. Wir haben ihn angenommen. Aber dieses ist ein anderes Kapitel, das ich an dieser Stelle nicht aufschlagen kann.[13]

X

»Identität« – um diesen strapazierten Begriff hier zu verwenden – ist nicht ererbt, sie muß erworben werden, unter Umständen im Verlauf eines langwierigen Prozesses. Um Identität kreist auch das bisher Gesagte, wiewohl – oder gerade weil – sie sich hier einer vorschnellen Definition versagt. Dies mag an der Sache liegen, die meines Erachtens durch ein Entweder-Oder nicht zu beantworten ist. Jedenfalls scheint es mir ehrlicher, mich zu einer gebrochenen als zu einer erzwungenen, zu einer widerspüchlichen als zu einer aufoktroyierten Identität zu bekennen. Es ist, scheint mir, das Leben, ja die Geschichte selbst, die sich in diesem Punkt wie in einem Prisma bricht. Ich bin Jude *und* – ich sage es zögernd – Deutscher und unterscheide mich darin von zahlreichen deutschen Juden (älteren und jüngeren), die dies nicht sagen können, und anderen, die dies ganz unbefangen tun. Allen gemeinsam ist nur die Tatsache, daß sie Bürger der Bundesrepublik Deutschland sind und deren Verfassung achten.

Die Schwierigkeit, von der ich sprach, ist leicht begründbar. Sie liegt in dem zwar schwer definierbaren, doch nahezu jedem Juden bewußten Moment von Nicht-Identität, welches sich z. B. in der Abwehr von Volksgemeinschaftsideologien kundtut. Und in der Befürchtung, daß die Aussage, Deutscher zu sein, immer noch gern als Bekenntnis zum »Deutschtum« mißverstanden werden kann. Nicht zuletzt aber auch darin, daß anders z. B. als in Italien, einem ebenfalls faschistisch gewesenen Land, zahlreichen Umfragen zufolge die Kumpanei mit ehemaligen Gefolgsleuten des Regimes hier immer noch größer zu sein scheint als die Solidarität mit seinen Opfern oder gar mit dem Widerstand. Wenn etwas, so waren es spätestens die Ereignisse um den 40. Jahrestag der Kapitulation Deutschlands, die dieses deutlich gemacht haben.

Das Judentum ließ sich schon immer von den Rändern her einschmelzen. Daneben hat es auch so etwas wie seine Urform bewahrt. Ich habe in beidem nie etwas Verwerfliches sehen können. Schlimm allein war der Zwang, unter dem sich in der Regel sowohl dieses als auch jenes vollzog. In seinem Schatten hat das Bewußtsein, einer Schicksals- und Solidargemeinschaft anzugehören, mich nie verlassen. Aber auch der Wunsch, das Jüdische – auf diese oder andere Weise – »bewahrt« zu sehen, war immer in mir präsent. »Bewahrung« konnte dabei freilich auch als »Aufhebung« verstanden werden, in jenem Doppelsinn, welcher nicht Selbstaufgabe, sondern Einbringung in ein gemeinsames größeres und humaneres Ganzes bedeutete, und zwar in zahlreichen Abstufungen, doch immer jenseits einer erzwungenen Ausgrenzung und jenseits einer erzwungenen Assimilation. Allerdings würde dies die Herstellung eines nach innen pluralistischen und nach außen internationalistischen Klimas zur Voraussetzung haben. Als gebrannte Kinder wissen wir aber gut zwischen Wunsch und Wirklichkeit zu unterscheiden. Und damit ist uns auch die Bedingtheit unserer inneren Befindlichkeit bewußt. Die immer deutlicher auf alle Bereiche des öffentlichen Lebens durchschlagende »Wende« scheint das Rationale und das Wünschbare – zu oft auch durch falsche Propheten kompromittiert – wieder in weite Ferne zu rücken. Auch ist der Konservativismus wohl tiefer in der »Natur« des Menschen angelegt, als uns lieb sein mag. Auf diese abzuheben, hat der retardierende Teil unserer Gesellschaft immer schon verstanden. Auch das Individuum, das sich nach wie vor an den humaneren und solidarischeren Möglichkeiten des Menschen, d. h. unverändert am Geist der Aufklärung, orientiert, wird sich darauf einzustellen haben. Für mich hat das auch eine stärkere Rückbesinnung auf den jüdischen Anteil an der eigenen Persönlichkeit zur Folge, das heißt, sich von neuem einzulassen auf Ansprüche, die dieser an einen stellt.

»Religion« ist hiermit nicht gemeint, wiewohl ich sie nicht ausnehmen will und auch die Spuren nicht leugne, die sie in uns hinterlassen hat. Wenn etwas davon in uns weiterwirkt, so ist es der Glaube an die Möglichkeit einer Verbesserung des irdischen Daseins, an mehr Gerechtigkeit und Freiheit für alle, aber auch der Respekt gegenüber den Grenzen, die der Entfesselung unkontrollierbarer Kräfte durch den Menschen Einhalt gebieten sollten. Die Dinge auf den Kopf zu stellen, d. h. den sozialen Fortschritt zu desavouieren, die Hybris der technischen Machbarkeit aber als Fortschritt zu verkaufen, leistet der Aushöhlung jeder menschlichen Gesittung Vorschub, ja gefährdet die Existenz des Menschen. Theologen pflegen dergleichen als Gotteslästerung zu bezeichnen. Ich verstehe von Theologie nichts, glaube aber, daß dies für die christliche wie für die jüdische gleichermaßen zutrifft.

Die Rückbesinnung, die ich meine, kommt auch ohne eine solche Vokabel aus. Ihr liegt die *kritische* Solidarität mit der jüdischen Gemeinschaft zugrunde. Wir können ihr heute weniger denn je entraten, wenn wir nicht in Bigotterie, Nationalismus, Opportunismus oder pure Selbstgefälligkeit versinken wollen, Dinge, die sich auf Dauer nicht nur nie bezahlt gemacht, sondern am Ende immer nur an uns selber gerächt haben. Uns einzulassen auf all dieses, zwingt uns allerdings dazu, neue Fragen zu formulieren und nach neuen Antworten zu suchen.

Ich bin davon überzeugt, daß ich mit dieser Aussage nicht alleine stehe, sondern von einem Prozeß spreche, der unter Juden – ob religiös oder nicht, ob hier oder anderswo – im Gange ist.

ANMERKUNGEN

1 *Orient.* Unabhängige Wochenschrift. Independent Weekly. Zeitfragen / Kultur / Wirtschaft, hg. von Wolfgang Yourgrau und Arnold Zweig, April 1942-April 1943, Haifa (später Jerusalem) 1942-43 (Reprint: Hg. von Hans-Albert Walter, Hildesheim 1982, Band I/II, in Zusammenarbeit mit Zentralantiquariat, Leipzig). S. a. Lieselotte Maas: Jüdische Exilpresse in Palästina. *Neue Deutsche Hefte,* Jg. 25, (1978) H.2, S. 310-327.

2 Vgl. Richard Errell: *Bilderbuch für Vergeßliche,* Frankfurt a.M. 1961 (Neuausgabe Büchergilde Gutenberg 1984, Mitarb. Ernst Loewy). Ders.: Die Fleischtöpfe Ägyptens. Die jüdische Gemeinde im Leben Krefelds nach der Jahrhundertwende. *Krefelder Studien I,* Krefeld 1973, S. 327-368. Ders.: *Abrechnung in Venedig.* Roman, Wien-Berlin 1976. Seine Arbeiten als Werbegrafiker hat Errell der Fotografischen Sammlung des Museums Folkwang in Essen überlassen.

3 *Heute und Morgen.* Antifaschistische Revue (vordem: *Chug. Kreis der Bücherfreunde*), Hg. LEPAC. Levant Publishing Co. Tel Aviv 1943 bis 1945, insges. 12 Hefte. Lizenzinhaber und Redakteur: Arnold Czempin. Vgl. Lieselotte Maas (Anm. 1).

4 Vgl. Walter Grab: Der Kreis für fortschrittliche Kultur in Tel Aviv, 1942-1946, *Europäische Ideen,* Heft 47 (1982), S. 49-53, hg. von Andreas W. Mytze.

5 Rudolf Hirsch: Exil in Palästina. *Exil in der Tschechoslowakei, in Großbritannien, Skandinavien und Palästina,* Frankfurt a.M. 1981 (Kunst und Literatur im antifaschistischen Exil 1933-1945, Band 5), S. 581 ff.

6 *Helmar Lerski, Lichtbildner.* Fotografien und Filme 1910-1947. Ausstellung und Katalog: Ute Eskildsen, Jan-Christopher Horak, Essen: Museum Folkwang 1983.

7 Gershom Kurt Freyer: Der Aufstieg der Vernunft. Festschrift zum 80. Geburtstag von Georg Lukács, hg. v. Frank Benseler, Neuwied 1965, S. 211 ff.

8 Hans Rosenthal: Der Cornet an der Ostfront. Zwei Sonette, erstmals veröffentlicht in Ernst Loewy (Hg.): *Exil.* Stuttgart 1979; dort auch zwei weitere Gedichte Rosenthals. Rosenthals schmaler Nachlaß, fast nur Ungedrucktes, befindet sich im Exilarchiv der Deutschen Bibliothek in Frankfurt a.M.

9 Vgl. Louis Fürnberg: *Briefe 1932-1957.* 2 Bde., Berlin/DDR 1986. Darin mehrere Briefe an den Verf. dieses Artikels.

10 Dov Amir: *Leben und Werk der deutschsprachigen Schriftsteller in Israel.* Eine Bio-Bibliographie, München 1980. Meir Faerber (Hg.): *Stimmen aus Israel,* Eine Anthologie deutschsprachiger Literatur in Israel, Gerlingen 1979. Margarita Pazi (Hg.): *Nachrichten aus Israel. Deutschsprachige Literatur in Israel,* Hildesheim 1981. Alice Schwarz-Gardos (Hg.): *Heimat ist anderswo. Deutsche Schriftsteller in Israel,* Erzählungen und Gedichte, Freiburg i.Br. 1983.

11 Fürnberg: *Briefe.* Bd. 1, S. 472 ff. (März 1948).

12 Eine Briefstelle Fürnbergs, Bd. 2, S. 492 (13.6.1957), läßt zu Unrecht vermuten, daß Mitte 1957 eine Übersiedlung in die DDR noch aktuell war.

13 Vgl. hierzu Ernst Loewy: Literatur des Exils. Eine Dokumentation über die P.E.N.-Jahrestagung in Bremen vom 18.-20. September 1980, hg. von Bernt Engelmann, München 1981, S. 110-122.

Jude, Israeli, Deutscher – Mit dem Widerspruch leben. In: *Exilforschung. Ein internationales Jahrbuch,* hg. im Auftrag der Gesellschaft für Exilforschung von Thomas Koebner, Wulf Köpke und Claus-Dieter Krohn unter Mitwirkung von Lieselotte Maas, Band 4, edition text + kritik, München 1986.

***

Das *Bilderbuch für Vergeßliche* bietet, primär vom Visuellen ausgehend und das Prinzip der Montage wirkungsvoll nutzend, zu zentralen Themen der NS-Zeit kontrastreiche Konfrontationen von dokumentarischen Bildern und Originaltexten.

Der *Kibbuz Kirjath Anavim* wird hier, im Rückblick von 1986, recht nüchtern beurteilt. Nicht so in dem Artikel »Wiedersehen mit dem Kibbuz« von 1950, S. 119 in diesem Band.

Die deutschsprachige Zeitschrift *Orient* erschien in Haifa 1942-1943. Herausgeber und Chefredakteur: Wolfgang Yourgrau. Mitarbeiter u. a. Louis Fürnberg, Noemi Gabriel, Franz Goldstein, Friedrich Sally Grosshut, Kathinka Küster, Manfred Vogel, Walter Zadek, Alexander Zak, Arnold Zweig. Im *Orient* kamen Autoren aus dem linken Lager der deutsch-jüdischen Emigranten zu Wort. Da die Zeitschrift dezidiert antifaschistisch war und sich mit einer radikal kritischen Argumentation gegenüber der palästinensischen Wirklichkeit auch in die Innenpolitik einmischte, war sie unter dem Deckmantel des Kampfes gegen die deutsche Sprache stärksten Anfeindungen, Erpressungen, Boykott- und Sabotageakten ausgesetzt. Nach einem Bombenattentat mußte sie schließlich ihr Erscheinen einstellen.

Siehe Hans-Albert Walter: *Deutsche Exilliteratur 1933-1950,* Bd. 4: Exilpresse, Metzler, Stuttgart 1978, S. 679 ff. Und Lieselotte Maas: Jüdische Exilpresse, *Neue Deutsche Hefte,* H. 2, Jg. 25, 1978. Ein Reprint des *Orient* erschien in ost- und westdeutschen Parallelausgaben, wobei die ostdeutsche von Volker Riedel, die westdeutsche von Hans-Albert Walter eingeleitet wurde.

Die Zeitschrift *Heute und Morgen* erschien in Tel Aviv 1943-1945. Die Hefte 1-8 trugen den Titel *Chug. Kreis der Bücherfreunde,* ab Heft 9 hieß die Zeitschrift dann *Heute und Morgen – Antifaschistische Revue.* Redaktion: Ludwig Biro und Arnold Czempin. Dr. Arnold Czempin schrieb unter dem Pseudonym »Paratus« und war gegenüber der Mandatsmacht England verantwortlich. Vor seiner Emigration war er in Berlin Mitglied der linken Theatergruppe »Die Mausefalle« (unter Gustav von Wangenheim) gewesen, jetzt, in Palästina, war er Besitzer des Lampengeschäfts »Goldschmidt und Schwabe« geworden, in dem er auch Lesungen, etwa von Arnold Zweig, organisierte. Mitarbeiter der Zeitschrift waren u. a. Louis Fürnberg, Ernst Loewy, Hans Rosenthal, Willy Verkauf, Arnold Zweig. Die praktische Redaktionsarbeit wurde weitgehend von Ernst Loewy geleistet. »Die bescheidene ›heimliche‹ Fortsetzung des *Orient* konnte in dem verschärften innenpolitischen Klima Palästinas nur noch als interne und kostenlose Publikation für die Mitglieder und Abonnenten des im April 1943 konstituierten ›Kreises der Bücherfreunde‹ und der von ihm gegründeten ›Lepac‹ (Levant Publishing Company) erscheinen. Die ›Lepac‹ importierte Bücher und Zeitschriften aus dem Ausland, vornehmlich aus der Sowjetunion, und vermittelte sie ihren Mitgliedern zu Sonderpreisen.« (Lieselotte Maas, a. a. O.) Hinter »Lepac« standen Leute aus der KP. Dem Schicksal des *Orient* entging *Heute und Morgen* auch deswegen, weil sich die Zeitschrift in die innenpolitischen Verhältnisse Palästinas nicht einmischte. Außerdem erschien bei »Lepac« noch eine hebräischsprachige Zeitschrift.

Der Philosoph *Wolfgang Harich* (geb. 1921) war seit 1945 Mitglied der KPD und seit 1946 der SED, wurde 1949 Professor an der Humboldt-Universität in Berlin und gab von 1953 bis 1956 die *Deutsche Zeitschrift für Philosophie* heraus. Gegen Harich, Walter Janka (Leiter des Aufbau-Verlages) und andere wurde 1957 in Berlin ein Schauprozeß wegen »Bildung einer konspirativen, staatsfeindlichen Gruppe« inszeniert. Zu zehn Jahren Zuchthaus verurteilt, wurde Harich 1964 amnestiert, arbeitete dann als Verlagslektor in Ostberlin und siedelte 1979 in den Westen über.

Die *Artikelreihe von mir über die Situation im Nahen Osten*, die Loewy auf Veranlassung Louis Fürnbergs geschrieben und diesem nach Prag geschickt hatte, ist unter dem Titel »Palästina heute« in diesem Band, S. 99 zu finden. Loewy verstand Fürnbergs Bemerkung über die »komplizierte Sache mit dem Zionismus« wohl richtig, wenn er sie als warnenden Fingerzeig interpretierte. Jedenfalls stimmt es nachdenklich, daß Fürnberg – ein durchaus politischer Autor, der selbst in Palästina gelebt hatte – »keine Ahnung« haben und sich nicht einmischen wollte, wenn es um den Zionismus ging. Fürnberg befand sich in Prag, als er Loewys vehement für die jüdische Seite eintretende Artikelreihe bekam. Wann genau er sein Antwortschreiben an Loewy verfaßte, läßt sich nicht mehr ermitteln. Fürnbergs Brief an Loewy ist nicht datiert. Die Herausgeber von Fürnbergs Briefen vermuten »[März 1949]«, was kaum stimmen dürfte, der Brief ist sicherlich früher geschrieben. Jedenfalls wurde zu der Zeit, als Fürnberg in Prag war, dort hinter den Kulissen schon an den Vorbereitungen des ungarischen Rajk-Prozesses und des tschechoslowakischen Slansky-Prozesses gearbeitet. Ob Fürnberg davon etwas ahnte oder wußte und was er allenfalls ahnte oder wußte, ist nicht bekannt. Tatsache ist, daß sich die Politik der Sowjetunion gegenüber den Juden im eigenen Land und gegenüber Palästina in wenigen Wochen und Monaten dramatisch änderte. Nachdem der Präsident des Jüdischen Antifaschistischen Komitees schon am 13.1.1948 in Minsk bei einem »Autounfall« ums Leben gekommen war, wurde im November 1948 das Komitee aufgelöst und dessen Akten beschlagnahmt. Im Winter 1948/49 wurde die Führung des Komitees verhaftet. (S. Arno Lustiger: »Die Geschichte des Jüdischen Antifaschistischen Komitees in der Sowjetunion«, in Wassili Grossmann/Ilja Ehrenburg: *Das Schwarzbuch. Der Genozid an den sowjetischen Juden.* Deutsche Ausgabe hg. v. Arno Lustiger, Rowohlt Hamburg 1994).

Zu Stalins Judenverfolgungen schreibt Georg Hermann Hodos: »Anfangs unterhielt die Sowjetunion noch sehr gute Beziehungen zum 1948 gegründeten Staat Israel, doch bald schwenkte sie auf die arabische Seite um. Gleichzeitig damit begann – zunächst in der Sowjetunion, dann auch in den Satellitenstaaten – die antisemitische Hetze, als Kampagne gegen den ›Kosmopolitismus‹ verkleidet. Schritt für Schritt wurde den Juden das Recht entzogen, ihre kulturellen Traditionen zu pflegen. Der Jiddischunterricht wurde verboten, jiddische Zeitungen, Zeitschriften und Bücher durften nicht mehr gedruckt werden, jiddische Theater wurden geschlossen. In den Jahren 1950 bis 1952 ließ Stalin die Mitglieder des während des Krieges gegründeten Jüdischen Antifaschistischen Komitees verhaften und liquidieren, ferner ordnete er die Hinrichtung von 24 prominenten jüdischen Schriftstellern und Künstlern an. Der antisemitische Terror hätte im berüchtigten Schauprozeß der ›Ärzte‹-Verschwörung und in der Deportation der sowjetischen Juden in das fernöstliche Birobidschan kulminieren sollen, doch diese Pläne kamen nach Stalins Tod nicht mehr zur Ausführung. Die Tschechoslowakei, drei Jahre vorher auf Anordnung Moskaus noch der hauptsächliche Waffenlieferant des israelischen Unabhängigkeitskrieges, wurde dazu ausersehen, die Stalinsche ›Lösung der Judenfrage‹ nun auch in den Volksdemokratien durchsetzen zu helfen – und der Slansky-Prozeß bot dafür den Ausgangspunkt.« (Georg Hermann Hodos: *Schauprozesse, Stalinistische Säuberungen in Osteuropa 1948-54*, Campus Frankfurt und New York 1988, S. 126 ff.) Rudolf Slansky gehörte zu den Gründungsmitgliedern der tschechoslowakischen Kommunistischen Partei, wurde bald neben Gottwald deren zweitwichtigster Mann im ZK, floh nach dem Münchner Abkommen in die Sowjetunion und spielte dort eine führende Rolle bei der Organisierung des Partisanenkampfes in der Slowakei. Nach der Befreiung wurde er als Vertrauensmann Stalins Generalsekretär der tschechoslowakischen KP. »Der humorlose, doktrinäre Stalinist blieb auch in der ersten Phase des Terrors ein williges Werkzeug Berijas.« (Hodos, a. a. O., S. 128)

Der *Funktionär des israelischen Links-Zionismus*, der als Angeklagter und Hauptzeuge in den Prozeß involviert war, war der Israeli Mordechai Oren. Er war in halbdiplomatischer Mission unterwegs, um für Israel Sympathien zu werben, als er im Dezember 1951 in Prag verhaftet wurde. (Seine Erinnerungen sind unter dem Titel *Prisonnier politique à Prague* 1960 in Paris erschienen.) Die Anklageschrift belastete auch israelische Diplomaten. Das Todesurteil gegen Slansky und zehn andere Angeklagte wurde in Prag am 27.11.1952 verkündet und am 3.12. vollstreckt. Zu den Getöteten gehörte auch der Gesandte der ČSSR in Ostberlin, Otto Fischl, der Vorgesetzte des Botschaftsrates Louis Fürnberg – siehe dazu »Lessing und Spira«, S. 185 in diesem Band.

Grenzüberschreitungen
(1980)

I

Zwanzig Jahre nach dem Grenzübertritt bei Salzburg erfolgte der Grenzübertritt in umgekehrter Richtung bei Basel. Was uns als erstes auffiel, war die Freundlichkeit des Beamten von der badischen Paßkontrolle. Sie kontrastierte lebhaft mit der Vorstellung, die ich vom Verhalten deutscher Beamten hatte, einer Vorstellung, in der die Erinnerung fortlebte an die frostige Atmosphäre, die mir bei der Aushändigung des Passes auf dem Krefelder Polizeipräsidium entgegenschlug. Der Paß enthielt einen »gebührenfreien« Sichtvermerk, in dem die Formulierung »zur Wiedereinreise *in* das Reichsgebiet« gestrichen und handschriftlich durch die Worte »zur einmaligen Ausreise *aus* dem Reichsgebiet« ersetzt war. Und trotzdem war ich froh, das Dokument in der Hand zu halten. Es war Anfang 1936, ich war noch keine sechzehn. Meine Eltern waren weitsichtig genug, mich – und zwar allein – nach Palästina zu schicken.

Diesmal schien alles anders. Der Beamte wechselte mit uns einige Worte und wünschte uns gute Fahrt. Rega kam aus dem Schwarzwald, und hierher zog es sie zunächst auch zurück. Das kleine Dorf bei Badenweiler, ihr Geburtsort, war unser erstes Ziel. An den Krieg erinnerte hier äußerlich wenig. Die Häuser, meinte Rega, standen noch da wie früher, auch das Rathaus, in dessen Obergeschoß sie zur Welt gekommen war. Es diente gleichzeitig noch immer als Schule. Die erste Wohlstandswelle mußte das Dorf freilich schon erreicht haben, denn ein paar Häuser schienen bereits dazugekommen. Einige der Dorfbewohner konnten sich an Rega noch gut erinnern und zeigten sich überrascht, sie wiederzusehen. Übrigens hatte sie christliche Verwandte im Dorf, denen unser Besuch angekündigt war.

Unähnlich jedoch dem festlichen Empfang, der fast gleichzeitig dem eben aus Spandau entlassenen Großadmiral Dönitz in einem herrschaftlichen Hotel des nahegelegenen Badenweiler bereitet wurde, stand weder die Lokalpresse noch ein Blumenstrauß zu unserer Ankunft bereit. Dabei war Regas Rückkehr schon ein kleines Ereignis hier. Jedenfalls gab sie Stoff für das dörfliche Tagesgespräch. Auch selber mußte Rega sich den vielen Fragern und Fragen stellen, willkommenen und lästigen, rührenden und ärgerlichen, je nachdem.

Den Verwandten war das Schicksal der sechsköpfigen Familie natürlich nicht unbekannt, auch die Tatsache nicht, daß der Vater in Polen von den Nazis ermordet worden war. Wahrscheinlich wußten sie mehr von uns als wir von ihnen. Bei Gesprächen, die Rega mit einem Vetter, Forstarbeiter wie die meisten hier im Dorfe, führte, hatte sie bald gespürt, daß etwas mit ihm nicht stimmte, daß er etwas vor ihr verbarg. Eines Tages, im Suff, kam es heraus: Er war bei der SS und in Buchenwald gewesen. Rega hatte ihn gefragt, was er während des Krieges angestellt habe, denn er muß in französischer Gefangenschaft nicht eben sanft behandelt worden sein. Sofort versuchte er sich zu rechtfertigen, er habe niemandem etwas zuleide getan, im KZ nur Wache geschoben, sich nichts dabei gedacht und nichts von allem gesehen. Wenn es noch einmal Krieg gäbe, dann ohne ihn, es sei denn, es ginge gegen den »Ruß«. Es war eine peinliche Erfahrung, die in dieser oder jener Form einmal zu machen wir allerdings gefaßt sein mußten. Wir waren in Deutschland.

2

Die Reise den Rhein hinunter ließ mein Herz höher schlagen. Dies war eine Gegend, die ich kannte. Ich war als Kind öfters mit den Eltern hier gewesen, meist mit dem Auto. Jetzt hielt ich meine Nase plattgedrückt an die Fensterscheibe des D-Zug-Wagens. Da waren sie noch, die Dörfer, die kleinen Städtchen, aus Fachwerk gebaut und mauerumwehrt, die Burgen, von denen herab einst die Raubritter die vorbeiziehenden Schiffe überfallen hatten. Das allerdings war Geschichte. Die efeuumrankte Idylle aber war Gegenwart jedenfalls für diesen *einen* Augenblick, in dem die Zeit, *meine* Zeit, stehengeblieben zu sein schien. Ich erinnere mich, wie ich Rega und den Kindern all das erklären wollte, was ich sah, wobei ich Ausbrüche des Entzückens nur schwer zurückhalten konnte. Ich weiß nicht, was die Mitreisenden, die das Coupé mit uns teilten, von mir dachten. Vielleicht, ich sei ein amerikanischer Tourist, oder hier fahre einer zum ersten Mal mit der Eisenbahn.

Der eigenen Heimatstadt näherte ich mich mit gemischten Gefühlen. Sie hatte mir nie viel bedeutet. Nichts von alledem, was Rega mit ihrer alemannischen Heimat verband. Das Erinnerte war der Form nach viereckig und der Farbe nach grau, viereckig die schnurgeraden Straßen in dem Rechteck der Wälle, grau die Häuser – ebenso wie die Nebel und der Nieselregen des Niederrheins, aus denen einem die Weidenbäume knorrig und traurig entgegentraten.

Mit welcher Beklommenheit las ich an der Haustür des unzerstört gebliebenen Elternhauses die Namen der Bewohner, von denen mir einige noch geläufig waren wie der des Polizisten Peuyn oder der des Arbeiters Sitzen, der Kommunist gewesen sein sollte. Jedenfalls wußte ich, wie er dachte, ich wußte es von meiner Kindheit her, wußte es von seinen Kommentaren zu den Hitler-Reden am Radio. Denn ich stieg oft die Treppe hinauf zu ihm, ging Radio hören: Wir hatten keines. Auch hatte er meinen Eltern bis zum Tag ihrer Flucht aus Krefeld beigestanden, er hatte ihnen geholfen, die Koffer zu packen, die letzten Gänge für sie gemacht. Jetzt klingelte ich an seiner Tür. Er öffnete. Er wollte es nicht glauben, daß ich es war. Schluchzend nahm er mich in seine Arme: »Was haben *wir* euch angetan!« Dieses Bekenntnis eines Mannes, der ohne Schuld war, wog um ein Vielfaches die unerbetenen Ausflüchte jener auf, die »von alledem nichts gewußt« haben wollten und von denen dann doch jeder »seinen« Juden hatte, natürlich einen guten Freund, der plötzlich (ohne daß sie was merkten?) verschwunden war.

Von dem Haus an der Hubertusstraße, wo meine Großeltern gewohnt hatten, stand nur noch ein Stück der Fassade. Der Geruch von nebenan war süßlich wie immer, dort war eine Niederlassung von Van Houtens Kakao. Mein Großvater war zu Anfang des Krieges gestorben, sein Grab auf dem jüdischen Friedhof nicht auffindbar. Meine Großmutter wurde mit ihren Schwestern nach Theresienstadt deportiert. Keine der Schwestern hat das Lager überlebt.

Von den beiden Schulkameraden, mit denen ich bis zu meinem Weggang befreundet war, traf ich nur einen in Krefeld wieder. Von ihm war ich enttäuscht. Ich glaubte ihm, daß er bei den Nazis nicht mitgemacht hatte, er war aus sozialdemokratischem und mennonitischem Elternhaus, das mag ihn davor bewahrt haben. Jetzt war er ein braver städtischer Beamter und trug jene Art von Selbstzufriedenheit zur Schau, die einen glauben machen mußte, daß das »Dritte Reich« nur ein Betriebsunfall gewesen und daß in diesem Teil Deutschlands nun alles in vollkommenster Ordnung sei. Ich sah meinen Freund nicht wieder. Wir hatten uns nichts zu sagen gehabt. Ich kannte sonst so gut wie niemanden.

Das neoklassizistische Realgymnasium war nicht zu übersehen. Es stand da in seiner alten Pracht und mit unverkennbarer Herrschaftsgebärde. Die Schule hieß jetzt »Gymnasium am Moltkeplatz«. Sollte mit der Umbenennung etwa ein neuer Geist in die »Anstalt« eingezogen sein? Der Name selbst läßt es nicht unbedingt vermuten.

Die Wälle, denen die Stadt ihren regelmäßigen Grundriß verdankt, waren geradlinig wie ehedem. Schräg gegenüber dem Elternhaus und ebenfalls geradlinig wie früher die Konturen des Stadtgartens. Hier bin ich als Kind am Sonntag mit meinem Großvater spazierengegangen und lauschte dem Platzkonzert der Polizeikapelle. Wie stolz war ich, wenn ich die einzelnen Teile des Potpourris identifizieren konnte. Die Turmuhr des Amts- und Landgerichts auf unserer Seite der Straße schlug noch alle vollen und viertel Stunden. Es war ein mächtiges Gebäude. Hier muß wohl schon aus Rentabilitätsgründen viel Recht gesprochen worden sein. Den entsprechend großen Gefängnistrakt hinter dem Hauptgebäude konnte man früher von unserem Garten aus sehen. Wo allerdings einmal die

Synagoge gestanden hatte, parkten jetzt Autos. Kein Stein erinnerte mehr an das Gotteshaus.

3

Wollten wir nicht eigentlich – ich hätte es fast vergessen – ganz woanders hin? In ein Land, das uns in den ersten Nachkriegsjahren einmal nahe schien und auf das wir nun ein zweites Mal mit wenn auch leicht gedämpfter Hoffnung blickten? Die Enthüllungen Chruschtschows auf dem XX. Parteitag der KPdSU im Februar 1956 boten, so glaubten wir, die Gewähr dafür, daß dort ein neues Zeitalter begonnen habe. Kurz: Wir wollten nach Ostberlin. Ich spreche nur zögernd davon: Diese Erinnerung ist traumatisch belastet. Widerstände sind hier beiseite zu rücken.

Zu den Dokumenten, die wir mit uns führten, als wir Israel verließen, gehörten mehrere Einladungsschreiben. So hatte ich dem Aufbau-Verlag ein Manuskript angeboten, einen literaturtheoretischen Text, mit dem ich etwas zu artikulieren versuchte, was ich für materialistische Ästhetik hielt. Die Korrespondenz darüber hatte sich monatelang hingezogen. Sie gipfelte in dem Vorschlag, in die DDR überzusiedeln. Meinen Briefpartner kannte ich bis dahin nur als einen brillanten philosophischen und kulturpolitischen Schriftsteller, als Herausgeber einer philosophischen Zeitschrift sowie einer Heine-Ausgabe. Es war Wolfgang Harich.

Zwischen Planung und Ausführung der Reise waren Monate vergangen. Die Ereignisse in Polen, Juni 1956, ließen uns bereits Böses ahnen. Kurz nachdem wir Ende September in Haifa an Bord der »Jerusalem« gegangen waren, brach der Suez-Krieg aus. Wenige Wochen später kam es zum ungarischen Volksaufstand. Seine Niederschlagung, Anfang November, bedeutete das Ende der kurzen »Tauwetter«-Periode.

Wir hatten inzwischen die Stätten unserer Kindheit wiedergesehen und bereiteten uns auf die Fahrt nach Berlin vor, um an Ort und Stelle das Weitere zu arrangieren. Genauer: Wir warteten ein wenig ab, da wir, wie sich zeigen sollte, mit Recht befürchteten, daß die politische Situation unserem Vorhaben nicht günstig war. Schließlich schien uns die Zeit gekommen, wir hatten die Kinder untergebracht, am nächsten Tag wollten wir aufbrechen, es war der 29. November 1956.

Da ich mir keine Daten merke, habe ich mich in diesem Fall eines der gängigen Nachschlagewerke bedient. Das Datum herauszufinden konnte nämlich nicht schwer sein: Es war der Tag, an dem Harich verhaftet wurde.

Wie allabendlich hatten wir vor dem Radio gesessen, den Nachrichten zu lauschen. Es waren meist unerfreuliche, wir waren es gewohnt. Diese Nachricht aber schockierte uns, sie warf uns nahezu um. Der Boden, sofern wir überhaupt welchen unter den Füßen hatten, schien zu wanken. Mit einem Mal wußten wir, daß wir das Ziel *dieser* Reise nie erreichen würden.

In Israel hatten wir unsere Zelte abgebrochen. Vom Reisegepäck abgesehen, war unsere ganze Habe – Bücher, Regas Zeichnungen und Skulpturen, Kleider, Hausrat – noch in Kisten verpackt. Sie waren in einem Lagerraum in Westfalen untergebracht und warteten darauf, an ihren Bestimmungsort spediert zu werden. Den wußten wir selber nicht.

Was sollten wir tun? Mit wem hätten wir unsere Probleme bereden können? Wem hätten wir uns offenbaren sollen? Wer hätte uns verstanden? Die Verteufelung der DDR war ja noch in vollem Schwange. In sie einzustimmen, waren wir nicht gewillt. Der Antikommunismus war unsere Sache nicht. Wir konnten uns nur verkriechen, wir mußten versuchen zu überwintern. Wir brauchten Zeit zum Nachdenken, nicht zuletzt über die eigenen Irrtümer und Illusionen.

4

Vor allem hieß es Arbeit finden. Ich hatte eine Familie zu ernähren. Ich suchte monatelang, schrieb ein Bewerbungschreiben nach dem anderen. In Israel hatte ich in den letzten Jahren eine kleine Fachbibliothek geleitet, eine Ausbildung im hier üblichen Sinne gab es dort nicht. Der Begriff »Diplom-Bibliothekar« war mir fremd; als ich ihn hier zum ersten Mal hörte, schwand meine Hoffnung auf eine Anstellung dahin. Auch die buchhändlerische Lehre, die ich in Tel Aviv absolviert hatte, wurde hier nicht anerkannt. Außer ein paar Zeugnissen besaß ich keine Papiere. Nicht einmal die Mittlere Reife hatte ich.

Durch einen glücklichen Umstand lernte ich Hanns-Wilhelm Eppelsheimer, den Gründer der Deutschen Bibliothek und Direktor der Frankfurter Städtischen Bibliotheken, kennen. Er suchte jemanden mit Hebräisch-Kenntnissen, dem er die Leitung der altbekannten Judaica-Abteilung der Frankfurter Stadt- und Universitätsbibliothek anvertrauen konnte. Er engagierte mich ohne Zögern. Und ohne Diplom. An der der Bibliothek angeschlossenen Fachschule könne ich nach einigen Jahren Praxis als Externer die Prüfung nachholen, meinte er.

Praktisch hatte ich mit Eppelsheimer kaum zu tun. Auch sah ich ihn nur selten, zumal er sich ab 1958 nur noch der Deutschen Bibliothek sowie seinen wissenschaftlichen Verpflichtungen widmete. Ich schätzte Eppelsheimer außerordentlich hoch, einmal wegen seiner untadeligen Haltung im Dritten Reich, dann aber auch wegen seiner Verdienste um die Bewahrung des Exilerbes. Daß die Stellung, die ich ihm verdankte, auch etwas Demütigendes für mich hatte, konnte er nicht wissen; es tut mir heute leid, daß ich mich ihm nicht anvertraut habe. Er hätte mich verstanden, dessen bin ich sicher. Die Sache war die: Ich bin – um es einmal so auszudrücken – nicht wegen, sondern trotz meiner Hebräisch-Kenntnisse nach Deutschland zurückgekehrt; sie waren ohnehin nicht die besten. Auch hat es mich nicht wegen, sondern trotz meines Judeseins hierhergezogen.

Ich war Jude, kein praktizierender übrigens, aber kein Judaist. Irgendwie fühlte ich mich mißbraucht. Und zwar für eine Rolle, die ein jüdischer Freund sinnigerweise mit dem Begriff »Berufsjude« versah – wobei er freilich die Sache selbst haarscharf verfehlte. Wiewohl – oder gerade weil – das Arbeitsfeld mich existentiell tangierte, blieb ein innerer Widerstand, der sich nie ganz auflöste, selbst nicht durch die eher beglückende Erfahrung der zahlreichen und fruchtbaren Kontakte, vor allem mit Studierenden, die die Arbeit mir bescherte, Kontakte, die auf andere Weise sich vielleicht nie hergestellt hätten. Es war die Periode der »Vergangenheitsbewältigung«, in der ein fragendes jugendliches Publikum – innerhalb und außerhalb der Universität – sich gern eine wissenschaftliche Einrichtung zunutze machte, wie die Judaica-Sammlung in Frankfurt es war. Die Aufgabe reizte mich deshalb nicht nur, sie forderte und verpflichtete mich – zumal ich sie auch als eine politische erkannte.

In den Kategorien des Apparates, der Bürokratie, hier: der Bibliothekshierarchie, war meine Stellung freilich eine schiere Unmöglichkeit. Die

Bezahlung entsprach derjenigen eines »Diplom-Bibliothekars« im »Mittleren Dienst«. Die Tätigkeit jedoch war im wesentlichen die eines wissenschaftlichen Bibliothekars im »Höheren Dienst«. In Wirklichkeit war ich *nur* Bibliothekar, ohne Rang und ohne Titel. Ein Luftmensch, wie er nirgendwo im Buche steht.

Das sollte anders werden! Erst einmal unterzog ich mich in aller Stille, jedoch nach angestrengter Vorbereitung, einer »Prüfung über die Zulassung zum Hochschulstudium ohne Reifeprüfung« (die Kurzbezeichnung »Begabtenabitur« geht mir schwer über die Lippen). Kurz danach trat ich zu der mir vor Jahren zugesagten Prüfung an der Bibiliotheksschule an. Ich bestand. Ich erhielt mein Diplom. Ich war kein »bloßer«, kein ungeschützter, kein »Als ob«-Bibliothekar mehr, sondern ein echter, diplomierter, mit Amtssiegel versehener Bibliothekar mit allem, was dazugehört.

So dachte ich. Als ich wenige Tage nach der Prüfung in mein Zimmer wollte – ich traute meinen Augen nicht –, stellte ich fest, daß das Namensschild an der Tür fehlte. Ich wunderte mich. Ich fragte. Ich verstand. Ein Namensschild gehörte anscheinend nicht mehr dazu, so wenig wie das Recht, weiter meine Briefe zu unterschreiben oder auf den Sitzungen der Bibliotheksräte meine Kaufwünsche vorzutragen. All dies sei jetzt vorbei, denn ich sei ja nun ein »richtiger« Diplombibliothekar. Namensschilder an den Türen oder die genannten Tätigkeiten – ich wisse dies doch alles selbst – aber seien dem »höheren Dienst«, den »Räten«, vorbehalten. *Vor* der Prüfung sei alles anders gewesen, aber jetzt müsse es doch wohl endlich seine Richtigkeit mit mir haben. Ich war empört. Ich protestierte. Dann war das Namensschild unversehens wieder da, der Status quo ante wiederhergestellt. Mich für die wissenschaftliche Bibliothekslaufbahn zu qualifizieren, damit sich wenigstens auf dieser Ebene die aus den Fugen geratene Welt wieder einrenken möge – diesen, vielleicht hilfreichen Vorschlag hat in der Bibliothek mir keiner gemacht.

Allerdings wurde mir bald darauf die »Verbeamtung« angeboten. Ich hätte Bibliotheksinspektor werden können. Ich verzichtete. Ich war – aus unterschiedlichen Gründen – längst auf der Suche nach einer anderen Tätigkeit. Als ich eine gefunden hatte, kündigte ich.

5

In die Bundesrepublik waren wir eher durch Zufall als durch Neigung geraten. Dennoch fanden wir uns schnell mit dieser Tatsache ab. Dies fiel uns um so leichter, als wir bald feststellen konnten, daß die Vorstellung, die wir von den beiden deutschen Staaten hatten, nur eine sehr oberflächliche war. Nicht, daß das holzschnittartige Bild, das wir uns vom Nachkriegsdeutschland gemacht hatten, ganz und gar falsch gewesen wäre, aber manches voreilige Urteil erwies sich mit der Zeit doch als handfestes Vorurteil.

Auf die unerfreulichen Seiten der BRD – ihr restauratives Klima, das Überleben alter Strukturen, die Schonung jeder Art von Besitzstand – waren wir vorbereitet. Wir brauchten sie nicht zu suchen, sie waren allgegenwärtig. Ihre positiven Seiten traten langsamer hervor. Vor allem war es die Jugend, deren Aufgeschlossenheit uns beeindruckte, ihr erfrischend undogmatisches Verhalten, das Fehlen nationalistischer Borniertheit, Dinge, die wir – auch im Vergleich mit Israel – als außerordentlich wohltuend empfanden. Unverkennbar war der Wunsch dieser Generation, die Vergangenheit nicht länger unbefragt zu lassen, später auch, der penetranten Einseitigkeit zu begegnen, mit der von Regierungsseite, Schule und Presse die »Vergangenheitsbewältigung« betrieben wurde. Als ob es ausschließlich die Juden gewesen seien, die durch die Nationalsozialisten verfolgt worden sind.

Es war die Zeit, in der die »Frankfurter Schule« unter Horkheimer und Adorno in Deutschland wirksam zu werden begann. Hier wurde ein theoretisches Bewußtsein vermittelt, das den »hilflosen« Antifaschismus der ersten Nachkriegszeit weit hinter sich ließ. Gerne erinnere ich mich an meine Teilnahme als Gasthörer an Seminaren des »Instituts für Sozialforschung« und gedenke der formalen wie inhaltlichen Radikalität einer intellektuellen Bemühung, die – allen Tendenzwenden zum Trotz – die Auseinandersetzungen dieser Zeit entschieden vorangetrieben hat. Sie hat auch mein eigenes Denken nachhaltig beeinflußt.

In einem vielschichtigen Lernprozeß hatten sich Gemeinsamkeiten und Freundschaften zwischen uns und – vor allem – Jüngeren hergestellt. Wir waren in Deutschland, doch waren wir nicht mehr allein.

6

Gedanken liegen meist in der Luft. Darum gibt es für sie auch keinen Prioritätsanspruch. Tatsache allerdings ist, daß ich bereits gegen Ende der fünfziger Jahre in zwei engagierten Artikeln einer Münchner Zeitschrift die in der BRD herrschende Ignoranz gegenüber der Exilliteratur, vor allem innerhalb der für sie zuständigen Wissenschaft, beklagt habe. Gleichzeitig konnte ich auf den breiten Raum hinweisen, mit dem die faschistische Literatur in den gängigen Literaturgeschichten – und zwar unkritisch – noch immer bedacht wurde. Ein Echo fanden diese Artikel nicht.

Damals bereits hatte ich die Idee, durch eine Anthologie, eine Zeitschrift oder eine Buchreihe Interesse für die deutsche Exilliteratur zu wecken und Kenntnisse über sie zu verbreiten. Die Zeit war allerdings nicht reif für solche Gedanken, zumal es die Gedanken eines Unbekannten und Außenseiters waren, der weder die Mittel noch die Beziehungen besaß, die für ihre Realisierung erforderlich gewesen wären.

Zu den Ungereimtheiten meines Lebens gehört das Faktum, daß mein erstes Buch denn auch nicht von der Exilliteratur, sondern gleichsam von ihrem Widerpart, der NS-Literatur, handelt. Es war der allzu früh verstorbene Hans Riepl, Cheflektor der Europäischen Verlagsanstalt in Frankfurt, der mit dem Plan an mich herangetreten war, eine – wie er es nannte – »Anthologie der Schande« zusammenzustellen. Die zünftige Germanistik hatte sich bisher nicht an den Gegenstand herangewagt. Er fragte mich, ob ich dazu bereit sei. Ich sagte ja, obwohl ich – wie auch Riepl wußte – von der Sache wenig Ahnung hatte. Die Zusage bedeutete für mich ein jahrelanges Quellenstudium, das neben meiner regulären Arbeit zu leisten war. Denn mit dem moralischen Verdikt, auf das der Arbeitstitel abhob, war es natürlich nicht getan.

Literatur unterm Hakenkreuz ist 1967 in erster Auflage erschienen. Das Buch war ein Erfolg. Auf seinen Gegenstand bin ich nie wieder zurückgekommen.

7

Es gibt erzwungene, freiwillige und freiwillig-erzwungene Grenzüberschreitungen. Die letzteren sind die, die man sich selber auferlegt, die einem weder prophezeit noch nachgesagt werden, hinter denen weder gnadenlose Willkür noch heroische Entschlüsse stehen. Es sind dies die stillen, meist allerdings aus Widersprüchen sich herausdifferenzierenden Optionen jener, die zwischen irgendwelchen Stühlen sitzen, gelegentlich auch zwischen allen, die verfügbar sind.

Nicht im Deutschunterricht, nein, in Israel war mein Interesse an der deutschen Literatur erwacht. Es war im Kibbuz, wo ich als Sechzehn-, Siebzehnjähriger die Gedichte Rilkes, Georges und der Chinesen (in der Nachdichtung von Klabund) entdeckte. Hier lernte ich die Werke Thomas Manns – allen voran den *Tonio Kröger* – kennen und schloß mit ihnen eine bleibende, wenn auch nicht gleichbleibende Freundschaft.

Hier war es auch, wo die Gedanken Nietzsches das jugendliche Bewußtsein gleichsam aufbrachen und alles, was ich bis dahin unbefragt akzeptiert hatte, mit einem Mal in Frage stellten. Zu Brecht fand ich nur wenig später; ich hatte den Kibbuz inzwischen verlassen und eine Lehrstelle in einer deutschsprachigen Buchhandlung in Tel Aviv angetreten. Hier habe ich sowohl die Bekanntschaft mit einer spezifischen Form frühkapitalistischer Ausbeutung machen können als auch mit einer Literatur, die in wesentlichen Teilen die Ausbeutung bekämpfte: der deutschen Exilliteratur. Ich begann selber zu schreiben. Für Schublade und Papierkorb.

Mein Festhalten an der deutschen Sprache war in den Kategorien praktischer Vernunft ein Unding. Die Weichen waren indessen längst gestellt: In den kargen Stunden, die ein anstrengender Arbeitstag mir ließ, befaßte ich mich mit Dingen, die mir beruflich nichts einbrachten, und schob achtlos beiseite, was einem späteren Fortkommen in Israel hätte dienlich sein können. Eine intensivere Beschäftigung mit dem hebräischen Schrifttum etwa oder mit jüdischer Geschichte erfolgte paradoxerweise erst, als ich wieder in Deutschland war. In der widrigsten aller Zeiten blieb ich jener imaginären Heimat verbunden, die die Exilliteratur mir eine Zeitlang täglich vor Augen führte und die mit dem »Prinzip Hoffnung« zu einer so eigenartigen Einheit verschmolzen schien. Die tatsächliche Heimat heute tagtäglich vor Augen, ist es das Exil geblieben, das — um ein Wort von Horkheimer und Adorno aufzugreifen — zwar nicht nach Konservierung verlangt, jedoch an die »Einlösung der vergangenen Hoffnung« gemahnt.

Als der Nationalsozialismus an die Macht kam, war ich noch zu jung, um bereits etwas gelernt oder gar geleistet zu haben, gleichzeitig aber auch schon zu alt, um das bereits Gewordene, an mir Erfahrene verwischen oder gar auslöschen zu können. Ich war geprägt von einer Kindheit, die keine Fortsetzung fand, von einer Adoleszenz, in die Kindheit kaum eingehen konnte. Da war ein Bruch, der viele Narben hinterlassen hat. Sie konnten heilen oder nicht, sichtbar blieben sie allemal. Nicht zu übersehen etwa war der Gegensatz zu den Etablierten hüben (falls sie zurückgekommen) und drüben (falls sie, wie die Mehrzahl, geblieben waren), aber auch zu den endgültig Gestrandeten hier und dort. Ungleichzeitigkeit erwies sich vielleicht als das hervorstechendste Merkmal. Verspätet und/oder verfrüht, den Dingen nachhinkend und/oder sie vorausschauend: So bietet das eigene Spiegelbild sich dar. Grenzüberschreitung ein Leben lang.

ANMERKUNGEN

Grenzüberschreitungen. In: Bernt Engelmann (Hg.), *Literatur des Exils.* Eine Dokumentation über die P.E.N.-Jahrestagung in Bremen vom 18. bis 20. September 1980, Wilhelm Goldmann Verlag München 1981.

***

Großadmiral Karl Dönitz, 1891-1980, als Befehlshaber der U-Boot-Waffe (ab 1936) und als Oberbefehlshaber der ganzen Kriegsmarine (ab 1943) enger Mitarbeiter Hitlers. Bildete, von Hitler zum Nachfolger als Reichspräsident bestimmt, am 2.5.1945 eine »Geschäftsführende Reichsregierung«. Mit dieser wurde er am 23.5.1945 von den Engländern verhaftet, 1946 vom Internationalen Militärgerichtshof in Nürnberg angeklagt und zu 10 Jahren Gefängnis verurteilt. 1956 Entlassung aus Spandau.

Polen, Juni 1956: In Posen entwickelte sich am 28. Juni 1956 ein Streik- und Protestmarsch von Kohlearbeitern gegen die Normen und die hohen Lebenskosten zu offenem Aufruhr weiter Teile der Bevölkerung. Der Widerstand wurde mit der Armee gebrochen.

Suez-Krieg: Im Rahmen des Ost-West-Konfliktes hatte sich Ägypten zu einem Krisenherd entwickelt: Kämpfe an der israelisch-ägyptischen Demarkationslinie, Waffenlieferungen des Ostblockes an Ägypten, internationales Tauziehen um den Bau des Assuan-Staudammes. Als nun der ägyptische Präsident Nasser die Allgemeine Suezkanalgesellschaft verstaatlichte, traten England und Frankreich auf den Plan. Am 29.10.1956 griff Israel die ägyptische Stellung auf dem Sinai an und drang gegen den Suezkanal und Gaza vor. Am 31.10. begann die englisch-französische Luftoffensive gegen Ägypten. Waffenstillstand am 6. November.

Bei den *»zwei engagierten Artikeln«* über Exilliteratur handelt es sich um: »Die deutsche Literatur des Exils – Ihr Nachleben und ihre Darstellung in der internationalen Literaturkritik«, S. 253 in diesem Band, sowie »Beispiel und Mahnung – Die deutsche Exilliteratur im Spiegel einer amerikanischen Darstellung«, *Deutsche Woche*, München, April 1958.

»Literatur unterm Hakenkreuz«, s. in diesem Band »Die versäumte Abrechnung«, S. 297.

Nach 50 Jahren

Rede bei der Gedenkfeier
im Krefelder Gymnasium am Moltkeplatz
(1985)

Verehrter Herr Oberbürgermeister
Verehrtes Kollegium
meine Damen und Herren
liebe Schüler

– fast wäre ich versucht zu sagen: Liebe Mitschüler. Denn diese Schule – das Realgymnasium, wie sie schlicht und einfach einmal hieß – habe ich vor fünfzig Jahren selber besucht. Genauer: von 1930 bis Herbst 1935. Ich betone dieses Datum deshalb, weil ich – ohne die Mittlere Reife abzuwarten – mitten im laufenden Schuljahr kurzerhand die »Anstalt« verließ. Denn ein Verbleib an der Schule war mir wegen des wachsenden Antisemitismus von Monat zu Monat, von Woche zu Woche, ja von Tag zu Tag, unerträglicher. Glücklicherweise hatten meine Eltern sich inzwischen entschlossen, mich, den damals Fünfzehnjährigen, ins Ausland zu schicken, weil sie bereits damals erkannten, daß es in *diesem* Lande für einen heranwachsenden Juden keine Perspektive mehr gab. Wahrscheinlich war ihnen die volle Tragweite dieser Entscheidung, die mir (und übrigens auch meinen Eltern, die mir zwei Jahre später folgten) das Leben rettete, noch gar nicht bewußt. Wären wir hier geblieben, so hätte uns vermutlich das Schicksal derer erreicht, die in den Ghettos und Lagern des Ostens ihr Leben ließen.

Zwar blieben bis 1938 noch einige jüdische Schüler im Realgymnasium. Ihre Erfahrungen waren je nach Zusammensetzung der Klasse, in der sie waren, sowie der Lehrer, von denen sie unterrichtet wurden, unterschiedlich. Denn natürlich gab es hier wie andernorts neben eingefleischten Nazis, Opportunisten und Mitläufern auch Menschen, die ihre politische Integrität und ihr menschliches Empfinden bewahrten. Das heißt im konkreten Fall, daß sie den aus Gründen ihrer Religion, ihrer Rasse, ihrer politischen oder weltanschaulichen Einstellung *Verfolgten* Schutz, Hilfe oder menschlichen Trost boten, gelegentlich auch unter Gefahr für die eigene Sicherheit.

Ich habe solche Menschen gekannt, auch unter meinen Lehrern und unter meinen Mitschülern. Ich möchte dies ausdrücklich und mit aller Deutlichkeit sagen. Doch in meinen Erinnerungen an die Schule überwiegt das Schlimme; ja, diese Erinnerungen sind weitgehend von *diesem* bestimmt.

Ich hatte freilich auch das zweifelhafte Glück, gleich nach der sogenannten »Machtergreifung« der Nazis – in Wirklichkeit eher die Bankrotterklärung einer von sich selbst nie überzeugten bürgerlichen Republik – unmißverständlich mit den neuen Tatsachen konfrontiert zu werden. Diese Tatsachen traten mir gleich in zwei Lehrern entgegen, Altnazis, Kämpfern der ersten Stunde, als die sie sich jedenfalls ausgaben. Über kurz oder lang wurden sie dafür auch mit Direktorenposten belohnt, der eine, Studienrat Weber, in Neuß, der andere, Studienrat Kiefer, in Duisburg. Ich hatte als Jude unter beiden (einer war noch dazu mein Klassenlehrer) nichts zu lachen, wurde angefeindet und ausgegrenzt. Daß ich unwürdig war, die Hand zum Hitlergruß zu erheben oder das Horst-Wessel-Lied mitzusingen, mochte dahingehen: Ich empfand es als Vorzug, hier nicht mitmachen zu müssen. Mitmachen freilich mußte ich in dem Fach »Rassenkunde«, jener Pseudolehre, die bereits in diesen frühen Jahren für die spätere Ausrottung der Juden so etwas wie eine wissenschaftliche Begründung liefern sollte. Das von ihr erzeugte Feindbild betraf übrigens nicht die Juden allein, wenn auch an erster Stelle, sondern insbesondere auch die slawischen »Untermenschen«, die angeblich wie jene den Bestand der »nordischen Rasse« bedrohten.

Mitmachen, und zwar ein ganzes Jahr, mußte ich auch den Unterricht, der die Geschichte der NSDAP und das Leben Hitlers persönlich zum Thema hatte. Schrill in den Ohren klingt mir übrigens noch heute der Satz eines Physiklehrers, daß nämlich: »die jüdischen Schüler sich in der heutigen Zeit besonders in acht zu nehmen« hätten. In acht zu nehmen vor ihm hatte sich freilich jeder. Er war ein pädagogischer Unhold, wie man ihn sonst nur in Romanen kennenlernt.

Muß ich betonen, daß diese Saat in den Pausen und auf dem Schulhof aufging? Nicht zuletzt auch deshalb, weil in meiner Klasse der Sohn eines hohen Naziführers war, der nach dem Schneeballsystem begierig das daheim und von den Lehrern Gehörte aufgriff und für seine Umsetzung unter den Mitschülern sorgte?

Und noch ein anderes. Es tut mir leid, wenn ich hier bei diesem oder jenem Illusionen zerstören muß. Es wäre jedenfalls falsch anzunehmen, daß der Rechtsextremismus und der Antisemitismus ganz plötzlich und nur durch die Gewaltmaßnahmen der Jahre 1933 und folgende in die Schule eingedrungen seien und bestimmenden Einfluß auf Geist und Lehrplan der Schule genommen hätten. Der Ungeist kam nicht von ungefähr, das Dritte Reich war nicht ein bloßer Unfall der Geschichte, womit ich freilich nicht gesagt haben möchte, daß es unabwendbar war. Seinen *Vor*-Zeichen fühlte ich mich jedenfalls schon 1930 ausgesetzt, und zwar unmittelbar nach meinem Eintritt in die Schule. Vielleicht war es auch hier nur mein persönliches Pech, daß ich sogleich einen Klassenlehrer erhielt, dessen Judenfeindschaft notorisch war. Es war Herr G. ..., dessen Namen ich hier bewußt abkürze, da er hier sowieso nur stellvertretend für mehrere Lehrer seiner Art erwähnt sei. G. vertrat die nicht seltene Fächerkombination Turnen und Mathematik. Er gab sich damals stramm deutschnational und kehrte soldatischen Schliff und preußische Härte hervor. Lehrer wie dieser hatten schon damals den Schulalltag weitgehend geprägt. Seinesgleichen bereitete den Boden für das, was folgte. Für den jüdischen Schüler, dessen Erziehung sich an humanistischen und liberalen Vorbildern orientierte, brachte das Jahr 1933 die amtliche Sanktionierung von autoritären Verhaltensweisen, die ihm bereits bekannt waren, nicht etwas von Grund auf Neues.

Als ich 1956 Krefeld zum ersten Mal wiedersah, schienen mir die

Kriegsschäden im Vergleich zu anderen Städten, die ich gesehen hatte, noch außerordentlich groß. Mit Mühe fand ich mich in der Stadt meiner Kindheit zurecht. Meine Verwandten waren, wie ich, emigriert, oder sie waren ermordet. Von meinen Mitschülern, die meisten waren gefallen, traf ich zwei wieder; sie hatten sich bis zu meiner Emigration als gute Freunde erwiesen. Auch sie leben längst nicht mehr. Mein Elternhaus Nordwall 117 stand zufällig noch unverändert. Das Haus in der Hubertusstraße, wo meine Großeltern einmal wohnten, war ein Schutthaufen und ist es übrigens auch heute noch. Dasjenige in der Elisabethstraße, wo viele meiner Verwandten, auch meine Großmutter, zwangseinquartiert wurden, um von dort nach Theresienstadt deportiert zu werden, habe ich nicht identifizieren können. Da wo einmal die schöne Synagoge gestanden hatte, parkten jetzt Autos. Kein Stein erinnerte mehr an das Gotteshaus.

Die jüdische Volksschule, die ich von 1926 bis 1930 besucht hatte, fand ich nicht mehr. Das Realgymnasium allerdings stand immer noch in seiner alten Pracht und mit unverkennbarer Herrschaftsgebärde. Es hieß jetzt »Gymnasium am Moltkeplatz«, oder wie der Volksmund vereinfachend sagte, »das Moltkegymnasium«. Es schien mir kein sonderlich gutes Zeichen. Begriffe wie Freiheit, Demokratie, Liberalismus, Humanität ließen sich mit der Schule weder in meiner Erinnerung noch durch dieses erste Wiedersehen ohne weiteres in Übereinstimmung bringen.

Wie zur Bestätigung meiner Gefühle wirkte dann auch die Festschrift zum 150. Jubiläum der Schule im Jahre 1969. An den Vorbereitungen des Jubiläums, das er selbst nicht mehr erlebte, hatte Herr G., wie es in der Festschrift heißt, noch »rühmlichen Anteil«. Kein Wunder, ich kann dies nur mit Bitterkeit sagen, denn von einem wirklich neuen Geist war in ihr wenig zu spüren. Von den Leiden derjenigen, die Gegner des Regimes waren oder dazu gemacht wurden, in welcher Weise auch immer, steht in der Festschrift, soweit ich gesehen habe, kein Wort. Natürlich verurteilte auch sie die Praktiken des Dritten Reiches, doch im Grund nur soweit, als diese die Schule als Institution betrafen, die massiven Eingriffe von Staat und Partei also ihre Funktionsfähigkeit bedrohten. Die Kunde vom Widerstand, den einzelne leisteten, dringt nur verschämt und ganz am Rande in dieses Buch, vor allem im Zusammenhang mit einem Mann, den ich selber nur dem Namen nach und nur vom Sehen her kannte. Ich meine Georg Buscher, den katholischen Religionslehrer, der, wohl weil er unerwünschte Meinungen äußerte, 1937 vom Dienst suspendiert wurde (und keineswegs – wie es die Kurzbiographie suggeriert – aus eigenen Stücken ging). Auch dieser Name möge hier stellvertretend für alle diejenigen stehen, von denen ich weiß oder zumindest glaube, daß sie – so gut es ging und ohne sich und ihre Familien unmittelbar zu gefährden – ihre menschliche Integrität bewahrten. Hiervon einiges zu erfahren, hätte ich mir sehr gewünscht. Statt dessen werden die Kriegsauszeichnungen mitgeteilt, die die einzelnen Lehrer erhalten haben, als ob nun gerade auf diese Weise ein Ruhmesblatt dieser Bildungseinrichtung aufgeschlagen werden sollte.

1973 waren wir wieder in Krefeld, es war zur Einweihung eines Gedenksteines vor dem Kaufhof, an der Stelle, wo früher die Synagoge stand. Es war das Jahr, in welchem die Stadt ihr 600jähriges Bestehen feierte. Daß sie in diesem Jahr auch ihrer ehemaligen jüdischen Mitbürger und ihrer zerstörten jüdischen Gemeinde gedachte, war der Initiative einzelner – ich denke hier nur an Aurel Billstein, Verfasser eines Buches über den Widerstand in Krefeld – zu verdanken.

Auch das nächste Erinnerungsjahr, ich meine das Jahr 1983, in welchem die Stadt sich jener dreizehn Krefelder Familien entsann, die die erste geschlossene deutsche Siedlergruppe in den USA bildete, wäre beinahe dahingegangen, *ohne* daß der 700 jüdischen Emigranten *nach* 1933 gedacht worden wäre, obwohl ja viele davon ebenfalls in den USA eine zweite Heimat gefunden haben, davon allein mehrere Dutzend ehemaliger Schüler dieser Schule. Es ist dem Engagement und der Betroffenheit eines Kurses in evangelischer Religionslehre an dieser Schule zu verdanken, daß dieses Thema aufgegriffen wurde. Aber es ist gleichzeitig wohl auch ein Zeichen dafür, daß sich der Geist dieser Schule inzwischen gewandelt hat. Denn dergleichen geschieht ja nicht im luftleeren Raum. Darauf deutet nicht zuletzt das Echo, das die Dokumentation »Krefelder Juden in Amerika« gefunden hat, aber auch die Veranstaltungsreihe »1933 – 1983 Haben wir aus der Geschichte gelernt?«. Dokumentation und Veranstaltungsreihe sind auf das Konto dieser Schule zu buchen. Es steht zu hoffen, das beide dazu beigetragen haben, auch die Bürger dieser Stadt aus einer gewissen Geschichtsseligkeit aufgeschreckt zu haben, die sich ja immer gerne da einstellt, wo Geschichte weit in eine fast schon sagenumwobene Vergangenheit zurückreicht. Nicht ohne Erwähnung lassen möchte ich hier auch die Anstöße, die bereits vor einigen Jahren das Krefelder Stadtarchiv mit seinem Buch *Krefelder Juden* (und hier insbesondere der Beitrag von Dieter Hangebruch: »Emigriert – deportiert«) gegeben hat. All dieses hat die Bürger dieser Stadt mit einem Stück jüngster und gleichzeitig schrecklicher Geschichte konfrontiert, an das die älteren in ihr sich verständlicherweise nicht immer gerne erinnern. Was aber kann Geschichte Besseres tun, als die Erinnerung wachzuhalten, auch und vor allem an solche Ereignisse, von denen jeder nur hoffen kann, daß sie weder in dieser noch in vergleichbarer Weise je wieder Wirklichkeit werden? Ich erlaube mir zum Schluß, noch einige Worte aus der schon erwähnten Dokumentation zu zitieren. Ich finde kein besseres Fazit für das, was ich selber zu sagen hätte.

»Erreichen möchten wir mit unserer Arbeit einen möglichst breiten Bevölkerungskreis, vor allem auch Krefelder Schüler, da angesichts der immer stärker werdenden Gefahr der neuen rechtsextremistischen, neofaschistischen und ausländerfeindlichen Züge in unserer Gesellschaft niemand die Vergangenheit vergessen darf, gleich, ob er sie miterlebt hat oder nicht.«

Lassen sie mich nur noch den Wunsch hinzufügen, daß die beiden Schrifttafeln, die wir heute der Öffentlichkeit übergeben, dazu beitragen, diese Mahnung wachzuhalten. Der Schulleitung, dem Kollegium, dem Verein der Freunde und Förderer sowie der Stadt Krefeld sei dafür gedankt, daß sie mit der Anbringung der Tafel ein Zeichen gesetzt haben.

ANMERKUNG

Das »Gymnasium am Moltkeplatz« in Krefeld, dessen Schüler Ernst Loewy von 1930 bis 1935 gewesen war, lud am 29. Januar 1985 zu einer Gedenkfeier, deren Anlaß die Anbringung zweier Gedenktafeln war, welche an die Schüler der Schule erinnern sollten, die in der Zeit des Nationalsozialismus aus rassischen, religiösen und politischen Gründen verfolgt wurden. Auf der Gedenkveranstaltung hat Ernst Loewy die obige Rede gehalten.

Worte des Dankes bei Erhalt einer Festschrift (1990)

Liebe Freunde,
siebzig Jahre sind an mir vorübergezogen, darunter mehr als sechzig, an die ich mich gut erinnere. Es sei mir gestattet, zumal in diesem Hause, dem Jüdischen Museum in Frankfurt, ein paar Gedanken zum Ausdruck zu bringen, die nicht nur mit meiner Person, sondern mit der *Geschichte* zu tun haben, in deren Schatten ich lebe und deren Produkt ich bin. Geboren kurz nach dem Ersten Weltkrieg, hörte ich als Knabe meinen Großvater oft von der »guten alten Zeit« erzählen, der Zeit *des* Friedens, die für ihn mit dem Ausbruch des Krieges ihr Ende gefunden hatte und die mir *so* nie begegnen sollte. Denn die Nachkriegsjahre waren karg und in der Provinz, aus der ich stamme, auch in späteren Jahren nie von dem Gold verklärt, das der Weimarer Epoche anhaften sollte.

Friedlich waren die Zeiten für den Heranwachsenden natürlich doch, auch wenn es nicht *der* Friede mehr war, der sagenhafte, von dem der Großvater erzählte. In der eigenen Rückschau ging er allerdings bereits lange *vor* 1933 seinem Ende entgegen. In der »Anstalt«, die ich nach der jüdischen Volksschule besuchte, machte ich meine ersten Erfahrungen mit dem Antisemitismus. Er wurde aggressiver von Jahr zu Jahr und bedrängte mich 1935 dann in einem Maße, daß ich dem Rat meiner Eltern folgte und – wie wir es damals noch euphemistisch nannten – »auswanderte«, und zwar nach Palästina, dem heutigen Israel. Ich verdanke dieser Tatsache, daß ich den Holocaust nur aus zweiter Hand kenne. Aber was bedeutet diese Feststellung, wo doch meine Großmutter in Theresienstadt verendet ist und Regas Vater, den ich nie kennenlernte, in der Nähe von Lemberg umgebracht wurde oder auch an einem entfernteren, uns beiden unbekannten Ort. Von den vielen Verwandten, die jede jüdische Familie zu beklagen hat, ganz zu schweigen. Von Lemberg nach Lodz ist es nicht weit, von Lodz nach Krefeld, genauer gesagt: von Krefeld nach Lodz, war es damals wohl auch nicht viel weiter. Denn unter den Namen, die ich im Katalog zu der Ausstellung nebenan fand, war der des Rechtsanwaltes Wilczek, dem ehemaligen Gemeindevorsitzenden meiner Vaterstadt, der nach Lodz deportiert wurde wie Zehntausende anderer Juden, die hier ihr Leben lassen mußten oder von hier nach Auschwitz ins Gas geschickt wurden. Wäre ich nicht 1936 »ausgewandert«, sondern zwei, drei Jahre länger geblieben, so hätte mich das gleiche Schicksal ereilt wie den alten Wilczek. Ein Schicksal, dem meine Eltern unmittelbar nach der sogenannten Kristallnacht eben noch durch Flucht entkommen konnten.

Ich wollte eigentlich nicht *von mir* erzählen, keine Geschichten also, sondern nur Geschichte, so wie sie sich mir heute im Zeitraffer – oder genauer in Stichworten – darstellt: Da war zunächst also »Weimar« als eher graue Erinnerung, dann die Frühzeit des NS-Staates, dann meine *Flucht* (um die Sache nun doch beim Namen zu nennen), dann die Zeit des britischen Mandats, die ich zunächst im Kibbuz, dann in Tel Aviv erlebte. Ich kenne also noch die Pionierjahre der Vorkriegszeit, die Zeit des Krieges, erinnere mich an das erste langsame Durchsickern der Schreckensnachrichten, dann die wachsende Gewißheit vom Untergang des europäischen Judentums, nicht vorstellbar in seiner unbegreiflichen Realität. Und deshalb irgendwie auch verdrängt von einer fast inbrünstigen Hoffnung auf eine humanere, menschlichere Zukunft, die bei Rega und mir deutlich durch sozialistische Züge bestimmt war. Mit dem Teilungsbeschluß der Vereinten Nationen im Herbst 1947 kam eine erwartungsvolle Zeit, die mit der Staatsgründung und dem Unabhängigkeitskrieg ihr Ende nahm. Die spätere Entwicklung Israels hat uns eher bedrückt. Auch waren es am Ende Jahre des Gefühls, am falschen Platz zu sein, an einem Ort, an dem man uns nicht braucht.

Schließlich Rückkehr nach Deutschland, gleichsam in ein drittes Leben. Denn anzuknüpfen hatten wir auch hier nirgendwo. *Mein* Kapital war die Sprache, für die ich in Israel keine Verwendung fand. Und eine Menge Rosinen im Kopf. Schwarzweiß-Vorstellungen. Es war das Jahr 1956, die sogenannte »Tauwetter«-Periode. Viele Illusionen über die DDR als einer Alternative zum restaurativen Westdeutschland. Und über den Gang der Geschichte überhaupt.

Siebzig Jahre alt sein heißt, ungefähr so alt zu sein, wie die Sowjetunion heute existiert. Das aber heißt auch, in ihrem Schatten zu leben, auf welche Weise und unter welchen Zeichen auch immer. *Wir* jedenfalls haben sie, als sie in unser Bewußtsein trat, als den Hort des Antifaschismus empfunden und auch und vor allem als das Land, das die Hauptlast des Krieges gegen das NS-Reich getragen hat. Dafür sind wir ihr heute noch dankbar, unabhängig vor ihrer inneren Verfaßtheit, über die wir lange, zu lange große Illusionen gehegt hatten (von Zweifeln waren sie immer begleitet), endgültig begraben wurden sie erst durch die Niederschlagung des Prager Frühlings 1968.

Die Jahre 1968 und folgende waren freilich *auch* Jahre der Hoffnung, die wir mit Jüngeren – nicht zuletzt den eigenen Kindern – teilten. Sie haben das politische Klima in diesem Lande gründlich verändert, auch wenn die Grundstrukturen der Gesellschaft sie überdauert haben. Schließlich waren es aber auch die Jahre des Kalten Krieges und eines bewehrten Friedens in Europa, die wir, nach einer Zeit mörderischer Hochrüstung, eben dabei sind, hinter uns zu lassen. Ich hoffe, nicht zu unserem Schaden. Denn die Zeit, in der der Fortschritt zu Frieden und Freiheit noch von einer aufklärerischen und emanzipatorischen Aufbruchsstimmung hätte getragen werden können, scheint mir für lange Zeit vorbei. Die konservative »Wende« der späten siebziger und frühen achtziger Jahre hatte aus den Schwächen dieser Bewegungen ebenso Honig gesogen wie heute aus dem Ruin der Sowjetunion und des von ihr beherrschten Paktsystems. Der Offenbarungseid, zu dem sie gezwungen wurde, legt nicht nur ihre immanenten Herrschaftsstrukturen bloß, sondern ist auch die Folge der Tatsache, daß der Kalte Krieg, wie die meisten Kriege, am Ende Gewinner und Verlierer hat. Was auf der Strecke bleibt, ist nicht nur ein marodes System, sondern

– vorerst jedenfalls – auch ein uralter Menschheitstraum, ohne den, in welcher Form auch immer, wir keine Zukunft hätten.

Daß der Ost-West-Konflikt mit seiner menschenverachtenden Drohgebärde sich überlebt hat, kann nur begrüßt werden. Tritt damit aber schon der Friede ein? Die westlichen Bündnisse sind dabei, sich zu konsolidieren und uns der Verwirklichung des Gedankens an ein vereintes Europa um ein Stück näherzubringen. Osteuropa freilich zeigt sich uns in einer desolaten Form. Die neugewonnene Freiheit scheint mir hier vor allem die jahrzehntelang unterdrückten Nationalismen, den Chauvinismus und auch den Antisemitismus zu fördern. Wird es Gorbatschow gelingen, dem auf Dauer entgegenzusteuern? Und wird ein vereintes Deutschland – selbst wieder auf historischer »Identitätssuche« – die Brücke sein, um den Werten von Aufklärung, Toleranz, Universalität den Weg nach Osten zu bahnen? Ich teile leider nicht die sonnige Gewißheit von Theo Sommer in der letzten Ausgabe der *Zeit* (27.4.90), in der die europäischen Probleme bereits als geordnet angesehen und die noch vorhandenen Irredenta nur als Überbleibsel des vorigen Jahrhunderts betrachtet werden. Das sind sie in der Tat. Aber ob sie es gestatten, bereits zur Tagesordnung überzugehen und uns auf die wirklichen Probleme einer aufgeklärten Menschheit zu konzentrieren: auf das Nord-Süd-Gefälle, die Bevölkerungsexplosion, das ökologische Überleben? Ich wünschte mir, daß es so sei. Und daß Herr Sommer mit seinem fröhlichen Optimismus recht behalte.

Bei einem so schönen runden Geburtstag darf man ja auch einen ganz großen Wunsch haben, einer Hoffnung Ausdruck verleihen, an die man ja selber gerne glauben möchte. Es ist der, daß die Zeitenwende, in der wir zweifellos leben, den Menschen insgesamt, uns Juden insbesondere, Besseres beschwert als viele unter uns – leider nicht ohne Grund – befürchten.

Ich danke Ihnen für so viel Geduld bei einem so unseriösen Anlaß, wie es eine Geburtstagsfeier ist.

ANMERKUNG

Mit dieser Rede, gedruckt in *links*, Sozialistische Zeitung, Nr. 7/8, Offenbach 1990, bedankte sich Ernst Loewy anläßlich der Feier zu seinem siebzigsten Geburtstag am 25.4.1990 im Jüdischen Museum zu Frankfurt für die ihm überreichte Festschrift, die, herausgegeben von Thomas Koebner und Erwin Rotermund, 1990 unter dem Titel *Rückkehr aus dem Exil – Emigranten aus dem Dritten Reich in Deutschland nach 1945* erschienen ist und vom Verlag »edition text + kritik« in München vertrieben wird. Mit der erwähnten *»Ausstellung nebenan«* ist die Ausstellung über das Ghetto Lodz 1940-1944 »Unser einziger Weg ist Arbeit ...«, die damals im Jüdischen Museum Frankfurt gezeigt wurde, gemeint.

Palästina/Israel

Schwierigkeiten des deutschen Schriftstellers in Palästina
(1946)

Wie in anderen Ländern, in denen deutsche Emigranten Zuflucht vor der Nazibestie gefunden haben, gibt es auch in Palästina eine Reihe deutschschreibender Schriftsteller. Nicht nur, daß einige deutsche Autoren von Rang – unter ihnen vor allem Arnold Zweig – hier ihr Exil oder eine neue Heimat gefunden haben; es gibt selbst einen zwar zahlenmäßig bescheidenen, aber qualitativ beachtenswerten Nachwuchs. Die Probleme unserer Zeit finden auch hier ihren künstlerischen Niederschlag in deutscher Sprache. Weniges davon allerdings gelangt in eine breitere Öffentlichkeit.

Die Situation der deutschschreibenden Schriftsteller in Palästina hat einige Besonderheiten aufzuweisen, durch die sie sich wesentlich unterscheidet von der anderer Länder, in die Hitler den freien Geist vertrieben hat. Um diese deutlich zu machen, ist eine Skizzierung der politischen, sozialen und kulturellen Verhältnisse der jüdischen Bevölkerung dieses Landes nicht zu umgehen.

1.

Innerhalb der deutschen Emigration lassen sich im allgemeinen zwei Sektoren mühelos voneinander abgrenzen: ein politischer, bewußt antifaschistischer, und ein jüdischer. Die Grenze zwischen ihnen ist insoweit fließend, als ein Teil des jüdischen Sektors gleichzeitig dem antifaschistischen angehört (bzw. der antifaschistische zum nicht unerheblichen Teile aus Juden besteht). In diesem Lande gibt es nur eine jüdische Emigration; innerhalb dieser natürlich alle politischen Schattierungen von Rechts bis Links. Wesentlicher noch ist die Tatsache, daß die meisten Einwanderer – vor allem diejenigen, die vor 1938 kamen – Zionisten sind, die sich von vornherein weniger als Emigranten, denn als Einwanderer in das Land ihrer Sehnsucht fühlten. Wir lassen die Frage dahingestellt, ob diese Überzeugung immer echt war. Daneben gibt es natürlich Flüchtlinge, die nur der Zufall hierher getrieben hat.

Der moderne Zionismus entstand gegen Ende des vorigen Jahrhunderts als Reaktion auf den sich ausbreitenden Antisemitismus. Den Juden, die nach dem Einsturz der Ghettomauern den natürlichen Weg der Emanzipation, der Eingliederung in ihre Umwelt, beschritten, stellte sich der Antisemitismus als Hemmnis großen Ausmaßes entgegen. Während die Juden im allgemeinen dafür kämpften, als gleichberechtigte Bürger in die europäischen Völker aufgenommen zu werden – nicht nur de jure, sondern de facto –, entstand auch der Zionismus, der die Idee eines eigenen Territoriums, einer nationalen Heimstätte vertrat. Die Geschehnisse der letzten Jahre, der Rassenhaß – im faschistischen Deutschland zu wahnwitzigen Dimensionen gelangt – gaben dieser Idee bedeutenden Auftrieb. Die entsetzliche Katastrophe, in die der Faschismus das europäische Judentum gestürzt hat, machte in Vielen den Glauben zunichte, weiter als Jude unter anderen Völkern leben zu können. Auch viele Juden, die für den Zionismus bisher nie eine sonderliche Sympathie hatten, glauben heute, daß Palästina die einzige Lösung der Judenfrage darstellen könne.

So wenig haltbar diese These auch ist, so bestimmt sie doch die offizielle zionistische Politik. Während fünf Millionen Juden in der Sowjetunion als gleichberechtigte Bürger leben, während in europäischen Ländern mit dem sozialen Fortschritt auch das Dasein der Juden wieder normale und menschliche Formen annimmt, will die zionistische Führung auch heute die Meinung aufrechterhalten, daß es für die Juden in Europa (nicht nur in Deutschland!) keine Existenzmöglichkeit mehr gibt. Von dieser These ausgehend, verfechtet sie ein radikales Programm, das unter Nichtachtung der palästinensischen Wirklichkeit, gegen den Willen der arabischen Welt, das alleinige Recht für sie in Anspruch nimmt, über die Geschicke dieses Landes zu bestimmen. Engstirnige Politiker verquicken die nur allzu berechtigte Forderung nach Aufhebung der Einwanderersperre mit politischen Forderungen, die nicht nur den Widerstand der Araber gegen jede Einwanderung versteifen, sondern auch die politische Atmosphäre dieses Landes vollends vergiften. Sie suchen die Massen für eine Sache zu begeistern, die nicht in ihrem Interesse liegt. (Wohl aber dient diese Politik den Interessen des britischen Imperialismus, welcher sich hüben wie drüben – bei Juden und Arabern – Fanatiker züchtet, um sie zu seinen Gunsten gegeneinander auszuspielen und somit eine Einigung zwischen ihnen unmöglich zu machen.)

Nationalistische Überspitzungen sind tief im Wesen des Zionismus begründet. Von Anbeginn war er nicht nur eine Reaktion gegen den Antisemitismus, sondern richtete sich auch innerhalb des Judentums gegen die Assimilation, die er als einen Verrat betrachtete. Er trat an die Stelle des im Entschwinden begriffenen religiösen jüdischen Glaubens und führte wie dieser zur Absonderung der Juden von ihrer nichtjüdischen Umwelt. Man griff den rassischen Gedanken mit umgekehrtem Vorzeichen auf, anstatt ihn zu bekämpfen. Man vergaß zu leicht die Umstände, denen der Zionismus seine Entstehung verdankte, ja dankte es gewissermaßen den Umständen, daß sie der Zionssehnsucht immer neue Nahrung verschafften. 1936 galt es hierzulande sozusagen noch als Schande, nur Hitlers wegen nach Palästina gekommen zu sein. Man sollte um der nationalen Idee willen einwandern, »aufsteigen«, wie das Wort »einwandern« ins Hebräische übersetzt wird. Eine nationale »Disziplin«, die alle internen sozialen Probleme hintanstellt, ist der innenpolitische Aspekt dieser klassischen zionistischen Konzeption.

Die Zeit, da diese patriotische Idylle im Bewußtsein der jüdischen Massen Palästinas ziemlich unangefochten herrschte, ist vorüber. Nicht etwa, daß diese Ideologie tot sei; sie wird heute wie ehedem eifrig und mit pathetischen Gebärden propagiert. Sie bestimmt die Politik der leitenden zionistischen Instanzen. Sie wird im Ausland als die einmütige Überzeugung der gesamten jüdischen Bevölkerung dargestellt.

In der Erschütterung, in der so begreiflichen Panikstimmung, die die Judentragödie hier erzeugen mußte, gewann aber nicht nur der zionistische Radikalismus an Ausdehnung. Daneben hat sich auch ein anderer, besonnenerer Geist Gehör verschafft, ist in das Bewußtsein breiter Massen eingedrungen. Latente Gedanken, seit langem gedacht, formten sich zum Wort. Bisher unbedeutende politische Gruppen gewannen an Einfluß. Die Lehren, die dieser Krieg dem Gutwilligen aufdrängen mußte, blieben auch hier nicht ungehört. Es entstand eine starke Opposition gegen die Politik derjenigen zionistischen Parteien, die – wenn auch nicht bewußt, so doch faktisch – das Judenelend für ihre nationalistischen Ambitionen ausnützten. Die patriotische Idylle wich in den Köpfen breiter Schichten einer realistischeren Anschauungsweise; die einheitliche zionistische Front zerfiel in widerstreitende, sich heftig bekämpfende Gruppen. Der Kampf außerhalb Palästinas zwischen engstirnigem Nationalismus und der Idee des Fortschritts wird heute auch innerhalb der engen Grenzen dieses Landes ausgetragen. Das kommt vor allem in den Kontroversen für und wider den »Judenstaat«, für und wider die Demokratisierung des Landes, für und wider eine ehrliche Kooperation mit dem Nachbarvolke, den Arabern, zum Ausdruck.

2.

Jenseits der politischen Kontroversen hat das »jüdische Nationalheim« indessen eine beachtliche Entwicklung genommen. Es ist heute keine tolle Phantasie mehr in den Köpfen romantischer Phantasten, es ist greifbare Wirklichkeit. Eine neue Gemeinschaft, eine neue Kultur ist im Entstehen. Siedlungen blühen auf. Ödes, versumpften Land wird urbar gemacht. Das uralte Jerusalem verwandelt sich in eine moderne Stadt. Tel Aviv und Haifa sind Großstädte europäischen Charakters.

Die jüdische Einwohnerschaft hat sich zwar keineswegs immer als großzügig gegenüber den Neueinwanderern gezeigt; ihr Opfermut war nicht überwältigend. Die sozialen Verhältnisse sind trotz des großen Einflusses der Gewerkschaft auf das öffentliche Leben nicht ermutigend, die Klassengegensätze tief, der Lebensstandard niedrig. Das Land ist eine

Kolonie. Dennoch vermochten es die Neueinwanderer meist, sich hier in einer anderen Weise heimisch zu fühlen, als sie es als Refugees in anderen Ländern getan haben würden. Sie gewannen das Gefühl, im eigenen Lande zu sein, ein Gefühl, in dem sich Illusion und Wahrheit in eigenartiger Weise überschneiden. Illusion: insoweit das Land rechtlich englisches Mandat (mit allen daraus resultierenden Beschränkungen einer freien Entwicklung), ethnographisch arabisches Gebiet ist; Wahrheit: indem Juden hier für sich und unter sich leben, ihre eigene Kultur und nationale Gemeinschaft aufbauen. Flüchtlingsleben, wie es sonst überall beobachtet werden kann, gibt es hier kaum. Der Refugee, sobald er das Land betritt, wird absorbiert von der jüdischen Gemeinschaft, die ihn als einen der ihren aufnimmt (in ideologischer Beziehung; die materielle und ökonomische Aufnahme läßt vieles zu wünschen übrig). Es ist nicht daran zu zweifeln, daß Juden aller Länder hier ein eigenes nationales Gemeinwesen aufbauen, das sich wesentlich von anderen jüdischen Gemeinschaften unterscheidet. Der durchschnittliche Bürger ist hier nur Jude oder soll nur Jude sein. Auf jeden Fall verwirklicht eine neue Generation diesen zionistischen Traum. Die meisten Juden, die hierhergekommen sind, auch wenn sie nicht überzeugte Zionisten waren, aber leben sich hier ein und denken nicht daran, Palästina je wieder zu verlassen. Natürlich ist das Gefühl, hier »zu Hause« zu sein, nicht identisch mit dem vielgeäußerten Wunsch, die Geschäfte dieses Hauses alleine zu führen.

Emigrantenorganisationen, die es auch hier gibt, haben unter diesen Umständen wenig Zulauf, ihre Anhängerschaft ist klein. Die öffentliche Meinung steht ihnen feindlich gegenüber. Man will die Möglichkeit nicht zulassen, daß man hier gleichzeitig Jude *und* Deutscher, Pole oder Tscheche sein kann, daß man Palästina für sich nicht akzeptiert oder nur vorübergehend akzeptiert und Europa weiterhin als seine Heimat ansieht, in der man leben und der man dienen will. Die klassische zionistische Konzeption ist wenigstens in diesem Punkt noch unerschüttert. Wer einmal hier ist, muß hier bleiben, wegzugehen wäre Verrat: Darüber sind sich fast alle einig von Rechts bis Links. Aber wenn extreme Zionisten auf dem Standpunkt stehen, daß auch nach dem Kriege für Juden in Europa kein Platz und der Antisemitismus eine Krankheit sei, die nicht auszurotten ist, so werden diese Thesen von fortschrittlicheren Kreisen doch bestritten. Während sich die rechte und sozialdemokratische Presse des Landes in Hetzreden gegen die Sowjetunion und die fortschrittlichen Länder Europas überbieten, zeigt die Linkspresse eine warme Sympathie für den europäischen Freiheitskampf und die im Entstehen begriffene neue Demokratie. Sie macht die Schwarzmalerei nicht mit, mit der die Reaktion das neue Europa zu diskriminieren versucht. Wer allerdings *selbst* mit Rückkehrgedanken liebäugelt, hat in der Öffentlichkeit dieses Landes seinen Platz verspielt.

3.
Die nationale Kultur, die hier in den ersten Stadien ihrer Entwicklung begriffen ist, ist eine hebräische Kultur. Das gemeinsame Band, das die Juden aller Länder verbinden soll, ist die hebräische Sprache. Sie soll ... Sie tut es heute noch keineswegs. Während die Juden Osteuropas diese Sprache mit Leichtigkeit zu meistern verstehen, in ihr leben, denken und dichten, bietet sie den mitteleuropäischen Juden, vor allem also den Einwanderern aus Deutschland und Österreich, oft fast unüberwindliche Schwierigkeiten. (Das Jiddische der Ostjuden wird ja bekanntlich in hebräischen Lettern geschrieben.) Nicht etwa, daß sie diese Sprache nicht für den täglichen Gebrauch erlernten; es fehlt ihnen vielfach der tiefere Sinn, die Sympathie, die ihnen das Eindringen in den ihnen fremden Laut, das fremde Schriftbild erleichtern würde. Diese Schwierigkeit macht sich hauptsächlich unter den bürgerlichen deutschen Juden bemerkbar, wohingegen sich die Arbeiter in weitaus größerem Maße des Hebräischen bedienen und überhaupt einen viel tieferen Kontakt mit den Alteingesessenen, das heißt den um zehn oder zwanzig Jahre früher gekommenen Ostjuden, haben. Der gesellschaftliche und kulturelle Gegensatz zwischen Ost- und Westjudentum ist also auch in Palästina noch keineswegs aufgehoben. Daneben gibt es übrigens den noch weitaus größeren Gegensatz zwischen europäischen und orientalischen Juden, deren Muttersprache Arabisch oder Spagniolisch ist. Selbstverständlich wird die gemeinsame Erziehung die Gegensätze nivellieren und zum mindesten den von Ost-

und Westjuden bald erheblich reduziert haben. Heute jedoch sind sie vorhanden und teilen das kulturelle Leben Palästinas in verschiedene, voneinander weitgehend abgeschlossene Sphären.

Wesentlich in diesem Zusammenhang ist die Tatsache, daß die osteuropäischen Juden schon immer über eine spezifisch jüdische Kulturtradition verfügten, wohingegen die deutschen Juden weitgehend assimiliert waren und eine eigene jüdische Kultur nicht besaßen. Während sich aus der ostjüdischen Kultur die hebräische organisch entwickeln konnte, während sich viele ihrer Repräsentanten sprachlich umstellten, haben sich die kulturellen Interessen der deutschen Juden weitgehend in der »importierten« Form erhalten. Obgleich sie keineswegs die Absicht haben, nach Deutschland zurückzugehen, fühlen sie sich mit der deutschen Sprache weitaus mehr verbunden als etwa die aus Rußland oder Polen gekommenen Juden mit der ihrer Herkunftsländer. Max Brod und Martin Buber gehören zu den wenigen, die im hebräischen Kulturleben völlig verwurzelt sind; Buber als Professor der Hebräischen Universität, Brod als Dramaturg des hebräischen Theaters »Habimah«. Brod schreibt aber auch heute noch Deutsch.

4.

Versucht man die deutschschreibenden Schriftsteller hier im Land zu klassifizieren, so drängt sich einem unwillkürlich eine Zweiteilung auf in diejenigen, die nicht Hebräisch schreiben können und (grob gesprochen) in die, die es nicht nur nicht können, sondern nicht einmal *wollen*. Diejenigen, die Hebräisch nur nicht schreiben können, es aber gerne würden, fühlen sich mit Palästina und dem Zionismus eng verbunden und haben auch meist einen entschiedenen Kontakt mit dem hebräischen Kulturleben. Unter denjenigen, die es nicht wollen, gibt es Emigranten, die wahrscheinlich eines Tages weiter- oder zurückgehen werden. Diese sind »deutsche« Schriftsteller im engeren Sinn, während man die anderen eher als »Deutschschreibende« bezeichnen möchte und damit auch durchaus ihren eigenen Intentionen entspricht. Selbstverständlich darf man diesen Gegensatz nicht etwa dogmatisch verstehen; auf seine Schattierungen kommt es vor allem an, auf das Fluktuierende, das dazwischen liegt. Es ist nur natürlich, daß zu den Typen des Zionisten und des Emigranten noch der Typus des Unentschiedenen hinzukommt, der von Palästina enttäuschte Zionist oder der von Europa enttäuschte Emigrant. Vielfach ist es unmöglich, für einen bestimmten Autor das ihm entsprechende Etikett zu bestimmen.

Die Lage der wenigen bewußt »deutschen« Schriftsteller ist äußerst prekär. Es gibt wohl überhaupt nur einen einzigen, der sich stets offen als Emigrant bekannte und zum Zionismus nie positive Beziehungen unterhielt: Louis Fürnberg, der in antifaschistischen Emigrantenkreisen überall geschätzte sudetendeutsche Dichter, ist für das größere Publikum in Palästina nahezu unbekannt. Selbst Arnold Zweig, eine der repräsentativsten Gestalten der zeitgenössischen deutschen Literatur, genießt hier keineswegs die Achtung, die er verdient.

Aber auch die nur »deutschschreibenden« Schriftsteller sehen sich großen Schwierigkeiten gegenüber. Politische Meinungsverschiedenheiten werden auch in diesem Land keineswegs sanft ausgetragen. Zu diesen Meinungsverschiedenheiten gehört die Stellung zur deutschen *Sprache*. Sie ist (unter nicht Deutschsprechenden) verpönt und nicht erst seit dem Kriege. (Daß das Deutsche hier von Juden gesprochen wird und nicht von Nazis, interessiert dabei wenig.) Der Kampf gegen das Deutsche umfaßt alle Möglichkeiten, angefangen von einer berechtigten Propaganda für das Hebräische bis zu offenen chauvinistischen Ausschreitungen. Selbst eine *hebräische* Übersetzung des *Faust*, die mit einem Dichterpreis ausgezeichnet werden sollte, wurde von den für die engere Wahl in Betracht kommenden Büchern schließlich ausgeschlossen. Da sich die in dieser Angelegenheit zuständigen Gremien (die Hebräische Universität und der Verband der hebräischen Autoren) in dieser Frage nicht einigen konnten, wurde der Preis überhaupt nicht verteilt. (Die Universität hatte für *Faust* Stellung genommen.) Der Kampf gegen die deutsche Sprache hat allerdings in den letzten Jahren nachgelassen. Was vor dem Kriege kaum möglich gewesen wäre, ist heute Tatsache: Es gibt hier eine (zwar bescheidene) deutschsprachige Presse. Auch die politischen Parteien scheuen sich heute nicht mehr, in deutscher Sprache ihre Wahlpropaganda zu treiben, da sie in einer fast ausschließlich von mitteleuropäischen, d. h. deutschen Einwanderern initiierten Partei einen nicht zu unterschätzenden Gegner haben. Diese Partei ist durchaus repräsentativ für die Mehrheit der nicht hebraisierten und nicht zu hebraisierenden deutschen Juden; ihre Tendenz ist bürgerlich-liberal, ihr Einfluß auf die zionistische Politik ist ein mäßigender. Sie gibt eine wöchentliche Zeitschrift (nicht literarischen Charakters) heraus, veranstaltet Vorlesungen und Seminare in deutscher Sprache. Die bedeutendere der beiden hier erscheinenden deutschen Tageszeitungen folgt ihrem politischen Kurs.

5.

Trotz des relativ großen deutschsprechenden und -lesenden Publikums sind die Publikationsmöglichkeiten minimal für Dinge, die über den Rahmen einer Tageszeitung gehen. Zwei unabhängige literarische Zeitschriften folgten aufeinander, konnten sich aber nicht lange halten. Einige Gedichtbändchen, ein Roman sind in hektographierter Form veröffentlicht worden, auch einige Bücher liegen in gedruckter Form vor. Die besten Arbeiten sind heute noch ungedruckt. Weniges ist ins Hebräische übersetzt.

Das Interesse für diese Dinge ist auch keineswegs groß; und das ist bei einem Publikum, das sich – trotz aller Hemmungen – zusehends vom Deutschen entfernt und sich des unvermeidlichen Gebrauchs der deutschen Sprache auch irgendwie schämt, gar nicht verwunderlich. Trotz der zahlenmäßigen Stärke des deutschsprechenden Sektors, ist dieser kein fruchtbarer Boden für irgendeine deutsche literarische Produktion. Das macht auch die Tatsache verständlich, daß es hier nie einen deutschen Verlag von Belang gegeben hat, nie eine literarische Zeitschrift von Bedeutung. Die deutsche Literatur, die überall im Exil (in der Tschechoslowakei, in Rußland, den USA, Mexiko, Argentinien, England, Holland, Frankreich, Schweden) ihre adäquaten Publikationsmöglichkeiten gefunden hat, ist hier in eine Art Sackgasse geraten.

Trotzdem haben sich einige Autoren recht gut in diesem Milieu zurechtgefunden, arbeiten für die deutsche oder neuerdings auch für die im Wachsen begriffene englische Presse des Landes, zu der sie einen leichteren Zugang als zur hebräischen finden. Die besondere Struktur des deutschsprachigen Sektors aber bringt es mit sich, daß eine Reihe der besten Autoren fast ohne Kontakt mit der Öffentlichkeit arbeitet. Die hier herrschende Ideologie ist recht kleinbürgerlich und einem fortschrittlichen Geiste wenig zugetan. Gerade das Lebendige, Lebensfähige wird am entschiedensten ignoriert. Antifaschistische, linke Schriftsteller schreiben für die Schublade oder für die Zukunft; gerade sie, für die der Kontakt mit breiteren Schichten unentbehrlich ist, leben, ganz gegen ihre Absicht, auf einer Art »elfenbeinernem Turm«. (Daß die expressionistischen und surrealistischen Dichter und die reinen Ästheten hier wie überall wenig Kontakt mit dem Publikum haben, liegt im Wesen der Sache und bedarf keiner Betonung.) Aber auch gerade die, die das Esoterische in der Kunst entschieden bekämpfen, sind gezwungen, eine esoterische Kunst zu schaffen. Ein deutschschreibender Autor bürgerlicher Tendenz hat hier allenfalls noch gewisse Chancen, ein linker, antifaschistischer Schriftsteller aber hat vom deutschsprechenden Publikum verzweifelt wenig Entgegenkommen zu erwarten. Der eigentliche Kampf zwischen Fortschritt und Reaktion spielt sich in der politisch viel bewußteren hebräischen Öffentlichkeit ab. Den kleinen Kreis des linken deutschen Publikums zu erfassen und zu vergrößern, hatten sich dennoch die Zeitschriften *Orient*, unter der Ägide von Arnold Zweig, sowie *Heute und Morgen* zur Aufgabe gemacht.

6.

Die meisten deutschschreibenden Schriftsteller stehen vor einer Alternative. Sie heißt: Hebräisch lernen und sich dem palästinensischen Leben voll und ganz anschließen oder – weiter deutsch schreiben und sich woanders das entsprechende Publikum suchen. In der Konsequenz läuft es auf die Entscheidung hinaus: Hierbleiben oder Fortgehen. Nicht alle sind sich dieser Alternative bewußt; manche suchen sie zu überbrücken, denken vielleicht daran, in Palästina für deutsche Verlage zu schreiben oder in deutscher Sprache für eine hebräische Übersetzung. Beides mag möglich sein. Für andere ist dieses Problem ein offener Konflikt. Da für sie die

Alternative des Hebräisch-Lernens kaum in Frage kommt, rückt die andere stärker in den Vordergrund; und dies heute um so mehr, als der Krieg nun zu Ende ist und die Möglichkeit einer Rückkehr nach Deutschland oder Österreich in greifbare Nähe rückt. Während die deutsche Literatur heute aus dem Exil in ihre Heimat zurückstrebt, ist ein Gedanke daran hier äußerst unpopulär. Der ganze Komplex ist begreiflicherweise mit soviel Ressentiments erfüllt, so stark mit Affekten beladen, so zutiefst mit Ablehnung verknüpft, daß eine Entscheidung in dieser Richtung heute nur ausnahmsweise fallen wird. Der Riß ist zu groß; Deutschland ist uns allen fremd geworden..

Dennoch wird sich der eine oder andere von Zeit zu Zeit die Frage vorzulegen haben, welches Land ihm die besseren Arbeitsbedingungen, das geeignetere Wirkungsfeld und einen heimischeren Boden zu bieten verspricht.

ANMERKUNGEN

Typoskript datiert Januar 1946, bisher ungedruckt. Geschrieben auf Veranlassung von Louis Fürnberg, der für eine Geschichte der Exilliteratur, die der Aurora-Verlag in New York plante, Informationen über deutsche Schriftsteller in Palästina suchte. Ein detailliertes Konzept, das Kurt Pinthus und F. C. Weiskopf für das Aurora-Projekt »Deutsche Literatur im Exil« entworfen hatten, ist abgedruckt in: Wieland Herzfelde und Berthold Viertel, *Briefwechsel 1940-1949*, hg. v. Friedrich Pfäfflin unter Mitarbeit von Heidemarie Grupe, Verlag v. Hase und Koehler, Mainz 1990, S. 186-196. Indessen kam das Projekt in der geplanten Form nicht zustande. Statt dessen erschien: F. C. Weiskopf, *Unter fremden Himmeln*, Dietz Verlag, Berlin 1948. Für diese Veröffentlichung wurde Loewys Beitrag allerdings nicht genutzt, da er die von Weiskopf erwarteten bibliographischen Informationen nicht enthielt. Zur Situation deutschsprachiger Schriftsteller in Israel s. S. 54, Anm. 10.

***

Einwanderersperre: Neben der Bodenfrage – genauer: den Maßnahmen zur Konzentration von Boden in jüdischer Hand – war die Frage der Einwanderung der harte Kern der Auseinandersetzungen zwischen Juden, Arabern und Engländern. Sie war gerade im Jahre 1946 wieder heftig umstritten.

Schon 1939 hatte die Mandatsmacht England in einem *Weißbuch* die Beschränkung der jüdischen Einwanderung in Palästina auf jährlich 15 000 Personen für die kommenden fünf Jahre festgesetzt und ein Verbot des jüdischen Bodenkaufs ausgesprochen. Die Außerordentliche Zionistische Konferenz im Biltmore-Hotel, New York, wies dieses Weißbuch zurück und forderte u. a. die Aufhebung der Einwanderungsbeschränkung. Ben Gurion prägte den Satz: »Wir werden gemeinsam mit England gegen Hitler kämpfen, als gäbe es kein Weißbuch, und wir werden das Weißbuch bekämpfen, als gäbe es keinen Krieg.« Die zionistische Führung organisierte die illegale Einwanderung. 1945 erneuerte der neue Labour-Premier Attlee die Einwanderungsbeschränkung für die nächsten zwei Jahre, setzt die Quote aber auf 4000 Personen im Monat hoch. Im Vorfeld der Londoner Palästina-Konferenz empfahl eine anglo-amerikanische Sachverständigenkommission eine einmalige Einwanderungsaktion von 100 000 Personen, die in einem Jahr abgeschlossen sein sollte. Den Bericht dieser Kommission veröffentlichte die britische Regierung als Weißbuch am 21.4.1946. Im August 1946 wies sie die Behörden Palästinas an, illegalen jüdischen Einwanderern keinen Einlaß mehr zu gewähren, sondern diese in Zypern und anderswo zu internieren. Sie verband diesen Beschluß mit heftigen und zweifelhaften Vorwürfen an die »Minderheit der zionistischen Extremisten«: Von skrupellosen Personen, weitverzweigter Organisation, großen finanziellen Beiträgen und Agentennetzen ist da die Rede. Die Weltexekutive der Jewish Agency in Paris bezeichnete am 13.8.46 den Beschluß der britischen Regierung, die illegale Einwanderung nach Palästina zu unterbinden, als Akt größter Grausamkeit und versichert, das Weltjudentum werde die Einwanderung weiterhin unterstützen. Großbritannien habe erst durch die erbarmungslose Einschränkung der Einwanderung mittels der Einführung einer Monatsquote von 1500 Personen das Phänomen der illegalen Einwanderung geschaffen. Der jüdische Nationalrat in Palästina rief alle Juden zum Boykott der Zivilverwaltungsbehörden auf.

Eine fast ausschließlich von mitteleuropäischen, d. h. deutschen Einwanderern initiierte Partei: Aus der HOGOA (Hitachduth Olej Germania we Olej Austria), einer Selbsthilfeorganisation der Einwanderer aus Deutschland und Österreich, entstand 1941 die »Alija Chadascha« (Neue Einwanderung).

Zu den Zeitschriften *Orient* und *Heute und Morgen* s. »Jude, Israeli, Deutscher ...« und Anmerkungen dazu, S. 35 und 55 in diesem Band.

Palästina heute
(1948)

I. »Rule Brittannia«

In den ersten Märztagen dieses Jahres wurden hier von englischer Seite zwei Dokumente veröffentlicht, die zum Verständnis der Auseinandersetzungen in und um Palästina in erheblichem Maße beitragen. Das eine ist ein regierungsamtliches Kommuniqué, das andere ein Aufruf der »British League«, einer Organisation der Mosley-Partei. Beide Schriftstücke verfolgen den gleichen Zweck; sie gehen darauf aus, die jüdische Gemeinschaft Palästinas an den Pranger zu stellen und für vogelfrei zu erklären. Daß sich die beiden Schriftstücke im Tone voneinander unterscheiden (das eine ist im amtlichen Stile abgefaßt, das andere eine Rüpelei) ist unwesentlich; der Aufruf der »British League« spricht offen das aus, was die amtliche Verlautbarung nur zwischen den Zeilen enthält: daß nämlich der britische Imperialismus gesonnen ist, den jüdischen Jischuw (jüdische Gemeinschaft Palästinas) mit allen ihm zur Verfügung stehenden Mitteln in den Staub zu treten.

Die Juden, so heißt es in dem »Schriftstück« der »British League«, das diese an verschiedene Jerusalemer Organisationen und Persönlichkeiten geschickt hatte und das »Rule Brittannia« unterzeichnet ist, seien mit Hilfe des internationalen Kapitals, des internationalen Bolschewismus und der Freimaurer nach Palästina gekommen, das sie als Sprungbrett zur Unterdrückung des adligen arabischen Volkes benutzen wollen. Die Araber seien aber entschlossen, sich der Plage des Wandernden Juden ein für allemal zu entledigen und könnten dabei auf die Hilfe der »British League« rechnen. »Mit Worten allein werden wir aber nicht siegen, sondern mit Waffen und Dynamit. In der Grabeskirche, in der die Juden Jesus Christus ermordeten, haben wir den Eid abgelegt, gegen die Juden den Kreuzzug anzutreten. Am 22. Februar legten wir Teile der Jerusalemer Ben Jehudastraße in Schutt und Asche ... Wir werden das Werk Hitlers vollenden.«

Auch das amtliche Kommuniqué läßt an Deutlichkeit nichts zu wünschen übrig. Es betont z.B., »daß die britischen Truppen jetzt zweifellos nur unter Hemmungen auf Juden im Lande als auf Menschen sehen, die — als Menschen — Anspruch auf Schutz haben.« Und wenn das Mosley-»Dokument« mit einem Aufruf an die Völker der Welt schließt, sich »vom jüdischen Joch zu befreien«, so ist das Regierungskommuniqué immerhin noch so sanft, dem Jischuw vorerst nur das Recht abzusprechen, »in den Augen der Welt unter die Kulturvölker gezählt zu werden.«

In einem Punkte allerdings divergiert das Kommuniqué von der Mosley-Hetzschrift. Beide Schriftstücke nehmen Bezug auf das furchtbare Sprengstoffattentat, das, vierzehn Tage vorher im jüdischen Geschäftszentrum Jerusalems ausgeführt, über hundert Opfer an Toten und Schwerverwundeten forderte. Jüdische Untersuchungen hatten einwandfrei ergeben, daß es sich bei den Urhebern dieses Attentates um britische Heeresangehörige gehandelt haben muß. Während sich nun die »British League« freimütig damit brüstet, dieses Attentat begangen zu haben, hatte das amtliche Kommuniqué (nur wenige Tage vorher) entrüstet die jüdischen Beschuldigungen als böswillige Verleumdungen abgetan. »Ungeachtet den amtlichen Dementis«, so heißt es hier wörtlich, »hat die Jewish Agency ihre Behauptung wiederholt, daß ein englischer Armee-Autokonvoi für die Untat in der Ben Jehudastraße die Verantwortung getragen habe. Niemand hat dem außerhalb jüdischer Kreise Glauben geschenkt, und wenn eine solche Behauptung erneuert wird, so kann das nur in der Absicht geschehen, *Rassenhaß zu nähren.*«

»Ungeachtet des amtlichen Dementis« die Wahrheit zu sagen, ist freilich ein Verbrechen in den Augen derer, die diese Wahrheit verheimlichen wollen. Ungeachtet der amtlichen Restriktionen, Verbote und Verfügungen sein Recht zu suchen: das ist in den Augen der britischen Mandatsmacht überhaupt die ganze Untat des jüdischen Jischuw. Am

29. November 1947 wurde dieses Recht auf der UNO-Vollversammlung durch den Teilungsbeschluß kodifiziert, dessen Durchführung aber nicht nur im Interesse der Juden, sondern auch der Araber läge, da sie beiden Völkern Palästinas in gleichem Maße die erstrebte Unabhängigkeit geben würde. England verhielt sich bekanntlich bei den damaligen Verhandlungen und bei der Abstimmung »neutral«. Inzwischen hat sich längst hinter dieser Maske der »Neutralität« die wahre Absicht gezeigt: den Teilungsbeschluß mit allen Mitteln zu sabotieren. Ehrliche Neutralität in dem Konflikt, der durch die arabische Aggression gegen die Durchführung der Teilung entstanden ist, wäre nun schon an sich eine Brüskierung der UNO. »Neutralität« bedeutet hier, Recht und Unrecht auf eine Stufe zu stellen. Die von der UNO vorgeschlagene Lösung ist ein Kompromiß im Interesse beider Teile; die arabische Reaktion dagegen steht im Dienste eines extremen Chauvinismus.

Was die Mandatsmacht heute in Palästina treibt, ist aber etwas noch weitaus Schmählicheres als die Wahrung irgendeiner Art von Neutralität. England stellt nicht nur Recht und Unrecht auf ein Stufe, sondern macht es auch der UNO unmöglich, ihrerseits das Recht hier herzustellen, also den UNO-Beschluß zu verwirklichen. Es sei hier nur daran erinnert, daß die Mandatsmacht der zur Durchführung der Teilung ernannten Kommission »verbot«, zu einem früheren Termin als vierzehn Tage vor Mandatsende (15. Mai) im Lande einzutreffen. In diesen letzten 14 Tagen hätte die Kommission also nicht nur die Verwaltung Palästinas zu übernehmen, sondern gleichzeitig alle Vorbereitungen zu treffen, um nach diesen 14 Tagen aus einer administrativen Einheit zwei Staaten erstehen zu lassen. Und das angesichts der offenen Feindseligkeiten des arabischen Bevölkerungssektors! Anstatt die Administration einer Nachfolge-Regierung stufenweise zu übertragen, legt die Mandatsmacht diese stufenweise lahm. So ist z.B. schon ein großer Teil des Postdienstes suspendiert worden; die Lebensmittelversorgung ist für die Zeit nach dem 15. Mai in Frage gestellt etc. Dieses Verhalten ist von einer solchen Unverfrorenheit und Infamie, daß sich jeder Kommentar erübrigt. Schließlich hat sich die Mandatsmacht doch herbeigelassen, eine »Vorhut« der Kommission ins Land zu lassen, allerdings mit der Warnung, nur dann für ihre Sicherheit garantieren zu können, wenn sie sich strikt an die Weisungen der Behörden hält. Diese Weisungen aber sind dazu angetan, der Kommission ihre Arbeit so schwer wie möglich zu machen. Ihre Mitglieder sind fast wie Gefangene unter ständiger starker Polizei- und Militäreskorte; sie können ohne vorherige Anfragen und Auseinandersetzungen buchstäblich kaum einen Schritt tun und im übrigen Jerusalem nicht verlassen. Auch diese »Fürsorge« der Mandatsmacht ist bezeichnend für ihre »Neutralität« in der Palästinafrage und außerdem für die Achtung, die sie der UNO entgegenbringt.

Das britische Verhalten gegenüber der UNO-Kommission als des ausführenden Organs des Teilungsbeschlusses wird sinnreich ergänzt durch eine offene Diskriminierung der Juden. Aus der Fülle der Tatsachen seien nur einige Beispiele herausgegriffen.

1. Die Infiltration arabischer Banden (die nach Tausenden zählen) aus den arabischen Nachbarländern wird geduldet; die Sperre der jüdischen Einwanderung dagegen rigoros aufrechterhalten. (Obwohl die UNO die Freigabe eines Hafens für jüdische Einwanderung vom 1. Februar 1948 an gefordert hatte.) Begründung: Die Grenzen seien nicht hermetisch zu schließen, die jüdische Einwanderung aber zu gestatten, liefe der britischen Neutralität zuwider.

2. Die arabischen Staaten erhalten – »aufgrund alter Verträge« – Waffen, die sie im Kampf gegen den Jischuw einsetzen. An die Juden, die sich gegen einen Angriff verteidigen, werden keine Waffen geliefert. Statt dessen werden bei ihnen dauernd Waffen beschlagnahmt. Der »Neutralität« halber werden zuweilen auch bei den Arabern Waffen beschlagnahmt.

3. Bei Kampfhandlungen unterscheidet die Mandatsmacht prinzipiell nicht zwischen Angreifer und Angegriffenen. Wenn sie überhaupt eingreift, schießt sie (der »Neutralität« halber) nach beiden Seiten und macht den Juden häufig eine wirksame Verteidigung unmöglich. Darüber ein amtliches Kommuniqué:

»Die britische Armee ist nunmehr entschlossen, auch ihre stärksten Waffen zu verwenden, um den jüdisch-arabischen Kämpfen in Jerusalem ein Ende zu machen ... Bei Zusammenstößen der heute üblichen Art läßt sich nicht mehr ermitteln, wer der Angreifer ist. Darum wird die britische Armee von ihren Waffen unterschiedslos gegen jedermann Gebrauch machen, der seinerseits Schußwaffen verwendet. Das ist eine unparteiische Warnung an die Adresse beider Seiten. Das einzige Mittel zur Verhütung von Zusammenstößen mit dem Militär und von Verlusten, die mit solchen Zusammenstößen unausweichlich verbunden sind, ist die Nichtteilnahme an allen Gefechten ...« Würden die Juden diese Warnung beherzigen, so hätten sich die Araber längst des ganzen Landes bemächtigt, wie sie sich der rein arabischen Landesteile schon längst bemächtigt haben.

4. Es bedarf aber gar nicht immer der Teilnahme an Gefechten, um das englische Militär zum Eingreifen zu veranlassen. Oft werden jüdisch-arabische Zusammenstöße durch direkte Provokation eben dieses Militärs hervorgerufen. Zuweilen werden auch Juden durch Angehörige dieser Streitmacht in arabisches Gebiet verschleppt und dort von Arabern bestialisch ermordet. Der »Neutralität« halber wurden allerdings auch schon Araber von Soldaten in jüdisches Gebiet verschleppt, – um dann allerdings von Juden in Freiheit gesetzt zu werden. Der entsetzlichste Fall von britischer Provokation spielte sich am 1. März wenige Kilometer vor Tel Aviv ab. »Soldaten beschossen«, so meldete die Presse, »jüdische Stellungen südlich von Tel Aviv bei der Fabrik ›Hajozek‹ und erschienen dann in der Fabrik, wo sie Durchsuchungen vornahmen und die Waffen beschlagnahmten. Inzwischen sammelten sich arabische Banditen rund um die Fabrik an. Ein Captain befahl den Arbeitern und Wächtern, in der Fabrik einige Minuten nach Abzug des Militärs zu verbleiben. Nachdem die Soldaten abgefahren waren und die entwaffneten Juden ihrem Schicksal überlassen hatten, fiel der arabische Mob über die Juden her, ermordete acht und verwundete drei.«

5. Von besonderer Bedeutung ist das Problem der Verkehrsunsicherheit. Durch die häufigen Überfälle auf den Landstraßen sind ganze Gebiete, vor allem Jerusalem, von der akuten Gefahr bedroht, vollkommen abgeschnitten und ausgehungert zu werden. Die Mandatsmacht, die nichts dazu tut, diesem Zustand ein Ende zu setzen, läßt es andererseits nicht zu, daß die Juden die Verkehrssicherheit von sich aus wiederherstellen.

6. Dem britischen Militär, das offiziell die Aufgabe hat, in diesem Lande für Ruhe und Ordnung zu sorgen, unterstehen transjordanische (arabische) Formationen. Nach Deklarationen Abdallahs haben diese den trans-

jordanischen Ansprüchen auf Palästina den nötigen Nachdruck zu verleihen. Das hat sich bisher schon in einer Reihe mörderischer Überfälle dieser Formationen auf Juden ausgedrückt.

7. Die Konsulate einiger der Länder, die für die Teilung gestimmt hatten, hatten die Gewährung ausreichenden Schutzes vor arabischen Angriffen verlangt, aber nicht erhalten. Die Konsulate der arabischen Staaten dagegen erhielten über Nacht die Erlaubnis, Soldaten ihrer Länder zum Schutz der Konsulate heranzuziehen, obgleich diese Konsulate von niemand bedroht waren, die betreffenden Länder dagegen selbst den Frieden in Palästina bedrohen.

Diese Liste ließe sich nach Belieben weiter fortsetzen. Die künstlich erzeugte Lebensmittelknappheit; das Verbot, eine jüdische Miliz vor Mandatsende aufzustellen; das Hereinlassen nicht nur von arabischen Banden, sondern auch von Nazis, Anders-Polen und anderem faschistischen Gesindel; die Attentate britischer Heeresangehöriger im jüdischen Jerusalem; das Gewährenlassen von Zugberaubungen durch die Araber; die häufigen tendenziösen Falschmeldungen des Londoner Rundfunks; das Verbot von *Al Ittihad*, der Zeitung der arabischen »Liga für nationale Befreiung«, die als einzige arabische Partei dem Teilungsbeschluß positiv gegenübersteht, und schließlich die wiederholten Beteuerungen arabischer Bandenführer, daß zwischen den Arabern und der Regierung, die ihnen helfe, Freundschaft herrsche, – all das beweist nur die absolute Fadenscheinigkeit der britischen »Neutralität«.

England sagt nun schon seit einigen Monaten das Chaos voraus, das mit dem Ende des Mandats hier zwangsläufig eintreten soll. Zwangsläufig? Ja, aber nicht weil der Teilungsplan das Chaos mit sich bringt, sondern weil England es künstlich schaffen will und auch tatsächlich schafft, um diesen Plan zu Fall zu bringen. Denn trotz der britischen Beteuerungen, das Mandat am 15. Mai niederzulegen, weist alles darauf hin, daß England Palästina gar nicht aus der Hand geben will. Diese Absicht, und nichts anderes, steht hinter der britischen »Neutralität«, eine Absicht, die sich aber niemals in so zynischer Weise hätte Ausdruck verschaffen können, wenn England nicht von Anfang an ausreichende Rückendeckung innerhalb der UNO gehabt hätte.

Palästina als die Heimstätte für einen beträchtlichen Teil des jüdischen Volkes steht heute für die fortschrittliche Weltöffentlichkeit jenseits aller Diskussion. Der Drang nach nationalem Eigenleben bei einem großen Sektor vor allem des europäischen Judentums ist nur die natürliche Folge der grauenhaften Unterdrückung und Verfolgung, der es während des letzten Jahrzehnts ausgesetzt war. Eine wirkliche Wiedergutmachung wäre ohne eine Berücksichtigung dieser Tatsache unmöglich. Es sind vor allem die osteuropäischen Staaten und an ihrer Spitze die Sowjetunion, die sich diesen Standpunkt zu eigen gemacht haben und die deshalb nicht nur die Juden beim Wiederaufbau ihres Lebens in ihren Heimatländern unterstützen, sondern sich heute auch für die Errichtung eines jüdischen Staates in Palästina am entschiedensten einsetzen. In der Rede Gromykos vor der UNO im Mai vorigen Jahres fand diese Haltung der Sowjetunion zum ersten Mal ihren offiziellen Ausdruck; im Teilungsbeschluß der UNO vom 29. November 1947, der hauptsächlich durch sowjetisch-amerikanisches Zusammenwirken zustande kam, wurde sie konkretisiert.

Rufen wir uns den Beschluß der UNO über die Teilung Palästinas kurz ins Gedächtnis zurück. Dieser Beschluß sieht vor, daß in Palästina am 15. Mai 1948 zwei selbständige Staaten gebildet werden sollen, einer mit jüdischer und einer mit arabischer Bevölkerungsmehrheit, untereinander verbunden durch einen gemeinsamen Wirtschaftsrat. Die Sowjetunion betonte ausdrücklich, daß sie in der Teilung keine *ideale* Lösung des Palästinaproblems sieht, unter den gegebenen Umständen aber die *bestmögliche.* Die bessere Alternative – ein bi-nationaler oder föderativer Einheitsstaat – war bis dahin die Forderung der fortschrittlichsten Kreise vor allem des jüdischen Bevölkerungssektors, konnte sich aber unter der britischen Mandatsmacht mit ihrer notorischen Teile-und-herrsche-Politik, in der durch jahrelange Förderung des Extremismus und Chauvinismus vergifteten Atmosphäre Palästinas weder auf der einen noch auf der anderen Seite durchsetzen. Ein neuer Weg, den Völkern Palästinas die Selbständigkeit zu geben, mußte gefunden werden; und der konnte nur die Teilung sein. Die Sowjetunion nannte sie die »zweitbeste« Lösung, wies aber zugleich darauf hin, daß der gemeinsame Wirtschaftsrat unter veränderten Umständen durchaus einmal die Grundlage für engere Kooperation und schließliche Verschmelzung der beiden Staaten zu einem Einheitsstaat abgeben könnte.

Trotz der mit der Teilung verbundenen geographischen und ethnographischen Zerstückelung des Landes stellt diese eine Lösung dar, die, wenn sie getreu dem UNO-Beschluß durchgeführt werden wird, den Interessen *beider* Völker Palästinas dient. Sie wird Araber wie Juden in gleichem Maße von der Unterdrückung und kolonialen Ausbeutung durch den britischen Imperialismus befreien und kann – die Kooperation der beiden Staaten vorausgesetzt – eine Zeit der Blüte, des nationalen und sozialen Aufschwungs beider Völker begründen.

Die Perspektiven dieses Planes und die palästinensische Wirklichkeit von heute sind nun allerdings alles andere als identisch. Es war vorauszusehen, daß die führenden Cliquen der Araber sich gegen den Teilungsplan stellen würden; nicht etwa, weil seine Durchführung den Arabern zum Schaden gereichen würde, sondern weil die arabischen Feudalen, die palästinensischen Husseinis und der Klüngel der arabischen Liga, nichts mehr fürchten als die Freiheit ihrer Völker. Denn die Befreiung vom imperialistischen Joch könnte das Signal auch zur Befreiung von der feudalen Knechtung abgeben. Es wäre für die UNO ein Leichtes, mit dieser Handvoll arabischer Potentaten fertig zu werden, würde sie es ernsthaft wollen. Die Zuneigung aber zwischen den Effendis und den imperialistischen Mächten beruht durchaus auf Gegenseitigkeit. Amerika und England verlangen nicht nur nach dem arabischen Öl, sondern haben auch die Araber dazu ausersehen, in diesem Teil der Welt den Schutzwall gegen »das Vordringen des Kommunismus« zu bilden. (Daß die auf dieser Tendenz beruhende Freundschaft zwischen Okzident und Orient im übrigen zuweilen recht brüchig ist, beweisen die kürzlichen Ereignisse im Irak!) Der Krise, die um Palästina entstanden ist, liegt weit mehr als die arabische Aggression zugrunde; nämlich ihre Unterstützung durch einige Staaten in der UNO und selbst von solchen, die am 29. November *für* die Teilung gestimmt hatten.

Englands Haltung war von vornherein eine offene Sabotage des Teilungsbeschlusses, Englands Tätigkeit eine Diskriminierung der Juden als der aktiven Verfechter dieses Programms. England bestimmt das tagtägliche Leben hierzulande; England hat das »Chaos« in Szene gesetzt, das den jüdischen Traum von Freiheit und Selbständigkeit ersticken soll. Bevin aber hätte sich die dauernde Brüskierung der UNO nie erlauben können, wenn er nicht von allem Anfang an ausreichende Rückendeckung gehabt hätte. Diese zu liefern aber war die Rolle der USA. Auf die vielen Belastungsproben, denen der Teilungsbeschluß durch arabische Aggression und britische Obstruktion ausgesetzt war, reagierten diese anfangs nur mit Zaudern, mit Verschleppungsmanövern und schließlich mit dem völligen Abrücken vom Teilungsbeschluß. In diesen Tagen hatte Warren Austin, Vertreter der USA im Sicherheitsrat, erklärt, seine Regierung sähe sich außerstande, am Teilungsbeschluß der UNO weiter festzuhalten, da er mit friedlichen Mitteln nicht durchführbar sei. Sie schlage deshalb vor, Palästina wieder unter ein Treuhandregime (lies: England) zu stellen. Die USA ließen aber gleichzeitig durchblicken, daß sie der Durchsetzung eines solchen Beschlusses auch mit militärischen (also nichtfriedlichen) Mitteln nichts in den Weg stellen würden. Die Scheinheiligkeit der Beteuerungen, daß dieses Abrücken vom Teilungsbeschluß nur der Wahrung des Friedens dienen soll, ist offenbar: lieber also einen neuen Konflikt mit der Sowjetunion provozieren – die bekanntlich am Teilungsbeschluß festhält – als mit ihr in Gemeinschaft die Araber zur Raison zu bringen!

Auf die Erklärung Warren Austins folgte ein Proteststurm in den USA, der die USA-Regierung zur vorläufigen Zurückziehung ihres Antrages auf Annullierung des Teilungsbeschlusses zwang. Truman müßte sogar persönlich herhalten, um den schlechten Eindruck zu verwischen, den Austins Erklärung im eigenen Lande gemacht hatte, und um zu betonen, daß Amerika trotz des Treuhandschaftsvorschlages weiter die Judenstaatsforderung unterstützt. Aber auch diese Beteuerungen können niemand über die Tatsache hinwegtäuschen, daß die USA-Regierung den jüdischen Ambitionen mit unverhohlener Abneigung gegenübersteht. Sie hätte sich schon längst offen und endgültig gegen diese Ambitionen ausgesprochen, müßte sie nicht irgendwie doch mit der öffentlichen Meinung und vor allem mit der nicht unbeträchtlichen Zahl jüdischer Wählermassen rechnen, die die USA-Regierung beim Wort zu nehmen gesonnen sind.

Die USA haben in der Tat keine geringere Schuld daran als England, daß die Verwirklichung des Teilungsbeschlusses auf so große Schwierigkeiten gestoßen ist. Die USA lehnen heute den UNO-Beschluß nicht ab, weil er undurchführbar ist: Da sie ihn ablehnen, begünstigen sie vielmehr alle Manöver, die ihn vor den Augen der Welt als undurchführbar erscheinen lassen. Das mag manchem allerdings eigenartig erscheinen, und viele hierzulande wollen es auch heute noch nicht wahrhaben. Hatten sich doch die USA auf der UNO-Vollversammlung für den Teilungsplan so sehr ins Zeug gelegt und die Annahme dieses Planes durch ihr Zusammengehen mit der Sowjetunion überhaupt erst möglich gemacht. Das einmütige Zusammengehen mit der Sowjetunion auf der UNO-Vollversammlung, die den Teilungsbeschluß brachte, war ein besonders bemerkenswertes Ereignis, das von kaum jemand erwartet wurde und unter den politischen Voraussetzungen dieser Nachkriegsjahre völlig vereinzelt dasteht. Viele haben sich nach dem Grunde dieses ungewöhnlichen Zusammengehens gefragt: Handelte es sich um einen echten Kompromiß, bei dem sich die beiden Mächte auf einer gemeinsamen Ebene trafen, um auf dieser, wenigstens eine Zeitlang, miteinander weiterzumarschieren? Diese Frage konnte schon nach kurzer Zeit mit »Nein« beantwortet werden. Die USA zeigten sich in der Palästinafrage ebensowenig verständigungsbereit wie in irgendeiner anderen Frage der internationalen Sicherheit. Wenn sie mit der Sowjetunion dennoch in der Palästinafrage zu einer gemeinsamen Stellungnahme gelangten, so nicht, weil sich ihre Wege mit denen der Sowjetunion im Teilungsbeschluß vereinigten, sondern höchstens, weil sich in ihm beider Wege kreuzten, um sich dann wieder voneinander zu entfernen. Sie fanden sich für einen Moment in einem *Punkt* zusammen, an dem Amerika gewissermaßen *noch*, Rußland aber *schon* dem Judenstaatsgedanken positiv gegenüberstand. Die Zeit zwischen der Rede Gromykos und der Rede Warren Austins war der Spielraum rund um diesen Punkt, wo die Einheit das Trennende noch überschattete. Uns hier in Palästina wäre nichts lieber, als daß eine solche Einheit wieder zustande käme. Nichts aber wäre gefährlicher, als *unser* Handeln von dem Wunschtraum bestimmen zu lassen, daß die USA tatsächlich zum UNO-Beschluß stehen wird.

III. Am Scheidewege

Warum haben die imperialistischen Mächte den Zionismus verraten? Weil die Juden Kommunisten sind? Oder weil die Sowjetarmee in Palästina Fuß fassen will? Oder weil sie sich nicht mit den Arabern überwerfen wollen, aus Furcht, daß diese ihnen kein Öl mehr verkaufen könnten? Alle diese Argumente liest man in der Zeitung. Aber ihre Fadenscheinigkeit hält auch nicht der oberflächlichsten Betrachtung stand. Warum setzt sich aber andererseits heute die Sowjetunion mit so viel Nachdruck für die Errichtung eines jüdischen Staates ein, obwohl sie früher den Zionismus als eine im Wesen reaktionäre Bewegung angesehen hatte? Um diese Fragen zu beantworten, müssen wir den jüdischen Jischuw und seine Wandlungen in den letzten Jahren einer gründlicheren Prüfung unterziehen.

Zunächst ist festzustellen, daß die zionistische Bewegung bis vor wenigen Jahren ein Lieblingskind des britischen Imperialismus war. England hatte sich 1919 mit der Balfour-Deklaration, die den Juden eine nationale Heimstätte in Palästina versprach, die Sympathien der Zionisten erkauft. Selbst an den nationalen Interessen der Juden so wenig interessiert wie an denen der Araber, wollte es nur einen Puffer zwischen sich und den arabischen Unabhängigkeitsbestrebungen schaffen. Wer sich zu einer solchen Rolle hergibt, muß sich schon irgendwie dazu eignen. Der Zionismus war auch in der Tat mehr als zweieinhalb Jahrzehnte lang ein treuer Diener der britischen Krone. Seine Wortführer forderten noch vor wenigen Jahren die Aufrechterhaltung des britischen Mandats und suchten den Verbleib der Engländer mit dem Argument zu rechtfertigen, daß diese die Existenz des jüdischen Nationalheims gegen etwaige arabische Übergriffe zu schützen hätten. Das berüchtigte Weißbuch von 1939, das die jüdische Einwanderung nach Palästina praktisch liquidieren sollte, brachte dieser Englandfreundschaft den ersten Schock bei. Der Krieg, der bald danach ausbrach, ließ es allerdings vorläufig zu keinem offenen Bruche mit der Mandatsmacht kommen. Erst nach Kriegsende, als die Weißbuchpolitik rigoros fortgesetzt wurde, kühlten sich die Beziehungen zusehends ab, und zwar in einem Maße, daß im Laufe von nur zwei Jahren der jüdische Jischuw Palästinas aus einem treuen Knappen des britischen Imperialismus zu seinem erbittertsten Gegner wurde.

Was war geschehen? Der Zionismus war der Mandatsmacht recht, solange er sich mit ein paar Brocken vom Tische seiner Auftraggeber begnügte; solange sich der Jischuw als ein willenloser Spielball behandeln ließ und keine eigenen Ansprüche stellte; solange er sich mit der provinziellen Idylle, die ihm zugedacht war, zufriedengab und nicht auf den Gedanken kam, zu einem vorwärtstreibenden Faktor in der politischen Gegenwart zu werden. Der Jischuw ist aber längst über diese ihm zugedachte Rolle hinausgewachsen. Er stellt seine eigenen nationalen und sozialen Ansprüche. Durch sein Wachstum und die Steigerung seiner industriellen Produktionskapazität droht er, eines Tages zu einem Konkurrenten Englands auf den Märkten des Mittleren Ostens zu werden. Der Jischuw ist aus seiner provinziellen Enge herausgetreten, sein Horizont hat sich geweitet; die Probleme der Welt, der Drang nach nationaler Unabhängigkeit und sozialem Fortschritt sind seine eigenen geworden. Dazu das Problem der jüdischen Flüchtlinge, das kategorisch eine Lösung verlangt, die ihm ebenso kategorisch vorenthalten wurde und heute noch wird. Kurzum: Der Jischuw ist mündig geworden und willens, seine Probleme nach eigenem Willen zu lösen. Eine Gemeinschaft mit solchen Eigenschaften und Ambitionen kann aber »gefährlich« sein in einer Welt, deren Rückständigkeit um jeden Preis aufrechterhalten werden soll; und so setzt der britische Imperialismus seit Kriegsende nicht nur alles daran, um diese Gemeinschaft sich nicht ausbreiten zu lassen, sondern auch ihr wirtschaftliches und politisches Potential zu drosseln. Deshalb die erbitterte Gegnerschaft Englands dem jüdischen Palästina gegenüber; eine Gegnerschaft, die sich auf der anderen Seite nur in desto gründlichere Besinnung auf den eigenen Wert, auf das eigene Recht umsetzen kann.

Palästina aber ist ein Land zweier Nationen. Der Irrweg, den die zionistische Politik jahrzehntelang beschritten hat, wirkt auch in der Gegenwart nach. Die Führung des Jischuw hatte es nie verstanden, von den nationalen Interessen der Juden eine Brücke zu schlagen zu den nationalen Interessen der Araber, die im wesentlichen die gleichen sind: Befreiung von der britischen Kolonialherrschaft. Daß im arabischen Sektor die Kooperationswilligkeit nicht größer war, ist nur die Kehrseite einer politischen Situation, die die britische Teile-und-herrsche-Politik seit eh und je heraufbeschworen hatte. Unter diesen Umständen nimmt es nicht wunder, daß auf beiden Seiten, auf jüdischer und auf arabischer, extremistische, nationalistische Losungen, der Wunsch nach Besitzergreifung des ganzen Landes durch eine der beiden Gruppen, das politische Bild bestimmten. Diese extremistischen Forderungen waren aber genau das, was der Imperialismus bezweckte; denn anstatt nur auf die Räumung des Landes durch die Engländer zu dringen, war und ist in ihnen der Nationalismus vor allem in Richtung auf die nachbarliche Gemeinschaft umgebogen. Von einer jüdisch-arabischen antiimperialistischen Front, der besten Gewähr für einen Erfolg im nationalen Kampf, konnte unter solchen Verhältnissen niemals die Rede sein. Trotzdem war in beiden Bevölkerungsschichten der Wille zur Zusammenarbeit immer stark und ist es selbst heute noch. Es ist eine nicht zu unterschätzende Tatsache, daß die arabische Aggression gegen den Teilungsplan vorwiegend von nichtpalästinensischen Staaten betrieben wird und in einigen Gegenden Palästinas, die vom Zustrom ausländischer Banden bisher verschont blieben, noch vollkommene Ruhe und gutnachbarliche Verhältnisse herrschen.

Heute, da der Imperialismus nicht nur in Palästina, sondern auch in anderen Ländern des Mittleren Ostens (Ägypten, Irak) von einer akuten Krise bedroht ist, ist die Umbiegung des arabischen Nationalismus in Richtung auf den jüdischen Jischuw (und auch auf die Juden der betreffender Länder selbst) Englands stärkste Waffe. Dem Imperialismus genügt es heute längst nicht mehr, *nur* die palästinensischen Araber auf den Jischuw zu hetzen; er bemüht sich vielmehr, den ganzen arabischen Osten für diesen »Heiligen Krieg« zu entflammen und die arabischen Völker glauben zu machen, daß nicht er, sondern der jüdische Jischuw, ihr wahrer Feind ist.

Auch die offizielle zionistische Politik war bis zum Teilungsbeschluß der UNO extremistisch eingestellt. Während aber die Mandatsmacht durch die Weißbuchpolitik den Extremismus der herrschenden arabischen Kreise immer mehr begünstigte und dem arabischen Nationalismus damit die Spitze abbrach, brachte sie den jüdischen Jischuw in seiner Gesamtheit immer mehr gegen sich auf.

In der Hoffnung, gewisse britisch-amerikanische Differenzen im Mittleren Osten ausnützen zu können und im Vertrauen auf die großen Sympathien, die man dem Zionismus in Amerika entgegenbringt, orientierte sich die Jewish Agency nun auf die USA, um von dort die Unterstützung zu erhalten, die England ihr seit geraumer Zeit versagt hatte. Man rechnete mit dem Ölhunger Amerikas und hätte sich gern als Werkzeug der amerikanischen Expansion eingeschaltet, so wie man sich früher vor den britischen Imperialismus hatte spannen lassen. Die Orientierung auf Amerika war bekanntlich ohne Erfolg. Die englisch-amerikanische Interessengemeinschaft erwies sich als viel stärker als ihr auf Konkurrenz beruhender Gegensatz. Es wurde eine von England und den USA gemeinsam aufgestellte Untersuchungskommission nach Palästina geschickt, deren Vorschläge in der Forderung nach Einwanderung von 100 000 Flüchtlingen gipfelten und die in der später noch zuungunten der Juden modifizierten Form unter dem Namen des »Morrison-Planes« berüchtigt wurde. Dieser Plan, der im wesentlichen hier alles beim alten läßt (vor allem also auch die britische Herrschaft), wurde von den Wortführern des Jischuw – übrigens auch von den Arabern – verworfen. Daraufhin unterbreitete England die Palästinafrage der UNO, in der Hoffnung, daß auch diese am Status quo in Palästina nicht rütteln werde.

Mit diesem Schritt aber tritt das Palästinaproblem dennoch in eine neue Phase. Denn jetzt fällt das Votum der Sowjetunion ganz wesentlich mit ins Gewicht. Dieses aber mußte zwangsläufig den Ansprüchen der Juden, soweit sie berechtigt waren, entgegenkommen. Die zur Prüfung der Lage nach Palästina entsandte neue Untersuchungskommission machte bekanntlich zwei Vorschläge: eine föderative Lösung und die Teilung. Die Teilung wurde von der UNO mit überwältigender Mehrheit akzeptiert, darunter mit den Stimmen der USA und der Sowjetunion, welch letztere ihren Standpunkt mit dem Rechte jedes Volkes auf Selbstbestimmung begründete. England verhielt sich »neutral« und gab seine Absicht zur Kenntnis, das Mandat am 15. Mai niederzulegen und seine Truppen bis zum 15. August 1948 abzuziehen. Im jüdischen Jischuw löste der UNO-Beschluß einen nicht endenwollenden Jubel aus. Diese Tatsache ist um so mehr hervorzuheben, als die Teilung einen Verzicht auf den jüdischen

Extremismus darstellt, und – wenn sie getreu dem UNO-Vorschlag ausgeführt wird – als eine konstruktive Lösung des Problems dem Extremismus überhaupt den Wind aus den Segeln nimmt. Zu diesem Jubel aber hat in besonderem Maße die Haltung der Sowjetunion beigetragen. Für viele war es nun klar, daß der Beschluß über die Errichtung eines jüdischen Staates einen konsequenten Befürworter haben wird.

Inzwischen sind vier Monate vergangen, und nicht ein einziger der von der UNO gemachten Vorschläge ist in die Tat umgesetzt worden. Statt dessen ist der Jischuw einem schweren arabischen Angriff ausgesetzt, und England befaßt sich mit der Inszenierung des »Chaos«, das nach Mandatsende hier herrschen soll, anstatt die Palästinaadministration stufenweise den Nachfolgeregierungen zu übertragen. Der jetzt die Palästinafrage behandelnde Sicherheitsrat ist aber nicht mehr in der Lage, einen Beschluß zur Überwindung der Krise zu fassen, da Amerika und seine Satelliten diese selbst heraufbeschworen haben.

Konnten die USA vor wenigen Monaten noch an den Schatten einer Möglichkeit glauben, den kommenden Judenstaat für ihre Interessen einzuspannen, so ist das heute beinahe undenkbar. Obgleich gewisse Kreise sich auch heute noch gerne dazu hergeben würden, so wäre doch der Jischuw nicht mehr bereit (falls er es überhaupt jemals gewesen wäre), den kommenden Judenstaat in eine Aufmarschbasis im politischen und später vielleicht auch militärischen Kampfe gegen die Sowjetunion verwandeln zu lassen. Die Wandlungen, die der Jischuw in den letzten Jahren durchgemacht hat, die Besinnung des Jischuw auf seine nationalen Rechte (mit wieviel Irrtümern und Irrwegen diese Besinnung auch verbunden war) mußte auch in seiner Stellung zu sozialen Fragen seinen Ausdruck finden. Das wichtigste innenpolitische Ereignis in der jüngsten Zeit ist zweifellos die Vereinigung der beiden großen linken Parteien (»Haschomer Hazair« und »Achduth Awoda«) zur »Vereinigten Arbeiterpartei«, die inzwischen zu einem wesentlichen Faktor des politischen Lebens hierzulande geworden ist. Wie sehr aber die Besinnung auf die echten nationalen Interessen geradezu die Erkenntnis fördert, daß diese nur durch eine fortschrittliche Politik und im Verein mit den fortschrittlichen Bestrebungen aller Völker gewährleistet werden können, zeigt das Beispiel Mosche Snehs, eines ehemaligen Mitglieds der bürgerlichen »allgemeinzionistischen Partei« und Mitglieds der Agency-Exekutive, der heute mit an der Spitze der »Vereinigten Arbeiterpartei« steht. Der Imperialismus sieht eine solche Entwicklung natürlich mit besonders scheelen Augen an und malt gleich das Gespenst des Kommunismus an die Wand, obgleich jeder, der den Jischuw kennt, weiß, daß dieser meilenweit vom Kommunismus entfernt ist.

Kommunistisch aber ist für die internationale Reaktion bekanntlich alles, was in der Hetze gegen die Sowjetunion nicht bedingungslos auf ihre Seite tritt, Kommunist ein jeder, der sich nicht in einen Krieg gegen Rußland hineinzerren lassen will. Und in der Tat wird mit der Errichtung des Judenstaates eine (wenn auch noch so bescheidene) Bresche in die imperialistische Front geschlagen sein. Der Imperialismus tut deshalb alles, um die Verwirklichung des UNO-Beschlusses zu hintertreiben, und dort, wo der Jischuw seine Verwirklichung selber in die Hand nimmt, ihm diese so schwer wie möglich zu machen.

Der Jischuw ist diesen Manövern leider nicht ganz gewachsen. Die Vergangenheit haftet ihm noch zu sehr an seinen Sohlen. Noch läßt er sich von *den* Leuten führen, die sich früher so sehr kompromittiert hatten. So wie sich die Jewish Agency unglückseligerweise auf den Imperialismus orientiert hatte, bekennt sie sich heute zur »Neutralität« im Kräftespiel zwischen »West« und »Ost«. Wie aber kann man »neutral« zwischen zwei Gegnern stehen, von denen der eine ganz offenbar auch der eigene Feind ist?! Durch seine »Neutralität« hat der Jischuw schon manche Gelegenheit versäumt und wird noch weitere versäumen. Hätte die Jewish Agency mehr Initiative gezeigt – z. B. was die Regierungsbildung, die Schaffung eigener öffentlicher Dienste anbelangt –, hätte sie vollendete Tatsachen im Geist des UNO-Beschlusses geschaffen, so wäre Palästina der Verwirklichung dieses Beschlusses bei weitem näher. Die Agency zaudert aber, vom Wortlaut des UNO-Beschlusses irgendwie abzugehen, obgleich sie durch mehr Initiative bei ihren Freunden in der UNO nur gewinnen könnte, bei ihren Feinden – wie sich täglich mit mehr Deutlichkeit zeigt – aber sowieso nichts zu verlieren hat. Hier aber geht es darum, kostbare Zeit zu gewinnen oder zu vergeuden.

Der Jischuw darf sich nicht länger der Illusion hingeben, »neutral« sein zu können. Überall gilt es heute, sich zu entscheiden, warum nicht auch hier? Diese Erkenntnis gewinnt zwar an Boden; es wäre noch verfrüht zu sagen, daß der Jischuw sich schon entschieden hätte. Er steht im Kampf, ohne sich vollkommen bewußt zu sein, daß er diesen nur durch eine selbständige Politik und gleichzeitige Orientierung auf seine wahren Freunde gewinnen kann: Gewisse Kreise hoffen aber immer noch auf die Möglichkeit einer Orientierung auf den »Westen«. »Orientierung auf den Westen« aber heißt Kapitulation aus freien Stücken, Aufgabe des Judenstaates, der freien Einwanderung und »Befriedung« nach dem Schema des »Morrison-Planes«, der als verlockendes Heilmittel von zuständiger »westlicher« Seite immer wieder hervorgekramt wird. Innenpolitisch würde das aber ebenso die Herrschaft der Reaktion bedeuten, wie eine Intensivierung des Kampfes nur durch den Einsatz der fortschrittlichen Kräfte an der Front und im Hinterland, im Kampfe und in der Wirtschaft gewährleistet werden kann.

Der Jischuw aber will sich in seiner überwältigenden Mehrheit zu keiner Kapitulation mehr hergeben; er weiß, daß er in einer Welt, die so viele potentielle Gefahren gerade für die Juden in sich birgt, nicht macht- und schutzlos dastehen darf. Die durch Amerikas Abrücken vom Teilungsplan entstandene Situation macht diesen Kampf aber noch viel schwerer, als er bisher schon war. Konnte man vorher noch mit einem baldigen Siege rechnen, so ist eine solche Hoffnung heute wohl illusorisch. Aber selbst wenn es der Reaktion gelingen sollte, den Jischuw zu einer gewissen Nachgiebigkeit, zu gewissen Verzichten zu *zwingen,* so wird eben unter veränderten Bedingungen der Kampf weitergehen. Wer nicht kapitulieren will, muß sich allerdings auf einen langen Kampf gefaßt machen, auf einen Kampf, dessen Erfolg engstens mit dem Erstarken der fortschrittlichen, der demokratischen Kräfte innerhalb des Jischuw und in der ganzen Welt und auch innerhalb der arabischen Staaten verbunden sein wird. Der Jischuw steht in seinem Ringen nicht allein; er ist kein zufälliges Opfer, das gerade das Pech hatte, zwischen die sich streitenden Großmächte geraten zu sein. Sein Kampf ist ein Teil eines größeren Kampfes. Das muß der Jischuw erkennen, und das *wird* er erkennen!

ANMERKUNGEN

Palästina heute. Dreiteilige Artikelserie, Typoskript datiert »Tel Aviv, Ende März 1948«, bisher ungedruckt, geschrieben auf Veranlassung von Louis Fürnberg, der, nachdem er die Artikelserie erhalten hatte, aus Prag an Loewy schrieb, es sei eine »komplizierte Sache mit dem Zionismus«: »... ich habe keine Ahnung, wie die offizielle Einstellung ist. Ich mische mich nicht ein ...«. Veröffentlicht wurde die Artikelserie jedenfalls nicht. Vgl. die Anm. zu »Jude, Israeli, Deutscher ...«, S. 56 in diesem Band.

***

Um die antibritische Argumentation und die Emotionalität der drei Artikel als Zeitdokument verstehen zu können, muß man zunächst bedenken, daß sie in einer Vorkriegszeit geschrieben wurden: in den Monaten der entscheidenden Krise, als es darum ging, ob der Staat Israel entstehen könne oder nicht. Die Attentate und Gewaltakte häuften sich in immer schnellerem Rhythmus. Die Hagana sprengte Sitze arabischer Organisationen in die Luft (z.B. im Januar 1948 in Jerusalem und in Haifa, beidemal mit Dutzenden von Toten), die Araber überfielen jüdische Siedlungen (z.B. am 14.1. bei Hebron). In der Altstadt von Jerusalem waren ungefähr 1500 Juden wochenlang von Arabern umzingelt, bis der Kampf am 27.1.1948 eingestellt wurde. Auf Zypern waren 32000 Juden mit ungewisser Zukunft interniert, die von der britischen Mandatsregierung an der illegalen Einreise gehindert und auf die Insel verbracht worden waren. Am 20.1.1948 zog der britische Kolonialminister Lord Listowel im Oberhaus Bilanz: Seit dem Teilungsbeschluß der UNO vom 29.11.1947 – in weniger als zwei Monaten also – waren 42 Briten, 345 Araber und 333 Juden bei den Kämpfen ums Leben gekommen. Die von der UNO eingesetzte Kommission, welche den Teilungsbeschluß durchführen sollte, übte zunächst verhalten-diplomatische, schließlich aber, am 13.3.1948 in einem Bericht an die UNO-Vollversammlung, ganz offene Kritik am Verhalten der britischen Regierung. England lasse die Kommission erst 14 Tage vor Mandatsende einreisen und verunmögliche so die schrittweise Übergabe der Macht, es verhindere die Errichtung arabischer und jüdischer Milizen vor Mandatsende, verweigere die Mitarbeit am Teilungsplan und erlasse wirtschaftliche sowie finanzielle Verfügungen ohne Fühlungnahme mit der Kommission. Die Araber ihrerseits boykottierten die Kommission völlig, so daß keine Vorbereitungen für den arabischen Teilstaat getroffen werden konnten. Schon Mitte März 1948 stellte die UNO-Kommission vor den vier ständigen Sicherheitsratsmitgliedern fest, daß eine friedliche Durchführung der Teilung nicht möglich sei. Drei Tage später, am 19.4.1948, unterbreitete Warren R. Austin, der Delegierte der USA, dem Sicherheitsrat den Vorschlag einer vorübergehenden Treuhandschaft für Palästina, d.h. praktisch einer militärisch-diktatorischen Verlängerung des Mandats – ein Vorschlag, der von jüdischer wie von sowjetischer Seite als Verzögerung oder gar Verhinderung der Staatsgründung verstanden wurde und auf empörte Ablehnung stieß. Ab April 1948 bemühte sich der Sicherheitsrat schon um Waffenruhe: Der Krieg hatte praktisch begonnen. Nach der Eroberung von Haifa am 22.4. setzte der Sicherheitsrat eine Waffenstillstandskommission ein, und am 13.5. verkündete der ägyptische Ministerpräsident, daß seine Armee am 15.5 um 00.01 Uhr die Grenze überschreiten werde.

Der britische Faschistenführer *Sir Oswald Mosley* machte 1948 mit dem Buch *Meine Antwort* von sich reden, in dem er zum Kreuzzug gegen die Sowjetunion, die Juden, die Kapitalisten, die Labour-Regierung und die Jesuiten aufrief.

Wenn Loewy hier die *»Anders-Polen«* in einem Atemzug mit Nazis und »anderem faschistischen Gesindel« nennt, so übernimmt er wohl eine parteikommunistische Sprachregelung, und es könnte der Eindruck entstehen, die polnischen Soldaten unter General Anders hätten auf Seiten der Achsenmächte gekämpft. Das Gegenteil ist aber der Fall. Der polnische General und Exilpolitiker Wladyslaw Anders (1892-1970) stellte nach seiner Entlassung aus sowjetischer Gefangenschaft 1942 in der UdSSR polnische Verbände auf, die in den Iran evakuiert wurden und danach das größte Kontingent der (am 5.8.1940 in London gegründeten) polnischen Exilarmee bildeten. Sie nahmen 1944 an den Kämpfen der britischen Armee in Italien teil, wo sie Monte Cassino und Ancona eroberten, und kämpften in Nordafrika. Die militärischen Erfolge verschafften Anders auch politischen Einfluß in der polnischen Exilregierung. Wie viele seiner Soldaten und Landsleute zog er es allerdings vor, nach Kriegsende in England zu bleiben, so daß ihm die Regierung der Nationalen Einheit in Warschau die Staatsbürgerschaft aberkannte. Seine Aktivitäten als Exilpolitiker – er war zeitweise auch Mitglied polnischer Exilregierungen – trugen ihm den Zorn der Kommunisten ein.

Die arabischen Feudalen, die palästinensischen Husseinis und der Klüngel der arabischen Liga: Die Husseinis waren eine der beiden mächtigsten Jerusalemer Notablenfamilien. Ihr Machtkampf mit den Nashashibis prägte die palästinensische Nationalbewegung vom Anfang des Jahrhunderts bis 1948. Der Großmufti von Jerusalem war in diesen Jahren Scheich Sayed Anim el Husseini, ein Freund der Nazis, Judenhasser und fanatischer Antizionist. Die *Liga der arabischen Staaten* war ein Pakt, den die Regierungen der arabischen Staaten 1945 gründeten. Mitglieder: Ägypten, Saudi-Arabien, Syrien, Libanon, Irak, Transjordanien, Jemen und Beobachter Palästinas.

Sie lehnten damals den Teilungsbeschluß der UNO ab, beharrten auf einem einheitlichen palästinensischen Staat und waren antizionistisch.

Die kürzlichen Ereignisse im Irak: antibritische und antikoloniale Bewegung im Irak. Auslöser war ein anglo-irakischer Vertrag vom 15.1.1948, der vor allem die militärische Zusammenarbeit der beiden Staaten regelte. Er wurde vom Irak sechs Tage später widerrufen. Trotzdem gab es in Bagdad große Demonstrationen und Unruhen (70 Tote, 300 Verletzte), mehrere Regierungsmitglieder traten zurück, der Ministerpräsident verließ das Land, und die Regierung löste das Parlament auf. Schließlich wurde mit England vereinbart, die britische Militärmission sollte ihre Tätigkeit zur Ausbildung der irakischen Armee einstellen – und zwar just zum 15.5.1948, dem Tag des Abzugs der Engländer aus Palästina und des Kriegsbeginns.

Weißbuch von 1939: S. Anm. zu »Schwierigkeiten des deutschen Schriftstellers in Palästina, S. 98.

Morrison-Plan: Im Vorfeld der Londoner Palästina-Konferenz von 1946 erarbeitete eine anglo-amerikanische Expertenkommission Vorschläge, die sich der Lordpräsident des Geheimen Rates, Morrison, zu eigen machte. Ihr wesentlicher Inhalt: Teilung Palästinas in vier Provinzen mit einer Zentralregierung, einmalige Einwanderungsaktion von 100000 Einwanderern. Dazu die Jewish Agency am 5.8.1946: »unannehmbar«.

Neue Untersuchungskommission: Gemeint ist das United Nations Special Comitee on Palestine (UNSCOP), das die wesentlichen Inhalte erarbeitete, welche die UNO-Vollversammlung in ihrem Teilungsbeschluß vom 29. November 1947 annahm. Die Vorschläge der Kommission waren: Ende des britischen Mandats zum 15.5.1948, Gründung je eines palästinensischen (11 000 qkm) und eines jüdischen (15 000 qkm) Staates sowie einer eigenständigen demilitarisierten und neutralen Einheit (»Corpus separatum«) Jerusalem, Schaffung einer wirtschaftlichen Union der beiden Staaten. Im projektierten jüdischen Staat, der aus drei auseinanderliegenden Landesteilen bestehen sollte, würden die Araber 49% der Gesamtbevölkerung stellen, 33 jüdische Siedlungen würden außerhalb des jüdischen Staates liegen. Die jüdische Seite (»Jewish Agency«) akzeptierte den Teilungsplan, die arabische lehnte ihn ab, beharrte auf einem einheitlichen palästinensischen Staat und bestritt das Recht der UNO, Palästina zu teilen.

Wiedersehen mit dem Kibbuz (1950)

Der Staat Israel besteht aus drei Großstädten, einer Handvoll kleiner – zum Teil ehemals arabischer, von ihren ursprünglichen Bewohnern verlassener und jetzt von Juden bewohnter – Städtchen und Ortschaften und einem ausgedehnten Netz von ländlichen Siedlungen. Diesen Siedlungen – zum überwiegenden Teil Kollektivwirtschaften – hat Israel an erster Stelle den positiven Ausgang des erst kürzlich beendeten Krieges zu verdanken. Sie stellten das Hauptkontingent der seit Jahren erprobten und trainierten »Hagana«, ohne die die so schnelle Schaffung des heutigen Israelheeres niemals möglich gewesen wäre; sie waren die Bollwerke und Schutzwehren, an denen sich die Stoßkraft der feindlichen Invasionsarmeen brach; sie waren die Hüter der Verbindungswege zwischen den paar großen Städten. Ohne sie hätte der Feind den Staat von innen wie ein Wurm zerfressen.

Die Ereignisse der letzten zwei Jahre: Spontan kommt man auf sie zu sprechen, wenn man Freunde wiedersieht, die man seit Kriegsbeginn nicht mehr gesehen hat. »Vor dem Krieg« – diese Zeit liegt lange zurück, man sieht nur noch nebelhafte Umrisse davon. Die Kriegszeit selbst erscheint desto plastischer, obgleich auch sie schon gewissermaßen Historie geworden ist. Wir sind in Kirjath-Anavim, einer Kwuza (Kwuza = Kibbuz = Kollektivsiedlung), die an der Straße nach Jerusalem liegt, vor einem Jahrzehnt noch die einzige jüdische Kolonie weit und breit. Erst während des Krieges – buchstäblich im Kanonenfeuer – wurde diese Gegend, der Gebietsstreifen, der das Küstenland mit

Jerusalem verbindet, systematisch mit Siedlungen durchsetzt. Eine dieser ganz neuen Siedlungen, ein paar Holzbaracken vorerst nur, liegt neben dem Kirjath-Anavim benachbarten arabischen Zuba bzw. seinen Ruinen. Zuba existiert nicht mehr, ebensowenig wie das einige Kilometer weiter gegen Jerusalem liegende Kastel. Beide Dörfer, auf den Kuppen von Bergen gelegen, die die Chaussee nach Jerusalem beherrschen, waren Hochburgen der arabischen Wegelagerer. Auch dieses ist Historie, blutige Historie, von der die Gräber des Soldatenfriedhofs von Kirjath-Anavim ein beredtes Zeugnis sind.

Kirjath-Anavim selbst hat nicht viel gelitten in diesem Krieg, obgleich es vom Feind umgeben war. In einem Talkessel gelegen, dessen südlicher Ausläufer in damals arabisches Gebiet hineinreicht, selbst angeschmiegt an den Fuß eines Berges, der die Siedlung vom Feinde auf der entgegengesetzten, der Nordseite, trennte, war es sowohl geschützt vor den Mörsergranaten, die vom Norden kamen und es überflogen, als auch vor den Geschossen der zum Glück nicht weittragenden Kanone im Süden, die das offene Tal bestrich, in die Siedlung aber nicht hineinschießen konnte. Maale-Hachamischa, eine jüngere Siedlung, oben auf dem Berg, war weitaus schlimmer dran. Sie lag wie auf einem Servierteller, den arabischen Legionären fast zum Greifen nahe. Die Wunden, die in seine Häuser geschlagen wurden, sind indessen beinahe schon verheilt.

Kirjath-Anavim ist heute schöner denn je. An den Krieg erinnern nur die Gräber und die Erzählungen des Freundes, Zahnarztes der Kwuza und Schriftsteller zugleich. Er liest Tagebuchaufzeichnungen vor, aus denen uns das Vergangene noch einmal lebendig vor Augen tritt: der Freudentaumel etwa bei Bekanntwerden des UNO-Beschlusses Ende 1947, der den jüdischen Staat in greifbare Nähe rückte und die lang ersehnte Befreiung von der verhaßten britischen Fremdherrschaft verhieß; die ersten Angriffe der von englischen Agenten aufgehetzten arabischen Banden; die wachsenden Schwierigkeiten, die Verbindung nach Jerusalem aufrechtzuerhalten; die zeitweilige Blockade der Chaussee, die der Stadt die kritischsten Wochen brachte; die Belagerung Jerusalems. Aber England hatte in seiner Rechnung, daß die Araber die Sache schon für sie erledigen werden, einen Faktor nicht in seiner ganzen Tragweite eingeschätzt: den eisernen Willen, den Opfermut, zu dem Israel entschlossen war, entschlossen sein mußte – blieb ihm denn eine Wahl? Zum Ersatz für die blockierte Straße wurde ein »Burma-Weg« gebaut, der sie umging. Dann kam der Tag, an dem nach Wochen der erste Konvoi in das ausgehungerte Jerusalem gelangte. Jerusalem war gerettet.

Kirjath-Anavim spielte in diesem Kriege als Militärbasis eine bedeutende Rolle. Die Siedlung hatte für lange Monate alles Zivile von sich abgestreift, Frauen, Kinder, Greise evakuiert; ebenso das Vieh, soweit es nicht geschlachtet wurde, denn Wassermangel (die Wasserzufuhr war unter der Kontrolle der Araber) verbot, es am Ort zu belassen.

Längst sind alle Bewohner der Siedlung – insgesamt sind es etwa 300 – zurückgekehrt. Die Pflanzungen werden wieder bearbeitet; sie müssen bald Früchte geben: Obst und Wein. Die Grünanlagen zwischen den Häusern, die in terrassenförmigen Reihen den Fuß des Berges bedecken, sind noch vernachlässigt. Die Wirtschaft aber ist in vollem Gange. Zwei große elektrische Inkubatoren mit einer Fassungskraft von je 900 Eiern sehen wir zum ersten Male. Die Ställe sind voll, als wäre nichts geschehen. Ein neues Säuglingshaus, eine Reihe von Wohnhäusern sind im Bau. Ein großes Erholungsheim für städtische Arbeiter – eine wichtige Einnahmequelle der Siedlung – soll bald wiedereröffnet werden. Während des Krieges diente der gut geschützte Bau als Notlazarett. Auch neue Menschen sind da, 15- bis 17jährige Kinder, eben aus Aden eingewandert, etwa 30 an der Zahl, Jungens und Mädels. Sie sind hier auf »Hachscharah«, Vorbereitung und Schulung für das Leben in einem Kibbuz. Das dauert etwa zwei Jahre, während deren sie arbeiten und lernen, um dann – nach Beendigung der Schulungszeit – irgendwo auf Ansiedlung zu gehen. Fast alle Kollektivwirtschaften beherbergen Gruppen dieser Art, »Kerne«, Embryonen gewissermaßen zukünftiger Siedlungen.

»Kerne« dieser Art werden heute auch innerhalb des Militärs gebildet. Regierung und Militärbehörden machen eine gewisse Propaganda dafür, beteiligen sich aktiv an ihrer Zusammenstellung – vor allem aus den Kreisen der Neueinwanderer – und geben ihnen die Möglichkeit, während und auf Kosten ihrer Dienstzeit für kurze Zeit, gewissermaßen versuchsweise, auf »Hachschara« zu gehen. Später soll diesen Gruppen dann Boden zugewiesen werden, vorwiegend in den unentwickelten und Grenzgebieten des Landes.

Die Verbindung von militärischem Dienst und landwirtschaftlicher Arbeit – die neuerdings auch im Wehrpflichtgesetz in Form einer landwirtschaftlichen Dienstpflicht als Teil der allgemeinen Dienstpflicht verankert ist – ist hier nicht neu. Die Siedlung zum Beispiel uns gegenüber, neben den Ruinen des arabischen Zuba, ist eine Palmach-Siedlung, eine Mischlath-Siedlung. Mischlath heißt soviel wie Unterstand oder Stellung. Mischlath-Siedlung heißt, daß die Siedlung ein Mischlath, oder besser, da der Mischlath das Primäre war, der Mischlath eine Siedlung ist. Ähre und Schwert, Siedlung und Verteidigung, das ist das Symbol der Palmach, jenes Stoßtrupps der Hagana, die im Zweiten Weltkrieg zur Abwehr eines etwaigen deutschen Einbruchs mit englischer Unterstützung gebildet, im Syrienfeldzug eingesetzt wurde und später illegal weiterbestand. Dieser Krieg fand die Palmach als erste bereit, von ihr forderte er die größten Opfer, auf ihr lag der größte Teil seiner Last. Palmach-Einheiten wurden an allen Frontabschnitten an besonders kritischen Stellen, in den kritischsten Momenten eingesetzt. Und sie setzten sich ein, mit einem Enthusiasmus, mit einem Heldenmut sondergleichen.

Es war nicht die militärische Ausbildung allein, aus der die Palmach ihre Kraft schöpfte, als vielmehr ihre ideologische und politische Schulung. Sie setzte sich fast ausschließlich aus Mitgliedern der Kollektivsiedlungen zusammen und stand vor allem unter dem Einfluß des linksgerichteten, der Vereinigten Arbeiterpartei (MAPAM) angeschlossenen Teiles der Kibbuzbewegung. Sie war mit sozialistischen, antiimperialistischen Ideen großgeworden, empfand sich als im Bunde stehend mit den Kräften des Fortschritts, vor allem der Sowjetunion und den osteuropäischen Volksdemokratien, die an der Entstehung unseres Staates so großen Anteil gehabt haben, und stand in diametralem Gegensatz zu der faschistischen Terrorbewegung des IZL (Irgun Zwai Leumi).

Auch die Palmach gehört der Historie an. Mit der Bildung einer einheitlichen, auf allgemeiner Dienstpflicht beruhenden Israelarmee ging ihre allmähliche Auflösung einher. Diese stieß auf entschiedene Ablehnung aller fortschrittlichen Kreise des Landes, die darin eher eine politische Machenschaft als eine militärische Notwendigkeit sahen.

Diese Angelegenheit, die in unserem politischen Leben viel Staub aufgewirbelt hat, ist leider nur allzu symptomatisch für den Gang unserer Nachkriegspolitik. Der sozialdemokratisch-klerikalen Regierungskoalition sind die fortschrittlichen Strömungen in unserem Leben zu unbequem; sie bekämpft sie nicht nur in ihrer gegenwärtigen Form, sondern würde gern auch die Erinnerung an ihre Vergangenheit auslöschen. Diese Vergangenheit wird heute vielfach als »romantisch« bezeichnet. Israel sei ein moderner und normaler Staat geworden; und diese neue Lage verpflichte jeden, mit der »Romantik« der Vergangenheit zu brechen. Israel ist ein moderner und »normaler« Staat, eine Tatsache, der wir uns alle oft und gern bewußt werden, da sie noch relativ neu ist. Eine ihrer wesentlichsten Begleiterscheinungen, die Begleiterscheinung jedes »modernen«, kapitalistischen Staates, ist das deutliche Hervortreten der inneren Widersprüche der modernen Gesellschaft. Die fortschrittlichen Gruppen sind die letzten, die die Vergangenheit konservieren wollen. Sie wollen das, was in ihr positiv und zukunftsträchtig ist, was unserem nationalen Freiheitskampf die Stärke, unseren Soldaten die Hoffnung gegeben hat, sie wollen den demokratischen Inhalt dieses Ringens sich heute entfalten lassen, sie wollen seine Früchte sehen.

Darum geht heute der politische Kampf, und er wird an allen Fronten unseres öffentlichen Lebens geführt. Auch innerhalb der Kibbuzim selbst. Es wäre falsch zu glauben, daß die Genossen unserer Kibbuzim – obgleich die Kibbuzim den sowjetischen Kollektivsiedlungen in manchem ähneln mögen – deshalb Kommunisten seien. Von den verschiedenen Kibbuzbewegungen gehört eine der sozialdemokratischen MAPAI an, eine zweite der linken MAPAM, während sich eine dritte aus Anhängern beider Parteien in etwa gleichem Verhältnis zusammensetzt. Daneben gibt es auch einige Kibbuzim der religiösen Arbeiterpartei. Für die kommunistische MAKI beginnen in der Kibbuzim erst in der jüngsten Zeit vereinzelt Stimmen laut zu werden. In Sikim, einem MAPAM-Kibbuz im Negev, schlossen sich 27 Kibbuzmitglieder der Kommunistischen Partei an. Ihr Ausschluß aus dem Kibbuz, der gleich darauf erfolgte, erregte großes Aufsehen und führte zu Auseinandersetzungen auch innerhalb der MAPAM selbst. Inzwischen haben sich die Siebenundzwanzig entschlossen, mit anderen Genossen zusammen einen neuen Kibbuz zu gründen, den ersten kommunistischen Kibbuz ...

Wir verlassen Kirjath-Anavim. Unser Blick gleitet noch einmal an Zuba und den Baracken des Palmach-Kibbuzes vorbei nach Westen, nach Abu-Gosch, einem sauberen, bezaubernd gelegenen christlich-arabischen Städtchen, dessen Bewohner im Kriege sich auf unsere Seite gestellt hatten. Von dem Klosterturm auf einem Berge hoch über dem kleinen Ort blickt wie früher die steinerne Madonna freundlich zu uns hinab. Dann geht unsere Fahrt weiter nach Jerusalem. Wer weiß, ob wir es ohne die Standhaftigkeit von Kirjath-Anavim so bald wiedererblickt hätten.

ANMERKUNGEN

Wiedersehen mit dem Kibbuz. In: *Die Weltbühne*, Berlin 11.1.1950.

***

Der *erst kürzlich beendete* Krieg begann wenige Stunden nach der Proklamation des Staates Israel durch Ben Gurion am 14.5.1948. Die jüdische Verteidigungsarmee *Hagana*, die nun die reguläre Armee Israels bildete, kämpfte gegen die Streitkräfte Ägyptens, Transjordaniens, Syriens, Iraks und des Libanon, die in den neuen Staat eingedrungen waren. Jerusalem und die *Straße von Jerusalem nach Tel Aviv* waren besonders hart umkämpft. Am Ende des ersten Nahostkrieges war Jerusalem zwar geteilt und die Klagemauer für Juden unzugänglich, aber Israel hatte sein Staatsgebiet gesichert und vergrößert (20700 qkm, 5700 qkm mehr als im UN-Teilungsplan vorgesehen) und sich Grenzen erkämpft, die leichter zu verteidigen waren. Die *verlassenen Städtchen und Ortschaften* waren das Resultat dessen, was aus palästinensischer Sicht »al-nakba« heißt: die Katastrophe der Massenflucht. Der Krieg und das Massaker von Deir Jassin, einem westlich von Jerusalem gelegenen arabischen Dorf, in dem Verbände der jüdischen Militärorganisation Irgun die Dorfbevölkerung getötet hatten, trieben die Mehrzahl der Palästinenser ins Exil. Im Juni 1950 zählte die Flüchtlingsorganisation der Vereinten Nationen (UNRWA) 960 021 registrierte palästinensische Flüchtlinge in den Lagern. Ungefähr 160 000 Palästinenser waren im israelischen Staatsgebiet geblieben.

Palmach (Abkürzung für Peluggot mahaz, Sturmverband) hießen die ständig mobilisierten Kampfeinheiten der Hagana, der militärischen Untergrundorganisation des Yishuv in Palästina ab 1920. 1948 wurde diese Teil der regulären israelischen Armee. Die Führung der Hagana hatte die Palmach am 19.5.1941 gegründet, als die Achsenmächte sich Palästina näherten. Mitglieder der Palmach beteiligten sich an der Invasion der Alliierten in Syrien und im Libanon, übernahmen Aufgaben bei der Absicherung der illegalen Einwanderung und kämpften im Vorfeld des ersten Nahostkrieges. Ihre Einheiten waren in Kibbuzim im ganzen Lande stationiert bzw. Mitglieder derselben.

Mapam, die »Vereinigte Arbeiterpartei«, wurde im Januar 1948 gegründet. Die sich vereinigenden Gruppen aus dem linken Spektrum der Arbeiterbewegung hatten das Gefühl, daß die traditionellen Meinungsverschiedenheiten der jüdischen Linken in Palästina, insbesondere der Streit zwischen den Befürwortern einer binationalen Lösung des Palästinaproblems und den Anhängern der Errichtung eines einheitlichen Staates in ganz Palästina, durch den UNO-Teilungsbeschluß und die absehbare Gründung zumindest des jüdischen Teilstaates überholt seien.

IZL - Irgun Zwai Leumi: Von Revisionisten 1937 gegründeter illegaler Militärverband, der auch Attentate und Terrorakte gegen Briten und Araber beging. Am 22.7.1946 sprengte des Irgun das Jerusalemer King David Hotel, in dem sich die Regierungsämter der Briten befanden. Kommandeur des Irgun war Menachem Begin. Das schon am 12.1.1948 eingerichtete Verteidigungsministerium wollte zuerst nur die Hagana übernehmen. Verhandlungen über den Zusammenschluß von Hagana und Irgun scheiterten an den Bedingungen der Hagana (Einstellung der Angriffe auf die Engländer, Verzicht auf Geiselsystem und sonstige Druckmittel, Schließung der ausländischen Büros des Irgun). Im März 1948 wurden Hagana und Irgun schließlich einem einheitlichen Kommando unterstellt.

Autoren der Zeit

Thomas Mann und das deutsche Bürgertum
(1947)

Louis Fürnberg in Dankbarkeit

I.

1875 geboren, erlebte Thomas Mann seine Jugend in der Epoche des aufstrebenden deutschen Imperialismus. Wie die Mehrzahl der jungen Künstler seiner Generation fand er wenig Anziehendes im gesellschaftlichen Betrieb seiner Zeit. Doch weit entfernt davon (wie sein um wenige Jahre älterer Bruder Heinrich), gegen eine Ordnung zu protestieren, in der er selbst ökonomisch und kulturell verwurzelt war, suchte der junge Thomas Mann seinen Weg in den Gefühlssphären der Romantik und Melancholie, war seine Kunst vielmehr ein allgemeiner Protest gegen die »Komik und das Elend« des Lebens schlechthin.

Kunst bedeutete dem jungen Thomas Mann der Gegensatz zum Leben, seine Überwindung in der »entrückten Sphäre« beispielsweise des Wortes, in der »interesselosen Anschauung« der Dinge, die nach Schopenhauer das Wesen aller Kunst ausmacht. »Ist die Welt ausgesprochen, so ist sie erledigt«, heißt es im *Tonio Kröger*; und es schien, als sei diese »Erledigung« der Welt durch das Wort, das Bild, die Musik dem fünfundzwanzigjährigen Schöpfer der *Buddenbrooks* Sinn und Zweck seiner Kunst.

Hiermit ist die eine Seite des Problems berührt, das im Mittelpunkt des gesamten Schaffens des Dichters steht, und dessen Ausstrahlungen wir fast auf jeder Seite seines Werkes verspüren, das mit acht Romanen, etwa fünfundzwanzig Novellen, einem Drama und Dutzenden von Essays und Reden ein beachtliches Fazit dieses reichen und reifen Lebens darstellt. Aber das Problem, das sich mit der Bezeichnung

»Kunst und Leben« einigermaßen definieren läßt, hat noch eine andere Seite. Diese hält dialektisch der subtilen und morbiden Melancholie die Waage, und mehr als das: schmilzt sie in aktive Humanität um, ja schließlich in politisches Handeln.

Denn mit der »Erledigung« des Lebens durch die Kunst war es dem Dichter nur halbwegs ernst. Trotz aller Resignation vor dem Leben – in der Gestalt des Hanno Buddenbrook zu einem Crescendo der »Sympathie mit dem Tode« gesteigert – fühlte sich der Dichter doch mit der Sphäre »bürgerlicher Wohlanständigkeit« zu sehr verbunden, um sein Künstlertum nicht als »anrüchig« und im höchsten Grade »zweideutig« zu empfinden. Selbst aus einer wohlhabenden Lübecker Kaufmannsfamilie stammend, fühlte er sich als das letzte, ein wenig »mißratene« Glied einer Kette gesunden Bürgertums, das er durch sich zum Absturz in die Kunst verurteilt sieht. In den *Buddenbrooks*, dem Roman des »Verfalls einer Familie«, gestaltet Thomas Mann diesen Prozeß und mit ihm ein umfangreiches Kapitel Geschichte deutschen Bürgertums. Der Absturz in die Kunst, in die Resignation und Todessympathie ist kein plötzlicher; ihm gehen eine allmähliche Verfeinerung und »Dekadenz« des Lebensgefühls bei mehreren Generationen voraus, die schon im Vater des früh sterbenden Musikers Hanno zu recht »unbürgerlichen«, »irrwegigen« Abenteuern des Geistes führen.

Hanno Buddenbrook, der Held des Buches, stirbt am Typhus, weil es ihm am Willen zum Leben fehlt. Das »Leben« tritt ihm gegenüber in der Schule, deren peinliche Strenge, deren Geist- und Lieblosigkeit ihn flüchten läßt in ein Reich der Musik, wo er jede Kränkung und Verletzung vergessen kann. Der Tod ist nur ein weiterer Schritt, der Schritt ins Absolute, aus dem es kein Zurück mehr gibt. Aber trotz aller Liebe, Hingabe, Passion für den kleinen Hanno, die den Autor beseelen, spricht schon aus diesem Buche nicht nur der Geist des Verfalls und der Auflösung. Denn »Passion« – macht Thomas Mann einige Jahre später klar – ist nicht blinde Liebe. Die Hingabe an einen Gegenstand schließt die Kritik an ihm nicht aus. Das »Leben« selbst als das Normale darzustellen, in dem sich eine Kunst als *Verfallsprodukt* entwickelt; die psychologische und soziologische Analyse dieses Prozesses ist immerhin schon Kritik. Daß das Leben in einem Einzelfalle sich vorzeitig dem Tode hingibt, ist kein Argument gegen seine Existenz überhaupt. Die *Buddenbrooks* sind ein moderner *Werther*, mit denen sich Thomas Mann die Schmerzen seiner Jugend von der Seele geschrieben hat. Aber sein letztes Urteil über sie lautet nicht anders als dasjenige des alten Goethe über das Schmerzensprodukt seiner Jugend: »Sei ein Mann und folge mir nicht nach!«

Deutlich ausgesprochen wird dieses Urteil im *Tonio Kröger*, einer Novelle, die kurz nach den *Buddenbrooks* erschien. Stellen diese den Gegensatz von »bürgerlicher« und »künstlerischer« Weltauffassung in einer zeitlichen Aufeinanderfolge dar, wobei die eine von der anderen abgelöst wird, so ist ihr lebendiger Gegensatz im *Tonio Kröger* zum Konflikt in *einem* Menschen gereift. Er gewinnt in dem Literaten Gestalt, der »zwischen zwei Welten steht und in keiner daheim ist«, der »ein Bürger ist, der sich in die Kunst verirrte, ein Bohemien mit Heimweh nach der guten Kinderstube, ein Künstler mit schlechtem Gewissen«.

Es sieht in seinem Fall den »Fall Hamlets, des Dänen, dieses typischen Literaten. Er wußte, was das ist: zum Wissen berufen werden, ohne dazu geboren zu sein. Hellsehen noch durch den Tränenschleier des Gefühls hindurch, erkennen, merken, beobachten und das Beobachtete lächelnd beiseite legen müssen noch in Augenblicken, wo Hände sich umschlingen, Lippen sich finden, wo des Menschen Blick, erblindet von Empfindung, sich bricht ... Ich liebe das Leben ... Man hat gesagt, daß ich das Leben hasse oder fürchte oder verachte oder verabscheue. Ich habe dies gern gehört, es hat mir geschmeichelt; aber darum ist es nicht weniger falsch. Ich liebe das Leben ... Aber denken Sie nicht an Cesare Borgia oder an irgendeine trunkene Philosophie, die ihn auf den Schild erhebt ... Ich werde es nie und nimmer begreifen, wie man das Außerordentliche und Dämonische als Ideal verehren mag ... Der ist noch lange kein Künstler, dessen letzte und tiefste Schwärmerei das Raffinierte, Exzentrische und Satanische ist, der die Sehnsucht nicht kennt nach dem Harmlosen, Einfachen und Lebendigen, nach ein wenig Freundschaft und Hingebung, Vertraulichkeit und menschlichem Glück – die verstohlene und zehrende Sehnsucht nach den Wonnen der Gewöhnlichkeit ...!«

Mit diesen Worten wendet sich Thomas Mann gegen den Nihilismus Schopenhauers und gleichzeitig gegen Nietzsches Philosophie des »Übermenschen«. Wenn er diesen beiden Denkern – deren geistige Bekanntschaft für ihn ein Erlebnis ersten Ranges war – auch heute die Treue bewahrt hat, so war doch damals schon sein Verhältnis zu ihnen ein recht distanziertes. Ein Verhältnis, voll von Hingabe und Kritik zugleich, von Verehrung und von Überwindung.

Schopenhauer und Nietzsche: Im System des einen und den Aphorismen des andern manifestiert sich ein gutes Stück deutscher Geistesgeschichte. Daß sie bei aller Gegensätzlichkeit so oft zusammen genannt werden, hat seine Gründe. Die Verkündung des Nichts und die Visionen der »Blonden Bestie« sind die zwei Seiten einer Münze: Pessimismus, Resignation, Unglaube an die von der Revolution und Aufklärung postulierten humanen Werte. Diese Skepsis erhielt bei Nietzsche ihre Nahrung aus der modernen Naturwissenschaft, die, im Gegensatz zur Aufklärung, das Tierische und Triebhafte im Menschen in den Brennpunkt des Interesses rückte. Nachhaltiger jedoch als die Belehrung, die die Wissenschaft vermitteln kann, wirkt die Erfahrung des täglichen Lebens, die sie bestätigt. Die fortschreitende Akkumulation des Kapitals, seine Konzentration in immer wenigeren und mächtigeren Händen: Das ist der »Kampf ums Dasein«, wie ihn Nietzsche verstand. Das ist die Herrschaft des blinden »Willens«, den Schopenhauer als den Urgrund allen Lebens erkannt hatte. Schopenhauer und (um vieles deutlicher) der später lebende Nietzsche sahen das Bürgertum am Vorabend des Verfalls, den Kapitalismus zu einer Zeit, in der sich seine Widersprüche immer mehr bemerkbar machten, die ihn bald zu gewagten Experimenten des Imperialismus (Nietzsche erlebte sie noch) und später zu halsbrecherischen des Faschismus treiben sollten. Die noch relativ latente Unsicherheit dieser Zeit fand ihren geistigen Ausdruck. Ein Zeitgenosse Schopenhauers und Nietzsches, Karl Marx, aus der Erkenntnis der geschichtlichen Situation Konsequenzen ziehend, entwarf eine Lehre und ein Kampfprogramm, das der realen Überwindung dieses Zustandes dienen sollte. Schopenhauer und Nietzsche entwarfen romantische Pläne der Flucht. Schopenhauer empfahl die Abkehr vom Leben durch die asketische Negierung des Willens bzw. durch seine Überwindung in der Kunst. Nietzsche, sich gegen den Nihilismus Schopenhauers wendend, wollte seiner pessimistischen Philosophie eine bejahende entgegensetzen, predigte dabei — in ein anderes Extrem fallend — die »Umwertung *aller* Werte«, auch der elementaren moralischen, die sich bis dahin von selbst verstanden hatten. Indem er dem Verfall, der décadence (die er unglücklicherweise als Konglomerat von christlich-asketischer oder Schopenhauerscher Moral *und* Demokratie begriff) etwas Positives entgegensetzen wollte, wurde er zum Propheten des »Willens zur Macht«. Er schuf einen neuen Moralkodex, der die Menschen in Herren und Sklaven einteilt und den sich inzwischen die imperialistische und faschistische Bourgeoisie zu eigen gemacht hat, indem sie Kolonien ausbeutet, Pogrome veranstaltet, Massenmorde in Todesfabriken inszeniert.

Geist und Kunst als Erscheinungen des Verfalls: Diese Nietzschesche Auffassung finden wir noch im *Tonio Kröger*. Die Antithese heißt: Das »Leben« hat mit beiden nichts zu tun. Hindurchgegangen durch die Schule Nietzsches, konfrontiert Thomas Mann hier Geist und Leben, wobei er sich für das letztere entscheidet, ohne sich jedoch mit den grotesken Überspitzungen dieses Begriffes zu befreunden. »Was war mir seine Machtphilosophie und die ›Blonde Bestie‹? Beinahe eine Verlegenheit«, sagt Thomas Mann in einem 1930 für die *Neue Rundschau* geschriebenen »Lebensabriß«. Seine Stellung zu Nietzsche präzisierend, sagt er weiter: »Seine Verherrlichung des ›Lebens‹ auf Kosten des Geistes, diese Lyrik, die im deutschen Denken so mißliche Folgen gehabt hat, — es gab nur eine Möglichkeit, sie mir zu assimilieren: als Ironie. Es ist wahr, die ›Blonde Bestie‹ spukt auch in meiner Jugenddichtung (›Tonio Kröger‹), aber sie ist ihres bestialischen Charakters so ziemlich entkleidet, und übriggeblieben ist nichts als die Blondheit zusammen mit der Geistlosigkeit — Gegenstand jener erotischen Ironie und konservativen Bejahung, durch die der Geist, wie er genau wußte, sich im Grunde so wenig vergab. Doch mochte die persönliche Verwandlung, die Nietzsche in mir erfuhr, Verbürgerlichung bedeuten.«

Zitieren wir noch einmal den *Tonio Kröger*, um die »Verbürgerlichung«, die Humanisierung des Nietzscheschen Lebensbegriffes durch Thomas Mann klar zu erkennen. (Man kann Thomas Mann überhaupt nicht oft genug zitieren; man ist beinahe versucht, ihn durch ein Mosaik von Aperçus für sich selbst sprechen zu lassen und die eigenen Ausführungen auf einen Kommentar zu beschränken. Die Veranlassung dazu ergibt sich u. a. aus der Tatsache, daß Thomas Mann auch in seinen Romanen Philosoph und Essayist ist und seine Gestalten weniger handeln, als über ihr eigenes Dasein reflektieren läßt). »Ich bewundere die Stolzen und Kalten«, heißt es im *Tonio Kröger*, »die auf den Pfaden der großen, der dämonischen Schönheit abenteuern und den ›Menschen‹ verachten, aber ich beneide sie nicht. Denn wenn irgend etwas imstande ist, aus einem Literaten einen Dichter zu machen, so ist es diese meine Bürgerliebe zum Menschlichen, Lebendigen und Gewöhnlichen. Alle Wärme, alle Güte, aller Humor kommt aus ihr, und fast will mir scheinen, als sei sie jene Liebe selbst, von der geschrieben steht, daß einer mit Menschen- und Engelszungen reden könnte und ohne sie doch nur ein tönendes Erz und eine klingende Schelle sei.«

Bürgerlichkeit gleich Humanität: So will es die Terminologie Thomas Manns. »Bürgerlichkeit«, der humanisierte Lebensbegriff Nietzsches, tritt dem »Verfall« antithetisch gegenüber. Die Schätzung des Einfachen und Lebendigen, der Liebe und Freundschaft, des menschlichen Glückes gehört zu ihrem geistigen Bestand. Werte, die die bürgerliche Revolution auf ihre Fahnen geschrieben hatte, gelangen wieder zu dem Ansehen, das eine nur pessimistische Abschätzung des Daseins ihnen verweigern wollte. Thomas Mann empfindet sich dadurch als einen konservativen Geist, der diese Werte des Bürgertums erhalten und bewahren will.

Natürlich hat der Begriff »Bürgertum«, wie er von Thomas Mann gebraucht wird, wenig mit dem marxistischen Begriff »Bourgeoisie« zu tun. (Mit der modernen Bourgeoisie hat vielmehr der nicht-»humanisierte« Nietzsche einiges zu schaffen.) Bürgerlichkeit bedeutet für Thomas Mann soviel wie Gesittung, Ordnung und Vernunft, kein Zweifel, daß das deutsche Bürgertum diese Werte einmal verwirklicht hatte. Thomas Mann allerdings glaubte länger, als es gut war, daß das Bürgertum auf die Dauer diese Werte zu bewahren imstande sei. 1917 bekannte er, daß er die

»Verwandlung des deutschen Bürgers in den Bourgeois ein wenig verschlafen« habe.

Diese Verwandlung hat Thomas Mann selber nicht mitgemacht; abgesehen von einer kurzen Epoche, über die später einiges zu sagen sein wird. Das »Bürgerliche« machte ihn vielmehr – so paradox es klingen mag – zur Aufnahme gerade der Tendenzen bereit, die die Bourgeoisie aus den Angeln zu heben berufen sind. Da es eigentlich nur ein Synonym für Vernunft und Sittlichkeit ist, trägt es schon den Keim des Sozialismus, einer neuen, besseren Gesittung und Ordnung in sich. »Das Bürgerliche geht in Weltgemeinschaftlichkeit, es geht, wenn man das Wort allgemein genug und undogmatisch verstehen will, ins Kommunistische über. Der Bürger ist verloren und geht des Anschlusses an die neu heraufkommende Welt verlustig, wenn er es nicht über sich bringt, sich von den mörderischen Gemütlichkeiten und lebenswidrigen Ideologien zu trennen, die ihn noch beherrschen, und sich tapfer zur Zukunft zu bekennen. Die neue, die soziale Welt, die organisierte Einheits- und Planwelt, in der die Menschheit von untermenschlichen, unnotwendigen, das Ehrgefühl der Vernunft verletzenden Leiden befreit sein wird, diese Welt wird kommen ...« Diese Worte allerdings stammen aus einer viel jüngeren Zeit. Sie sind in einer Rede zu finden, die Thomas Mann 1932 anläßlich einer Feier zum 100. Todestag Goethes gehalten hatte und die den Titel »Goethe als Repräsentant des bürgerlichen Zeitalters« trägt. Hier ist das Erbe, das Thomas Mann verwaltet: Goethe als das Symbol von Gesittung und Menschenwürde.

II.

Die Überwindung der Romantik ist der Angelpunkt, um den sich das Schaffen Thomas Manns dreht. Der »Geist« – unter dem Einfluß Schopenhauers und Nietzsches zunächst als Mittel der Lebensflucht empfunden – steigt schließlich in das Leben hinab. Die abstrakte Humanität, die vor der schlechtesten aller möglichen Welten ohnmächtig dasteht, schlägt in eine lebendige Humanität um, die sie in die beste aller möglichen Welten verwandeln will. Aber trotz der Überwindung der romantischen Tendenzen, die in den *Buddenbrooks* noch vorherrschend waren, hat Thomas Mann diese keineswegs beiseite geworfen, sondern sie in sein Werk, in seine Weltanschauung eingebaut. Sie sind nicht etwa durch die Vernunft »erledigt« (wie in den *Buddenbrooks* das Leben durch die Musik »erledigt« schien), sie schwingen vielmehr in jedem Werke mit und werden geduldet und gepflegt durch die Ironie des Dichters, die den Gegensätzen stets das Gute abgewinnen will, ohne sich an sie zu verlieren, ohne sich nach einer Seite hin festzulegen.

Schon vor dem *Tonio Kröger* schuf Thomas Mann in der ein ähnliches Sujet behandelnden Novelle *Tristan* die Atmosphäre einer absoluten Ironie. Die Hauptfigur in *Tristan* ist ebenfalls ein Literat, der aber in seiner Romantik festgefahren ist und sich dem Leben gegenüber heillos tölpelhaft benimmt. Der *Tonio Kröger* ist die ernsthafte Auseinandersetzung des Autors mit sich selbst, *Tristan* die scherzhafte. Man weiß nicht: Soll man sich mit Detlefs Gegenspieler, dem robusten, reichen Klöterjahn, über die zartromantischen Ekstasen des Dichters oder mit dem Dichter über das dumpfe animalische Wohlbefinden des Kaufmannes erheitern? Man weiß es nicht und soll es wahrscheinlich nicht wissen, denn die Ironie ist das Element, in dem die Gegensätze nebeneinander bestehen können; und für sie gibt es scheinbar keine Entscheidung. »Ironie ist immer Ironie nach beiden Seiten hin, etwas Mittleres, ein Weder-Noch und Sowohl-Als-auch«, sagte Thomas Mann einige Jahre später.

Dennoch ist in der Ironie der *Kampf* der Gegensätze nur *scheinbar* aufgehoben. Wenn auch der Dichter das »Pathos und Ethos der Mitte« zu wahren bestrebt ist, so treiben die Gegensätze trotzdem ihr dialektisches Spiel, befruchten sich gegenseitig und führen eine Synthese, eine Entscheidung herbei. Im allgemeinen tendiert diese in den frühen Werken des Dichters mehr zum Romantischen, während sie späterhin immer mehr dem Einfachen, dem »Tüchtigen« zustrebt. Man könnte hier von einer Verlagerung des Schwerpunktes sprechen. Diese macht die »Entwicklung« im Werke Thomas Manns aus. Im Laufe dieser Entwicklung nehmen aber auch die Gegensätze selbst vielfältige Formen an; vor allem das »Leben« wird immer klarer und konkreter formuliert. Erschien es am

Anfang nur als eine liebenswürdige, romantische, unverbindliche, »bürgerliche« Neigung, so hat es sich im Laufe der Jahre seiner kämpferischen Verpflichtung besonnen. Es wurde vergeistigt, man vergleiche nur die Gestaltung des Hans Hansen im *Tonio Kröger* und des Joseph. (Eine Fleißaufgabe für einen Thomas-Mann-Philologen: das Werk des Dichters nach den Begriffen zu durchsuchen, die, in immer abgewandelter Form, die Gegensätze repräsentieren. Im *Tonio Kröger* heißen sie Künstlertum und Bürgertum, in *Königliche Hoheit* Hoheit und Liebe, im *Zauberberg* Lust und Liebe, Frömmigkeit und Freiheit, Musik und Politik, in den *Betrachtungen eines Unpolitischen* Deutschland und Frankreich, Kultur und Zivilisation, in *Lotte in Weimar* das Mögliche und das Wirkliche. Unschwer lassen sich in allen die von Nietzsche geprägten Begriffe des Dionysischen und Apollinischen erkennen oder besser die Begriffe des Lustprinzips und des Realitätsprinzips finden, mit denen Freud ungefähr die gleichen Bezirke des psychischen Lebens umschreibt.)

Da der Weg Thomas Manns kein geradliniger, sondern ein dialektischer ist, wundern wir uns nicht, wenn er nach dem *Tonio Kröger* nicht frisch-fromm-fröhlich-frei dem Ziel zusteuert, das wir schon kurz skizziert haben. Statt dessen sehen wir ein bewegtes Auf und Ab in der Vorherrschaft der widerstreitenden Tendenzen, das uns schon deshalb nicht als charakterlos erscheinen kann, weil sich in ihm das Wesen seiner Kunst – das ironische Regiment – adäquat auszudrücken scheint. Die Fortsetzung der im *Tonio Kröger* sich anbahnenden Tendenz, ins Leben hinabzusteigen, finden wir in dem Roman *Königliche Hoheit*. Dieser schildert den Niedergang des aristokratischen Bewußtseins in der Figur einer fiktiven königlichen Hoheit, die, dem »Künstler« ähnlich, ein »erhöhtes« Außenseiterdasein führt, bis sie durch die Liebe zu einem bürgerlichen Mädchen den Anschluß an das normale und einfache Leben findet. Einfach allerdings ist dieses Leben nur relativ, denn das Mädchen ist die Tochter eines Millionärs. Indem Thomas Mann die Beziehung des Adels zum Bürgertum beschreibt (und nicht etwa die des Bürgertums zum Proletariat, die damals – 1905 – schließlich auch schon an der Tagesordnung war), zeigt er, wie sehr ihm der Begriff der Humanität noch an das Bürgertum gebunden schien.

Einige Jahre später erschien der *Tod in Venedig* (1911), eine Novelle, in der wieder der Abgrund siegt, die Ausschweifung des Gefühls. Sie handelt von einem Schriftsteller, der auf der Höhe seiner Jahre, seines Erfolges und seiner Wirkung durch ein Erlebnis aus seinem Gleichgewicht gebracht und während der Cholera-Epidemie in Venedig von Krankheit, Rausch und Schönheit verzehrt wird. Bei der Gestaltung des Gustav Aschenbach, der den Tod in Venedig stirbt, finden wir wieder den Verfallspsychologen am Werke. Die Verdrängung der Form durch den Rausch, des Normalen durch das Groteske, des Naturalismus durch den Expressionismus wird in dieser Gestalt eindringlich dargestellt. Aber trotz des Sieges von Tod und Verwesung, die hier auf eine so raffinierte und exzentrische Weise einen wahren Hexensabbat veranstalten, will Thomas Mann mit seinem Helden keineswegs ein Vorbild postulieren. Die moralischen Qualitäten stehen für ihn immer auf seiten des Lebens; ja, Gustav Aschenbach empfindet sich selbst als einen Abtrünnigen, den man aus dem Lesebuch, in das Auszüge seiner Werke Aufnahme fanden, verbannen sollte.

In seiner Thomas-Mann-Biographie nannte Arthur Eloesser die Helden des Dichters: »Gestalten am Rande des Lebens«. Eine treffende Definition! Den Rand des Lebens, den Rand der bürgerlichen Gesellschaft hat Thomas Mann gründlich analysiert, mit Liebe und Passion analysiert, ohne sich – wie wir schon bemerkten – mit ihm ganz zu identifizieren.

Schon sein Realismus, Produkt eines »Bürgertums« auch er, gründlich, gewissenhaft, präzis (und darin einzigartig), ließ das nicht zu. Durch ihn vor allem unterscheidet sich die Kunst Thomas Manns von der aus der Klimax der Untergangsstimmung erwachsenen neuen Kunst: dem Expressionismus. Im Expressionismus fanden die Verfallstendenzen ihren konsequentesten Ausdruck; nirgendwo zeigt sich der Zusammenbruch des Glaubens an die Werte der bürgerlichen Kultur so kraß wie hier. Obgleich vielfach von einer Rebellion gegen die Bourgeoisie ausgehend, blieb der Expressionismus selten in den Grenzen des Gesellschaftskritischen (über eine einflußreiche Richtung dieser Art wird noch einiges nachzutragen sein). Nicht mehr auf objektive Gegebenheiten kam es ihm schließlich an; das Ekstatische wurde um des Rausches willen zum Ziel seiner Bemühungen, das Sprengen der konventionellen Fesseln endete in einer Orgie des Subjektivismus. Das Kinderstammeln, die Bildnerei von Primitiven, Blinden und Geisteskranken wurde als nachahmenswert erklärt, jede Deformation und Entgegenständlichung der Wirklichkeit als höchste Kunst gepriesen. Auch der Naturalismus schilderte das Innenleben, die Traumwelt des Menschen. Doch wurde der innere Mensch in seinen vielfältigen Beziehungen zur objektiven Welt gestaltet, in seinem kausalen Zusammenhang mit den ihn beeinflussenden Vorgängen der Wirklichkeit gesehen. Während der Naturalismus eher passiv, rezeptiv und ironisch war, war der Expressionismus aktiv, motorisch, radikal. Der Expressionismus erschöpfte sich in der Gestaltung der Gefühle, ging in ihnen auf. Der Naturalismus, und mit ihm Thomas Mann, erlebte und analysierte sie aus Distanz. Es sei hier auf die kritische Arbeit Georg Lukács' hingewiesen, der in einem glänzenden Essay »Es geht um den Realismus« (*Das Wort*, 1938) dieses Problem ausführlich erörtert. Diese Distanz machte Thomas Mann dem »Verfall« gegenüber relativ widerstandsfähig, führte ihn allerdings auch bis auf weiteres zur Ablehnung jedes gesellschaftskritischen Radikalismus.

Es ist kein Zufall, daß Thomas Mann recht früh den Weg zur Psychoanalyse fand, deren Betätigungs- und Forschungsfeld ja ebenfalls der »Rand des Lebens«, die Krankheit ist. Das Interesse für das Irrationale, Triebhafte, Kranke teilt er mit ihr; und wenn er in einem Vortrag über Sigmund Freud das *Problem des Interesses* für die Krankheit erörtert, so tut er dies nicht nur in bezug auf die Psychoanalyse, sondern auch in bezug auf sich selbst. »Ein Interesse gerät sehr leicht in ein Verhältnis der Solidarität und der endgültigen Sympathie mit seinem Gegenstande, es gelangt leicht dahin zu bejahen, wo es nur zu erkennen ausgegangen war ... Es fragt sich zum Beispiel, ob ein vorwaltendes Interesse fürs Affektive selbst affektiver Natur ist oder von intellektueller Art. Im ersten Fall bedeutet es Verherrlichung, was ein Interesse wohl eigentlich nicht bedeuten sollte.« Was die Psychoanalyse anbelangt, so sind dieser Möglichkeit von vornherein enge Grenzen gesetzt, denn: »Heilmethode ihrem Ursprung nach hat sie ihren ärztlichen Charakter, diese humanistisch-ethische Tendenz zur Wiederherstellung des Menschlichen aus jedweder Leidensverwirrung und -verzerrung bewahrt.« Nicht um der Tiefe der Krankheit willen ist sie am Werke, sondern um der Vorteile, »die der Lebenserkenntnis aus der Erkundung des Dunkels erwachsen«.

Diese Sätze wurden 1929 gesagt. Um die Zeit, als Thomas Mann den *Tod in Venedig* schrieb, war er noch weit entfernt davon, das Wesen des Geistes und der Erkenntnis als Diener und Helfer des Lebens zu bestimmen. Wenn er es aber heute kann und tut, so deshalb, weil er, von seinen Anfängen an, sich immer vom Gegenstand seines psychologischen *Interesses* zu distanzieren verstand, seine Sympathie zu ihm sich niemals in Verherrlichung verwandeln ließ. »Schriftstellertum«, bemerkt er irgendwo, »erschien mir von jeher als ein Erzeugnis und Ausdruck der Problematik, des Da und Dort, des Ja und Nein, der zwei Seelen in einer Brust.«

III.

Thomas Mann hat in diesem Kriege nicht nur eine sehr eindeutige antifaschistische Stellung bezogen, sondern sich auch publizistisch in die erste Reihe seiner geistigen Kämpfer gestellt. Dem Geistigen blieb keine Wahl. Das Wofür und Wogegen dieses Krieges schließt jede Qual der Entscheidung aus.

1914 lagen die Verhältnisse anders. Im Ersten Weltkrieg ging es nicht um Freiheit *oder* Barbarei. Zwar wurde auch er von einer ideologischen Auseinandersetzung begleitet. Aber die Ideologie war nur ein Vorwand, unter dem sich auf beiden Seiten der nackte Imperialismus verbarg. Damals kämpften die fortschrittlichsten Kräfte der Arbeiterbewegung aller kriegführenden Länder gegen ihre eigenen Regierungen, um dem nutzlosen Blutvergießen ein Ende zu machen und die für den Krieg verantwortliche Klasse aus ihrer Machtstellung zu vertreiben. Immerhin waren auch die ideologischen Argumente nicht ganz aus der Luft gegriffen. Das kaiserliche Deutschland oder die demokratische Entente: Ein Gegensatz war zweifellos vorhanden. Romain Rolland, der zu Beginn des Krieges (in *Au dessus de la mêlée* – *Über dem Gemenge*) eine neutrale Haltung einzunehmen versuchte, fühlte sich später zu einer Entscheidung gedrängt, die »Frankreich« hieß.

Für Thomas Mann war der Krieg eine Zeit des »Suchens, Ringens und Tastens«, die er mit nicht sehr viel politischem Geschick absolviert hat; eine Lehrzeit dennoch, aus der er, allerdings später erst, seine Konsequenzen gezogen hat. Während des ersten Sturmes der Kriegsbegeisterung, der Deutschland durchtobte, schrieb er – »begeistert von Historie« – den berühmten und berüchtigten Essay »Friedrich und die große Koalition«, der der Apologie des Krieges dienen sollte. Die Geschichte des Preußenkönigs schien Thomas Mann die gültige Parallele zu diesem Krieg. Wenn er von Friedrich sprach, der Voltaire schätzte und dennoch »ein Leben gegen den Geist« führen mußte, »um eines großen Volkes Erdensendung zu erfüllen«, so geschah es darum, weil er in ihm die aktuelle Situation des geistigen Deutschtums wiederzuerkennen glaubte.

Dieser Essay entfachte eine heftige Polemik innerhalb und außerhalb Deutschlands (Romain Rolland beteiligte sich an ihr in seinem erwähnten Buche *Au dessus de la mêlée*), die vielleicht den Anlaß zur Rekapitulation und Verteidigung der in »Friedrich« nur kurz umrissenen Gedanken bildete. Diese Verteidigung fand ihren Niederschlag in den *Betrachtungen eines Unpolitischen* (1917), einem grüblerischen Gedankenwerk, das ihr Verfasser als »Rückzugsgefecht großen Stils« bezeichnete, »geliefert im vollen Bewußtsein seiner Aussichtslosigkeit«.

Die Polemik, die sich innerhalb Deutschlands gegen Thomas Mann richtete, ging vor allem von der literarischen Richtung des »Aktivismus« aus. Der »Aktivismus« verfocht eine gesellschaftskritische Kunst. Er sagte der Bourgeoisie den Krieg an und gab vor, für eine neue Weltordnung zu kämpfen. Formal gehörte er zur Stilbewegung des Expressionismus, dessen linken Flügel er gewissermaßen bildete. Trotz seines Radikalismus war er im Grunde genommen eher kleinbürgerlich-rebellisch als wirklich revolutionär; damit sind seine Grenzen angedeutet, innerhalb derer er jedoch Wesentliches geschaffen hat. Jedenfalls war er während des Krieges (und auch später) ein Sammelbecken vieler fortschrittlicher geistiger Kräfte in Deutschland. (Heinrich Mann, Kurt Tucholsky, Franz Werfel standen ihm eine Zeitlang nahe.) Kurt Hiller, der Hauptwortführer des »Aktivismus«, definierte sein Ziel als die »Verwirklichung der Ideegebote im Raum ... Das undimensionale Sein sogenannt geistiger Werte in der

Totheit von Kunstwerken und Büchern, in der Fruchtlosigkeit bloßer Gesinnungen genügt uns nicht; die erhabenen Postulate der asiatischen, der hellenischen, der deutschen Propheten, Philosophen, Verzückten und Kritiker müssen endlich einmal *wörtlich* genommen, müssen endlich aus jener Ebene von ›Bildung‹, auf die das große Gesetz der Trägheit sie seit Jahrhunderten projiziert hat, zurückgeworfen werden in die Dynamik der wirklichen Welt.« (*Taugenichts – Tätiger Geist – Thomas Mann* von Kurt Hiller.)

Die gesellschaftskritische, politische Ideologie, wie sie der Aktivismus vertrat, schien Thomas Mann der Feind, gegen den es »eines großen Volkes Erdensendung« ins Feld zu führen galt. Vielmehr schien sie ihm nur die deutsche Abart des eigentlichen Feindes, der »westlichen Zivilisation«, der Demokratie, gegenüber der er den deutschen Konservativismus, die deutsche »Kultur« zu verteidigen bemüht war. »Kultur und Zivilisation«, »Deutschland und Frankreich«, so hießen die Gegensätze jetzt, die in seinem Inneren aufeinanderprallten, so wie sie es draußen auf dem Schlachtfeld taten. Im Grunde genommen ist es das gleiche Problem, das ihn – wie immer – auch hier beschäftigt, und das wir mit der Definition »Kunst und Leben« einigermaßen umrissen haben. Neu ist nur die Politisierung der Gegensätze, vor allem ihre Lokalisierung auf der europäischen Landkarte. »Deutschtum ist Kultur, Seele, Freiheit, Kunst und nicht Zivilisation, Gesellschaft, Stimmrecht, Literatur.« Aber gerade von dem, was »Deutschtum« dem Dichter nicht zu sein schien, trägt er vieles in sich selbst. Der Geist, den er bekämpfte, war Blut von seinem Blute. Er war sich dessen auch damals schon deutlich bewußt. Vom Fortschritt sagte er, daß er ihm »nicht selten wenigstens als unaufhaltsam und schicksalsgegeben erscheint«, ja daß es sein eigentliches Schicksal sei, ihn zu fördern, daß er ihm aber »trotzdem aus dunklen Gründen eine gewisse konservative Opposition bereite«. Seine Ironie, die in diesem Buche oft zu beißendem Spott geworden ist, richtet sich also nicht nur gegen den »Zivilisationsliteraten«, sondern auch (vielleicht: vor allem) gegen sich selbst. Die positive Kritik, die sein literarisches Schaffen vor dem Kriege von seiten des »Aktivismus« erfahren hatte, parodierte er in den Worten: »Kein Zweifel; ich befand mich im richtigen Boot; ich hatten den Anschluß, weiß Gott!« Seit

Buddenbrooks war der Fortschritt deutlich, der Fortschritt in fortschrittlicher Richtung. Aber der »Zivilisationsliterat«, der auf ihn gerechnet hatte, hatte sich verrechnet. »Der Pakt mit dem Menschenglück, der hier (es handelt sich um *Königliche Hoheit*, E. L.) auf lockere Art geschlossen wurde«, war ein ironischer Versuch, der noch auf schwachen Füßen stand.

In den *Betrachtungen* hingegen war die Ironie in entgegengesetzter Richtung am Werke. In Hinsicht auf die Entwicklungstendenz des Dichters kann man dieses Buch schwerlich anders denn als eine Entgleisung bezeichnen. In ihm (und mehr noch in »Friedrich und die große Koalition«) identifizierte sich Thomas Mann direkt mit der Ideologie der deutschen Großbourgeoisie. Sein Konservativismus, im *Tonio Kröger* gegen den »Verfall« gerichtet (und damit relativ progressiv), richtet sich hier gegen den Fortschritt, in dem er – wie Nietzsche – sogar ein Zeichen der »décadence« zu sehen vermeint. Später allerdings bekannte er: »Was den Konservativismus betrifft, so weiß ich genau, daß ich selbst ihn mehr als eine künstlerische Eroberung und Erkundung der melancholisch-reaktionären Sphäre, denn als Ausdruck meines letzten Wesens empfand. Er war ein psychologisches, oder wenn man will, ein im Wortsinne pathologisches Phänomen: Was ich dachte, stand im Zeichen und unter dem Druck des Kriegs und sagte mehr über diesen aus, als über mich.« (*Lebensabriß*, 1930)

Immerhin waren viele Einzelheiten seiner Kritik an der »westlichen Zivilisation«, an der »Demokratie« berechtigt. Er erkannte deutlich, daß »Demokratie« vielen nur ein ideologisches Mäntelchen bedeutete, mit dem sie ihre imperialistischen und kommerziellen Interessen verhüllten. Auch seine Kritik an einem bestimmten Typ lärmender und räsonierender Literaten und ihrem platten Fortschrittsglauben war sicher nicht ohne Berechtigung. Aber diese Kritik – Kritik nach dem Muster Nietzsches – an Übelständen und Verfälschungen der Demokratie usw. war reaktionärer, nicht progressiver Art; sie nahm die schlechte oder gefälschte Erscheinung für das Ding an sich, schüttete – wie ein altes Sprichwort sagt – das Kind mit dem Bade aus. Dabei beruft sie sich auf den deutschen Humanismus, in dessen Namen sie die »Innerlichkeit« (»Nur seelische Bildung befreit«!) jeder Vergesellschaftung, Politisierung, Demokratisierung gegenüber verteidigt. Sie bewegt sich damit leider in den so typischen Bahnen des deutschen »Protestes« gegen Revolution und gesellschaftlichen Fortschritt, dessen unselige Folge die jetzige Katastrophe ist.

»Ich bekenne mich tief überzeugt«, heißt es in den *Betrachtungen*, »daß das deutsche Volk die politische Demokratie niemals wird lieben können und daß der viel verschrieene ›Obrigkeitsstaat‹ die dem deutschen Volke angemessene, zukömmliche und von ihm im Grunde gewollte Staatsform ist und bleibt.« (...) Trotzdem ging es Thomas Mann auch damals um den deutschen Humanismus, nicht um Kaiser und Krieg. Aber der Friede Europas, so glaubte er, »ruhe auf der Macht des deutschen Reiches«. So gewaltsam die Identifizierung von »Demokratie« mit dem Entente-Imperialismus war, so mißlich war die Verquickung von »Kultur« und »Innerlichkeit« mit dem wilhelminischen Monarchismus. Doch dauerte es nicht lange, bis er diese Begriffsverwirrung überwand. »Von deutscher Republik« (Rede zu Gerhart Hauptmanns 60. Geburtstag, 1922) legt hiervon deutliches Zeugnis ab. »Mächte, geweiht von Historie«, heißt es hier, »ausgestattet mit so zwingender Autorität ererbten Ruhmeszaubers, daß es menschlich war, sie bestehen und gewähren zu lassen, auch als ihre Entartung ins banal Theatralische längst jede Pietät in Verlegenheit setzte, thronten über uns bis vor kurzem, und sie waren der Staat, in ihrer Hand lag er, er war ihre Sache – die sie offenbar nicht mehr gut machten, während wir, abgewandt, die unsrige, die Sache der Nation und der Kultur, möglichst gut zu machen suchten. Ja, eine Scheidung des nationalen und staatlichen Lebens hatte sich hergestellt, wie sie in dieser Schärfe und Vollständigkeit niemals statthaft sein kann und sich an beiden Teilen rächen muß.« Und so bekannte sich Thomas Mann zur deutschen Republik, überzeugt, daß »Demokratie etwas Deutscheres sein kann, als imperiale Gala-Oper« und daß die »neue Menschlichkeit auf ihrem Boden, auf dem Boden der Republik, glücklichere Möglichkeiten der Verlebendigung finden mag, als auf dem Grunde des alten Staates«. Er erkannte, daß die Werte der deutschen Kultur (auch die »romantischen«) in einem fortschrittlichen Staat am besten aufgehoben sind; ja polemisierte schon damals gegen die Versuche des Faschismus, die Romantik für seine Zwecke auszunützen, indem er seine »brutale und unvernünftige Physiognomie ›unter der imposanten Maske‹ des Gemütes, der Germanentreue etwa, zu verstecken sucht. Sentimentale Roheit verdient so wenig den edlen und geisteszarten Namen der Romantik, daß der eingefleischteste Romantiker für den vorübergehenden Notfall zum politischen Aufklärer werden könnte, um behilflich zu sein, so unverschämte Ansprüche ihr kräftigst zu verwehren. Wenn sentimentaler Obskurantismus sich zum Terror organisiert und das Land durch ekelhafte und hirnverbrannte Mordtaten schändet, dann ist der Eintritt solchen Notfalles nicht länger zu leugnen.« Thomas Mann scheute sich auch nicht, offen zuzugeben, daß er »aus geistigem Freiheitsbedürfnis dem Obskurantismus Waffen geliefert« hatte.

Der Weg des Dichters zur Republik und zur Demokratie ist gleichzeitig sein Weg zum Sozialismus (den er allerdings vorerst mit der deutschen Sozialdemokratie identifizierte). Einem Aufsatz, der Thomas Manns Stellung zum Sozialismus einer Analyse unterzieht (Gustav Leuteritz: »Thomas Mann und der Sozialismus«, 1930), sei das Folgende entnommen:

»Grundstimmung und Antrieb allen Handelns und Denkens bei Thomas Mann ist der deutsche Humanismus, jene edle Geisteshaltung, deren Gesittung, Weltbürgerlichkeit und maßvolle Formenstrenge in Kunst und Philosophie unsere Bewunderung erregt ... Dennoch oder gerade darum ist der unbestechliche Chronist geistigen Erlebens modern und objektiv genug, die ›aktuelle Unzulänglichkeit der überlieferungsgemäßen deutschen Geistigkeit‹ zu konstatieren, weil, wie er selbst sagt, ›die gesellschaftlich-sozialistische Idee in ihr *nicht* vorkommt‹. Der geheimste Wunsch Thomas Manns scheint es nun zu sein, womöglich eine Verschmelzung beider Ideen herbeizuführen. Er hat diesen Gedanken – wenn auch ein wenig drastisch und nur ganz umrißhaft – bereits 1922 in seinen ›Fragmenten zum Problem der Humanität‹ befürwortet. ›Es ist der Augenblick‹, so schrieb er damals, ›unsere großen humanen Überlieferungen mit Macht zu betonen und feierlich zu pflegen ... Unserem Sozialismus insbesondere, dessen geistiges Leben sich allzu lange in einem inferioren Wirtschaftsmaterialismus erschöpft hat, ist nichts notwendiger, als Anschluß zu finden an jenes höhere Deutschtum, das immer das Land der Griechen mit der Seele gesucht hat ... Er (der Sozialismus) wird seiner nationalen Aufgabe nicht wahrhaft gewachsen sein, bevor nicht, um das Ding auf die Spitze zu stellen, Karl Marx den Friedrich Hölderlin gelesen hat, eine Begegnung, die übrigens im Begriffe scheint, sich zu vollziehen.‹ Fünf Jahre später ergänzte Thomas Mann diese Schlußformulierung mit den Worten: ›Ich vergaß hinzuzufügen, daß eine einseitige Kenntnisnahme unfruchtbar bleiben müßte.‹«

IV.

In einer seiner Radioansprachen an das deutsche Volk sprach Thomas Mann im vorigen Jahre von dem Wort Demokratie, »das wir Deutsche zu lange töricht verachteten«. Im *Zauberberg* (1924) war diese Verachtung zwar schon überwunden; aber das Verhältnis des Dichters zu ihr war recht ironischer Art. Der »Zivilisationsliterat«, an dessen Person sie auch hier gebunden erscheint, wird nicht mehr (wie in den *Betrachtungen*) mit Spott bedacht. Er ist mit Ironie und Liebe gestaltet; liebenswürdig und sympathisch, häufig rührend wirkt er auf den Leser und vor allem auf den Helden des Buches, Hans Castorp, um dessen Seele er sich bemüht. Hans Castorp, ein junger Mann, fährt nach Davos, um seinen lungenkranken Vetter zu besuchen. Der Besuch, der einige Tage währen sollte, wächst sich zu einem Aufenthalt von sieben Jahren aus. Hans Castorp fühlte sich in der morbiden Atmosphäre des Lungensanatoriums wohl, um so mehr noch, als er eine kleine Erkältung, die er sich dort zuzog, für eine ernste Sache hielt, die sein Gewissen entlastete. Was Thomas Mann zur Erklärung dieser »Flucht in die Krankheit« anführt, ergibt gleichzeitig ein anschauliches Bild einer typischen Situation, die in den Jahren vor dem Kriege für das geistige Bürgertum bestanden hat: »Dem einzelnen Menschen mögen mancherlei persönliche Ziele, Zwecke, Hoffnungen, Aussichten vor Augen schweben, aus denen er den Impuls zu hoher Anstrengung und Tätigkeit schöpft; wenn das Unpersönliche um ihn her, die Zeit selbst der Hoffnungen und Aussichten bei aller äußeren Regsamkeit im Grunde entbehrt, wenn sie sich ihm als hoffnungslos, aussichtslos und ratlos heimlich zu erkennen gibt und der bewußt oder unbewußt gestellten Frage nach einem letzten, mehr als persönlichen, unbedingten Sinn aller Anstrengung und Tätigkeit ein hohles Schweigen entgegensetzt, so wird gerade in Fällen redlicheren Menschentums eine gewisse lähmende Wirkung solchen Sachverhaltes fast unausbleiblich sein, die sich auf dem Wege über das Seelisch-Sittliche geradezu auf das physische und organische Teil des Individuums erstrekken mag.«

So wurde Hans Castorp Mitglied des tragischen und kuriosen Vereins Kranker, Halbkranker und Sich-Erholender, die die nötigen Mittel hatten, Wochen, Monate oder Jahre ihres Lebens in diesem Schweizer Gebirgsstädtchen zu verbringen und sich (gegen ihren Willen oder willentlich) ihrer Krankheit zu widmen. Es waren alle aus dem Leben Herausgeworfene (oder Entlaufene wie Hans Castorp), die das Sanatorium bevölkerten und auf dem »Zauberberge« ein Leben jenseits der Zeit fristeten. In diesen »Gestalten am Rande des Lebens« schildert Thomas Mann wieder das Bürgertum in seiner Dekadenz, in seinem Verfall. Die Atmosphäre von Krankheit und Tod steigert ihr Dasein zu einem Symbol, läßt ihr Wesen wie in einen Kristall von unheimlicher Schärfe zusammenschießen. Doch gibt es in diesem Hexenkessel des Verfalls auch eine Stimme der Mahnung, die Stimme des Literaten Settembrini, der das Prinzip des Lebens, der Gesundheit, der Demokratie und des Fortschritts propagiert.

Auf dem Hintergrund dieser »Zeit zwischen Niedergang und Aufgang« läßt Thomas Mann seinen Helden sich entwickeln. Er läßt ihm sieben Jahre Zeit, darüber nachzudenken, wohin er gehört. Es wird ihm ein wenig nachgeholfen. Die Herren Settembrini und Naphta stürzen sich auf die »experimentierende Jugend«. Der eine die Revolution predigend, das Leben und die Demokratie, der andere die Reaktion propagierend, die Vergangenheit und den heiligen Terror. Schwer ist es, sich zwischen den Gegensätzen hindurchzufinden. Beide – Tod und Leben, Verwesung und Gesundheit, Reaktion und Fortschritt – stellen ihre Ansprüche. Hans Castorp will sich nicht fangen lassen, mal dem einen, mal dem anderen zugetan, gelingt es ihm schließlich, in einem Traume eine gültige Formel zu finden, die beide vereint:

»Tod oder Leben? Krankheit – Gesundheit, Geist – Natur. Sind das Widersprüche, nein, sind das Fragen? Nein, auch die Frage nach ihrer Vornehmheit ist keine. Der Mensch ist Herr der Gegensätze, sie sind durch ihn – und also ist er vornehmer als sie. Zu vornehm für den Tod – das ist die Freiheit seines Kopfes. Zu vornehm für das Leben – das ist die Frömmigkeit in seinem Herzen. Ich will dem Tode keine Herrschaft einräumen über meine Gedanken. Doch ist er eine große Macht, er trägt die Würdenkrause des Gewesenen, man nimmt den Hut ab zu seiner Ehre und wiegt sich auf Zehenspitzen in seiner Nähe. Vernunft steht albern vor ihm, denn sie ist nichts als Tugend, er aber Freiheit, Durchgängerei, Unform und Lust. Lust, nicht Liebe. Die Liebe steht dem Tode entgegen, sie gibt die gütigen Gedanken, sie bildet die Form und Gesittung verständig freundlicher Menschheit ... Ich will dem Tode Treue halten in meinem Herzen, doch mich hell erinnern, daß Treue zum Tode und Gewesenen nur Bosheit und finstere Wollust und Menschenfeindschaft ist, bestimmt sie unser Denken und Handeln. Der Mensch soll um der Güte und Liebe willen dem Tode keine Herrschaft einräumen über seine Gedanken.«

Es bedurfte eines »Donnerschlages«, um Hans Castorp zu veranlassen, aus dieser Einsicht Konsequenzen zu ziehen, diese »ahnungsvoll und regierungsweise« erdachte Philosophie in die Tat umzusetzen. In Sarajevo fielen ein paar Schüsse. Sie machten dem Siebenschläferdasein ein Ende. Das Pflichtgefühl siegte über die Durchgängerei. Hans Castorp meldete sich als Freiwilliger zur Front.

Der *Zauberberg* enthält noch viele Reste aus der Begriffswelt der *Betrachtungen* (Thomas Mann hatte schon vor dem Kriege an ihm zu schreiben begonnen); nicht nur der »Zivilisationsliterat« erinnert an diese, sondern auch die Tatsache, daß die Freiwilligenmeldung zum Krieg (der wahrhaftig keine progressive Veranstaltung war) hier doch wenigstens subjektiv die progressive Lösung des inneren Konfliktes des Helden darstellt. Diese Begriffswelt endgültig überwunden zu haben scheint Thomas Mann in der Novelle *Unordnung und frühes Leid* (1925), in der er das Generationenproblem, das er in den *Buddenbrooks* rückläufig gestaltete, wieder aufgreift, diesmal aber nicht das Verhältnis zu seinen Vorfahren, sondern zu seinen Kindern gestaltet. Da mehrere von ihnen heute Schriftsteller von Rang sind, ist es bekannt, daß sie linksbürgerliche Demokraten sind, die (zumindest eine Zeitlang) mehr oder weniger radikale Ansichten vertraten. Das Verhältnis eines alten Professors zu seinen »modernen« Kindern ist nun Gegenstand dieser heiteren Novelle, bei der der Papa die

Jugend, wenn auch etwas wehmütig, so doch voll Liebe gewähren läßt, wie sie es will. Was sie will, ist aber ohne Zweifel: »Demokratie«, eine gewisse forsche Lebendigkeit, die sich nicht sonderlich um das Vergangene schert. Die Novelle ist nach des Dichters eigenen Worten das »Produkt eines sich selbst ironisierenden Kulturkonservativismus und der *Vaterliebe zur neuen Welt*«.

Im *Zauberberg* ist der Begriff des »Lebens« deutlich an den Fortschritt gebunden, der Begriff des »Todes« mit der Reaktion assoziiert. In *Mario und der Zauberer* (1930) wird nun die Erkenntnis bewiesen, daß das Pathologische, daß »Treue zum Gewesenen nur finstere Wollust und Menschenfeindschaft ist, bestimmt sie unser Denken und Handeln«. Diese kleine Geschichte spielt im faschistischen Italien, aus dessen »Kulturleben« sie einen Ausschnitt zeigt. Sie handelt von einem sogenannten Zauberkünstler, der in Wirklichkeit ein Hypnotiseur ist, und der, während seines Auftretens auf der Bühne, von einem von ihm hypnotisierten jungen Burschen erschossen wird. Hier, und nicht nur in der kleinen Begebenheit, sondern unter dem Faschismus überhaupt, ist die »Romantik« zur Tat geworden, das Vergangene zur Gegenwart, das Mystische zur Wirklichkeit.

Thomas Mann, der sich in dieser Richtung bewegende Zeittendenzen früh erkannte, hatte oft vor ihnen gewarnt. Er, in dessen Leben das Romantische, die »Sympathie mit dem Tode«, eine so große Rolle spielt, wollte sie nicht durch eine Usurpierung durch die Reaktion besudelt sehen. Denn auch sie kann »viel Geist besitzen«, heißt es in dem schon erwähnten Vortrag über Freud, »nämlich gerade dann, wenn sie sich nicht darüber täuscht, von Lebenswegen verurteilt zu sein und in einer Stimmung stolzer und beharrender Hoffnungslosigkeit ihr ironisches Genüge findet«.

Von diesem »ironischen Genüge« legt vor allem *Lotte in Weimar* (1939) Zeugnis ab. Hier wird die Vergangenheit wieder wachgerufen, und zwar in zweifacher Hinsicht. Erstens spielt das Buch in der Vergangenheit, in der liberalen, noch nicht vom Untergang überschatteten Ära des deutschen Bürgertums, die den Hintergrund für diese Personifizierung des humanen Gedankens abzugeben fähig war. Vergangenheit in anderem Sinne ist aber vor allem die eigentliche Atmosphäre des Buches: romantische Sehnsucht nach Vergangenem, die den Gegensatz zur Pflicht und zum Lebenswillen bildet. Wir erleben hier die Wiederholung des dialektischen Gegensatzes, der das ganze Werk Thomas Manns durchzieht, aber wieder auf höherer Ebene. Denn die Pflicht, das Leben, das »Wirkliche« hat sich behauptet; und wenn der Dichter sich dennoch mit der Versuchung, mit dem »Möglichen« einläßt, so kann er seinem Genius in dem Bewußtsein vertrauen, keinen Schaden an der Seele nehmen zu können.

In der Mitte des Jahres 1816 kam Lotte Kestner, geb. Buff, nach Weimar, um sich nach dem Möglichen umzusehen. Das Mögliche war der Geheime Rat Johann Wolfgang von Goethe, mit dem es eine alte, quälende Rechnung zu begleichen galt. Das Idyll zu Wetzlar, die ehemalige Liebe der nun greisen Frau zu dem stürmischen jungen Goethe, die mit beiderseitigem Verzicht und einer plötzlichen Abreise des leidenschaftlichen Rechtsgelehrten endete, hatte Lotte nicht vergessen. Auch wenn die Zeit der frühen Liebe – deren jähem Ende die Welt den *Werther* verdankt – nun vierzig Jahre zurück lag, in denen sich die resolute Frau ihr eigenes Leben zimmerte, so konnte sie es doch nicht verhindern, daß in ihrem Alter die Erinnerung an das Gewesene auftauchte und sie veranlaßte, dem »Möglichen« noch einmal nachzuspüren, um sich für ihren Lebensabend zu beruhigen.

Sie kam zu einer Zeit nach Weimar, da Goethe selbst, barocker Spießbürger nach außen hin, im Innern eine ähnliche Verjüngung erlebte. Zwar war es nicht Altes, das ihn damals stürmisch bewegte, als vielmehr die Liebe zu Marianne von Willemer, die im *Westöstlichen Diwan* ihren dichterischen Niederschlag fand. Zu dieser Zeit entstanden die herrlichen Worte:

Nur dies Herz, es ist von Dauer,
Schwillt in jugendlichstem Flor;
Unter Schnee und Nebelschauer
Rast ein Ätna dir hervor.

Du beschämst wie Morgenröte
Jener Gipfel ernste Wand,
Und noch einmal fühlet Hatem
Frühlingshauch und Sommerbrand.

Worte, die nicht nur Goethe damals beseelten, sondern deren Melodie auch den geheimnisvollen verführerischen Unterton im Bilde der Lotte ausmacht. Zwar wird ihr am Ende entsagt, so wie Hans Castorp den Verführungen des »Zauberberges« entsagen mußte, »in höchster Bewunderung zwar, doch letztem Verzicht nach endgültigem Gewissensspruch«.

Um die Verführung aber dreht sich das ganze Buch. Um die Verführung durch die Schönheit, das »Göttliche«, hier in der Gestalt der großen Persönlichkeit Goethes. Da sind die Mücken, die in seinem Licht verbrennen, die Riemer (Goethes Sekretär), August (sein Sohn), Friederike, die Pfarrerstochter von Sesenheim und all die vielen anderen, denen Goethes olympierhaft-barocke Persönlichkeit die Interpretation »göttlichen« Wesens war. Ihnen gelingt es nicht, sich von dem Zauberhaft-Verführerischen loszumachen, sich von der fesselnden Bindung zu befreien, aus sich einen »resoluten Selbstzweck« zu machen. Doch hindert sie die Ambivalenz der Gefühle, wie man sie dem Gott-Vater gegenüber empfinden mag, das Zugleichsein von Liebe und Haß, von Empörung und Demut, sich in seiner Nähe wohlzufühlen. Man möchte wie Riemer dann oft von seinem Stuhle auffahren und davonlaufen und ist doch gewaltig an seines Meisters Dasein gefesselt. So bleiben sie in das Dilemma verstrickt, das Riemer als die Diskrepanz zwischen »süßer und bitterer Ehre« empfindet, der süßen Freiheit, die ihnen im Leben winkt, und der grausam verführerischen Bitternis der Frömmigkeit, die sie in Goethes Nähe festhält, und der sie nicht zugunsten des Lebens entsagen können.

Zu diesen Gestalten aber gehörte Lotte nicht. Sie hat dem Zauber ihrer Jugend entsagt und ihm dennoch in ihres Herzens Tiefe ein stilles Plätzlein angewiesen. Und wenn sie sich aufmacht, um doch dem Möglichen in der Wirklichkeit nachzuspüren, wenn sie sich doch von den quälenden Tönen ihres Herzens nach Weimar locken läßt, so tut sie dies eben nur, weil »das Mögliche – dessen Nachteile gegen das Wirkliche so sehr auf der Hand liegen – doch als ›wenn nun aber‹ und ›wie nun erst‹ immer noch neben ihm in der Welt bleibt und unserer Nachfrage wert ist«.

Lotte in Weimar ist eine späte Frucht vor allem der romantischen Neigung des Dichters. Dieses Werk, dem gerade die Rückschau einen so unglaublich innigen Schmelz verleiht, ist allerdings durch Geist und Ethik zu einem Gebilde klassischer Schönheit gereift, das in der heutigen Literatur einzigartig dasteht. Es ist gleichzeitig eine späte Frucht der bürgerlichen deutschen Literatur, in der alles Große, alles Positive und alles Bleibende zusammenfließt, was die bürgerliche Kultur der Menschheit an humanen Werten hinterlassen hat. Sein innerstes Wesen ist die Ironie, die Thomas Mann in den Gestalten Lottes und Goethes zu einem neuen Gipfel getrieben hat und in der die Harmonie und Gelassenheit des klassischen Erbes eine Auferstehung erlebt.

»Nur alle Kräfte zusammen machen die Welt«, läßt Thomas Mann Goethe sagen, »Individualität und Gesellschaft, Bewußtsein und Naivität, Romantik und Tüchtigkeit, – beides, das andere immer auch und gleich vollkommen, einziehen, das Ganze sein, die Partisanen jedes Prinzips beschämen, indem man es vollendet und das andere auch. Weltherrschaft als Ironie und heiterer Verrat des einen an das andere.«

Die Zeit aber, in der dieses Buch geschrieben ist, ist nicht die Zeit in der es spielt. Das deutsche Bürgertum, das Gestalten wie Goethe hervorbringen konnte, ist aus der Phase des Liberalismus in die des Imperialismus und schließlich des Faschismus getreten, in der es durch die inneren Widersprüche des Kapitalismus aufgerieben und zerstört wurde. Die Dokumente seiner Literatur sind auf den Scheiterhaufen geflogen, die seiner Baukunst werden durch den Krieg zerstört. Die bürgerliche Forderung nach Freiheit, Gleichheit, Brüderlichkeit hat der von Nietzsche prophezeiten Herren- und Sklavenmoral Platz machen müssen. In dieser Zeit der Katastrophe ist die klassische Gelassenheit und Ironie ein nebelhaftes Phantom, als Erinnerung verführerisch, als Ziel vielleicht erstrebenswert, das auf die drängenden Fragen der Gegenwart aber kaum eine Antwort zu geben vermag.

V.

»O, wie beneidenswert sind wir, da nun die Welten sich scheiden, klar und entschieden zu sein.« Dieser Ausspruch Johannes R. Bechers, der die geistigen Grundlagen umreißt, auf denen wir Heutigen stehen, steht zur Ideologie der Ironie in einem absoluten Widerspruch. Was uns heute nottut, ist das Eindeutige, das Festumrissene. Das Schillernde der ineinanderfließenden Sphären von Traum und Tüchtigkeit, von Todessympathie und Lebenswillen, hat einer neuen, festen, handgreiflichen, kämpferischen, von der Vergangenheit unangefochtenen Humanität Platz gemacht. Thomas Mann ist sich des Widerspruchs seiner innersten geistigen Welt zu den Forderungen, die die Zeit an jeden Geistigen stellt, bewußt. Und in diesem Bewußtsein und in den Konsequenzen, die er aus ihm zieht, liegt jene Größe, die ihn in den Augen der Welt zu dem Repräsentanten des »anderen«, des kämpfenden Deutschland macht, das den Krieg überdauern wird.

»Selbstüberwindung ist die moralische Form der Revolution«, sagt Thomas Mann irgendwo. Selbstüberwindung ist für die ganze Entwicklung des Dichters das kennzeichnende Prinzip; aber mit der moralischen Revolution allein kommen wir heute nicht aus, wenn sie nicht durch die gesellschaftliche ergänzt wird. Aus dieser Erkenntnis die Konsequenzen ziehen aber bedeutet wieder Selbstüberwindung; und Thomas Mann ist auch vor dieser nicht zurückgeschreckt.

Am erschütterndsten zum Ausdruck kommt dies vielleicht in seinem berühmt gewordenen Brief an den Dekan der philosophischen Fakultät Bonn, in dem Thomas Mann auf die Entziehung seines Doktortitels durch die Herren des Dritten Reiches antwortet. »Ich bin«, heißt es in diesem Briefe, »weit eher zum Repräsentanten geboren als zum Märtyrer, weit eher dazu, ein wenig höhere Heiterkeit in die Welt zu tragen, als den Kampf, den Haß zu nähren. Höchst Falsches mußte geschehen, damit sich mein Leben so falsch, so unnatürlich gestaltete. Ich suchte es aufzuhalten nach meinen schwachen Kräften, dies grauenhaft Falsche, und eben dadurch bereitete ich mir das Los, das ich nun lernen muß, mit meiner ihm eigentlich fremden Natur zu vereinigen.«

Diese Worte sind Abschiedsworte, deutliche Abschiedsworte an eine

Welt und an eine Zeit, die in Thomas Mann eine der repräsentativsten Persönlichkeiten gefunden hatte. Es ist die Welt des untergehenden deutschen Bürgertums, einer Klasse, die zu »repräsentieren« heute nicht mehr möglich ist, da sie faktisch nicht mehr besteht. Will man ihre Ideale weiter verteidigen, so bleibt nur der Weg in die Illegalität oder ins Exil. Dieser Weg aber fordert den Anschluß an die gesellschaftlichen Kräfte, die dazu berufen sind, mit den reaktionären Resten der deutschen Bourgeoisie aufzuräumen.

Thomas Mann sah den Untergang des deutschen Bürgertums seit langem voraus, erkannte schon in den frühen zwanziger Jahren die reaktionären Kräfte, die es später von innen zu Fall bringen sollten, und versuchte in zahlreichen Reden und Schriften, der drohenden Katastrophe entgegenzuarbeiten. Niemals, auch heute nicht, gehört Thomas Mann zu denen, die ihre Kunst als ein Mittel des sozialen Aktivismus betrachteten. Sie ist weit eher dazu angetan, »ein wenig höhere Heiterkeit in die Welt zu tragen, als den Kampf, den Haß zu nähren«. Aber als der Faschismus begann, seine Schatten vorauszuschicken, als das wackelige Gebäude der Weimarer Republik zu wanken begann, suchte er es aufzuhalten nach »seinen schwachen Kräften, dies grauenhaft Falsche«, und er lieh diesem Kampfe, wenn auch nicht seine Kunst, so doch Stimme und Wort. Ganz geläufig und natürlich ist ihm die Rolle des Versammlungsredners nie geworden. »Es gehört im Gegenteil für meinesgleichen eine gewisse Selbstüberwindung dazu, aus der Stille seiner Arbeitsstätte herauszutreten vor die Menschen, und persönlich und mit eigener Stimme für die bedrohten Werte zu zeugen und für sie einzutreten.« Aber »die Weltlage verlangt, daß der Geist seiner angeborenen Milde und Lässigkeit zum Trotz zu kämpfen und sich zu wehren lernt. Das ist die Lehre der letzten Jahrzehnte, und wir hätten aus den schlimmen Geschehnissen dieser Jahrzehnte nichts gelernt, wenn wir nicht diese Belehrung daraus gezogen hätten.« (Aus einer Rede, gehalten am 21. April 1936 in New York, anläßlich einer Gedenkfeier für die Opfer des Hitler-Regimes.) Von den zahlreichen Ansprachen, die Thomas Mann noch vor 1933 in Deutschland gehalten hatte, über seine Aufsätze in der von ihm in der Schweiz herausgegebenen Zeitschrift *Maß und Wert*, über seine in den USA gehaltenen Reden (»Vom zukünftigen Sieg der

Demokratie« u. a.) bis zu seinen vom BBC übertragenen Radioansprachen an das deutsche Volk zieht sich eine ununterbrochene Kette von politischen Äußerungen dieser Art. Diese Radioansprachen, die jetzt gesammelt unter dem Titel *Deutsche Hörer* in Stockholm erschienen sind, gehören zu den erschütterndsten geistigen Dokumenten dieses Krieges und sind in ihrer schlichten, einfachen, kraftvollen Ausdrucksform gleichzeitig ein beredtes Zeugnis für die Volksverbundenheit Thomas Manns.

Die politische Entwicklung der letzten zwanzig Jahre ließ aber auch in Thomas Mann die Einsicht reifen, daß das deutsche Bürgertum auf die Dauer nicht fähig ist, die Demokratie zu erhalten. Während er sich in den zwanziger Jahren der Weimarer Republik noch viel von einer sozialen Erneuerung im Rahmen des bestehenden Systems versprach, weiß er heute, daß nur eine revolutionäre Umgestaltung Deutschlands den Fortbestand der Kultur und Zivilisation gewährleisten kann. Aber auch diese Erkenntnis hat ihre Wurzeln nicht ausschließlich in der allerjüngsten Zeit. Schon 1926 (»Pariser Rechenschaft«) verteidigt er die Revolution und den neuen Sowjetstaat vor den reaktionären Argumenten des emigrierten weißgardistischen Schriftstellers Iwan Sehmeljow. So ist es kein Wunder, daß er, als die Deutschen vor Stalingrad standen, dem deutschen Volke über das Radio zurief: »Die Russen schließen nicht Frieden. Das glaubt ja wohl niemand von euch. Die Nazi-Lügen-Revolution ist auf eine echte und wirkliche Revolution gestoßen, eine, von deren Entschlossenheit im Aufräumen ihr manches werdet profitieren können, ihr Deutschen, wenn eure Stunde kommt.«

Wenn auch Thomas Mann mit seiner *Kunst* nie die Arena des politischen Kampfes betreten hat, so wäre es doch verfehlt zu glauben, daß die umwälzenden Ereignisse dieser Jahre nicht auch auf sie einen Einfluß gehabt hätten. Schon 1932 erschien der erste Band des Bibelromans *Joseph und seine Brüder*, von dem der letzte Band, vor allem *Joseph, der Ernährer* (1942), den Einfluß der »Forderung des Tages« in erstaunlichem Maße deutlich macht. Während die Kunst des Dichters bisher (und in dem zur gleichen Zeit wie *Joseph* entstandenen Buche *Lotte in Weimar*) in einem Sowohl-Als-auch der Ironie gipfelte, finden wir hier das Prinzip des Lebens, des Geistes, der Vernunft in einem Maße vorherrschend, finden wir eine Klarheit und Strenge der Zielrichtung, die sich von keiner Versuchung, von keiner »Anfechtung« mehr betören läßt. Auch im *Zauberberg*, in *Lotte in Weimar* siegt letzten Endes die Vernunft, aber eben nur letzten Endes, nach Entsagung und Verzicht. Hier aber herrscht sie von Anbeginn. Hier ist die Tonart gewissermaßen eine andere. Hier ertönen die Akkorde dieses großen Spiels fast frei vom Unterton der Verführung, der trotz seiner Überwindung doch die eigentliche Atmosphäre von *Lotte in Weimar* ist.

Den Weg von der frühen Romantik bis zu diesem der Wirklichkeit so vollkommen zugekehrten Werke bezeichnet Thomas Mann (in *Freud und die Zukunft*) als einen Weg vom »Bürgerlich-Individuellen« zum »Mythisch-Typischen«, das heißt vom Außenseitertum zum Normalen, vom Rande des Lebens, von der für die späte bürgerliche Kunst so häufigen Isolation zum Typischen und Wesentlichen des Lebens schlechthin. Hermann Bahr mit seinem guten Instinkt für Zeit- und Kulturtendenzen erkannte diese Richtung im Schaffen Thomas Manns schon erstaunlich früh. In einer Besprechung von *Königliche Hoheit* (1910) schrieb er: »Werden die Deutschen unserer Zeit erkennen, daß Thomas Manns neuer Roman ein Zeichen ist? Dieses Buch kann ein Anlaß werden, daß viele sich fragen, was ihnen am Menschen eigentlich wichtiger ist: die Menschheit, die er offenbart, oder der besondere Fall, den er darstellt. Was macht mir diese Rose lieb? Daß sie recht eine Rose ist oder das, worin sie sich anders zeigt, als alle Rosen sind? Die Antwort darauf könnte manches in der Kunst neu bestimmen, und nicht nur in der Kunst.«

In der in ihrem Intellektualismus vielleicht etwas überspitzten und nur Thomas-Mann-Adepten verständlichen Einleitung zum *Joseph*, »Höllenfahrt«, unternimmt es der Autor, seine Absichten gewissermaßen programmatisch zu formulieren. Das Kernstück dieses Vorspiels bildet der »Roman der Seele«, in dem der Dichter in ein paar Zügen den Kern der Menschheitsgeschichte, so wie ihn alte Mythen enthalten, aufzuzeichnen versucht. Die Seele, die in Gottes Nähe wohnt, läßt sich durch ihre Neigung zur Materie verwirren und zum Niedersteigen aus ihrer Heimat verführen. Die Sendung des Geistes ist es nun, »der selbstvergessenen, in Form und Tod verstrickten Seele das Gedächtnis ihrer höheren Herkunft zu wecken; sie zu überzeugen, daß es ein Fehler war, sich mit der Materie einzulassen und so die Welt hervorzurufen; endlich ihr das Heimweh bis zu dem Grade zu verstärken, daß sie sich eines Tages völlig aus Wehmut und Wollust löst und nach Hause schwebt – womit ohne weiteres das Ende der Welt erreicht, der Materie ihre alte Freiheit zurückgegeben ... wäre«. Es unterliegt keinem Zweifel, heißt es weiter, daß den Geist auf die Dauer seine Rolle als Totengräber der Welt zu genieren beginne, und er unter dem abfärbenden Einfluß der materiellen Welt seine Ehre daran setzt, der Seele und ihrem Unternehmen behilflich zu sein, sich mit ihr zu vereinigen, in ihre Welt einzugehen und durch die wechselseitige Durchdringung der beiden Prinzipien zu einem Menschentum zu führen, »das gesegnet wäre mit Segen oben vom Himmel herab und mit Segen von der Tiefe, die unten liegt«. Dieser »Roman« des Menschengeistes ist gleichzeitig auch des Dichters eigener Roman, der Mythos der Menschheits- und Geistesentwicklung, ist der ins Kosmische projizierte Mythos seines eigenen Daseins, seines eigenen Weges. Über diesen aber heißt es schon in »Von deutscher Republik«: »Keine Metamorphose des Geistes ist uns besser vertraut als die, an deren Anfang die Sympathie mit dem Tode, an deren Ende der Entschluß zum Lebensdienste steht.«

Der in der Einleitung ins Kosmische und Allgemeine gehobene Mythos konkretisiert sich an einem Stück alter Geschichte, durch deren Oberfläche aber der Geist und die Probleme unseres Tages schillern, so zum Beispiel, wenn Thomas Mann die alte ägyptische Kultur mit dem jungen starken Hebräerstamm konfrontiert. Jakob steht vor Pharao: »Sie betrachteten einander eine Weile schweigend, der luxuriöse Spätling und Gottesträumer, der sich in seiner vergoldeten Zierkapelle neugierig etwas aus der Überbequemlichkeit erhoben hatte – und Jizchaks Sohn, der Vater der Zwölfe; sie sehen einander an, umhüllt von derselben Stunde und durch Zeitalter getrennt, der uralt gekrönte Knabe kränklich bemüht, aus der aufgehäuften Gottesgelehrsamkeit von Jahrtausenden das Rosenöl einer zärtlich verschwärmten Liebesreligion zu destillieren, und der vielerfahrene Greis, dessen zeitlicher Standort am Quellenpunkt weitläufigsten Werdens war.« Ist das nicht unsere Zeit, deren Problematik sich hier wiederfindet? Der Gegensatz der dekadenten bürgerlichen Welt zu der neu heraufdämmernden sozialen Planzeit findet ein Gleichnis im Ägyptenland. Am deutlichsten wird dies in dem großen Dialog zwischen Echnaton (dem Pharao – übrigens eine recht zweifelhafte Hypothese, Echnaton gerade für den Pharao zu halten, vielleicht auch nur eine dichterische Freiheit?) und dem jungen Hebräer Joseph. In diesem Dialog konzentrieren sich wieder alle Elemente des Weltbildes Thomas Manns. Auch hier geht es um die beiden Welten, deren dialektisches Spiel den Inhalt seiner Kunst bildet. Aber nicht mehr in *einem* Menschen geraten die Gegensätze aneinander. Wie sie in *Buddenbrooks* auf sich ablösende Generationen verteilt sind, so sind die Gegensätze im *Joseph* auf sich ablösende Kulturen bezogen. Aber die Entwicklung geht in entgegengesetzter Richtung vonstatten. Die *Buddenbrooks* spiegeln den Prozeß des Verfalls, *Joseph* den eines Neubeginns.

»Die Menschen sind ein ratlos Geschlecht. Sie wissen nichts zu tun aus sich selbst«, sagt Pharao, der Gottesträumer und Verherrlicher des Sonnenlichts. »Immer ahmen sie nur die Götter nach, und je wie das Bild ist, das sie sich von ihnen machen, danach tun sie. Reinige die Gottheit, und du reinigst die Menschen.« Joseph aber ist anderer Meinung. »Was willst du machen mit Räuberkönigen? die brennen und brandschatzen?« fragte er Pharao. »Den Frieden Gottes kannst du ihnen nicht beibringen, sie sind zu dumm und zu böse dazu. Du kannst ihnen nur beibringen, indem du sie schlägst, daß sie spüren: Der Friede Gottes hat starke Hände. Bist du doch auch Gott verantwortlich und schuldig dafür, daß es auf Erden halbwegs nach seinem Willen geht und nicht ganz und gar nach den Köpfen der Mordbrenner.« An anderer Stelle, als Joseph, der Ernährer, der Verwalter der ägyptischen Kornkammern, der Agrarreformer und höchste Würdenträger nach Pharao, sich seinen Brüdern zu erkennen gibt, leuchtet in ein paar Sätzen das ganze Ethos dieses Werkes auf. »Tretet doch her zu mir«, sagte Joseph, während er selber zu ihnen trat. »Ja, ich bin's. Ich bin Joseph, euer Bruder, den ihr nach Ägypten verkauft habt, – macht euch nichts draus, es war schon recht ... Das mußte alles so sein, und Gott hat's getan, nicht ihr ... Er hat mich vor euch hergesandt, euch zum Ernährer – und hat eine schöne Rettung veranstaltet, daß ich Israel speise mitsamt den Fremden in Hungersnot. Das ist eine zwar leiblich wichtige, aber ganz einfache, praktische Sache und ist weiter kein Hosiannah dabei. Denn euer

Bruder ist kein Gottesheld und kein Bote geistlichen Heils, sondern ist nur ein Volkswirt, und daß sich eure Garben neigten vor meiner im Traum, wovon ich euch schwatzte, und sich die Sterne verbeugten, das wollte so übertrieben Großes nicht heißen, sondern nur, daß Vater und Brüder mir Dank wissen würden für leibliche Wohltat. Denn für Brot sagt man ›recht schönen Dank‹ und nicht ›Hosiannah‹. Muß aber freilich sein, das Brot. Brot kommt zuerst und dann das Hosiannah.«

Wir erfahren, daß Thomas Mann augenblicklich an einem Roman arbeitet, der wieder in der Gegenwart spielt. Nach fünfzehn Jahren langer Beschäftigung mit historischen und mythischen Stoffen (außer *Lotte in Weimar* und *Joseph* sind in den letzten Jahren noch *Die vertauschten Köpfe – eine indische Legende* – und ein Buch über Moses erschienen) schreibt Thomas Mann die fingierte Biographie eines modernen deutschen Komponisten. Bei aller Achtung, die wir dem *Joseph* gegenüber hegen, erfahren wir die Tatsache, daß der Dichter in seiner Kunst auch stofflich den drängenden Fragen unserer Zeit nicht ausweicht, mit größter Genugtuung. Denn trotz aller Lebensnähe und geistigen Aktualität, die den *Joseph* auszeichnen, ist er ein Werk, zu dem doch nur eine kleine gebildete Schicht Zugang findet.

Das gebildete deutsche Bürgertum war die Leserschaft Thomas Manns; seine verstreuten Reste sind es heute: Wenn er seit vielen Jahren vom Ende dieses Bürgertums und seiner revolutionären Überwindung spricht, so spricht er hauptsächlich zu diesem. Er ist nicht eigentlich der Prophet einer neuen Zeit, obgleich er von ihrem Kommen weiß; er ist viel eher der Behüter der positiven Werte der Vergangenheit und der Hirt der zersplitterten Reste des geistigen Deutschtums, für das er eine Brücke in die Zukunft baut und dem er den Anschluß an diese erleichtern will.

Eindeutig und unübertrefflich hat der »Bürger« 1926 seine Stellung zum Bürgertum formuliert: »Seinem Instinkt, seiner Natur folgen ganz einfach? Ja, aber nicht ›ganz einfach‹, sondern mit Vorsicht und Gerechtigkeit – mit jener Selbstkritik, die unsere bedingte Lebens- und Geistesform sich öffnen läßt dem, was wir nicht mehr sind, was nach uns kommt, der Zukunft. Man wäre nicht Schriftsteller ohne die vortastende Kritik des

Gedankens an der eigenen Form. Ein Musiker darf einfach sein, was er ist, er hat die reine Erlaubnis zur Naivität. So etwa ist Richard Strauß Repräsentant und Exponent der bürgerlichen Kultur und nichts weiter – es ist genug. Auch ich bin ›Bürger‹ – die Tête-Halter und Bescheidwisser geben es mir schimpfweise täglich zu verstehen. Aber das Wissen selbst, wie es um das Bürgerliche heute steht, bedeutet schon ein Heraustreten aus der bürgerlichen Lebensform, einen Blick auf Neues. Man unterschätzt die Selbsterkenntnis, indem man sie für müßig, für quietistisch-pietistisch hält. Niemand bleibt ganz, der er ist, indem er sich erkennt.«

Und um auf das Verhältnis des Dichters zur neuen Welt, die die bürgerliche ablösen wird, hinzuweisen, sei dieser Versuch mit folgenden Worten aus dem *Joseph* beschlossen: »Denn ein Mann, der die Macht braucht, nur weil er sie hat, gegen Recht und Verstand, der ist zum Lachen. Ist er's aber heute noch nicht, so soll er's in Zukunft sein, und wir halten's mit dieser.«

ANMERKUNG

Geschrieben 1944/45. Das Schicksal des Manuskriptes ist durchaus exiltypisch. Louis Fürnberg nahm das Manuskript, das ihm gewidmet ist und das er schätzte, nach Europa mit und ließ es dem Verleger und Maler Willy Verkauf in Wien zukommen. Dieser publizierte es versehentlich unter falschem Namen. Da infolge einer Beschädigung des Deckblattes der Vorname des Autors verloren gegangen war, erschien der erste Teil des Aufsatzes in der Zeitschrift *Erbe und Zukunft*, H. 3, 1947, unter dem Namen des bekannten, von Prag nach Palästina emigrierten Marionettenspielers Paul Loewy. Die Fortsetzung erschien zwar unter richtigem Namen 1948 in Heft 4 der Zeitschrift, der Sonderdruck aber, Ernst Loewys erste Einzelpublikation, wurde wiederum unter dem falschen Namen Paul Loewy im Verlag Willy Verkauf 1947 publiziert.

Thomas Mann und seine Zeit
(1965)

Man ist versucht, den *Faustus* als das deutscheste Werk des Dichters zu bezeichnen. In keinem seiner anderen Romane jedenfalls hat er die Erkundung dessen, was die Welt in Erstaunen, dann in Entsetzen versetzte, so weit getrieben wie in diesem Buch. Was hier vollzogen wird, das ist nicht weniger als die leidvolle Zurücknahme des Goetheschen Faust-Motivs. Das Hoffnungsprinzip, den Tenor der vorhergehenden Werke ausmachend, wird hier auf das Extremste relativiert; nur in der Kritik noch lebt die Hoffnung fort auf jene Humanität, die der Dichter als Versprechen und Möglichkeit vom frühen 19. Jahrhundert erbte und bis zu uns tradierte – und über uns hinaus tradiert – als Mahnung, als Aufruf, das Mögliche und Notwendige zu realisieren. Das deutsche Verhängnis: Es war nicht nur dieses, dem das pessimistische und scheinbar resignierte Werk sein Dasein verdankt. Verhängnisvoll schien dem Dichter die Weltlage überhaupt, die sich bereits während des Krieges in Erscheinungen der Desintegration der west-östlichen Allianz kundtat und für die Zukunft, vor allem auch für die Zukunft eines demokratischen Deutschland, unabsehbar mißliche Folgen haben mußte. Ganz im Gegensatz zu der heute im Westen vorherrschenden Auffassung war Thomas Mann weder geneigt, diese Entwicklung als unausweichlich anzusehen, noch den Sowjets allein die Schuld dafür anzulasten.

Schon 1943 schrieb Thomas Mann in sein Tagebuch, das er in seiner Schrift *Die Entstehung des Doktor Faustus, der Roman eines Romans* zitiert: »Mit den Freunden über das schlechte Verhältnis zu Rußland, die Uneinigkeit, das Mißtrauen, genährt durch das Ausbleiben einer wirklichen zweiten Front (...) Eindruck, daß es sich kaum noch um diesen Krieg, sondern um die Vorbereitung des nächsten handelt.« Dieses Gefühl durchzieht die ganze autobiographische Schrift. Voll Bitterkeit schildert Thomas Mann, wie die Epoche Roosevelts endet, jenes Mannes, von dem er immer wieder mit größter Hochachtung spricht.

»Mächtige Interessen waren am Werk, das Werk Roosevelts gründlich zu demolieren, die Reue darüber, daß man mit Rußland Deutschland geschlagen und nicht lieber Rußland mit Deutschland, zur Wut anzufachen, die Regressionsbewegung weiterzutreiben – wie weit? Bis zum Faschismus? Bis zum Krieg?«

Und Thomas Mann setzt hinzu: »Dies alles in seinen Einzelheiten verfolgt, gehörte zum Hintergrunde des Romans eines Romans.« Thomas Mann begnügte sich nicht damit, »dies alles zu verfolgen«. Er protestierte, aber er tat es in diesem Falle mit tiefer Resignation, überzeugt, daß sein »Bekenntnis vom Wogengang des Verhängnisses werde verschlungen werden«.

Erst in diesem Lichte, im Explosionsschein der Atombombe gewissermaßen, wird das Apokalytische dieses Werkes ganz verständlich.

Thomas Mann ließ sich 1952 in der Schweiz nieder; in seine Heimat ist er nur noch zu Besuchszwecken zurückgekehrt. Zu sehr fühlte er sich als Repräsentant *einer* deutschen Kultur und *eines*, wenn auch nur im Geistigen fortbestehenden deutschen Vaterlandes.

Seine beiden auseinandergerissenen Hälften entsprachen nicht seiner Vorstellung von einer geistig wirklich erneuerten, mündig gewordenen Nation. Sie hätten erst wieder zusammenwachsen müssen, dabei gewissermaßen die Demokratie und Liberalität des Westens mit dem Sozialismus des Ostens zu höherer Einheit verschmelzend, um ihm, dem Dichter Gesamtdeutschlands, wieder als Heimstatt dienen zu können.

Daß dies nicht nur nicht geschah, daß vielmehr jeder Gedanke daran für unabsehbare Zeit zur baren Fiktion wurde, mehr noch, daß das geteilte Deutschland sich ohne nennenswerten Widerstand in den Kalten Krieg hat hineinziehen lassen, muß den greisen Dichter tief bedrückt haben. Wußte er doch nur allzugut, daß, wie er sagte, »diese unglückselige Konstellation, die Spannung zwischen den beiden aus dem Kriege hervorgegangenen Großmächten, alles verdirbt, jede Verbesserung hinhält, den schlechten Elementen in Deutschland zugute kommt, die Guten schädigt und in einen defensiven Nachteil setzt, der schon wieder dem der dreißiger Jahre gleichkommt.«

O-Ton Thomas Mann: »Das Bild des heißen Krieges malt niemand sich aus. Dasjenige des chronischen kalten haben wir vor Augen und sehen, daß er zerstört, was er bewahren will: die Demokratie. Denn sie unterliegt der Versuchung, den Teufel mit Beelzebub auszutreiben und den Faschismus zum Waffengefährten zu nehmen, ihn zu stützen und wieder großzuziehen – was man nicht anderwärts in der Welt tun kann, ohne auch bei sich zu Hause seinem Ungeist zu verfallen. Aus der Tiefe der Menschenbrust löst sich heute der Schrei: Friede! Um Gottes Willen: Friede!

Die Zeit arbeitet für uns alle, wenn wir sie gewähren lassen bei ihrem Werk des Ausgleichs und der Aufhebung von Gegensätzen zu höherer Einheit, und wenn wir sie, der einzelne und die Völker, erfüllen mit der Arbeit an uns selbst. Die Zeit ist ein kostbares Geschenk, uns gegeben, damit wir in ihr klüger, besser, reifer, vollkommener werden. Sie ist der Friede selbst, und Krieg ist nichts als das wilde Verschmähen der Zeit, der Ausbruch aus ihr in sinnlose Ungeduld. Wer fünfundsiebzig Jahre dahier verbracht hat, der weiß etwas von der Gnade der Zeit und ihrer geduldigen Erfüllung. Er hat auch eine gewisse Anhänglichkeit gefaßt an diese grüne Erde, und wenn er, wie bald!, hinabsinkt in ihren Schoß, so gönnt er den Menschengeschlechtern, die droben durchs Licht ziehen, daß ihr Los nicht Elend sei und die Schmach der Vertierung, sondern Friede und Freude.«

ANMERKUNG

Schlußabschnitt einer Rundfunksendung, die der Südwestfunk am 12.8.1965, dem 10. Todestag Thomas Manns, sendete. Alle Originalzitate von Thomas Mann stammen aus der Schrift *Die Entstehung des Doktor Faustus, der Roman eines Romans*, außer dem letzten Zitat, dieses stammt aus Manns Rede »Meine Zeit« (1950).

Stefan Zweigs »Die Welt von gestern« (1945)

Geringes Bedauern überkommt uns heute bei dem Gedanken, daß zu den Opfern der Nazibarbarei die Klasse des deutschen Bürgertums zählt. War es doch gerade diese Schicht, deren tonangebender Teil Hitlers »Kampf gegen den Bolschewismus« aus innerstem Herzen unterstützt und seinen braunen Horden die Munition und Ideologie geliefert hat, während ihr übriger Teil, der dahinschmelzende Rest einer liberalen Vergangenheit, es nicht vermochte, ihm einen ernsthaften Widerstand entgegenzusetzen. Junge Menschen von heute haben, wenn sie an das deutsche Bürgertum denken, vor allem diese Dinge im Sinn. Sein letztes, selbstmörderisches Stadium war das einzige, das sie noch selbst gekannt und in der Schule vielleicht erlitten haben.

Da ist nun ein Buch erschienen, *Die Welt von gestern* betitelt, das diesem Bürgertum erfreulichere Seiten abzugewinnen weiß. Kein Geringerer als Stefan Zweig hat es kurz vor seinem freiwilligen Tode geschrieben. Mehr Sittenbild als Autobiographie schildert es die Zeit von der Jahrhundertwende bis zum Beginn des Zweiten Weltkriegs. Genauer gesagt: Es schildert die bürgerliche Kultur dieser Zeit, eine untergehende Kultur, die ihr Repräsentant Stefan Zweig nicht überleben wollte. Der Dichter ist mit seiner Zeit und seiner Klasse zugrunde gegangen; vorher aber schenkt er der Welt noch ein so schönes und stellenweise bedeutendes Buch, dem gegenüber wir zwar von Seite zu Seite größere Distanz und strengere Kritik gewinnen, das uns aber dennoch in einen Bann zieht, dessen wir uns nicht zu schämen brauchen.

Denn schließlich war die deutsche bürgerliche Kultur auch dieses Jahrhunderts noch von achtunggebietendem Format. In ihrem letzten Stadium erlebte sie eine psychologische Verfeinerung ohne Beispiel, und, wenn auch auf schwachem Grunde stehend, erzeugte sie köstliche Früchte. Von diesen Früchten weiß Stefan Zweig zu erzählen; und er tut es mit einer Eindringlichkeit und Plastizität, die ihresgleichen sucht. Ganz die Größe und das Niveau, die Menschlichkeit und den Charme dieser Kultur auskostend, aber auch ganz in ihren Schwächen und Grenzen befangen, schildert er uns einen Ausschnitt ihres gesellschaftlichen und künstlerischen Lebens. Er erzählt von den Werken der Kunst und des Geistes, die sie hervorgebracht hat, von den Persönlichkeiten, die an ihrem Aufbau mitgewirkt haben. Eine Fülle von kurzen, prägnanten, mit sicherer Hand gezeichneten Porträts ist über das Buch verstreut, und bestünde es nur aus diesen, so wäre es schon der Lektüre wert. Hugo von Hofmannsthal, Rilke, Romain Rolland, Maxim Gorki, Frans Masereel, Toscanini, Richard Strauß, Sigmund Freud – um von vielen einige zu nennen – sind in eindrucksvollen Skizzen festgehalten. Voll Bewunderung sind diese Bilder der Großen gezeichnet, neidlose Verehrung spricht aus ihnen. Stefan Zweig fühlte sich weit eher als ein Diener am geistigen Gute denn als origineller Gestalter. Ein Blick auf die Liste seiner Werke läßt ihn ja auch vor allem als Biographen und Essayisten erscheinen.

So ersteht ein Bild der bürgerlichen Kultur, das junge Menschen staunend betrachten, während es in älteren, die sie noch in dieser, ihrer letzten Blüte erlebt haben, wehmütige Erinnerungen wachrufen mag. Aber liegt nicht darin eine Gefahr, wenn ein Bürger, ein Nichts-als-Bürger dieses Bürgertum schildert, und eine um so größere, wenn es sich um einen so bedeutenden und brillanten Schriftsteller handelt? Muß dann nicht zwangsläufig eine Apologie werden, was an sich nur als ehrliche, wahrheitsgetreue Schilderung gedacht war? Dieses Buch aber ist weder eine Apologie noch eine Anklage. Zweifellos enthält es so etwas wie die Sehnsucht nach der »guten alten Zeit«, und diese rückwärtsgerichtete Betrachtungsweise verleiht ihm einen eigenartigen Schmelz. Dennoch liegt seinem Verfasser jede politische oder gar demagogische

Absicht fern; ihn beseelt nur der Wunsch, die Welt von gestern wieder in einem Bilde heraufzubeschwören. Nachdem er ihren Fall erlebt, resigniert zugesehen, wie der Faschismus sie in seinen vernichtenden Strudel gerissen hat, zeigt Stefan Zweig die Höhe, die sie einst erklommen hatte.

Vor allem ist es das Niveau, dem immer wieder seine Bewunderung gilt, das Erlesene dieser bürgerlichen Kultur. Über der formalen Höhe, die sie erreicht hatte, übersieht er aber die brüchigen Grundlagen, auf der sie stand. Wir sind überrascht und vielleicht peinlich berührt von seiner Ahnungslosigkeit gegenüber den Kräften, die die Geschichte bewegen. Er sieht nur ihre Oberfläche, eine bestechende Oberfläche, soweit es sich um die bürgerliche Kultur von gestern handelt. Zwar weiß er, daß diese bürgerliche Kultur eine ökonomische Sicherheit zur Voraussetzung hatte, und er schildert sie in seinem ersten Kapitel. Er selbst hat diese Zeit der Sicherheit nur noch in ihren letzten Ausläufern erlebt. Der Prozeß ihres Zusammenbruchs war ein allmählicher, und Zweig tut recht daran, seinen Beginn mit dem Aufstieg der Sozialdemokratie gleichzusetzen. Aber während in Wirklichkeit das wachsende Emanzipationsbestreben der Arbeiterschaft das entscheidende Merkmal der Zeit war und eine kommende Weltwende ankündigte, bleibt es für Zweig nur ein Symptom unter vielen für den Zusammenbruch der »Welt der Sicherheit«. Ein anderes Symptom, das ihn persönlich viel mehr berührte, war die schon von Nietzsche prophezeite »Umwertung aller Werte« in der Kunst. Seine Jugend fällt in die Zeit des Suchens nach neuen künstlerischen Ausdrucksformen, das seinen Niederschlag in einem esoterischen Ästhetizismus, Psychologismus und später in der Stilbewegung des Expressionismus gefunden hat. Stefan Zweig kommt aus Wien, aus dem Kreise Schnitzlers, Hofmannsthals, Beer-Hofmanns, Hermann Bahrs, dem auch der Feuilletonredakteur der *Neuen Freien Presse*, Theodor Herzl, angehörte. Unter dem Einfluß der zeitgenössischen französischen Literatur (mit deren prominentesten Vertretern er in Paris persönlich Freundschaft schließt) und mehr noch unter dem Eindruck des Krieges gelangt er zu einer kritischen Einstellung gegenüber dem Kunstideal des reinen

Ästhetizismus. Er will dem »elfenbeinernen Turm« seiner Jugend den Rücken kehren. Doch, obgleich Pazifist, »Bürger einer geträumten Weltrepublik«, wie er sich bezeichnet, kommt er nie über eine utopistisch-idealistische Stellungnahme zum Problem des Krieges hinaus. Nie findet er – im Gegensatz etwa zu Romain Rolland, Frans Masereel, Henri Barbusse, mit denen ihn eine intime Freundschaft verbindet – den Anschluß an die Kräfte, die die Welt wirklich umzugestalten imstande sind. Seine Betrachtungsweise ist undialektisch; das wird schon auf den ersten Seiten des Buches deutlich, auf denen er, in völliger Ignoranz der Klassengegensätze, die Sicherheit der *bürgerlichen* Welt auf das Gesellschaftsganze überträgt. So sieht er auch später unter der Oberfläche des um sich greifenden Faschismus nicht die Kräfte, die diesen unter Umständen schon damals hätten zu Fall bringen können. Zweig kennt nur den abstrakten »Menschen« und gelangt nicht zu der Einsicht, daß der gute Wille des einzelnen nicht ausreicht, eine Katastrophe wie den Krieg zu verhüten, wenn die gesellschaftlichen Verhältnisse dahin treiben. Immer wieder beteuert er, unpolitisch zu sein; und das wäre beinahe rührend, wenn diese für die bürgerliche Kunst typische Einstellung sich nicht häufig zu einer so tragischen Verständnislosigkeit gegenüber den drängenden Fragen der Gegenwart entwickelt hätte. Es gelingt Stefan Zweig nicht, die Ideologie des »elfenbeinernen Turmes« ganz zu überwinden, er kommt aus der esoterischen Kulturauffassung nie wirklich heraus. Die gleiche Schwäche ist ja überhaupt für diese Epoche der deutschen bürgerlichen Kultur bezeichnend. Ihre Gesellschaftskritik bleibt meist an der Oberfläche, sie dringt nicht bis an die Ursache der sozialen Erschütterungen.

Eine apolitische Haltung dieser Art muß natürlich zu peinlichen Fehlurteilen führen. So lesen wir beispielsweise: »Die Russen, die Deutschen, die Spanier, sie alle wissen nicht mehr, wieviel an Freiheit und Freude der herzlos gefräßige Popanz des ›Staates‹ ihnen aus dem Mark der innersten Seele gesogen.« Die Russen, die Deutschen, die Spanier – es gehört schon eine außerordentliche Verständnislosigkeit dazu, im Jahr 1940 nicht zwischen dem Sowjetsystem und den faschistischen Diktaturen unterscheiden zu können. Noch eigenartiger wirkt sich das apolitische Denken Stefan Zweigs in seiner Haltung kurz vor dem Zweiten Weltkrieg aus. Er hatte den Aufstieg des Nazismus mitangesehen und gab sich keinen Illusionen über Hitlers »letzte territoriale Forderungen« hin. Er ahnte deutlich das Unheil, das der Welt durch Hitler drohte. Dennoch wollte er seine Stimme nicht erheben; er lebte damals in England und glaubte, daß er »hier als Fremder«, als geduldeter Gast nicht warnen durfte. – »Ich lebte«, heißt es in seinem Buche, »in all diesen Jahren des Exils von allem Freimütig-Gesellschaftlichen ausgeschaltet durch den Wahn, ich dürfe in einem fremden Lande nicht mitsprechen, wenn man die Zeit diskutierte.« Nichts aber zeigte deutlicher den Fatalismus, zu dem der Dichter zwangsläufig gelangte, als die folgenden Sätze, die von der gleichen Zeit berichten: »Nie in meinem Leben hatte ich die Ohnmacht des Menschen gegen das Weltgeschehen grausamer empfunden. Da war man, ein wacher, denkender, abseits von allem Politischen wirkender Mensch, seiner Arbeit verschworen und baute still und beharrlich daran, seine Jahre in Werk zu verwandeln. Und da waren irgendwo im Unsichtbaren ein Dutzend anderer Menschen, die man nicht kannte und die man nie gesehen, und diese zehn oder zwanzig Menschen, von denen die wenigsten bisher besondere Klugheit oder Geschicklichkeit bewiesen, sprachen und schrieben und telefonierten und paktierten über Dinge, die man nicht wußte. Sie faßten Entschlüsse, an denen man nicht teilhatte ... In ihren Händen und nicht in meinen lag jetzt mein Geschick. Sie zerstörten oder schonten uns Machtlose, sie ließen Freiheit oder zwangen in Knechtschaft, sie bestimmten für Millionen Krieg oder Frieden.«

Wieder ist es der abstrakte »Mensch«, von dem hier die Rede ist. Hatte Stefan Zweig noch während des Ersten Weltkrieges an die Fähigkeit des »Menschen« geglaubt, durch guten Willen der Katastrophe ein Ende zu machen, so hat er inzwischen jeden Glauben an ihn verloren. Er hält ihn für machtlos und unfähig, in die Geschichte einzugreifen. Aber der Mensch ist weder allmächtig noch machtlos – auch nicht der Dichter. Sein Wort kann ungehört verhallen, wenn es in die falschen Ohren gelangt. Es kann aber ein tausendfältiges Echo finden, wenn es zu denen gesprochen wird, die, auch unter eigenen Opfern, bereit sind, es in die Tat umzusetzen. Nicht der abstrakte »Mensch« verhindert den Krieg oder beschwört ihn herauf, sondern konkrete Gruppen von Menschen, die an seiner Führung oder Verhinderung interessiert sind.

Die Erkenntnis des dialektischen Charakters der Gesellschaft und der Geschichte hätte Zweig vielleicht zum Anschluß an die umgestaltenden Kräfte der Zeit verholfen. Anstatt aber den Weg eines Thomas Mann zu gehen, verliert er sich in das Gefühl einer völligen Isoliertheit. Er bleibt in Hamlets Dilemma befangen:

> Die Welt ist aus den Fugen, Schmach und Gram!
> Daß ich zur Welt, sie einzurichten, kam.

In einem Satze macht er dies auf erschütternde Weise deutlich. Er spricht über seine Erasmus-Biographie, die er »eine verschleierte Selbstdarstellung« nennt: »Ich las die Korrekturbogen meines Erasmusbuches, in dem ich ein geistiges Porträt des Humanisten versucht, der, obwohl klarer den Widersinn der Zeit verstehend als die professionellen Weltverbesserer, tragischerweise doch nicht imstande war, mit all seiner Vernunft ihm in den Weg zu treten.« Und so machte Stefan Zweig seinem Leben freiwillig ein Ende, als die Zeit ihre finstersten Schatten geworfen hatte, da er den Anbruch eines neuen Tages nicht sah.

Für sein Buch aber, das die Schwächen und Schönheiten des vergangenen, des gestrigen Tages so deutlich macht und so glänzend beleuchtet, wird man dem Dichter dankbar sein.

ANMERKUNGEN

»Exil pur«, gewissermaßen, verkörpert auch dieses Manuskript. Stefan Zweigs *Die Welt von gestern*, eine der großen Autobiographien des Exils, erschien 1942 bei Bermann-Fischer in Stockholm und war drei Jahre lang unterwegs, bis sie Mitte

1945 bei dem 25jährigen Rezensenten in Palästina ankam, der in einer Anmerkung notierte, das Buch sei »jetzt« erschienen. Veröffentlichen konnte er diesen frühen literaturkritischen Versuch nicht, denn die großen Exilzeitschriften existierten schon nicht mehr, einen Verleger fand er nicht. Exiltypisch ist auch die widersprüchliche Haltung des Rezensenten. Er genießt den eigenartig schönen »Schmelz« der »Welt von gestern«, die ihm spürbar vertraut ist, und rügt den Autor um so härter als Ästheten. Unter dem Druck der schrecklichen Gegenwart mahnt er seine politische Sicht der Welt an und sieht kaum, daß Stefan Zweig in vieler Hinsicht die Zustände Europas und der Welt genauer erkannt und schonungsloser aufgedeckt hat, als manch ein »professioneller Weltverbesserer«.

Franz Werfels »Lied von Bernadette« (1944)

»Ein Volk ist der Umschweif der Natur, um zu sechs, sieben großen Männern zu kommen.« Diesen Ausspruch Nietzsches findet man – ein wenig variiert – in Werfels neuem Buch *Das Lied von Bernadette* wieder, in dem ein Dichter sagt: »Wenn die Menschheit überhaupt einen Zweck besitzt, so nur diesen einzigen, das Genie hervorzubringen, das außerordentliche Wesen. Die Massen mögen leben, leiden und sterben dafür, daß von Zeit zu Zeit ein Homer entstehe, ein Raffael, ein Voltaire ...«

Die weltanschauliche Konzeption des Buches ist dieser Ideologie nah verwandt. Es ist das Außerordentliche, das Einmalige, das »Wunder«, das Werfel in der Gestalt der Seherin von Lourdes darzustellen versucht und für das er, dabei alle ihm zur Verfügung stehenden Register ziehend, wirbt. Daß dieses Außerordentliche, Wunderbare durch den Heiligenschein katholischer Mystik glorifiziert wird, ist durch den Stoff bedingt. Es hieße jedoch, die Absicht des Dichters zu verkennen, würde man in diesem Buche nur »Katholisches« sehen. Wesentlich in ihm ist das Religiöse an sich, die Sehnsucht nach einer schöneren Welt, ganz gleich, ob diese das katholische Jenseits oder eine ästhetische Vision ist. Für das Mädchen Bernadette jedenfalls war diese schönere Welt, die es in seinen Halluzinationen sah, durchaus nicht der katholische Himmel. Die »Dame«, die in seinen Visionen erschien, war keineswegs die Heilige Jungfrau, wenn auch der Klerus die Identität der beiden »nachwies«.

Bernadette Soubirous erzählt ihre Begegnungen mit der »Dame« in folgenden schlichten Worten: »Meine Eltern schickten uns einmal im Winter Dürrlinge suchen, meine Schwester Marie und mich, und noch eine, sie hieß Jeanne Abadie. Marie und Jeanne ließen mich auf der Chalet Insel allein, am Mühlbach, gegenüber der Grotte: Und da stand auf einmal eine sehr schöne Dame in einem Felsloch oben und war ganz herrlich gekleidet. Und ich sagte es später Marie und Jeanne, und dann auch meiner Mutter. Meine Mutter aber verbot mir, wieder dorthin zu gehen. Aber ich ging doch wieder dorthin. Und die Dame war immer da, so oft ich kam. Und beim drittenmal sprach sie mit mir und bat mich, fünfzehn Tage hintereinander dorthin zu kommen. Und ich kam fünfzehn Tage hintereinander dorthin, und die Dame blieb nur zweimal weg, und das war an einem Montag und an einem Freitag. Am dritten Donnerstag befahl sie mir, mich in der Quelle zu waschen und auch zu trinken. Es war aber gar keine Quelle da, sondern erst am zweiten Tag floß die Quelle aus dem kleinen Loch, das ich rechts im Winkel gegraben hatte. Nach den fünfzehn Tagen kam die Dame noch einmal zu mir. Das letzte Mal ging sie weg aus der Grotte, und ich habe sie nicht mehr gesehen.«

Das, was Werfel in seinem Roman schildert, ist nun »weniger die kleine Visionärin, als die große Menge, die ihr nachfolgte«.

Bernadette wurde auf ihren Gängen zur Grotte zuerst von wenigen, später von einer ganzen Volksmenge begleitet. Ihre Visionen haben sich auf die Masse übertragen, die an der seligen Verzückung der Seherin teilnahm. Die Quelle aber, die Bernadette entdeckt hatte, wurde zu einer »Gnadenquelle« der Heilungen, zu der bald Hunderttausende von Leidenden pilgern sollten, und machte Lourdes zu einem berühmten Wallfahrtsort.

All das schildert Werfel in einer durchaus realistischen Weise, die keine Zweifel an der Wahrheit des Geschilderten aufkommen läßt. Mit einer brillanten Technik baut er vor den Augen des Lesers das ganze Getriebe dieser französischen Kleinstadt auf, mit ihren Bürgern, Bauern, Arbeitern, Priestern, Nonnen und Intellektuellen. Im Mittelpunkt steht Bernadette, deren Erlebnis von all den verschiedenen Menschen wie in verschiedenen Spiegeln aufgefangen und verarbeitet wird. Da ist die Volksmenge, die an ihre Visionen wie an religiöse Mysterien, wie an Offenbarungen des Jenseits glaubt; da ist die Kirche, die sich diesem Glauben zunächst widersetzt und ihn doch später sanktioniert und Bernadette posthum zur Heiligen erklärt; da sind Geschäftsleute, die in der ganzen Sache nicht mehr als ein gutes Geschäft sehen und aus der Prosperität des von Fremden überfluteten Wallfahrtsortes ihre guten Profite ziehen. Da sind schließlich die Skeptiker, die an nichts glauben und dennoch von Bernadette wie von einer unvergleichlichen Künstlerin fasziniert sind. Und nicht nur die kleine Provinzstadt Lourdes erscheint vor des Lesers Augen. Die Ereignisse erwecken Widerhall in ganz Frankreich. Parteien und Diplomaten entscheiden sich pro und contra Bernadette. Die Konservativen nützen die Gefühle der Masse für ihre Zwecke aus. Die Liberalen laufen gegen die Ereignisse Sturm, jedoch ohne Erfolg. In einer glänzend gestalteten Szene sieht man sogar den dritten Napoleon, der Lourdes in seine diplomatischen Ränke mit einkalkulieren muß.

Kurzum, die »Dame« der Bernadette erscheint in allen möglichen Variationen. Die Kirche und die Gläubigen sehen in ihr die Heilige Jungfrau, die künstlerischen Schwärmer ein »Gedicht«, die Skeptiker eine Halluzination, die aber auch sie fasziniert. Für den geschäftstüchtigen Bürgermeister von Lourdes ist sie – eine zugkräftige Reklame. Immer aber bleibt sie für Werfel ein anbetungswürdiges Mysterium, ein »Wunder«, das er in allen Tonarten menschlicher Sehnsucht besingt.

»In unserem Jahrhundert sterben die Götter«, läßt Werfel den Dichter Lafite sagen. »Es erfordert einige Kraft, den Tod der Götter zu überstehen, ohne auf Götzen hereinzufallen. Ich weiß genau, daß der Mystizismus eine der schönsten menschlichen Kräfte ist, der in keinem Zeitalter ganz und gar verschwinden kann.« Für diesen Mystizismus zu werben, sieht Werfel heute als seine Aufgabe an, und er erfüllt sie auf eine wahrlich meisterhafte Weise, indem er tausend Türen und Türchen öffnet, durch die er ihn in die menschliche Seele gelangen läßt. Er läßt ihn in allen Farben schillern, in allen Tönen erklingen; er kleidet ihn in ein theologisches Gewand und versucht, ihn psychoanalytisch zu durchleuchten. Er will ihn für jeden Gaumen schmackhaft zubereiten. Wem er in der einen Form nicht paßt, mag ihn dennoch in einer anderen anerkennen. Wer an die objektive Existenz von Göttern nicht glaubt, muß ihre subjektive Existenz nicht leugnen. Wem das klerikale Gewand des Wunders nicht gefällt, kann es in ein künstlerisches kleiden. »Religion ist eine volkstümliche Vorform der Poesie (...). Die Religion des neunzehnten Jahrhunderts ist die Kunst.«

Die Religion des zwanzigsten Jahrhunderts aber ist der Faschismus — das ist eine Wahrheit, die Werfel scheinbar nicht weiß. Wüßte er sie, dann würde er wahrscheinlich mit weniger Emphase gerade dem Irrationalen huldigen. Werfel gehört zu jenen unverbesserlichen Dichtern des bürgerlichen Zeitalters, die aus der Not dieser Zeit keinen anderen Ausweg sehen, als ein naives »Zurück zur Natur« oder »Zu Gott«, die sich zu einer Zeit in einen Traum flüchten (was man verzeihen kann) und für diesen Traum Reklame machen (was heute nicht verziehen werden darf), in der die Menschheit in einem Ausmaße wie nie zuvor um die Bewältigung des Wirklichen ringt. Er gehört zu denen, die noch heute — bewußt oder unbewußt — an Nietzsches Ideologie des »Außerordentlichen« haften, an einer Ideologie, die nicht zufällig von Goebbels und Rosenberg in Anspruch genommen wird. Es ist geradezu grotesk (und nur bei Werfel nicht erstaunlich), daß ein Mann, der mit knapper Not den Fängen der Gestapo entronnen ist, mit solchem Nachdruck einen seelischen Mechanismus preist, der ja nicht nur vor dem Mysteriösen und »Außerordentlichen« in Traum, Religion und Kunst »erstirbt«, sondern auch jede Unterwerfung, jeden Kastengeist, jede Herren- und Sklavenmoral willig akzeptiert. Nicht für das Mädchen Bernadette, auch nicht für den Dichter Werfel, aber für die Gefolgschaft beider ist es gar nicht so weit von der Anbetung der »Dame« bis zur Verherrlichung der »blonden Bestie«, von den Herrlichkeiten des Himmels, die ihr eine Somnambule (oder ein schwärmerischer Dichter) vorgaukelt, zu handgreiflicheren Herrlichkeiten — beispielsweise der Ukraine, auf die der Psychopath Hitler das deutsche Lumpenproletariat lüstern machte. Man vertausche bloß die Figuren, stelle Herrn Schicklgruber vor die Höhle von Lourdes, lasse ihn vor einem Teufel in die Knie sinken, und – wir haben Ähnliches erlebt! – dem Teufel wäre es ein Leichtes, das Volk zu bewegen, sich »gesundzustoßen«, und nicht nur an Quellwasser. Übrigens muß man nicht gerade Herrn Schicklgruber und den Teufel herbeizitieren; wir können Friedrich Barbarossa aus dem Kyffhäuser oder manchen anderen Greis aus seinem Grabe holen, um uns ihre Visionen vom »Heiligen Lande« demonstrieren zu lassen. Die Masse fällt auf dergleichen gerne herein, und heute – da sie es mit ihrer Mystik bis zur schauerlichsten Konsequenz getrieben hat – stellt Werfel mit Behagen fest, daß der »Mystizismus eine der schönsten menschlichen Kräfte ist, der in keinem Zeitalter ganz und gar verschwinden kann«.

Es ist nicht unsere Aufgabe, hier über den Wert und Unwert von Romantik und Mystik im allgemeinen zu diskutieren. Niemand (außer Herrn Werfel) wird uns eines wüsten Materialismus beschuldigen, wenn wir in unserer Zeit, die des »Außerordentlichen« satt ist, für das Einfache und Schlichte, für das »Banale« und Menschliche, für Vernunft und Aufklärung eintreten, wenn wir es ablehnen, daß die Massen von der Mystik beherrscht werden und die Anweisungen für ihre Handlungen aus dem »Jenseits« beziehen. Niemand (außer Herrn Werfel) wird uns deshalb einen »Tropf der Aufklärung« schimpfen. Wir mögen mit Werfel für das Mädchen Bernadette Sympathie und Mitleid, vielleicht Bewunderung empfinden. Vielleicht war es anbetungswürdig wie die »Dame«, die es in seinen Visionen erschaute.

Wenn Werfel aber dieses Kind, seine Visionen und seine Wirkung auf die Menschen zum Anlaß nimmt, um der Welt seine mystisch-religiöse Weltanschauung aufzudrängen, den Mystizismus à tout prix an den Mann zu bringen, so hilft er damit nur dem Faschismus.

Karl Kraus sagte – es war 1917! –, daß es die »eigenste lyrische Note des Franz Werfel (ist), daß er das Kindheitserlebnis (...) über die Altersgrenze hinaus hätschelt«, und daß er, Karl Kraus, nicht imstande sei, »dem Aufschwung des Dichtes aus dem Kinderpark in den Kosmos bewundernd nachzublicken, sondern im Gegenteil auch hierin nur eine Kinderei erblickt habe«.

Diese Kritik hat an Geltung eher gewonnen denn verloren.

ANMERKUNG

Werfels »Lied von Bernadette«. In: *Chug. Kreis der Bücherfreunde,* »Lepac«, Levant Publishing Co. Ltd. Tel Aviv, Haifa, Jerusalem, »Interne Ausgabe für unsere deutschsprechenden Abonnenten«, Sept./Okt. 1944 (s. S. 55). Nachgedruckt in *Doch die Sprache bleibt – Eine Prosa-Anthologie des PEN-Zentrums deutschsprachiger Autoren im Ausland,* hg. von Ilse R. Wolff, Bleicher Verlag, Gerlingen 1990, S. 251 f. Werfel nannte dieses Buch, das zwar »ein Roman, aber keine Fiktion« sei, »ein erfülltes Gelübde«. Im Juni 1940, als er auf seiner Flucht vor den deutschen Truppen in Lourdes Obdach fand, gelobte er, im Falle seiner Rettung »die wundersame Geschichte des Mädchens Bernadette Soubirous und die wundersamen Tatsachen der Heilungen von Lourdes« zu »singen«. Der Roman wurde in Los Angeles geschrieben und erschien 1941 in Stockholm.

Franz Werfels »Les Deux Allemagnes« (1943)

1.

Kurz vor Beginn dieses Krieges war das Problem »Les Deux Allemagnes«, die Frage »Gibt es zwei Deutschland?« Gegenstand heftigster Debatten in der französischen Presse. Die Frage nach dem »anderen Deutschland«, das durch den Faschismus zum Tode oder zum Schweigen verurteilt war, hatte zwar auch in den vorangegangenen Jahren die Gemüter beschäftigt. Nun aber, da der Krieg zur Gewißheit geworden war, verband sie sich mit einer anderen: »Was soll mit Deutschland geschehen, wenn es den Krieg verloren hat, und gibt es Kräfte (und welcher Art sind sie), die Deutschland nach dem Zusammenbruch des Faschismus in eine freiere Zukunft führen können?«

Die Hauptwortführer und Gegner in dieser Diskussion waren der Sozialdemokrat Léon Blum und Henri de Kérillis, Redakteur der *Époque*. Während Blum fest an die Existenz eines anderen, humanistischen und demokratischen Deutschland glaubte, das nach der zu erwartenden Revolution neu erstehen wird, nahm de Kérillis einen Standpunkt ein, den wir heute vansittartistisch nennen würden und in dem wir nichts Besseres sehen können als einen Faschismus unter anderer Fahne. Die Ansicht de Kérillis' und später Vansittarts (der damals noch Mitglied der Anglo-German Fellowship war) ging dahin, daß Deutschland an sich schlecht sei, unfähig Demokratie und Freiheit zu entwickeln und deshalb in einem neuen Europa nicht anders als ein gefesseltes Untier zu behandeln sei.

Aber nicht diese Auseinandersetzung ist es, wovon hier die Rede sein soll, als vielmehr eine der letzten Äußerungen, die das Problem von einer ganz anderen Seite anschneidet. Franz Werfel schreibt in einem Artikel im *Neuen Tage-Buch*, den er einen »Beitrag zu einer tragischen Diskussion« nennt: »Auf die Frage ›Gibt es zwei Deutschland?‹ gibt uns die Geschichte selbst eine klare und einfache Antwort. Es hat einmal ein anderes, supranationales, universalistisches Deutschland bestanden, zum mindesten der Idee und Anlage nach. Der Gegensatz hieß freilich nicht Potsdam und Weimar, wie uns ein neudeutsches Bildungsphilisterium weismachen will. Weimar war und ist eine norddeutsche Stadt, jenseits des Limes, und als solche der preußischen Gravitation ausgeliefert. Der humanistische Klassizismus der Herder, Lessing, Goethe, Schiller ist kein antithetisches, sondern nur ein paradoxes Abfallprodukt des nationalen Aufstiegs unter Preußens Führung. Er gehört mithin, so europäisch-mediterran auch seine köstlichsten Früchte schmekken mögen, der feindlichen Schlachtordnung an. Gefährlich ist es, sich darüber zu täuschen und ein zweites Mal an diesen hochwertigen, aber falschen Bundesgenossen die gute Glaubenskraft zu verschwenden. Er kann niemals die Rolle des gegen das Nationalgift immunen Mungos spielen, das der preußischen Kobra den Kopf abbeißt.

Kein historisch denkender und fühlender Mensch wird leugnen können, daß der einzig wirkliche und produktive Gegensatz zu Preußen in den letzten zwei Jahrhunderten ausschließlich in dem ehemaligen (supranationalen, völkerverbindenden) Österreich lag. Zwischen beiden herrschte das Prinzip der Waage. War die eine Schale oben, mußte die andere nach unten sinken. Tragische Verkettung der blinden Torheit und der noch blinderen Schuld! Frankreich selbst war es, das sein Gewicht zugunsten Preußens auf die Waagschale warf und Österreich schwächte. Im Jahre 1866 fiel die unheilvolle Entscheidung. Das westliche Europa ebnete der preußischen Militärmonarchie den Weg, die, weil sie schon damals total und zynisch war, für sich die Ehre in Anspruch nahm, aufgeklärt zu sein. So wurden die alten Kulturmächte zum Geburtshelfer jenes Pangermanismus, der ihnen heute auf der Brust kniet. Der dritte Napoleon beging den grauenhaften Fehler, nein die unausdenkbare Tollheit, Österreich an Bismarck auszuliefern. Schon wenige Jahre später blieb diesem lachenden Dritten das Gelächter in der Kehle stecken. Aber was half es? Nach Königgrätz war das europäische Gleichgewicht zerschlagen, das andere, universalistische Deutschland erledigt und das polynationle Ost-Reich dem groß-preußischen Sultanat tributpflichtig geworden.«

2.

Seit jener »tragischen Diskussion« über die »beiden Deutschland« sind mehr als vier Jahre vergangen. Das Problem, das damals mehr von akademischem als von praktisch-politischem Interesse war, steht heute im Brennpunkt der Diskussion. Lösungen von der Art der de Kérillis' und Vansittarts sind wohl mehr oder weniger ad acta gelegt (was nicht bedeutet, daß man sie nicht doch vielleicht eines schönen Tages wieder hervorkramt). An das bürgerlich-demokratische, liberale Weimar als einen ernstzunehmenden Gegensatz zum preußischen Nationalismus und Faschismus glaubt sowieso niemand mehr als vielleicht ein paar verstaubte Literaten und Lords, die nicht wissen, welches Jahr wir schreiben. Aber der Gegensatz Preußen – Österreich steht immerhin auf der Tagesordnung und wird mit jedem Schlage, mit dem die Rote Armee die faschistischen Eindringlinge nach Westen treibt, unheilverkündender für das Dritte Reich. Heute, nach den Beschlüssen der Moskauer Konferenz, wird Hitler nicht mehr daran zweifeln, daß dieser Gegensatz für ihn zu einem Wolkenbruch werden kann, der die unausbleibliche Sintflut nach sich zieht.

Der österreichische und der preußische Volkscharakter, bei Werfel kurz skizziert, wird in zwei Studien von Ernst Fischer (»Über österreichischen Volkscharakter«) und Georg Lukács (»Über Preußentum«) im Mai- und Juni-Heft der *Internationalen Literatur* eingehend analysiert; und es besteht kein Zweifel daran, daß die gründliche Beschäftigung mit dieser Frage (zu der die *I. L.* in den letzten Heften noch anderes Material geliefert hat, wie z. B. Marx' und Engels' Aussprüche über das reaktionäre Preußentum) die Tendenz hat, das österreichische Unabhängigkeitsgefühl zu wecken und zu stärken.

Fischer sieht den österreichischen Volkscharakter vor allem in einer gewissen »Natürlichkeit«, im lebhaften aufgeschlossenen Wesen, in dem Bedürfnis nach persönlicher Freiheit und Zwanglosigkeit, in dem Abscheu vor jedem Drill und Strammstehen, vor jedem blinden Gehorsam und jedem tyrannischen Führerprinzip, in der tiefen Respektlosigkeit vor angemaßter Autorität, im Mangel an nationalistischer Rechthaberei, in dem Bekenntnis zu dem Grundsatz »Leben und leben lassen«, allerdings auch in einer gewissen Charakterlosigkeit, in einem Ausweichen vor Entscheidungen und im Vertrauen auf ein »Hintertürl«, das einem aus bösen Situationen heraushilft. Die geschichtlichen Wurzeln aber dieses Wesens sieht er in der jahrhundertelangen Schicksalsgemeinschaft verschiedener Völker (Slawen, Ungarn, Österreicher), die eine Erziehung zum Krieg und zum nationalen Chauvinismus und damit auch zur Autoritätsanbetung und »Herrenmoral« weitgehend unmöglich machte.

Wäre die Geschichte anders verlaufen, »hätte in jenem schicksalsvollen Kriege«, hieß es bei Werfel, »zwischen Friedrich und Maria Theresia die letztere gesiegt, so wäre durch die siegreiche slawisch-romanische Gravitation Österreichs die Entstehung des preußischen Kasernenhofmenschen verhindert oder wenigstens in hohem Maße gemildert worden. Die Mehrheit der Deutschen bestünde nicht aus ›ungebrochenen‹ Feldwebelcharakteren, sondern aus glücklicherweise sehr ›gebrochenen‹ Österreichern, aus behaglich skeptischen Weltfreunden, die nicht von krampfigen Pflichtgefühlen bersten, sondern den Wein des Lebens mit heiterem Vergänglichkeitsbewußtsein und wehmütigem Verstande schlürfen, und der Deutsche würde sich zu einem gelassenen, lebensfreudigen Europäer entwickelt haben.«

Die Geschichte aber hat einen anderen Weg eingeschlagen, und so machte Werfel den Vorschlag zur Gründung einer föderalistischen österreichisch-slawisch-ungarischen Ostunion, die den »mächtigen Gravitationssystemen Groß-Preußens und (!) Rußlands Widerstand leisten kann«. Auch dieser Plan ist inzwischen gegenstandslos geworden; wir wollen nur hoffen, daß auch Werfel inzwischen die törichte Angst vor dem Kommunismus verloren hat und wenigstens Rußland gegenüber eine solche Ostunion nicht mehr für notwendig hält.

Rußland selber jedenfalls würde eine solche Föderation nicht dulden; aber sein Wille, die preußische Hegemonie zu brechen, steht demjenigen Werfels bestimmt in nichts nach. Die Erklärung der Unabhängigkeit Österreichs aber ist ein wichtiger Schritt in dieser Richtung.

3.

Mit der Neukonstituierung Österreichs nach dem Krieg wird natürlich das Problem der Zukunftsgestaltung Deutschlands nicht gelöst sein; und die Frage nach den »beiden Deutschland« wird dann – nur auf ein kleineres Gebiet bezogen – von neuem gestellt werden müssen.

Natürlich ist dieses andere Deutschland *in* Deutschland zu suchen; und hier ist es nun am Platze, vor einer Überschätzung des Begriffes Volk und Volkscharakter zu warnen. Trotz der Freiheitsliebe, trotz der Mißachtung der Autorität, die dem österreichischen Volke eigentümlich ist, haben weite Schichten dieses Volkes den Faschismus unterstützt, und trotz des sprichwörtlichen preußischen Gehorsams, der deutschen »Haltung«, dürsten weite Schichten des deutschen Volkes heute nach Freiheit und Überwindung des Faschismus.

Die geschichtlich wirksamen Gegensätze liegen nicht nur als Länder und Nationen nebeneinander auf *einer* Ebene. Das, was in Deutschland aber unter der Oberfläche schwelt, auch das will die Brechung der preußischen Hegemonie, die Zerschlagung der Klasse der Junker, Militärs und Industriemagnaten, die das deutsche Volk in den Krieg gehetzt haben. Das, was von der faschistischen Fassade versteckt ist, ist das ausgepowerte, proletarisierte, auf das Niveau eines chinesischen Kulitums herabgedrückte deutsche Volk, das, wenn die Stunde gekommen sein wird, seine Fesseln abschütteln wird.

Das aber könnte das »andere Deutschland« sein.

ANMERKUNGEN

Franz Werfel: »Les Deux Allemagnes«. Ungedrucktes Typoskript, datiert 23.11.1943, der älteste Aufsatz dieser Sammlung.

Die Diskussion um die »beiden« Deutschland, das nationalsozialistische und das »andere«, begann bereits in den ersten Jahren des Exils und verband sich später mit der Kriegszieldebatte sowie mit der Frage, was mit Deutschland nach einem alliierten Sieg geschehen sollte. Durch die Beiträge und Debatten zu diesen Themen, die sich etwa in der *Neuen Weltbühne* oder im *Neuen Tage-Buch* finden, geisterte immer wieder *Lord Vansittart* (1881-1957). Er war von 1937-1941 Erster diplomatischer Berater im Foreign Office und vertrat die sogenannte Kollektivschuldthese, die das deutsche Volk in seiner Gesamtheit an den NS-Verbrechen für schuldig erklärte. Unter dem Titel »Les Deux Allemagnes« plädierte Franz Werfel gleich zu Beginn des Krieges im *Neuen Tage-Buch* (Jg. 7, 1939, H. 38, S. 882-884) für eine Nachkriegslösung, die aus einem doppelten deutschen Staatsgebilde, einem preußischen und einem bayerisch-österreichischen Staat mit der Main-Linie als innerdeutscher Barriere bestehen sollte. Seine Sympathien galten dem Südstaat. Auch Emil Ludwig wollte den »Krieg gegen Preußen« geführt sehen und hoffte, mittels der »weniger militanten deutschen Stämme« Preußen zu isolieren und so Deutschland den Giftzahn zu ziehen (*Das Neue Tage-Buch*, Jg. 8, 1940, H. 6, S. 134-138 und H. 7, S. 164-168). Auch bei Emil Ludwig zogen solche Überlegungen Spekulationen über den »deutschen Charakter in der Weltgeschichte« nach sich (*Die Neue Weltbühne*, 1938, Hefte 16, 17, 19), auch gegen ihn wurde nach einer Rede der Vorwurf des Vansittartismus erhoben (Ludwigs Rede im *Aufbau*, Jg. 8, 1942, Nr. 30, S. 5 f. Die Diskussion in den folgenden Nummern des *Aufbaus*).

1943 nahm die Aktualität von Überlegungen, die der Zukunft Deutschlands galten, wieder zu: Deutschland hatte in Stalingrad und in Nordafrika kapituliert und sich in Süditalien zurückgezogen. In *Moskau* trafen sich, kurz bevor dieser Artikel geschrieben wurde, die Außenminister bzw. Staatssekretäre der USA, Englands und der UdSSR. Sie bekräftigten einmal mehr ihren Willen, den Krieg bis zur bedingungslosen Kapitulation der Achsenmächte zu führen, und beschlossen, die deutschen Kriegsverbrecher nach dem Sieg unter Anklage zu stellen. Ebenso verkündeten sie ihre Absicht, in Italien und Österreich Demokratien zu etablieren und die besiegten Staaten zu entwaffnen.

Der preußisch-österreichische Krieg um die Vorherrschaft in Deutschland wurde militärisch 1866 in der *Schlacht bei Königgrätz* zugunsten von Preußen und der mit ihm verbündeten norddeutschen Staaten gegen Österreich und seine Verbündeten (Bayern, Württemberg, Sachsen, Hannover, Baden, Kurhessen, Hessen-Darmstadt, Nassau, Meiningen, Reuß, Frankfurt) entschieden.

»Lessing und Spira«

Zu einem Roman-Fragment von Louis Fürnberg

(1994)

Den Anlaß zu einer »Wiederbegegnung« mit Louis Fürnberg, den ich noch aus der britischen Mandatszeit des damaligen Palästina kannte und später nur noch einmal wenige Monate vor seinem frühzeitigen Tode 1957 in Weimar wiedersah, gab mir vor wenigen Jahren der Brief einer Buchhändlerin in Süddeutschland, in dem es heißt: »Durch einen Kunden erfuhr ich, daß Sie mit dem Texter des Liedes ›Die Partei, die Partei, die hat immer recht‹ befreundet waren (...) Können Sie uns weiterhelfen, nachdem alle Versuche, diesen Text zu besorgen (Suchanzeige, Anfrage bei Kollegen), bislang gescheitert sind? (...) Und entschuldigen Sie bitte das ›etwas‹ unorthodoxe Ansinnen, aber wir versuchen eben, alle Möglichkeiten auszuschöpfen.«

Ich schrieb freundlich zurück: »Ich beantworte Ihnen gern Ihren Brief und schicke Ihnen anbei eine Kopie des Gedichtes ›Die Partei‹ von Louis Fürnberg. Fürnberg war allerdings kein ›Texter‹, wie Sie meinen, sondern einer der bedeutendsten deutsch-böhmischen Schriftsteller (1909-1957), der seine letzten Lebensjahre in der DDR verbrachte, Mitbegründer der literaturwissenschaftlichen Zeitschrift ›Weimarer Beiträge‹. Leider ist von seinem Werk (Gesammelte Werke in sechs Bänden) in der Bundesrepublik kaum mehr als dieses Parteilied bekannt geworden, obwohl er ein hervorragender Lyriker war und mit seiner ›Mozart-Novelle‹, die übrigens gerade wieder aufgelegt wurde, eine der schönsten deutschsprachigen Erzählungen verfaßt hat. (...) Ich weise nur deshalb auf diese Daten hin, weil es völlig verfehlt wäre, ihn unter dem Gesichtspunkt eines fragwürdigen politischen Kampfliedes von 1950 zu beurteilen, das seine Entstehung den ›antifaschistischen‹ Gründerjahren der ehemaligen DDR verdankt.«

Meine Information war insoweit übrigens falsch, als dieses Lied durchaus nicht – wie ich damals selber noch annahm – der SED sein Dasein verdankte als vielmehr der KPČ und ihrem Parteitag von 1949. Fürnberg hatte das Lied geschrieben, nachdem er – deutschsprachiger Böhme, der er war – als Delegierter nicht zugelassen wurde. Es ist ein Lied, das weniger einem überquellenden Herzen entsprang als der Enttäuschung, der er mit dem Diktat seines Kopfes glaubte entgegenwirken zu müssen. Dieser Vorfall spiegelt, unerkennbar für den Außenstehenden, die Tragödie dieses über weite Strecken politischen Lyrikers, die zu verbergen ihn fast bis ans Ende seiner Tage alle Kraft kostete und die es vermutlich war, die ihm schließlich den zweiten, tödlichen Herzinfarkt bescherte.[1]

Im Gegensatz zur alten Bundesrepublik war Fürnberg in der DDR ein sehr bekannter und geachteter Autor. Hier nur die wichtigsten Lebensdaten in Kürze.

1909 geboren als Sohn eines kleinen jüdischen Kaufmanns in Iglau (Mähren), Kindheit und Jugend in Karlsbad. 1920-1926 Besuch des Gymnasiums, anschließend in einer Porzellanfabrik, Fachschule, Erkrankung an Tuberkulose, dann Handelsschule in Prag. 1928 Mitglied der Kommunistischen Partei der Tschechoslowakei. Journalist für die kommunistische Presse: 1932 Gründung der Agitprop-Truppe »Echo von Links«, in den Folgejahren Auslandsreisen, Veröffentlichung von Liedern, Songs und Gedichten sowie des Prosatextes *Das Fest des Lebens*[2]. 1939, nach der Besetzung durch die Wehrmacht, Illegalität, Verhaftung, schwere Mißhandlungen in 13 Gefängnissen, Flucht. 1939 über Italien nach Jugoslawien und auf Umwegen 1941 in das damalige Palästina, lebte in Jerusalem. Er veröffentlichte (unter dem Pseudonym Nuntius) den Gedichtband *Hölle, Haß und Liebe*[3]. Er schrieb *Der Bruder Namenlos – Ein Leben in Versen*[4] sowie die *Mozart-Novelle*[5] und vieles andere mehr. 1946 zurück in die Tschechoslowakei, 1949 bis 1952 Erster Botschaftsrat der diplomatischen Mission der ČSR in Berlin, war während des vor allem durch seinen antisemitischen Charakter die Welt schockierenden Slansky-Prozesses, dem auch Fürnbergs Chef, der ČSR-Gesandte Otto Fischl, zum Opfer fiel, akut gefährdet.[6] 1953 bis 1954 wieder in Prag. 1954 endgültig in die DDR, wo er zum Stellvertretenden Direktor der Nationalen Forschungs- und Gedenkstätten der Klassischen Deutschen Literatur (heute »Stiftung Weimarer Klassik«) berufen wurde. Am 23.5.1957 erlitt er einen zweiten Herzinfarkt, dem er erlag.

Der junge Fürnberg schrieb wehmütige Gedichte von Krankheit (von der er selbst gezeichnet war) und Tod, seine literarischen Vorbilder sah er in Autoren insbesondere der französischen Avantgarde wie Mallarmé, Verlaine und Baudelaire. Seinen eigentlichen Meister freilich glaubte er in Rilke gefunden zu haben, den er als noch nicht Zwanzigjähriger kurz vor dessen Tod in dem Schlößchen Muzot im Schweizer Wallis besuchte. Eines der beeindruckendsten Kapitel aus seiner poetischen Autobiographie *Der Bruder Namenlos* ist der Erinnerung an diesen kurzen Besuch gewidmet. Fürnberg blieb freilich nicht bei der Poesie der Innerlichkeit, kehrte vielmehr nach dem Erlebnis eines von Polizeikräften niederkartätschten Bergarbeiterstreiks seinen zunächst auf den einzelnen gerichteten Humanismus in ein gesellschaftliches Engagement um, dem er sich bis ans Ende seines Lebens verpflichtet fühlte. Es begann die für ihn so fruchtbare Epoche als Vertreter der damals im deutschen Sprachraum sich herausbildenden Agitprop-Lyrik, welche ihren Motor und ihren Ansprechpartner in der sich während der Wirtschaftskrise revolutionierenden Arbeiterbewegung fand. Fürnberg war nicht nur der *Verfasser* von Agitprop-Gedichten, sondern auch einer ihrer glänzendsten *Interpreten.* – Ich persönlich habe seine Auftritte von 1945 in Tel Aviv über fünfzig Jahre lang sowohl in der visuellen als auch akustischen Erinnerung behalten. Er begleitete sich selbst am Flügel vor Hunderten von Zuhörern. – Es war die Lauterkeit seines Gefühls und seiner Gedanken, die in ihrer Unmittelbarkeit ein Publikum bewegten, das noch nicht durch die Medien manipuliert war und welches aus seiner eigenen Lebenslage heraus auf seine Texte ansprach. Als einer von ihnen war er der »Bruder Namenlos«, der übrigens dann noch, als er längst einen Namen hatte, für Freunde und Fremde, junge Kollegen und gestandene immer ein offenes Ohr hatte und sich, wenn er nur konnte, ihrer Nöte annahm. Der Kampflyrik folgte die Exillyrik, die vor allem in Palästina entstand und stark von Heimatsehnsüchten geprägt war. »Als in Jerusalem Schnee fiel« (ein Gedichttitel)[7], konnte ihn dies mehr bewegen als das Aufbaupathos um ihn herum. Im Schneekleid war Jerusalem eine Stadt, die ihn an Prag erinnerte. Im Gegensatz zu seinem lyrischen Schaffen, in welchem die Tatsache seines mehrjährigen Aufenthalts in Jerusalem sich kaum widerspiegelt, hat Fürnberg sich auf dem Gebiet der Publizistik (einschließlich einer regen Vortragstätigkeit) sehr ausführlich mit Ereignissen des Landes befaßt, in dem er lebte, vornehmlich allerdings mit Themen, die den deutschsprachigen Leser, also die Koemigranten, interessierten und die in der deutschsprachigen Presse Palästinas Ausdruck fanden. An dieser sowie an mehreren deutschsprachigen literarischen Clubs arbeitete Fürnberg in nicht unerheblichem Maße mit. Auch war er eine kurze Zeit lang Sprecher bei einem von der britischen Armee eingerichteten Sender, der weitgehend von der BBC abhängig war und für die deutschen Soldaten bzw. Gefangenen von Nordafrika Sendungen ausstrahlte. Fürnbergs Themen waren vielfach literarischer Art, wobei er sich auch an Diskussionen um die in Palästina produzierte deutsche Exilliteratur beteiligte. In diesem Kontext sei ein Gedicht erwähnt, das in dem Band *Hölle, Haß und Liebe* erschienen ist und den »Versverliebten« galt: eine polemische Auseinandersetzung mit einer Gruppe deutschsprachiger Dichter (»Rilkeanern«), die gleichzeitig ja auch eine Auseinandersetzung mit seiner eigenen poetischen Herkunft war.[8] Der wichtigste Text zum Thema Palästina aber scheint mir die breit angelegte Prosaarbeit »Lessing und Spira« zu sein, zu der Fürnberg bereits 1944 ansetzte, die er aber mehrfach überarbeitete und die dennoch Fragment geblieben ist. Als solches erschien sie schließlich 1967 in der Gesamtausgabe der Werke Fürnbergs, zehn Jahre nach seinem Tode.[9] Das Interessante an dieser Arbeit ist, daß man den Text nur schwer in sein übriges Werk einordnen kann, es sei denn, daß man es als eine Art Gegenpol bezeichnet. Sie mußte wohl notwendigerweise Fragment bleiben.

Die Fürnbergs waren 1941 von Jugoslawien über Griechenland und die Türkei nach Palästina gekommen. Sie blieben Flüchtlinge inmitten einer sich in der Mehrzahl als Einwanderer, wenn nicht gar als Pioniere verstehenden und sich ihrer Nationalität nach als jüdisch definierenden Gesellschaft. Den zionistischen Aktivitäten in Palästina standen sie fern, ja sie lehnten diese als imperialistische Machenschaften, als Verblendung der arbeitenden Bevölkerung ab. An die wenigen relativ glücklichen Monate in Belgrad, wo sie durch serbische Schriftstellerfreunde eine Bleibe gefunden hatten, erinnerte Fürnberg nur wenige Jahre später in einem langen Gedicht, dessen Titel den Straßennamen des Belgrader Wohnsitzes trägt, »Rige od Fere« [10]. Auch dieses Gedicht ist (aus guten Gründen) erst aus dem Nachlaß veröffentlicht worden. Nach einigen einleitenden Versen, mit denen der Autor dem kurzzeitigen Refugium huldigt, spricht er von den frühen Eindrücken, die das neue Exilland auf ihn gemacht hat. Um es gleich vorweg zu sagen: Seine Sicht auf Palästina war – vor dem Hintergrund der eben in großem Stil angelaufenen Judenverfolgung in Europa – von einem kaum mehr nachzuvollziehenden antizionistischen Dogmatismus geprägt. Jedenfalls ließ sie sich an der Realität des Landes und seiner jüdischen Gemeinschaft nicht mehr messen, deren Lebens- und Aufbauwillen Fürnberg nur noch als aufgeblähten, menschenverachtenden Popanz wahrnahm. Gewiß war die Region von den Interessengegensätzen der Großmächte und des internationalen Kapitals bestimmt, wie das auch für andere Teile der Welt der Fall war. Die zionistische Ideologie beschönigte sie. Sie jedoch als faschistisch zu kennzeichnen, hatte einen durchaus fatalen Klang.

Rige od Fere, Nummer zwei
(...)
Hier heimsen Händler ihren Opferlohn
und raufen sich um künft'ge Beuten schon
und streun in schreckensweite Augen Sand
und baun am Zerrbild einer Nation,
wie sie der Wahnwitz nur der Zeit erfand,
und freuen sich, weil ihre Brut verroht,
und schlagen mit der Brüder Todesnot
noch Wucherzinsen aus dem Höllenbrand.
Es lauert nicht nur unter Steinen der Skorpion,

er ist dein eigner Nachbar, Wand an Wand.
Auf allen Straßen stirbt der Gottessohn
von Truggewalten tückisch übermannt.
Der Blutwahn plustert sich zur Religion.
Ein Ghettovolk, jahrhundertlang gequält,
hat nichts gelernt und fühlt sich auserwählt
zu Knutenschwingen und zu Herrenton.
Von Bomben träumt die junge Generation,
das Hakenkreuz schlingt sich zum Zionsstern.
(...) [11]

Es ist nicht der einzige Text dieser Art, der unter den Nachlaß-Gedichten Fürnbergs zu finden ist. Hier operiert, was als »jüdische Selbstkritik« gemeint war, deutlich mit antisemitischen Schablonen. Die Tatsache, daß die Vernichtungsmaschinerie in dieser Zeit bereits in Gang gesetzt war und die Juden in Kürze nach Auschwitz, Majdanek, Belzec und anderen Todes-Fabriken deportiert wurden, bildet die düstere Folie zu diesem, von Fürnberg selbst nicht veröffentlichten Text.

Wohl unter dem Eindruck des sich verdichtenden Wissens über die Vernichtungslager erhielt das 1944/1945 geschriebene Versepos *Die spanische Hochzeit*[12] als Motto einen Ausschnitt aus einer Reportage von Konstantin Simonow. Diese hatte sich auch mir bereits damals schon aus eigener Lektüre eingeprägt: Es war eine illustrierte Schilderung über Majdanek mit Fotos, etwa »der Fußbekleidung jener Menschen, die hier im Laufe von drei Jahren umgebracht wurden (...). Zehntausende Paar Kinderschuhe, Sandalen, Halbschuhe und Schühchen für Zehnjährige, Achtjährige, Sechsjährige und Einjährige. Man kann sich kaum etwas Grauenhafteres vorstellen als dieses Bild (...).« [13] Eine solche Vorstellung im Leser hervorzurufen, hatte übrigens Johannes R. Becher zur gleichen Zeit mit seinem Gedicht »Kinderschuhe aus Lublin« versucht – und scheiterte. Denn die herkömmlichen Mittel der Ballade reichten gerade dazu, Rührung zu erzeugen, wohl auch Entsetzen, doch die überquellende Bildhaftigkeit mußte ebenso wie der balladeske Tonfall jedwede Neugier nach Zusammenhängen unter sich ersticken. [14]

Sich mit dem Holocaust als Lyriker auseinanderzusetzen, hatte Fürnberg meines Wissens nicht versucht. Er reagierte nicht viel anders als die meisten Autoren seiner Generation, einschließlich der »betroffenen«, in seinem Falle der jüdischen antifaschistischen Emigranten. Nicht, daß er das in den Vernichtungslagern Geschehene nicht wahrgenommen hätte – das angeführte Simonow-Zitat beweist das Gegenteil. Doch Verdrängung war nicht nur auf der Täterseite am Werk, sondern – wiewohl aus entgegengesetzten Gründen – auch auf der Seite der Opfer, und sie hielt auch an, nachdem zum mindesten die äußeren »Realien« bekannt waren. Auf dem Hintergrund der Um-Interpretation des eben zu Ende gehenden Krieges in einen »antifaschistischen«, der dies bestenfalls, sofern überhaupt, für die Siegermächte war, konnte Buchenwald noch halbwegs rational erklärt werden. Vor Auschwitz versagte jede Interpretation. Zukunftsphantasien waren es und nicht die Realität, die Fürnbergs Bild bestimmten. Und diese waren ohne Wenn und Aber auf die Sowjetunion gerichtet sowie auf die Nachkriegszeit, die er, was Europa betraf, im wesentlichen als von ihrem Einfluß geprägt imaginierte.

Man ist versucht, die Intensität des »Glaubens« an den unmittelbar bevorstehenden Sieg einer radikal »Neuen Welt« hier auch aus diesem Verdrängungsmechanismus zu erklären. Die Unmöglichkeit, das eben Erfahrene zu ertragen, wurde durch die Utopie einer Zukunft kompensiert, die herbeiführen zu helfen von dem Gefühl einer Überlebens-»Schuld« zu erlösen versprach. »Nach und nach wurde uns bewußt«, so Lotte Fürnberg, »wie viele unserer Freunde, nach denen wir fragten, nicht mehr lebten. An ihrem Tod wurde uns die Vergangenheit deutlich. Wir wollten eine neue Welt aufbauen. Das waren wir der Welt schuldig. Es war für uns die einzige Möglichkeit, mit dem fertig zu werden, was geschehen war.«[15]

Als Fürnberg 1946, nicht ohne Schwierigkeiten, nach Prag zurückkam – als Deutschböhme war ihm alles andere als eine triumphale Heimkehr vergönnt –, brachte er eine Reihe bedeutender Arbeiten aus der Fremde mit: neben vielen Gedichten und der *Spanischen Hochzeit* vor allem die bereits genannte *Mozart-Novelle* als sein reinstes Prosawerk und möglicherweise sein bedeutendstes Werk überhaupt. Es ist kein Zufall, daß der

Brockhaus dieses neben Mörikes *Mozart auf der Reise nach Prag* in die bibliographischen Anmerkungen zu Mozart aufgenommen hat. Es ist eine Arbeit, die man auf dem Scheitelpunkt von Fürnbergs Schaffen ansiedeln darf. Sie ist dem Geist der Aufklärung verpflichtet, jedoch ohne erkennbaren Versuch, sie in unmittelbare Beziehung zur Gegenwart zu setzen. In dieser zu wirken war seiner publizistischen Arbeit sowie einem erheblichen Teil seiner lyrischen Produktion vorbehalten. Dabei trennte ihn, wie die Mehrzahl der politischen Dichter seiner Zeit, ein tiefer Graben von Autoren wie Celan, die ihr Signum durch das Trauma Auschwitz erfahren hatten. Fürnbergs politische Lyrik nach dem Kriege wurde statt dessen in wachsendem Maße Legitimationsdichtung für ein System, von dem er glauben wollte, daß es eine bessere Zukunft konstituiere. Der Freiheitsgestus konnte ihm indessen im historischen Gewand – und in Prosa – noch einmal überzeugend gelingen. Noch bevor Fürnberg seine Tätigkeit in das ehemals klassische Weimar verlegte und sie aufs engste mit den archivarischen und gelehrten Institutionen dieser Stadt verband, hatte er sich bereits an der Gestalt Goethes versucht: Goethes achtzigstem Geburtstag, in dessen Mittelpunkt die Begegnung mit dem polnischen Nationaldichter Mickiewicz stand, dessen Auftritt etwas von dem Schatten der 1848er Revolution vorauswarf *(Die Begegnung in Weimar,* 1952).

Viele von den Gedichten der fünfziger Jahre haben (gelegentlich vertont von Paul Dessau oder Hanns Eisler) Aufnahme in die Schullesebücher der DDR gefunden, manche darunter, die als Zeitdokumente wichtig bleiben. Einiges wurde (gesungen von Ernst Busch) auch auf Schallplatten überliefert. Neue Töne finden sich nach dem Tode Stalins und insbesondere nach der kurzen Tauwetterperiode in der Folge der Chruschtschow-Rede auf dem XX. Parteitag der KPdSU vom Frühjahr 1956. Man spürt da ein Aufatmen, wenn Fürnberg in seinem letzten Lebensjahr in seiner posthum veröffentlichten »Krankengeschichte« meint, seinen Glauben an die Partei mit der Vernunft wieder auf einen Nenner gebracht zu sehen.[16] Fürnberg war es auch erspart geblieben, seine Überzeugung von der Regenerationsfähigkeit des »realen Sozialismus« nach 1968 an der Realität überprüfen zu müssen.

Wichtig bleibt es, die zwanghafte und damit brüchige Konsistenz der politischen Lyrik des späten Fürnberg mit der ungezwungenen Treue zu seinem lyrischen Ich zu vergleichen, wo es sich an Gegenständen wie Liebe, Leben, Tod, Landschaft und Natur, auch Heimat (im unprätentiösen Sinn von regionaler Zugehörigkeit und Verbundensein) bewährt. Da finden wir in Reim und Diktion, in Farbe und Sprachgebrauch vieles wieder, das freilich eher von der deutschen Romantik genährt erscheint als vom proletarischen Internationalismus oder vom »Sozialistischen Realismus«. Die »ewigen« Themen wie Trauer, Sehnsucht, Liebe und Glück fanden sich bei dem Dichter Fürnberg am Ende besser aufgehoben als die kruden und inkohärenten Realitäten der Jahrhundertmitte.

Für mich gehört es zur Tragik der Persönlichkeit dieses gleichermaßen empfindsamen wie emphatischen, sensiblen wie enthusiastischen Dichters, daß das Korrektiv der Prosa in seinen Schriften zu kurz gekommen ist, und zwar nicht etwa, weil ihm das Genre nicht gelegen hätte, im Gegenteil. Es war wohl vielmehr Fürnbergs Selbstverständnis als einem Diener seiner Partei, welches ihm, wo immer und solange es dominierte, den Weg zur Prosa – und damit zu Zwischentönen, zu Distanz und Ironie – weitgehend verbaute. Prosa sieht ihren Gegenstand distanzierter und kann ihm unbefangener begegnen. Die Qualität der Fürnbergschen Prosatexte – nicht zuletzt auch die der Fragment gebliebenen, die erst aus dem Nachlaß veröffentlicht werden konnten [17] – deutet darauf hin, daß es hier noch Land für den Autor zu erobern gegeben hätte. Von einem dieser also nicht zufällig Fragment gebliebenen Prosatexte soll hier eingehender die Rede sein.

Daß Fürnberg die Absicht hatte, einen Roman über die Emigration in Palästina zu schreiben, geht aus seiner Korrespondenz mit Arnold Zweig hervor: Fürnberg, Mai 1944: »Vielleicht schreibe ich doch nachher mal den Roman unserer Emigration. Er wird natürlich heiter, trotz des Blutes darin.« [18] In Zweigs Antwort vom 14. Mai heißt es: »Ihren Emigrationsroman müßten wir miteinander besprechen, denn an Handlungen, die in Jerusalem spielen, habe ich ein großes Interesse.« [19] Ein Jahr später, am 30. August 1945, teilt Fürnberg Wieland Herzfelde in New York mit, daß er »wieder eine große Erzählung begonnen (habe), die in Palästina spielt, aber ich wage nicht zu glauben, daß sie mir gelingen wird«. [20] In diesen

Kontext fügt sich denn auch das von mir aus dem Jahre 1945 erinnerte Faktum, daß Louis Fürnberg mir während unserer wenigen Begegnungen auf einem Spaziergang erzählte, daß er die Absicht habe, einen Prosatext zu schreiben: Er solle von dem Begründer des Zionismus Theodor Herzl und seiner Nachfolge handeln. Leider steht mir nur diese undeutliche Erinnerung zur Verfügung. Ich muß annehmen, daß hier von ein und demselben Vorhaben die Rede war. Das Fragment »Lessing und Spira« befindet sich in der sechsbändigen Werkausgabe.[21] Es besteht aus einem in sich abgeschlossenen Gespräch, welches allein uns hier weiter beschäftigen soll. Ihm folgen nicht schlüssig ineinandergreifende Teile, die thematisch um ein Bombenattentat aus dem zionistischen Untergrund gruppiert sind und wiederum mit Gesprächen abwechseln. Es spielt im Kreise einer gutsituierten internationalen Gesellschaft in Jerusalem. Hier werden sowohl einige Vertreter der jüdischen Institutionen (Jewish Agency), Künstler, Wissenschaftler und auch ein Offizier der britischen Armee in einer Mischung von Small talk und politischem Disput vorgeführt. Das erwähnte Gespräch bildet den Anfang des vorliegenden Textes (anscheinend sollte es auch der Beginn des »Romans« sein), es läßt erkennen, daß der Roman vor allem die Auseinandersetzungen der Juden untereinander und mit der britischen Mandatsmacht im damaligen Palästina zum Inhalt haben sollte. Der eine der beiden Gesprächspartner, Spira, gibt sich am Ende des Ganzen überraschenderweise als Vertreter des radikalen jüdischen Untergrunds zu erkennen. Die Handlung spielt gegen Ende des Zweiten Weltkrieges (bzw. danach) und vor den politischen Kämpfen, die dem Beschluß der Vereinten Nationen zur Teilung Palästinas und damit der Gründung des Staates Israel im Jahre 1948 vorausgingen. Strukturell ähnelt das Vorliegende der wenig später verfaßten *Mozart-Novelle* und der 1952 erschienenen Novelle *Begegnung in Weimar*. Alle drei Texte spielen jeweils im Rahmen der sogenannten guten Gesellschaft, welche die Folie für politische Gespräche zwischen Unterhaltung und tieferer Bedeutung abgibt. Das Geschehen zeigt sich mehr in seinen intellektuellen Widerspiegelungen als in den Taten selbst, zumindest was die ausgeführten Teile dieses Fragmentes betrifft.

Die Erklärung, warum Fürnberg diesen Stoff so lange liegen ließ, drängt sich bereits nach der ersten Lektüre auf. Fürnberg, wie auch in den anderen Erzählungen um eine objektivierende Distanz bemüht, hat sie unter den Bedingungen mangelnder politischer Handlungsfreiheit in der DDR nicht durchhalten können. Wenn er es trotzdem versuchte, den alten Stoff wieder aufzunehmen – ich wage die These –, so hat die, wenn auch eher zaghafte, Entstalinisierung der fünfziger Jahre den Anlaß dazu gegeben. Fürnberg hat allem Anschein nach den XX. Parteitag der KPdSU im Frühjahr 1956 als Akt einer Selbstversöhnung der Partei mit ihren eigenen Grundprinzipien verstanden.[22]

Um das zu belegen, verlassen wir an dieser Stelle »Lessing und Spira« und die mit diesem Text verbundenen politischen Implikationen – es ist darauf zurückzukommen – und wenden uns noch einmal der Person des Autors zu.

Wichtiger als diese politischen Zäsuren, die tief in Fürnbergs Leben, Psyche und literarisches Schaffen eingegriffen haben, doch untrennbar damit verbunden, war die Krankheit, sein erster Herzinfarkt, der ihn am 31. Juli 1955 buchstäblich zu Boden schlug und ihm nur noch eine kurze Lebenszeit von zwei Jahren gestattete. Die Wochen seiner Genesung im Krankenhaus spiegeln sich in einem erschütternden Dokument eines inneren Prozesses, in dem der Autor etwas von den kommenden Ereignissen »ahnungs- und regierungsweise« (Thomas Mann) vorwegnimmt. Die »Krankengeschichte«[23], die nicht zufällig an den *Zauberberg* erinnert, ist gleichzeitig eine Gesundungsgeschichte, in der noch einmal die Literatur über die »scheußliche Krankheit« triumphiert, und zwar weniger durch die in der »Krankengeschichte« erwähnten lyrischen Schreibübungen oder die in ihr enthaltenen Reminiszenzen an triumphale Weimarer Feierlichkeiten wie die zu Ehren Goethes und Schillers oder von Thomas Mann. Wesentlicher sind hier die bei fortschreitender Besserung vorgenommenen und zum Teil mit Neubewertungen verbundenen Lektüren, wie vor allem die des mit seiner eigenen Situation in Teilen korrespondierenden *Zauberberg*. Da ist natürlich auch die Wiederbegegnung mit Rilke, dem Idol seiner Jugend, und am Ende des Textes dann die unerwartete Reminiszenz an den heute nahezu vergessenen Dichter Richard Beer-Hofmann, Jude und gebürtig in der k.u.k. Monarchie wie er selbst und durch weit mehr als diese beiden Attribute mit ihm verwandt. Überraschend, weil diese späte Wiederbegegnung auf geistige, poetische und auch religiöse Quellen zurückverweist, die beiden gemeinsam sind. Die Rede ist hier von Beer-Hofmanns Gedicht »Schlaflied für Mirjam«, von dem eine Strophe im Kontext des Fürnberg-Textes zitiert sei. Eindrucksvoller läßt sich referierend nicht sagen, was hier gesagt sein muß und was den letzten Abschnitt der »Krankengeschichte« bestimmt, welche zwar als »Fragment« bezeichnet ist, tatsächlich aber mit dieser Stelle ihren Abschluß suggeriert. »Es ergriff mich tief, und am stärksten seine zweite Strophe, die mich merkwürdigerweise ebenso bis zum Schrecken befremdete, wie sie mich besänftigte und beruhigte. Sie lautet:

›Schlaf mein Kind – der Abendwind weht.
Weiß man, woher er kommt, wohin er geht?
Dunkel, verborgen die Wege hier sind.
Dir, und auch mir, und allen, mein Kind!
Blinde – so gehn wir und gehen allein,
Keiner kann Keinem Gefährte hier sein -
Schlaf mein Kind – mein Kind, schlaf ein!‹

Noch in der Erinnerung verspürte ich die Trostlosigkeit, die mich erfaßte. Und doch flüchtete sich fortan das bisweilen verzagende Herz gerne zu dieser traurigen Erfahrung, um gerade bei ihr Trost zu suchen. Verzweiflung und Trost sind ja keine Gegensätze, sondern Geschwister, die hart beieinander wohnen (...).«[24] Ich möchte diesen Text nicht als Widerruf Fürnbergs mißverstanden wissen, zweifellos muß er aber als Relativierung dessen, was er in einem erheblichen Teil seines Lebens als politische Praxis definiert hatte, angesehen werden.

Und noch ein Zitat aus der »Krankengeschichte«: »Was ursprünglich die Reaktion auf ein Gedicht war – eine jähe, wenn auch negative Erleuchtung –, wuchs sich schließlich unter Umständen, für die es nicht immer eine einfache Erklärung gibt, zum Konflikt aus zwischen dem tief bestürzten Gewissen und einer ihrer logischen Prämissen enthaltenden Pflicht. Darauf aber komme ich noch zu sprechen, weil jener Konflikt, oder genauer: die Vielzahl der nach und nach erwachsenden Konflikte mit den Eskapaden meiner Gehirnrinde, welche letztendlich meine Krankheit provozierten, in kausalem Zusammenhang steht. / Kurzum: War ich ein Grenzfall? War ein Zwielicht wie jenes, in welchem ich mich unverschuldet befand, infolge meines Standorts überhaupt erträglich? / Zum Glück hatte ich keine Zeit, meinen Schmerzen soviel Aufmerksamkeit zu widmen. Man lebte, man arbeitete angespannt – nicht ohne Grund verachtete man die Gefährten, die sich mit der Gegenwart und der Zukunft abquälten, weil sie gar so sehr an der Vergangenheit litten. Ihre sogenannten ›intellektuellen Bedenken‹ richteten sich nicht gegen die Theorie, sondern gegen die Praxis. Ewig mitternächtig, von ungesunder Gesichtsfarbe, vom blauen Rauch umnebelt, am Kaffeehaustisch, waren sie ein Gegenstand unsres freundlichen Spottes. In Gottes großem Tiergarten gab es auch diese Sorte Tier. Es tat gut bisweilen, sich mit ihnen zu vergleichen und festzustellen, daß man sie hinter sich gelassen hatte. Vielleicht trugen sie jene Konflikte aus, für die man selbst keine Zeit hatte? (...)«[25]

Zur Wiederaufnahme der Arbeit an dem zehn Jahre liegengebliebenen Manuskript konnte sich Fürnberg freilich erst unter völlig neuen Umständen entschließen. Am 23.9.1954 schreibt er nach langem Schweigen an Lilia und Wolfgang Ehrlich in Tel Aviv, daß er in die DDR übergesiedelt sei, und berichtet bei dieser Gelegenheit den alten Freunden, daß er schon lange einen Stoff mit sich herumtrage, »aus Euren Gegenden und von Eurem Kampf«.[26] Es kann nur das seit seiner Abreise aus Palästina liegengebliebene Romanprojekt sein, das er in einem Brief vom 3.12.1955[27] an die gleichen Adressaten noch einmal erwähnt und schließlich auch am 20.2.1957 ein weiteres Mal, nun zusammen mit der Bitte, ihm Bilder aus dem alten und neuen Jerusalem zu schicken. Er scheint endlich an eine Überarbeitung gegangen zu sein: »Ich bin tatsächlich über einem Manuskript, das sich mit unserer Emigrationszeit in Palästina beschäftigt, und ich brauche diese anschaulichen Behelfe, um besser in die Arbeit hineinzukommen. Sehr interessieren würde mich auch, zu erfahren, ob das Haus noch steht, in dem wir wohnten (in der Greek-Colony). Wäre das möglich, davon eine Photographie zu bekommen, so wäre es natürlich herrlich. Ich würde sie unmittelbar in das kommende Buch reproduzieren lassen.«[28]

Zu diesem Buch ist es nie gekommen. Die Tatsache jedoch, daß das Thema ihn nicht losgelassen hatte, zeigt, wie wichtig es ihm damit gewesen sein muß. Noch in seinem Todesjahr hatte Fürnberg die Arbeit daran wieder aufgenommen und den Anfang des Fragments umgeschrieben. Gedruckt wurde es erst zehn Jahre später. In einer Anmerkung der Herausgeber Lotte Fürnberg und Gerhard Wolf heißt es: »›Lessing und Spira‹ betitelt sich das Fragment einer breit angelegten Prosaarbeit, an der Louis Fürnberg schon in Palästina arbeitete. Daß ihn dieses Projekt bis in die letzte Zeit seines Lebens beschäftigte, zeigen Überarbeitungen aus dem Jahr 1957. Er hatte sich zu dieser Zeit eine umfangreiche Literatur über Probleme des Nahen Ostens bereitgelegt und begann auf der Grundlage der früheren Aufzeichnungen zu arbeiten. Wir drucken hier die frühe Fassung, weil sie dem Umfang und der Anlage nach den deutlichsten Eindruck über das Vorhaben vermittelt: die Situation in Israel während des Zweiten Weltkrieges, die verschiedenen Kräfte, die hier ihr Interesse geltend zu machen suchen, die von ihnen mißbrauchten, irregeleiteten Menschen, die glauben, eine Heimat gefunden zu haben, und die doch nur für bestimmte Interessen ausgenutzt werden.«[29]

Lassen wir einmal diese von der DDR-Ideologie diktierte Charakterisierung des Textes beiseite, so ergibt sich für die Quellengeschichte das folgende, von der obigen Anmerkung abweichende Bild: In Wirklichkeit befinden sich im Louis-Fürnberg-Archiv in Weimar *drei* Typoskripte des Textes (bzw. von Textteilen). Das älteste Typoskript stammt aus dem Jahre 1944 (dazu Tagebucheintrag vom 10.7.1944: »Plötzlich fing es in mir an zu arbeiten, ich begann einen Roman. Diesmal!! O, diesmal!!!«). Uns interessiert hier nur der erste Abschnitt des ersten Kapitels, genauer: das zwischen Lessing und Spira während eines Spazierganges in Jerusalem geführte Gespräch[30] im Vergleich mit den früheren Fassungen desselben (der Rest, das heißt der weitaus größere Teil des Textes, ca. 25 S., weist keine gravierenden Unterschiede gegenüber der ersten Fassung auf und kann in diesem Zusammenhang unberücksichtigt bleiben). Mit dem ältesten

Typoskript (dem von 1944) hatte Fürnberg diese Szene anscheinend nur in großen Zügen entwerfen wollen. Ihr Umfang beträgt knapp 70 Zeilen. Die Fassung von 1945 hingegen ist mit ca. 260 Zeilen die umfangreichste, während die von 1957 (und um diese handelt es sich bei der in der Werkausgabe gedruckten) wieder auf 180 Zeilen geschrumpft ist. Sie hat dabei nicht nur Streichungen, sondern zugleich auch erhebliche Akzentverschiebungen erfahren. Die Aussage der Herausgeber, daß dem Druck die authentische Fassung aus der Kriegszeit zugrunde läge, ist deshalb nur teilweise zu bestätigen. Es wird nachzuweisen sein, daß die im Druck vorliegende Fassung im Gegenteil die Authentizität der ungekürzten Fassung von 1945 deutlich beeinträchtigt hat, insbesondere was die Charakterisierung der beiden Kontrahenten betrifft. Ja, sie lädt dazu ein, sich über die Haltung ihres Urhebers zum Palästinaproblem von neuem Gedanken zu machen, jedenfalls sofern sie die Zeit der Abfassung dieses Textes betrifft.

Zur gleichen Zeit, als Fürnberg seinen Roman konzipierte und zu schreiben begann, hatte er einen brieflichen Disput mit Max Brod, der seinerzeit in Tel Aviv lebte.[31] Es ging um die gleiche Thematik, nämlich die politische und wirtschaftliche Situation im damaligen britischen Mandatsland Palästina, insbesondere um die zionistischen Kolonisationsbestrebungen, ihre Zukunftsaussichten im Hinblick auf das vorabsehbare Kriegsende usw. Eigentlicher Gegenstand des Disputes aber war die unterschiedliche Auffassung vom historischen Recht der beiden Völker, dem jüdischen und dem palästinensischen, in diesem Land zu leben.[32] Fürnberg hat sich anscheinend vom ideologischen Gegner Munition ausgeliehen. Denn auch in der Erzählung »Lessing und Spira« geht es um diesen Gegensatz. Dabei ist anzunehmen, daß die Figur des Spira in erheblichen Teilen der Person Brods nachgebildet ist, so wie sich hinter Lessing auch Fürnbergs Bild von sich selbst versteckt.

Das Erstaunliche an dem kurzen Text – sowohl in der gedruckten Fassung von 1957 als, deutlicher noch, in der unveröffentlichten von 1945 – ist die Tatsache, daß das Gespräch zwar unter politischen Gegnern stattfindet, die gleichzeitig dennoch gute Freunde zu sein scheinen. Denn es bleibt bei aller Heftigkeit der Auseinandersetzung von einer Diktion bestimmt, die nie die Contenance vermissen läßt. Beide haben zwar ihren festen, durchaus unterschiedlichen Standpunkt, sind jedoch imstande, den Argumenten des anderen ohne Häme, wenn nicht gar vorurteilslos zu folgen. Das Gespräch findet beim Spaziergang auf einer Straße der Jerusalemer Altstadt statt. Schauplatz könnte aber ebensogut der Korridor einer Universität gewesen sein, nicht jedoch ein Versammlungssaal oder die aufgeregte Menge am Rande einer Demonstration. Es sei denn, der Schauplatz – Jerusalem – hätte hier nicht auch eine symbolische Bedeutung (als Schnittpunkt der Religionen und Nationen und ihres Zusammenlebens auf kleinster Fläche), eine Feststellung, von der auszugehen ist. In seinen politischen Gedichten hat Fürnberg immer deutlich, kämpferisch und auch polemisch Partei ergriffen. Auch in diesem Prosatext prallen zwei unterschiedliche Haltungen, Meinungen und politische Ansichten scharf aufeinander, ohne als solche miteinander versöhnt zu werden, und trotzdem ist alles anders. Für »Ausgleich« nämlich sorgt die Freundlichkeit, mit der die Kontrahenten miteinander umgehen (was die Fassung von 1945 am konsequentesten bezeugt). Natürlich ist Lessing – nicht zufällig diesen Namen tragend und allein schon von daher – dem Gebot der Toleranz verpflichtet.[33] Er ist assimilierter Jude, Weltbürger, Marxist, dabei auch Antizionist und deshalb vom politischen Denken der Mehrheit der Juden in Palästina stark abgehoben. Die Handlung spielt in der Fassung von 1945 kurz nach dem Ende des Zweiten Weltkriegs, also unmittelbar vor der Niederschrift des Textes. Zahlreiche Menschen, vielfach von Haus aus bürgerliche Intellektuelle, hatten sich seinerzeit unter dem Eindruck des Erfahrenen und Erlebten der Hoffnung zugewandt, daß die Weltordnung, die solches hervorgebracht hat, sich durch eine neue ersetzen ließe, welche sowohl die nationalen Widersprüche als auch die ihr meist zugrunde liegenden sozialen einer Auflösung entgegenführen könnte. Von dem, was später als »realer Sozialismus« einen erheblichen Teil Europas (und nicht nur Europas) beherrschte, gab es damals nur erst die Sowjetunion, die für die meisten ihrer Anhänger und Bewunderer mehr Metapher als konkrete, das heißt anfaßbare Realität gewesen ist. Fast überflüssig zu sagen, daß in diesem Zukunftsprojekt auch viele Juden sich wiedergefunden glaubten, ob als befreite einzelne, ob als sich religiös oder sozio-kulturell verstehende Gruppen. Es wäre die Vollendung ihrer noch im bürgerlichen Zeitalter begonnenen Emanzipation gewesen: sei es durch die Assimilation an die jeweilige Mehrheitskultur, sei es durch die Aufrechterhaltung identitätsstiftender Momente wie Sprache und Literatur. Zumindest in den großen Metropolen, vornehmlich des Westens, schien die erste dieser Alternativen bereits nicht mehr revozierbar. Das Jüdische reduzierte sich am Ende auf ein »Bekenntnis«, wie es auch das Katholische oder Protestantische schien, und verlor durch zahlreiche Mischehen und deren Nachkommen weiter an Bedeutung. Der Einbruch der Barbarei mußte die Juden um so mehr treffen, als eine solche im Grunde schon nicht mehr »denkbar« schien. Der historische Lessing hatte zu seiner Zeit dazu beigetragen, einer Entwicklung wie dieser den Weg zu bahnen. Er hatte in Moses Mendelssohn den Schüler gefunden, der die empfangenen Impulse an die jüdische Intelligenz weitergegeben hatte. Der Lessing unseres Textes war ihr überzeugter Erbe. Die marxistische Version dieser Entwicklung hätte dem »i« bestenfalls noch das Tüpfelchen hinzufügen sollen.

Demgegenüber verkörperte in den Augen Fürnbergs die Figur des Spira gewiß ein retardierendes Moment. »Spira« ist mit seinen zahlreichen Abwandlungen ein häufiger jüdischer Name. Er erscheint auch als Schapiro, Schapira, Speier, Spier und Spiro und ist in diesen und weiteren Varianten ein weitverbreiteter jüdischer Familienname. Er verweist auf die Herkunft aus der Stadt Speyer mit ihrer ehemals großen, bereits im Mittelalter mehrmals verfolgten und 1435 (bis ins 19. Jahrhundert) vertriebenen jüdischen Gemeinde. Sie war einmal die Stätte großer jüdischer Gelehrsamkeit. Wohl aus diesem Grunde haben mehrere böhmisch-jüdische Familien ihrem Namen das Beiwort Spiro hinzugefügt (etwa Frankl-Spiro, Porges-Spiro u. a.). Dem Autor Fürnberg dürfte diese Tatsache bekannt gewesen sein. Der Spira der Erzählung ist der gebildete liberale bürgerliche Jude, wie Fürnberg ihn kannte und von Hause aus auch selber war.

Bereits durch die Namensgebung wird der Disput auf eine Ebene gehoben, die den Charakter des Prinzipiellen für sich in Anspruch nimmt. Es geht dabei nicht zuletzt auch um die Frage, ob – vor dem Hintergrund des Holocaust – den Juden nicht das Recht einzuräumen sei, in der Form eines zukünftigen nationalen Gemeinwesens einen entsprechenden Platz in der Völkerfamilie einzunehmen. Die Geschichte hat diese Frage inzwischen auf ihre Weise entschieden. Wir aber schreiben, indem wir von »Lessing und Spira« reden, noch das Jahr 1945 als Zeitpunkt der Handlung (und auch das Jahr 1957 als Jahr der letzten Beschäftigung des Autors mit dem Manuskript).

Das Gespräch [34] beginnt mit einem leicht boshaften, doch keineswegs bösartigen Wortgeplänkel. Wenn dabei gefochten wird, so jedenfalls mit Florett. Nachdem Lessing Spira als Talmudisten bezeichnete, kommt schnell die Antwort zurück: »Ich bin so Talmudist wie Sie Tschechoslowake.« Das verweist auf die Tatsache, daß der Lessing der Erzählung (so wie der Verfasser) auch als Deutscher unter den Tschechen nicht wirklich zu Hause ist. (Ich erinnere daran, daß Fürnberg sich eine Existenz als Schriftsteller in seiner Heimat nicht hatte aufbauen können. Nach seinem Auslandsaufenthalt als tschechoslowakischer Botschaftsangehöriger in Berlin emigrierte er zum zweiten Mal, diesmal endgültig, und zwar in die DDR, woselbst er die deutsche Staatsbürgschaft annahm.)

Der sich entwickelnde Disput ist einer, wie er unter Juden bereits seit Jahrzehnten geführt wurde. Durch den wachsenden Antisemitismus und unter dem Eindruck des Vernichtungsfeldzugs der Nazis gegen die Juden gewann er an Schärfe und Dringlichkeit. Spira vertritt den Standpunkt, daß die Juden letztlich auf sich selbst gestellt seien und nur durch die Hinwendung zur Idee eines eigenen nationalen Gemeinwesens die Chance des Überlebens zu gewinnen haben. Lessing, der assimilierte Jude, sieht keinen Grund, von dem einmal eingeschlagenen Wege abzuweichen, zumal andernfalls das Verbrechen gleichsam legitimiert, vor allem aber auch neues Unrecht geschaffen würde. Er sieht den historisch »richtigen« Weg durch den Sozialismus, konkret: die Sowjetunion, garantiert. Spiras Argument »fünf Millionen Leichen öffnen einem die Augen« wird dahin gekontert, daß eben dieses kein »neues Abenteuer« rechtfertige, worauf Spira Lessing etwas süffisant fragt, ob dieser sich wirklich noch für einen Juden halte.

Das Gespräch beginnt hier, sich heißzulaufen: Der Erzähler kommentiert, diese Frage sei für Lessing nicht neu. Er höre sie, seit er in Palästina weile. Es sei »eine plumpe Form der Provokation, die den Zionisten dazu dient, Diskussionen, die sie nicht fortzusetzen wünschen, kurzerhand zu beenden«. Lessing fühlt sich trotzdem getroffen, er erschrickt, da er weiß, daß es »Spiras Absicht nicht ist, ihn zu verletzen«. Spira fährt deshalb auch fort: »Bin ich denn Ihr Feind, Lessing? Aber ich fürchte für Sie. Die Tatsachen haben bewiesen, daß die jüdische Großmutter stärker ist als die ganze Assimilation« und »Sie haben sich doppelt zu assimilieren: als Deutscher, um Slawe zu werden, und als Jude, um unter Ihren alt-neuen Landsleuten, an denen Herr Hitler ja auch nicht spurlos vorbeigegangen zu sein scheint (...) Wünschen Sie ein Märtyrer zu werden?« Spira stellt diese Frage, indem er auf die Via dolorosa deutet, er fährt fort: »Man kreuzigt nicht mehr, – man vergast und schlägt das Kreuz darüber. Sie sehen: der Fortschritt ist nicht aufzuhalten.« Lessing ist verstört, doch spürt er für einen Augenblick, daß es aus seinem Dilemma kein Entrinnen gibt. Sichtlich um Antwort verlegen, bittet er den Freund, »die Dinge ein wenig sub specie aeternitatis zu betrachten«. Und Spira kontert: »So redet der deutsche Professor (...) Das ist die sublimierte Trägheit des Herzens. Pervertierte Humanität, Lessing.« »Ghettodialektik«, kontert Lessing seinerseits: »Machen Sie doch endlich einmal einen dicken Strich unter die Vergangenheit und begreifen Sie, daß etwas geschehen ist, was die Welt von Grund auf verwandelt.«

Es ist nicht der Holocaust, an den Lessing hier etwa denkt, sondern der Sieg der sowjetischen Armee über Hitler, den er als *das* Ereignis der Epoche ansieht und dessen »universale« Bedeutung die Vergangenheit vergessen machen würde. Darauf kann Spira nur noch sarkastisch erwidern: »Die Toten sind tot, und der Messias kommt nicht. Nachdem die europäischen Juden abgeschlachtet sind, wird der Antisemitismus für beendet, die Judenfrage für gelöst erklärt. Bemitleidenswerte, aber historisch nicht vermeidbare Opfer – da kann man halt nichts machen.« Dann wendet er seine Aussage gleichsam ins »Positive«: »Der Weltkrieg ist aus, nur der jüdische Krieg geht weiter.«

Lessing spürt, daß das Gespräch jetzt »an Schärfe zunehmen« wird und daß er der Verbitterung Spiras nicht viel entgegenzusetzen hat. »Die Vernunft eine Chimäre?« Jedenfalls keine gute Trösterin. Die »Zeit, wo er ihr Macht und Herrlichkeit zutraute«, scheint vorbei. Lessing überläßt sich seinem Schmerz, ist schließlich froh, daß die schmale Gasse ein Ende hat und sich gegen das Damaskus-Tor hin verliert. Spira hat anscheinend nicht gemerkt, daß er ihm die Antwort schuldig geblieben ist.

Dabei »brennt es« in Spiras Brust, doch er will mit seinem Freund nicht streiten, wiewohl er weiß, daß es ein Abgrund ist, der »sie beide voneinander trennt (...) und wiewohl ein jeder versucht, dem anderen eine Brücke darüber zu bauen«.

Doch fühlt sich Spira herausgefordert: »Darf jüdische, darf menschliche Einfalt so weit gehen?« Je mehr Lessing durch das Gewimmel auf der Straße drängt, desto ungeduldiger folgt Spira ihm nach. Nur noch ein paar Schritte, und sie werden durch das Damaskus-Tor ins Freie gelangt sein, da ruft Spira Lessing noch einmal nach: »Der Krieg geht weiter – hören Sie?«

Auf der anderen Seite des Tores, so der Erzähler, gäbe es keine Fortsetzung dieses Gespräches: »Die Gespenster der Altstadt haben ein anderes Gesicht als die der Neustadt.« Dieser Satz findet seine Bestätigung in einem Bild des Jerusalemer Panoramas mit seinen Giebeln, Kuppeln der Kirchen, Klöster und Moscheen, »die in den vielen strahlenden Abendfarben Jerusalems gebadet sind«, was Lessing zu einem kurzen Ausbruch der Begeisterung hinreißt. »Ein Glück«, bemerkt Spira sarkastisch, »daß Ihnen wenigstens etwas gefällt im Lande.« Darauf Lessing: »Sie werden zugeben, daß der Sonnenuntergang ohne Zutat der Jewish Agency vor sich geht.« Und Spira: »Erstaunlich, Lessing, oder eine Ketzerei! Bisher machten Sie die Jewish Agency immer für den Sonnenuntergang verantwortlich.«

Die beiden Fassungen des Textes (von 1945 bzw. 1957) haben sich bis hierher nur unwesentlich voneinander unterschieden. Wir konnten uns des Textes der gedruckten Fassung (1957) bedienen, ohne die diversen, jedoch eher unbedeutenden Varianten im Detail aufzuführen. Das ändert sich jetzt schlagartig: Lessing, der sich bisher in der Rolle des sich Verteidigenden gesehen hatte, geht (immer noch in der Fassung von 1957) nun zum Angriff über. Nachdem Spira ihn als unbelehrbar bezeichnet hatte (»Ich fürchte für Sie«), repliziert Lessing mit der Bemerkung: »Ich bin Ihnen dankbar, Spira. Aber zu Blut und Boden werde ich mich niemals verstehen.«

Der neue Text weicht jetzt erheblich von dem früheren ab. Das Wörterbuch des Unmenschen wurde allerdings schon in der frühen Fassung von

Lessing herangezogen, freilich nur, um es Spira in den Mund zu legen, der Worte wie »vaterlandslose Gesellen« oder »Volksverräter« gar nicht benutzt hatte. Lessing: »Damit schreckten schon die Nazis ihre widerspenstigen Volksgenossen, also die guten Deutschen.« Darauf Spira: »Ein neues Klischee. Damit können Sie Ihren Co-Marxisten imponieren. Wenn Sie glauben, daß der Angriff die beste Verteidigung ist, dann irren Sie sich.« Der Streit nähert sich seinem Höhepunkt. In der Fassung von 1945: »Nähren Sie sich doch nicht immer von den jüdischen Leichen«, entgegnet Lessing kalt. »Damit könnt ihr der Welt Sand in die Augen streuen, aber nicht unsereinem.« – »Wer ist ›unsereiner‹?« fragt Spira gelassen. »Sie sind nicht unsereiner, Lessing. Sie sind eine Steinwüste. Sie sind mir kein Rätsel, wie Sie es mir noch vor einer Stunde waren. Sie sind von jüdischem Selbsthaß zerstört, und Ihr marxistischer Altruismus – nun ja, das ist Ihr Haß gegen sich selbst, gegen Ihr jüdisches Ich.« – »Und Sie sind ein Phrasendrescher, mein Lieber«, erwidert Lessing halb empört, halb mitleidig. »Sie haben den Sinn für die Realität verloren und laufen Amok gegen die Vernunft. Erschütternd.« – »Vernunft?« lächelt Spira und gibt sich Mühe, seiner Erregung Herr zu werden. »Vernunft? Ein Schlagwort, auf das ihr sehr stolz seid, weil es eure Brutalität bemäntelt, wie kein anderes.«

Zum Vergleich noch einmal die Druckfassung (1957): Auf seine eigene Frage »Wer ist unsereiner?« antwortet Spira: »Das Malheur ist, daß Sie nicht mehr unsereiner sind, sondern eine Steinwüste. Ich verzeihe Ihnen, weil Sie aufhören, mir ein Rätsel zu sein. Sie sind ein Produkt der Emanzipation. Der Marxismus ist das Deckmäntelchen über Ihrem jüdischen Selbsthaß. Sie glauben: man wird nicht merken, daß Sie beschnitten sind.« – »Getroffen, lieber Freund! Zögen Sie vor, daß ich im Lande bliebe, um für den Kommunismus zu agitieren?« – Spira: »Vielleicht ...«

Schon die Frage zeigt, daß diese Zeilen dem umgearbeiteten Text entstammen, denn bei dem älteren, noch vor der Staatsgründung Israels entstandenen, wäre Fürnberg diese Frage kaum unterlaufen. Das Gespräch nähert sich in der Druckfassung jetzt seinem Ende: »›Schönen Dank‹, sagt Lessing und schiebt seinen Arm unter den des Freundes. ›Sie kränken mich. Was für ein schlechter Agitator muß ich in Ihren Augen sein.‹« Er lacht. Nach weiteren zehn Zeilen ist der Abschnitt zu Ende, die Freunde haben Hunger und werden »versuchen, im British Restaurant zwei Plätze zu belegen«.

Wir wenden uns jetzt endgültig der Fassung von 1945 zu, die noch längst nicht zu Ende ist, vielmehr erst ihrem letzten Drittel entgegensieht. Der Streit hat an Schärfe zugenommen. Die »Philosophie« des Nationalsozialismus wird noch einmal herangezogen, um den Zionismus zu diffamieren. »Wenn der Mythos des XX. Jahrhunderts«, sagt Lessing, »in Deutschland bankrottierte – bei euch wird er reüssieren.« Oder: »Die Feme ist längst in Aktion, und die Sturm-Abteilungen stehen Gewehr bei Fuß.« – »Vulgär und brutal. Weiter reicht Ihre Phantasie wohl nicht.« – »O doch!«, so Lessing, »aber sie sträubt sich anzuerkennen, daß sie von der Wirklichkeit überboten wird.« Etwas weiter allerdings, nach einem Wortwechsel über Renegatentum, lenkt er begütigend ein, daß er Spira im Grunde kein Wort glaube: »Ihre Unvernunft nicht und Ihren Zorn nicht.« Spira: »Ich bin nicht im mindesten erregt.« Und Lessing: »Nur berauscht. Sie applizieren die deutsche Heldensage auf die Tragikomödie der jüdischen Renaissance. Ein Stimulanz für Ihre innere Unsicherheit.« – »Ein Mißverständnis, Lessing. Ich gebe aber zu, daß ich erst Buchenwald und vor allem das, was darauf folgte, brauchte, um dorthin zu gelangen, wo ich heute stehe.«

Das, was darauf folgte, hieß »Auschwitz«.

Die Geschichte hat ihre Peripetie[35] erreicht, denn wenn auch Lessing, wie der Erzähler meint, immer noch fähig sein würde, Spiras Skeptizismus zu widerlegen, so war inzwischen doch »ein Punkt berührt, den er (Lessing) lieber verdrängen mochte. Hier bleibt etwas offen, das sich mit dem Wissen allein nicht beruhigen will. Da ist ein leiser, ziehender Schmerz, an den man sich offenbar schon so gewöhnte, daß man ihn vergaß – der aber da ist und sich in Erinnerung bringt, bei der leisesten Berührung der Wunde – heftiger als der laute Schmerz, weil er tiefer ist. Und Spira? Er weiß, daß das Richtige im rechten Moment von seinen Lippen kam und fühlt sich erleichtert. Er weiß, daß Lessing deshalb nicht aufhören wird, ihn zurechtzurücken. Auch daß er immer nur äußerlich widerstehen und widersprechen, innerlich aber Lessings einfache Schlußfolgerungen gutheißen wird, weiß er – denn wie wäre sonst das Leben erträglich? (...) Das Leid hat am Ende doch nur eine Melodie. Er wirft dem schweigend neben ihm hinschreitenden Lessing einen verstohlenen Blick zu – er müßte nicht sehen, er fühlt ja, wie sein Wort getroffen (...). Und in der Tat. Wenn man nun jahrelang in Lessings Zügen las, aus denen ein gewisser leicht erklärbarer Optimismus niemals zu schwinden schien, selbst in sehr bösen Tagen, erkennt man den Schatten einer leisen Trauer, ohne scharf blicken zu müssen. Auch wenn Lessing bald sein Schweigen lüftet, um Spira zu widersprechen: ›Um so schlimmer‹, sagt er. ›Das heißt den Teufel mit Belzebub auszutreiben. Vor allem aber geben Sie sich einer Reaktion hin, die, selbst wenn sie Aussicht auf Erfolg hätte, nur vorläufig wirkte. An die Wurzel des Übels kämen Sie gar nicht heran.‹ / ›Bis dahin wäre es auch zu spät‹, erwidert Spira. ›Der Horror macht die Menschheit bekanntlich nicht milder, sondern nur viehischer. Beachten Sie bitte, daß die erste Frucht eines sogenannten Sieges der Humanität über die Barbarei die Atombombe ist. Was aber nun unser eigenes, also das jüdische Volk betrifft, so hat es die welthistorische Mission erfüllt, es sich beweisen zu lassen, daß sich ein Drittel seiner Gesamtzahl glatt ausrotten läßt, ohne dadurch den Humanitätsnerv der Menschheit wesentlich aus dem Gleichgewicht zu bringen.‹ / ›Das ist ein Sophismus‹, sagt Lessing. ›Je verbitterter Sie denken, desto unlösbarer muß Ihnen die Situation erscheinen. Ich bestreite nicht, daß die Dickfälligkeit der Menschen größer ist, als man erwartete. Daraus folgert, daß man die Anstrengungen verdoppeln muß, die Menschheit der Vernunft zu gewinnen – selbst wenn Sie, Spira, – verzeihen Sie – von der Vernunft keine sehr hohe Meinung haben.‹ / ›Ein neuer Scherz, Lessing‹, bemerkt Spira mißbilligend. ›Auch Ihr Rezept ist ein Scherz. Sie glauben, ich weiß nicht, wo Sie der Schuh drückt? Ich weiß es Lessing, und ich sage Ihnen: Sie werden sich noch sehr wundlaufen, in Ihrem Glauben an die Vernunft.‹ / ›Mag sein‹, erwidert Lessing (...). ›Man darf nicht aus Episoden schließen, die Episoden bleiben. Es kommt auf den Aspekt an.‹« Das letzte Wort hat Spira, wie sollte es in diesem Text anders sein? Und sei es auch gegen die Intentionen des Autors. »›Lassen Sie mich in Frieden mit dem Aspekt!‹, ruft Spira aus. / ›Es sind die kleinen Wirklichkeiten und die kleinen Gegenwarten, die uns in die Gaskammern treiben. Wie kann man vom Aspekt reden, wenn man nicht einmal die Kraft besitzt, mit dem Augenblick fertigzuwerden?‹ / Lessing beißt sich auf die Lippen.«

Was den Text der Fassung von 1945 so außerordentlich interessant macht, ist das Maß, in welchem der Marxist und Kommunist Louis Fürnberg sich als Prosaautor in die Gedankenwelt einer Figur hineinversetzt, die er politisch als Antipoden seines eigenen Denkens, seines Tuns, ja seiner eigenen Person hat empfinden müssen. Oder eben auch nicht! In diesem Abschnitt des unveröffentlichten Manuskriptes geht er so weit, sie – und sei es auch nur für einen Augenblick – obsiegen zu lassen. Es deutet auf – wenn man so sagen darf – habituelle Zweifel des Autors, die er später in seiner »Krankengeschichte« dargestellt (und freilich auch wieder zurückgenommen) hatte. Hier werden sie in aller Deutlichkeit ausgetragen, und dies erstaunlicherweise bereits 1945. Daß der Text in dieser Fassung so nicht an die Öffentlichkeit gelangte, selbst nicht in den mehr als 35 Jahren nach Fürnbergs Tod, verwundert niemanden, dem die Verhältnisse in der ehemaligen DDR bekannt sind. Ich könnte mir vorstellen, daß selbst 1967 die Veröffentlichung der noch von Fürnberg selbst redigierten und gekürzten Druckfassung den Herausgebern »Bauchschmerzen« verursacht haben muß.

Ich möchte übrigens nicht dahin mißverstanden werden, daß Fürnberg in meinen Augen etwas wie ein »heimlicher Zionist« gewesen sei. Doch daß er dem Gedanken eines jüdisch geprägten Gemeinwesens auf dem Boden des ehemaligen Palästina mit größerem Verständnis begegnet sein mußte, als er sich zeit seines Lebens den Anschein gegeben hatte, scheint nach der Lektüre dieser Texte, insbesondere der bis heute unveröffentlichten, evident.[36] Denn nicht nur erstaunlich ist die Objektivität, mit der Fürnberg auch die Argumentation des »Gegners« darstellt, und die Exaktheit, mit der er sich in wichtige Facetten der ideologischen Gemengelage inner- und außerhalb dieses Landes wenige Jahre vor seiner Teilung (und damit der Staatsgründung Israels) einfühlt und ihre Argumentationsmuster verbalisiert. Erstaunlicher ist vielmehr die bei aller Streitlust so unverbrüchliche Freundschaft der beiden politischen Kontrahenten, die sich im tiefsten Inneren sehr viel näher stehen, als sie zugeben können. Es gelingt ihnen, sich in einem Maße in den jeweils anderen einzufühlen, welches den Gedanken provoziert, daß es sich letzthin um die »zwei Seelen in einer Brust« desselben Menschen handeln können, die eher durch die Umstände als durch das eigene Verlangen auseinandergerissen worden sind. Ja, man könnte den Schluß wagen, daß eben in einer solchen Persönlichkeitsspaltung die Not des europäischen Intellektuellen der Jahrhundertmitte sich adäquat darstellt. Sie liegt im Auseinanderdriften von Freiheits- und Gleichheitsgedanken beschlossen. Louis Fürnberg hatte die Verwirklichung einer Idee, welche beide hätte versöhnen sollen, zeit seines Lebens auf sein Banner gesetzt. Er hatte für sie erst im guten, dann im brüchiger werdenden Glauben an sie gelebt und ist schließlich an der Wirklichkeit des »realen Sozialismus« wahrhaft zerbrochen. Es ist müßig, darüber zu spekulieren, ob oder wie Fürnberg unter den Bedingungen der DDR die Arbeit an diesem Werk hätte fortsetzen bzw. zu einem Ende führen können.

Die Geschichte geht ihren eigenen Gang. Der Kommunismus hat sich als historische Realität überlebt, vor allem in dem Lande, welches sich als erstes anheischig gemacht hatte, seine Gedanken in die Wirklichkeit umzusetzen. Die Ideen sozialer Gerechtigkeit und nationaler Gleichberechtigung, die ihm Millionen von Menschen zugeführt hatten, sind freilich so lange nicht aus der Welt, wie die Bedingungen dafür präsent bleiben. Der Zionismus dagegen hatte sich durchsetzen können, nicht weil er im luftleeren Raum Macht über die Juden gewann, sondern weil er ihnen, genauer: den von ihnen Überlebenden, in der Zeit der Zerstörung aller gewachsenen Strukturen, einen Weg wies, eigene Strukturen aufzubauen. Ohne das schlechte Gewissen der Weltöffentlichkeit wäre dies nicht möglich gewesen. So gesehen, behielt der Realpolitiker Spira gegen Lessing recht. Doch wer spricht heute noch von »Zionismus«, es sei denn die Historiker, die Ideologen oder die Verbandspolitiker? Eine postzionistische Generation ist längst auf dem Weg, die Amtssessel und Lehrstühle zu besetzen, Kunst und Literatur neu zu prägen.

Der Staat Israel aber ist Wirklichkeit geworden und – Ironie der Geschichte – nicht zuletzt auch durch die Haltung der Sowjetunion, deren seinerzeitiger Außenminister – aus welchen Gründen auch immer – vor den Vereinten Nationen in New York um jeden Fußbreit Boden für das erst noch auf der Landkarte im Entstehen begriffene Israel eingetreten war. Die Zeiten ändern sich, wobei die Geschichte weder voraussehbar war noch heute ist. Allenfalls verlief sie anders als gedacht. Wie gar, wenn, allem Rückfall in vormoderne ethnische Kämpfe und Schlächtereien zum Trotz, gerade in jener Region der Stern des Friedens aufgehen würde, von dem die heiligen Bücher so viel gekündet haben? Und sei es für die nähere Zukunft auch nur millimeterweise. Die Vernunft hat schon deshalb nicht ausgedient, weil sie sich immer wieder mit neuen Realitäten auseinandersetzen muß, und es kommt dabei weder allein auf die großen noch allein auf die weniger großen Aspekte an. Und dies gilt insbesondere für die finsteren Zeiten, welche unser Jahrhundert bestimmen und in denen auch die Vernunft selbst immer wieder der Gefahr unterliegt, instrumentalisiert zu werden.

ANMERKUNGEN

Lotte Fürnberg wie auch Rosemarie Poschmann sei sehr herzlich für die vielfältigen Auskünfte gedankt, die sie dem Verfasser gegeben haben, gleichfalls für die Zurverfügungstellung der für diese Arbeit notwendigen Archivmaterialien (Kopien von Manuskripten und Tagebuchaufzeichnungen). Fürnbergs Frau, Lotte Fürnberg, die über zwanzig Jahre an seiner Seite lebte, betreut nicht nur für die Ostberliner Akademie der Künste zusammen mit Rosemarie Poschmann seinen Nachlaß, sondern zeichnet zusammen mit dieser auch verantwortlich für die Herausgabe von Fürnbergs Briefen (*Briefe 1932-1957*, 2 Bde., Berlin und Weimar 1986). Zusammen mit Gerhard Wolf (und teilweise auch mit Rosemarie Poschmann) gab Lotte Fürnberg bereits früher Fürnbergs Werke heraus (*Werke*, 6 Bde., Berlin und Weimar 1964-1973).

1 Nicht für die SED geschrieben, doch in unzähligen Veranstaltungen und Aufmärschen von ihr benutzt, hat Fürnberg sich offensichtlich nie von dem Parteilied distanziert, es in diversen Briefen jedoch dahingehend kommentiert, daß er damit die Idee und die Bewegung meine und ihre »Fehler« nicht übersehe. Zwar hat Fürnberg den Slogan nicht kreiert, doch hat sein Parteilied erheblich zur Verbreitung des Wortes von der Partei, die immer recht habe, beigetragen.

Man möchte ihm gern zugute halten, daß er selber nicht das gleiche darunter verstand wie die, die es bei jeder Gelegenheit bemühten. Fürnberg glaubte an den Prozeß eines historischen Fortschritts im Interesse der Menschen und daß sich dieser gegen alle Mängel bei seiner Realisierung durchsetzen würde. Er ahnte nicht das Fiasko (und erlebte es auch nicht mehr), das dem Projekt beschieden war. Als wir, noch in Israel, von diesem Slogan hörten und daß Fürnberg ihn zu einem Lied verarbeitet haben sollte, verschlug es uns die Sprache: Wir glaubten zunächst, einer Ente aufgesessen zu sein. – Zur Einschätzung des Parteiliedes noch zu DDR-Zeiten vgl. Henri Poschmann: *Louis Fürnberg – Leben und Werk*, Berlin 1967, S. 128 ff.

2 Louis Fürnberg: *Das Fest des Lebens*, Zürich 1937.

3 Nuntius (d. i. Louis Fürnberg): *Hölle, Haß und Liebe*, London 1943.

4 Louis Fürnberg: *Der Bruder Namenlos. Ein Leben in Versen*, mit einem Nachwort von Egon Erwin Kisch, Basel 1947.

5 Louis Fürnberg: *Mozart-Novelle*, mit einem Nachwort von Hans Mayer, Leipzig 1959; ohne das Nachwort bereits Wien 1947; Neuauflage desgl. Zürich 1991.

6 Zu Fürnbergs innerem Erleben zwischen Hoffnung und Lebensgefahr in den letzten Jahren seines Lebens (Stichwort Slansky-Prozeß und danach) siehe Lotte Fürnbergs Lebensbericht »Ohne Utopie kann ich nicht leben«, Ulrike Edschmid: *Verletzte Grenzen*, Hamburg-Zürich 1992, S. 60 ff.

7 »Hölle, Haß und Liebe«, Fürnberg: *Werke*, Bd. 1, S. 276.

8 Ebd., S. 265-70.

9 Ebd., Bd. 3, S. 323-49.

10 Ebd., Bd. 1, S. 333 f.

11 Ich habe an dieser Stelle nicht nur deshalb abgebrochen, weil dieser Ausschnitt hier genügt, sondern um uns auch für einen Augenblick in die Zeit vor etwa zwanzig Jahren zurückzuversetzen, als auf deutschen Straßen ähnliche »Schlingen« geknüpft wurden, indem auf »linken« Protestmärschen gelegentlich Sprüche wie »National-Sozialisten« – »Na-Zionisten« skandiert wurden.

12 Louis Fürnberg: *Die spanische Hochzeit*, Berlin 1948.

13 Die Broschüre handelt von Majdanek und nicht, wie von Fürnberg irrtümlicherweise angegeben, von Auschwitz. Zitiert nach: Fürnberg: *Werke*, Bd. 1, S. 425.

14 Johannes R. Becher: »Kinderschuhe aus Lublin«, *Internationale Literatur*, (Moskau), 20/1944, S. 12-15.

15 Lotte Fürnberg: »Ohne Utopie kann ich nicht leben«, S. 60.

16 Louis Fürnberg: »Krankengeschichte«, *Werke*, Bd. 4, S. 153-193.

17 Etwa die Novellen-Fragmente »Der arme Dr. Eckermann« (in: *Werke*, Bd. 3, S. 449-461; »Die große Freundschaft« (Marx und Engels), *Werke*, Bd. 4, S. 5-28.

18 *Briefwechsel zwischen Louis Fürnberg und Arnold Zweig*, Berlin und Weimar 1978, S. 99.

19 Ebd., S. 102.
20 Louis Fürnberg: *Briefe*, Bd. 1, S. 320 f.
21 Louis Fürnberg: »Lessing und Spira. Ein Fragment«, *Werke*, Bd. 3, S. 323-350.
22 Zum Thema XX. Parteitag der KPdSU vgl. den Brief an Wolfgang Ehrlich in Jerusalem vom 29.5.1956, Fürnberg: *Briefe*, Bd. 2, S. 273.
23 Zuerst veröffentlicht in: *Neue deutsche Literatur*, 6/1958.
24 Fürnberg: *Werke*, Bd. 4, S. 191. – Vgl. Richard Beer-Hofmann: »Schlaflied für Mirjam«, *Junge Harfen. Eine Sammlung jungjüdischer Gedichte*. Herausgegeben von Berthold Feinsel, Berlin 1905; Ders.: *Werke*, Frankfurt a. M. 1963.
25 *Werke*, Bd. 4, S. 193 – Das Wort »intellektuelle Bedenken« ist eine Anspielung auf die gleichnamige Schrift des ungarischen Schriftstellers Béla Balázs, Prag 1933.
26 *Briefe*, Bd. 2, S. 26.
27 Ebd., S. 186. Hier allerdings heißt es ganz unbestimmt: »Ich will allerdings keine Dichtung schreiben, sondern eine Art sozialistischer Causerie, wenn es das Genre gibt, keine Feuilleton, sondern was Tieferes.«
28 Ebd., S. 439.
29 *Werke*, Bd. 3, S. 466 f.
30 Vgl. *Werke*, Bd. 3, S. 325-330.
31 Ein Brief Brods vom 23. Juli 1944 im Anmerkungsteil sowie das Konzept einer Antwort Fürnbergs vom August des gleichen Jahres: *Briefe*, Bd. 1, S. 256 ff. und S. 743 ff.
32 Es hat nahezu fünfzig Jahre gedauert, um die beiderseitige Anerkennung dieses Rechtes politisch wirksam werden zu lassen.
33 Daß er auch an den jüdischen Philosophen Theodor Lessing erinnern wollte, ist nicht unwahrscheinlich, um damit den Publizisten und Kulturphilosophen, der 1933 in Marienbad von den Nazis ermordet wurde, zu ehren. Vgl. Louis Fürnberg: »Zum Fünfzehnten Gedenktag an die Ermordung von Theodor Lessing«, *Werke*, Bd. 5, S. 190-192.
34 Die folgenden Zitate beziehen sich auf *Werke*, Bd. 3, S. 325-330.
35 Während bisher aus Platzgründen nur die Dialogteile wörtlich zitiert werden konnten, die auctorialen Passagen indessen gerafft bzw. referiert wurden, soll das Ende des Textes annähernd vollständig wiedergegeben werden.
36 Das hätte ja nicht eo ipso antiarabisch sein müssen, wie die von Martin Buber und anderen vertretenen Gedanken eines binationalen Staates beweisen, auch wenn sie sich realpolitisch nicht durchsetzen ließen.

»Lessing und Spira« – Zu einem Romanfragment von Louis Fürnberg. In: *Weimarer Beiträge*, Nr. 4, 1994.

Exil

Die deutsche Literatur seit 1933
(1944)

Am 27. Februar 1933 flammte der deutsche Reichstag auf. Seinen Flammen fiel mehr als ein unwesentlicher Teil eines unwesentlichen Gebäudes zum Opfer. Zum Opfer fiel ihnen die Freiheit des deutschen Volkes: sein Recht zu denken, sein Recht zu sprechen, sein Recht zu leben.

Etwa zwei Monate später, am 1. Mai, folgten diesem großen Brande eine Unzahl kleinere, aber um nichts weniger bedeutende Brände. In jeder Stadt, in jedem Dorf, wurden Scheiterhaufen errichtet, die den freien Geist in Gestalt des Buches von der Erde und aus dem Bewußtsein des deutschen Volkes vertilgen sollten.

Es ist ganz klar: Was damals in Deutschland heraufkam, konnte den Geist und das Buch, in dem er sich verkörpert, nicht gebrauchen. Rücksichtslos wurde die deutsche Literatur von allem »gesäubert«, was den Herren nicht angenehm war. »Eine Umwälzung«, schreibt Staatsrat Hanns Johst, Präsident der »Reichsschrifttumskammer«, »vom geschichtlichen Ausmaß der nationalsozialistischen Revolution durfte und konnte nicht haltmachen vor den Tischen, an denen gedichtet und geschrieben wird, denn ihr jugendlicher Rhythmus klang unüberhörbar auch in die geheiligten Tempel der Muse hinein. Es war daher ganz selbstverständlich, daß die dringlichste Aufgabe nach Ergreifung der Macht in einer radikalen Säuberung des deutschen Schrifttums von artfremden und damit zersetzenden Elementen bestand.«

Betrachten wir aber auch gleich, was der Nationalsozialismus der

»artfremden und zersetzenden« Literatur der Weimarer Republik und dem geistigen Schaffen von zweieinhalbtausend Jahren überhaupt entgegenzusetzen hat. Herr Dr. Joachim Petzold, ein enger Mitarbeiter Alfred Rosenbergs, des verantwortlichen Leiters für die »weltanschauliche Schulung« im Dritten Reich, hat das Wort: »Im Jahre 1935 war es die Wehrwissenschaft, der man sich in der deutschen Literatur in besonderem Maße zuwandte. Es kann mit Genugtuung festgestellt werden, daß im Schrifttum unserer Nation das weltanschauliche Ringen, das geschichtliche Denken und das große raumpolitische Handeln mehr und mehr in den Vordergrund rückt, während abstrakte soziologische Disziplinen und unfruchtbare philosophische Spekulationen einen immer kleineren Raum einnehmen auf der Messe deutschen Geisteslebens.«

Das, was Herr Petzold hier erzählt, gilt natürlich nicht nur für das Jahr 1935, sondern für die Zeit von 1933 bis heute. Auf die Folgen des »raumpolitischen Handelns«, das das nationalsozialistische Schrifttum so eifrig und erfolgreich propagiert hat, brauchen wir hier nicht einzugehen.

Wenn wir von der deutschen Literatur seit 1933 sprechen, so meinen wir natürlich nicht das sogenannte deutsche »Schrifttum«, das durch die Herren Goebbels, Rosenberg und Johst repräsentiert wird. Dieses »Schrifttum« hat keine Literatur hervorgebracht, konnte keine hervorbringen, da die Schöpfer der Literatur es vorgezogen haben, ins Ausland zu gehen bzw. zu flüchten, weil es sonst hätte passieren können, daß man sie gezwungen hätte, den »geheiligten Tempel ihrer Muse« mit einem Konzentrationslager zu vertauschen. Aber auch die, denen die Gestapo nicht auf den Fersen war, gingen über kurz oder lang, weil ihr Bleiben sie entweder zur Lüge oder zur Stummheit verurteilt hätte. Die Bücherverbrennung war ein Signal, das zum mindesten von denen verstanden wurde, die es direkt anging, von den Schreibern der Bücher selbst. Sie sahen, daß mit diesem Regime ein Kompromiß nicht möglich ist. Sie zogen die Konsequenz. Sie gingen.

Die Emigration brachte für jeden der betroffenen Schriftsteller schwere Entbehrungen, auch wenn er im Auslande mit offenen Armen empfangen wurde. Nicht nur, daß er von seiner sprachlichen und geistigen Heimat abgeschnitten war, sein Leserkreis, sein Wirkungsbereich sich verengte – die Emigration brachte auch viele wirtschaftliche Schwierigkeiten mit sich. Dem beschränkten Leserkreis entsprach die Beschränkung der Auflagenhöhe auf ein Minimum. »Viele Kollegen«, sagte Arnold Zweig in einem Artikel über Emigrantenliteratur, »geben ihr Bestes, wie sie es in Deutschland gaben, aber unter viel schwereren Bedingungen, gegen eine Umwelt von unvergleichlicher Härte und auf alle Fälle zu Sätzen arbeitend, die ihnen früher nie geboten worden wären: so niedrig nämlich. Und ich, ein alter Schutzverbandsmann, beeile mich hinzuzufügen: das liegt nicht an den Verlegern.«

Die freie deutsche Literatur seit 1933 läßt sich, äußerlich gesehen, in zwei Epochen einteilen. Die erste reicht von 1933 bis 1939/40. Bis dahin war sie trotz Emigration ein breiter, voller Strom, der ein auch mengenmäßig anspruchsvolles Publikum gut befriedigen konnte. Mit der Ausbreitung des Faschismus, mit dem Einzug Hitlers in die Länder, in denen freie deutsche Literatur verlegt wurde, nahm diese Entwicklung ein Ende. Die österreichischen, tschechischen, holländischen und französischen Verlage, die diese Literatur herausgaben, fielen in die Hände der Gestapo. Auch die Schweizer Quellen versiegten auf äußeren Druck. Nur dem Bermann-Fischer Verlag gelang es, von Wien nach Stockholm und von Stockholm nach New York überzusiedeln; doch brachte er kaum mehr als ein halbes Dutzend Bücher heraus. Zwei, drei Moskauer Verlage waren die einzigen, die weiterhin freie deutsche Literatur verlegten. Alles übrige erschien seit 1939 fast nur noch in Übersetzungen. Erst in jüngster Zeit entstand in Mexiko ein neuer antifaschistischer deutscher Verlag; außerdem erschienen bei Hamish Hamilton in London die ersten Titel einer Serie »Deutsche Bücher«.

Fragen wir uns nun: Was hat die deutsche Literatur in der Emigration alles geschaffen? Welche Themen hat sie behandelt? So können wir nur antworten: alle! Es gibt kein Thema, das die Literatur der Emigration nicht auch behandelt hätte, und nicht auch gut behandelt hätte. Ich schlage willkürlich einen Katalog von Querido auf aus dem Jahre 1937 und sehe neben Feuchtwangers politischen und historischen Romanen ein Buch von Albert Einstein *Mein Weltbild*, neben Vicky Baums leichten Unterhaltungsromanen die Biographien Emil Ludwigs, ich sehe den Titel Alfred Kerr: *Walter Rathenau*, Thomas Mann *Die Bekenntnisse des Hochstapler Felix Krull*, Tollers Selbstbiographie, Oldens Hitlerbiographie, Brentanos Konzentrationslagerroman, Märchen von Th. Th. Heine, eine Johann-Strauß-Biographie usw. usw. Die deutsche Emigrationsliteratur ist so reichhaltig, wie eine Literatur nur sein kann. Sieht man aber näher hin, so erkennt man doch, daß in ihr ein Wille ist, ein Ziel: die Freiheit des Menschen der Hitlerschen Barbarei entgegenzustellen.

Diese deutsche Literatur steht einig da im gemeinsamen Kampfe gegen den gemeinsamen Feind, in der gemeinsamen Hoffnung auf eine bessere Zukunft. »Manches«, sagt Arnold Zweig in seinem schon zitierten Artikel, »hatte ich vor der Hitlerbarbarei gegen unseren literarischen Betrieb auf dem Herzen. Aber was er aus sich gemacht hat seither, wie er die Geister schied in Drinbleiber, schwankende Gestalten und Emigranten – wie ein ganzes großes Schrifttum gegen ein barbarisches und machtvolles Regime aufstand, das die Frechheit hatte, ohne Geist auskommen zu wollen, das war meiner bescheidenen Kenntnis nach noch nicht da.«

Diese Literatur ist sich der Aufgabe, die die Zeit an sie stellt, bewußt. Sie ist von den weltfremden Höhen, auf denen sie zu lange, getrennt von den Problemen des Tages, von der Politik, geweilt hat, hinabgestiegen, um Anteil an den Dingen zu nehmen, die heute das Leben ausmachen.

Die Literatur ist der historischen Entwicklung immer um einige Schritte voraus. In ihr kündigt sich geistig an, was später die Welt verändert. In Montesquieu, Rousseau, Voltaire sehen wir Vorboten der Französischen Revolution. Die deutsche Literatur ging schon vor zehn Jahren den Weg, den das deutsche Volk in aller Kürze gehen muß und gehen wird: den Weg nach links. Natürlich sind es hier wie dort vor allem ökonomische Faktoren, die diesen Weg bestimmen. Die Literatur wurde schon 1933 durch ihre Vertreibung geeint und zum gemeinsamen Kampfe getrieben. Der Faschismus – vor allem der Krieg – hat aber auch den überwiegenden Teil des deutschen Volkes geeint, aber zu etwas anderem als zu der von den Nazis erträumten »Volksgemeinschaft«. Durch die wirtschaftliche Entwicklung Deutschlands ist – wenn wir von einer kleinen herrschenden

Oberschicht absehen – fast das gesamte deutsche Volk proletarisiert worden. Die Mittelschichten sind verschwunden. Es gibt nur noch Herren und Knechte, nur Kriegsgewinner und Soldaten und Proleten an den Festungswällen und in den Fabriken. Der Faschismus hat in wirtschaftlicher Hinsicht das gesamte Volk gespalten, wie er schon zehn Jahre früher seine Intelligenz gespalten hat in Drinbleiber und Emigranten. Einen goldenen Mittelweg gibt es nicht. Die Literatur hat das rechtzeitig erkannt. Das deutsche Volk muß es durch Blut und Eisen lernen.

Eine eingehendere Analyse der emigrierten deutschen Literatur führt zur Sondierung von zwei Strömungen, von denen sie getragen wird und die man als Spiegelbilder von zwei Tendenzen und Schichten des gesellschaftlichen Lebens betrachten kann. Die eine dieser Schichten ist das bewußte, revolutionäre Proletariat, das sich zwar kaum eine *eigene* Literatur geschaffen hat, *für das* aber – schon kurz nach dem Weltkriege – eine Literatur geschaffen wurde, eine *revolutionäre*, die man fälschlicherweise oft als *proletarische* Literatur bezeichnet (Brecht, Toller u.a.). Die andere Schicht ist das Bürgertum, in dem es neben reaktionären auch progressive Strömungen gab, die durch den Faschismus aber nicht nur ihrer politischen Rechte, sondern auch ihrer ökonomischen Grundlagen beraubt wurden. Das liberale Bürgertum erlebte in den ersten drei Jahrzehnten dieses Jahrhunderts noch eine späte Blüte seiner Literatur (Hofmannsthal, Rilke, Schnitzler, Wassermann, Thomas Mann). Aber diese Blüte trug schon den Keim des Todes in sich. Sie war Ausdruck des zerfallenden Bürgertums – man erinnere sich an Thomas Manns *Buddenbrooks* –, Ausdruck des Suchens nach Neuem. Seit 1933 ist dieses Bürgertum politisch erledigt. Die zunehmende Monopolisierung des Kapitals führte zu Faschismus, Terror, Krieg und – trieb damit die fortschrittlichen Kräfte des Bürgertums nach links. Dieses Bürgertum mit seinem Ideal der Demokratie hat den Boden (Wohlstand, Sicherheit usw.) unter seinen Füßen verloren. Wer zu den Zielen der Demokratie weiter hält, muß den Anschluß an andere ökonomische Kräfte suchen, an Kräfte, die die Demokratie zu verwirklichen gewillt sind. Diese Tendenz ist deutlich in der heutigen deutschen Literatur, in der bürgerliche und revolutionäre (proletarische) Kräfte vereint sind im Kampfe gegen den gemeinsamen Feind und in der sich immer mehr Vertreter der bürgerlichen Gruppe *den* Forderungen anschließen, die die revolutionäre Literatur schon vor Jahren auf ihre Fahnen geschrieben hat.

Das bewußt politische, antifaschistische Element gibt der deutschen Literatur von heute die entscheidende Prägung. Die bürgerliche Kunst war vorwiegend individualistisch; sie gestaltete am liebsten das Erleben und das Schicksal des Einzelmenschen. Die ihr adäquate Wissenschaft ist die Psychologie. Der revolutionären Kunst dagegen ist weniger am Schicksal des einzelnen als am Schicksal der Masse gelegen. Sie schildert die gesellschaftlichen Zusammenhänge und vermittelt vor allem soziologische Erkenntnisse. Ihr Wesen ist agitatorisch, anklagend, fordernd. Sie erzieht zur Aktion. Von solcher Art aber ist die Kunst, die diese Zeit vor allem braucht.

Bürgerliche Autoren, denen in den zwanziger Jahren noch der Bolschewistenschreck in allen Gliedern lag, haben inzwischen einiges gelernt. Sie haben durch den Druck der Ereignisse Bekanntschaft mit den politischen Notwendigkeiten des Tages gemacht und vielfach ihr künstlerisches Schaffen von diesen Dingen beeinflussen lassen. Aber neben der ausgedehnten politischen, antifaschistischen Literatur dieser Jahre besteht eine nicht weniger reiche Literatur, die alle anderen Möglichkeiten künstlerischer Gestaltung umfaßt. Werke von Autoren wie Stefan Zweig, Franz Werfel und vor allem Thomas Mann (Der Josephsroman, *Lotte in Weimar*!) gehören zum Schönsten, was in diesen Jahren entstanden ist. Aber die spezifische Eigenart der heutigen deutschen Literatur bestimmen diese Werke nicht. Sie gehören einer vergangenen Epoche an, von der noch Reste (und vielfach bewundernswerte Reste) in unsere Zeit hineinragen. Thomas Mann, der repräsentativste Dichter des fortschrittlichen deutschen Bürgertums, hat diesem in Reden und politischen Schriften den Weg gewiesen zu einer politischen Neuorientierung. Das Reich aber, zu dem dieser Weg führt, hat er selber nicht betreten. Seine Kunst ist im wesentlichen die gleiche geblieben. »Aber ihr bester Sohn«, so ungefähr heißt es im *Zauberberg* in einem ähnlichen Zusammenhang, »mochte doch derjenige sein, der in ihrer Überwindung sein Leben verzehrte und starb, auf den Lippen das neue Wort der Liebe, das er noch nicht zu sprechen wußte.

Aber wer dafür starb, der starb schon eigentlich nicht mehr dafür und war ein Held nur, weil er im Grunde schon für das Neue starb, das neue Wort der Liebe und der Zukunft in seinem Herzen.«

Das erste Buch, in dem die politischen und gesellschaftlichen Umwälzungen von 1933 gestaltet wurden, war Feuchtwangers *Geschwister Oppenheim*. Ihm folgten eine Reihe anderer Bücher, die das Leben im faschistischen Deutschland zum Thema haben: Klaus Manns *Mephisto*, Bredels *Dein unbekannter Bruder*, Friedrich Wolfs Drama *Professor Mamlock* und viele andere. Eine Anzahl von Romanen behandelt das Nazigespenst in seiner grausamsten Form: das Konzentrationslager, vor allem Bredels *Die Prüfung*, Langhoffs *Moorsoldaten*. Die Flucht aus einem Konzentrationslager schildert Anna Seghers in *Das siebte Kreuz*, ein Roman, der voriges Jahr in Mexiko erschienen ist. Eine Reihe von Romanen behandelt die Emigration (Bruno Franks *Reisepaß*, Remarques *Flotsam*, Klaus Manns *Vulkan*, Friedrich Wolfs *Zwei an der Grenze* usw.). Mehrere Romane schildern den Krieg in Spanien (Bredels *Begegnung am Ebro*, Kestens *Die Kinder von Guernika*). Einige Bücher schildern das Deutschland vor Hitler und bilden Material zur Beantwortung der Frage, wie es zum Faschismus kam. Dazu gehört auch Arnold Zweigs *Grischa*-Zyklus, von dem zwei Bände (*Erziehung vor Verdun* und *Einsetzung eines Königs*) in Palästina entstanden sind. Heute ist der Krieg das Hauptthema, von dem die Literatur diese Tage handelt (Hans Habe *Ob Tausend fallen* und viele Kurzgeschichten von Friedrich Wolf, Willi Bredel, Theodor Plivier, Adam Scharrer, Anna Seghers, die zum größten Teile in Rußland erschienen sind). Theodor Plivier berichtet in *Das große Abenteuer* vom Kampfe der chilenischen Salpeterarbeiter gegen den Faschismus, Traven in *General kommt aus dem Dschungel* und anderen Büchern von den revolutionären Kämpfen in Mexiko. Eine Reihe historischer Romane sind bewußt als Parallelen zur heutigen Zeit gestaltet, vor allem Heinrich Manns großes zweibändiges Werk *Die Jugend* und *Die Vollendung des Königs Henri IV.*

Neben dem Roman und der Novelle nimmt das Gedicht einen bedeutenden Platz in der antifaschistischen Literatur ein (J. R. Becher, Erich Weinert, vor allem Bert Brecht). Wissenschaftlich-politische Literatur, Biographien, Reportagen (Egon Erwin Kisch!), Aufklärungsschriften,

Dokumentensammlungen, Essays füllen einen breiten Raum antifaschistischer Publizistik.

In den ersten Jahren der Naziherrschaft hatte es den Anschein, als habe die emigrierte Literatur wenig Bedeutung. Der Schriftsteller spreche gegen eine taube Wand. Ohne Zweifel war seine Lage paradox; er wurde von denen nicht gehört, zu denen er vor allem sprach: von den Deutschen im Reiche. Es fehlte dieser Literatur der normale und gesunde Boden, die Heimat, die Verbindung mit den weitesten Schichten des Volkes. Dafür aber gebührt ihr immerhin das Verdienst, die deutsche Literatur, die in der eigenen Heimat überhaupt keinen Boden besitzt, erhalten, in die Gegenwart fortgeführt und, wenn schon nicht weiten Schichten des eigenen Volkes, so doch anderen Völkern geschenkt zu haben.

Heute ist aber in dieser Hinsicht eine entscheidende Wendung zu verzeichnen. Werke der Emigrantenliteratur werden auch von Deutschen, von nicht emigrierten Deutschen, gelesen, und zwar von Zehntausenden und Hunderttausenden: in den russischen Gefangenenlagern. Eine deutlich steigende Produktion deutschsprachiger Bücher in Rußland im letzten Jahre ist diesem sich dauernd vergrößernden Absatzmarkte zuzuschreiben. Bredel, Plivier, Friedrich Wolf, Weinert, Becher und viele andere, die heute in Rußland schreiben, Bert Brecht, Heinrich Mann, Egon Erwin Kisch, aber auch Thomas Mann und Wassermann, der alte »artfremde« Heine – und nicht zuletzt auch Marx und Engels – beginnen so wenigstens einem Teil des deutschen Volkes wieder zugänglich zu werden.

Der Reichstagsbrand und die Bücherverbrennungen konnten den Geist und die Sehnsucht des Menschen nach Freiheit nicht zerstören. Die deutsche Literatur, die dem nazistischen Drange nach Lebensraum weichen mußte, wird wieder in Deutschland einziehen. Schon heute aber spielt sie eine entscheidende Rolle im Prozeß der Erziehung und Aufklärung, der in Rußland für einen Teil des deutschen Volkes bereits begonnen hat.

ANMERKUNG

Die deutsche Literatur seit 1933. In: *Chug. Kreis der Bücherfreunde*, »Lepac«, Levant Publishing Co. Ltd., Tel Aviv, Haifa, Jerusalem, »Interne Ausgabe für unsere deutschsprechenden Abonnenten«, Februar 1944 (vgl. S. 55). Loewys erster Artikel über Exilliteratur mag heute dilettantisch und ideologisch wirken. Er ist geprägt von politischem Wunschdenken und gibt die Emotionen, Illusionen und Bedürfnisse seiner Entstehungszeit ungebrochen wieder. Die Exilliteratur als Bastion im politischen Kampf! Nimmt man ihn als Ausgangspunkt und vergleicht ihn mit Loewys späteren, reflektierten Rückblicken auf die Exilliteratur (»Von der Dauer des Exils«, geschrieben 1989, und »Zum Paradigmenwechsel in der Exilliteraturforschung«, geschrieben 1991, S. 314 und S. 261 in diesem Band), so kann man den Funktions- und Bedeutungswandel der Exilliteratur ebenso deutlich ermessen wie die Entwicklung, die Loewys Auffassung von ihr genommen hat.

Hoffnung in finsterer Zeit: Die deutsche Exilliteratur

Rede zum 50. Jahrestag der Bücherverbrennung
(1983)

I.

Am 10. Mai 1933 loderten in Deutschland die Scheiterhaufen auf. In ihren Flammen versanken die Werke von Heinrich Mann und Heinrich Heine, von Kurt Tucholsky und Carl von Ossietzky, von Karl Marx und Sigmund Freud, von Erich Maria Remarque und Erich Kästner sowie von unzähligen anderen deutschen Autoren. Es war das freie Wort, dem hier das Autodafé bereitet wurde, es sollte aus dem Bewußtsein des deutschen Volkes getilgt werden.

Was damals in Deutschland heraufkam, konnte den unabhängigen Gedanken in der Tat nicht gebrauchen. Rücksichtslos wurde die deutsche Literatur von allem »gesäubert«, was den neuen Herren nicht genehm war. Der Nazi-Dichter Hanns Johst schrieb:

»Eine Umwälzung von geschichtlichem Ausmaß der nationalsozialistischen Revolution durfte und konnte nicht haltmachen vor den Tischen, an denen gedichtet und geschrieben wird; denn ihr jugendlicher Rhythmus klang unüberhörbar auch in die geheiligten Tempel der Muse hinein. Es war daher ganz selbstverständlich, daß die dringlichste Aufgabe nach Ergreifung der Macht in einer radikalen Säuberung des deutschen Schrifttums von artfremden und damit zersetzenden Elementen bestand.«[1] Die Umwälzung, von der Johst sprach, hatte bereits Tausende von Deutschen, zumeist politische Funktionäre, in die KZ gezwungen oder außer Landes getrieben. Die Geschichte der deutschen Emigration hatte begonnen.

Maßnahmen zur Knebelung und Zerstörung der deutschen Literatur hatten freilich schon vorher eingesetzt. Bereits im Jahre 1930 hatte eine Reihe »nationaler« Schriftsteller (Kolbenheyer, Wilhelm Schäfer und Emil Strauß) einen Vorstoß unternommen, dessen Ziel es war, die kritischen Schriftsteller aus der Leitung der preußischen Akademie der Künste, Sektion Dichtung, herauszudrängen. Der Versuch mißlang, er endete mit dem Austritt der Initiatoren. Anfang 1933 indessen war ihre Stunde gekommen; eine »Neuordnung« der Akademie wurde befohlen. Am 16. Februar mußte Heinrich Mann, seit 1930 ihr Präsident, seinen Vorsitz niederlegen. Zu einer Loyalitätserklärung dem neuen Staat gegenüber aufgefordert, schieden wenige Wochen später Thomas Mann und Alfred Döblin aus der Akademie aus. Ricarda Huch erklärte im April ihren Austritt. Anfang Mai folgte der Ausschluß von Leonhard Frank, Georg Kaiser, Bernhard Kellermann, Alfred Mombert, Fritz von Unruh, Franz Werfel, Jakob Wassermann und anderer.

Die an ihre Stelle traten, waren vornehmlich trübe Geister wie Werner Beumelburg, Hans-Friedrich Blunck, Hans Griese, Hans Grimm, Agnes Miegel, Will Vesper und andere. Ernst Jünger hatte die Berufung abgelehnt. Zwar gehörte er zu den Ahnherren des neuen Geistes, doch waren seinem ästhetischen Empfinden die angewandten Methoden zuwider. Zum ersten Vorsitzenden wurde Hanns Johst bestellt, zum zweiten Friedrich Blunck, der später durch Rudolf G. Binding abgelöst wurde. Inzwischen war auch der »Schutzverband deutscher Schriftsteller«, an dessen Spitze Arnold Zweig gestanden hatte, aufgelöst worden. An seine Stelle trat die »Arbeitsgemeinschaft nationaler Schriftsteller«, die auf Anordnung von Goebbels bald durch den »Reichsverband deutscher Schriftsteller« ersetzt wurde.

All diese Aktionen waren von Anbeginn an von polizeilichen Liquidierungsmaßnahmen begleitet; sie bestanden in der Beschlagnahme sogenannter »unerwünschter« Literatur aufgrund schwarzer Listen und in der Einkerkerung mißliebiger Autoren wie etwa Carl von Ossietzky, Ludwig Renn, Willi Bredel, Kurt Hiller und Erich Mühsam. Die Scheiterhaufen waren das weithin sichtbare Signal dieser ersten »Säuberungswelle«; sie bildeten gleichzeitig den Auftakt für die Etablierung jenes mächtigen Lenkungs- und Steuerungsapparates staatlicher und parteiamtlicher Stellen, der während der folgenden zwölf Jahre den gesamten Literaturbetrieb in Deutschland beherrschte. Ich ignoriere das Dilemma nicht, dem die im Reich verbliebenen *nicht*-faschistischen Autoren unterworfen waren, will auch den Mut der wenigen nicht schmälern, die – um ihre Integrität zu wahren und dennoch weiterschreiben zu können – sich einer heute merkwürdig anmutenden Sklavensprache bedienten: Doch hatte die deutsche Literatur im Reich ihre Bleibe verloren. Alfred Döblin formulierte diesen Tatbestand kurz und bündig durch den Titel einer 1938 in Paris erschienenen Schrift *Die deutsche Literatur: im Ausland seit 1933.* [2]

2.

Bereits im dritten Jahr nach dem Machtantritt der Nationalsozialisten verfaßte der Publizist Wolf Franck, ebenfalls in Paris, einen *Führer durch die deutsche Emigration.* [3] Es war der erste größere Versuch, diese in Umrissen zu skizzieren und gleichzeitig dem in ihren Reihen verbreiteten Wunsch nach gemeinsamen Organen und Aktionen Ausdruck zu verleihen. Schon damals waren zwei Hauptgruppen erkennbar, aus denen der Flüchtlingsstrom sich zusammensetzte: die Gruppe der ihrer politischen oder weltanschaulichen Einstellung wegen Verfolgten und die Gruppe der durch die Politik des Rassenwahns Bedrohten.

Die deutschsprachige Emigration umfaßte insgesamt etwa eine halbe Million Vertriebener, die Mehrzahl davon waren Juden. Etwa 30000 betrug die Zahl der emigrierten aktiven Regimegegner, unter ihnen ca. 2000 Schriftsteller.

Die große Zahl der geflüchteten Juden hat später zur Verwendung des Begriffes »Massenemigration« geführt. Ihren Beginn vor Augen, hatte bereits 1933 der Berliner Gemeinderabbiner Leo Baeck, Präsident der Reichsvertretung der deutschen Juden, »das Ende der zweitausendjährigen Geschichte der Juden in Deutschland« vorausgesagt. [4]

Bei den ca. 30000 emigrierten Regimegegnern handelte es sich eher um Eliten als um Massen, genauer: um die »Funktionäre der deutschen Demokratie im weitesten Sinne des Wortes« (Arthur Rosenberg). [5] Es waren die engagiertesten Vertreter der republikanischen Kultur Deutschlands; Demokraten aller Richtungen (insbesondere führende mittlere Funktionäre der politischen Linken), Schriftsteller, Publizisten, Künstler (insbesondere Musiker und Schauspieler), Vertreter der Gesellschaftswissenschaften, Kunstwissenschaften und der Psychoanalyse sowie unzählige Persönlichkeiten aus unterschiedlichen Berufen und Fachbereichen. Ihr politisches und weltanschauliches Spektrum reichte vom Anarchismus, Kommunismus und Sozialismus bis zum Liberalismus und Konservativismus, vom Marxismus bis zum bürgerlichen Humanismus. Viele der Vertriebenen hatten frühzeitig vor der heraufziehenden Gefahr gewarnt oder (solange es noch möglich war) sich an Widerstandsaktionen beteiligt. Nicht wenige hatten bereits die Schrecken der KZ hinter sich. Sie alle waren entweder unmittelbar bedroht oder hatten beim Verbleib im Reich die intellektuelle oder kreative Verkümmerung zu befürchten.

3.

»Öfter als die Schuhe die Länder wechselnd« (Bertolt Brecht: *An die Nachgeborenen*) hat es fortan die Emigranten, insbesondere auch die Schriftsteller, umhergetrieben. Paß-, Visa- und Aufenthaltsprobleme machten schon frühzeitig das Exil zur Odyssee. Hinzu kam, daß das freie Europa sich in wachsendem Maße den reichsdeutschen Forderungen beugte, die politische Betätigung der Emigranten zu beschränken – ein Zeichen der die internationalen Beziehungen der dreißiger Jahr bestimmenden Appeasement-Politik, ohne die Hitlers Vordringen in Europa nicht denkbar gewesen wäre.

Mit der stückweisen Einverleibung europäischer Gebiete in das Großdeutsche Reich – der Saar (1935), Österreichs (1938), der Sudeten (1938), der verbliebenen Teile der ČSR (1939) – hatte sich der Lebens- und Wirkungskreis der Emigranten zunehmend verengt. Mit dem Ausbruch des Krieges schließlich wurde Europa für die, die nicht gleich nach Palästina oder Übersee ausgewandert waren, zu einer zuschnappenden Falle.

Einige der vor dem NS-Staat Geflüchteten fielen zum zweiten Mal in die Hände der faschistischen Schergen. Viele durchlitten die Hölle der französischen Internierung. Die Schriftsteller Walter Hasenclever, Ernst Weiß, Walter Benjamin und viele andere setzten angesichts des sie erwartenden Grauens ihrem Leben ein Ende. Die »Jeshovtshina«, d. h. die Säuberungsaktionen in der Sowjetunion, bescherten auch der dortigen deutschen Emigranten-Kolonie ein Klima der Verdächtigungen und der Angst. Eine Anzahl von KPD-Funktionären sowie eine Reihe kommunistischer Schriftsteller und Publizisten endete in den Lagern des NKWD. Der deutsch-sowjetische Pakt (August 1939) brachte für die deutschen Schriftsteller in der Sowjetunion zusätzliche Demütigungen und Gefahren; Margarethe Buber-Neumann z. B. wurde im Austauschverfahren an die Gestapo ausgeliefert und tauschte das sowjetische Lager gegen ein deutsches ein.

Beim Fall Frankreichs im Juni 1940 befanden sich viele Emigranten von neuem auf der Flucht. Geographisch verlagerte sich das Exil weitgehend nach Übersee, vor allem nach Amerika. Aber selbst Schanghai wurde zur Stätte eines Exils »am Rande«. Für die linken Literaten spielte Mexiko eine entscheidende Rolle. Es hatte unter der liberalen Regierung des Präsidenten Cardeñas auch solche Schriftsteller aufgenommen, denen, wegen ihrer Zugehörigkeit zur kommunistischen Partei, die Vereinigten Staaten die Aufnahme verweigert hatten. Die neutrale Schweiz, die (ihrer Nähe zum Deutschen Reiche wegen) vielen hätte helfen können, hat in dem Flüchtlingsdrama eine eher unrühmliche Rolle gespielt.

4.

Auswanderung, insbesondere erzwungene, findet kaum je statt, ohne daß die Betroffenen für kürzere oder längere Zeit (wenn nicht gar für immer) ihre Heimat in Gedanken mit in die Fremde nehmen. Dies geschieht um so eher und um so bewußter, wenn die erzwungene Emigration diejenigen trifft, deren Engagement der Verhinderung eben jenes Zustandes von Gewalt und Verfolgung gegolten hat, der sie sich nun ausgesetzt sehen. Am Sachverhalt dieses Engagements unterscheidet sich denn auch das Exil (als gleichsam exterritoriale, doch der Heimat verpflichtete Daseinsform) grundsätzlich von der (auf möglichst reibungslose Integration in das

Gastland abhebende) Auswanderung, wiewohl beide durch die gleichen Umstände verursacht sein können und deshalb auch eine Vielzahl von Übergängen zwischen diesen beiden Daseinsformen denkbar und möglich ist.

Es versteht sich, daß solcherlei Übergänge sich nicht an den Menschen vorbei und auch nicht im abstrakten Raum herstellen, sondern im Bewußtsein dieser Menschen selbst und im Berührungs- und Reibungsprozeß mit den unterschiedlichen Realitäten der je einzelnen Länder.

Momente der Auflösung und der Bindung, des Beharrens und der Wandlung, des Erinnerns und Erwartens treffen dabei in vielschichtiger Weise aufeinander, ein Vorgang, der zu spezifischen Exilhaltungen führt. Man sollte diese freilich nicht nur als Resultat, sondern auch als Prozeß im Auge behalten: Als Emigrant wird niemand geboren, und damit sind auch die in der Emigration getroffenen Optionen (etwa das Festhalten am Lande der Herkunft hier, die entschiedene Lossage von diesem dort) grundsätzlich nicht vorbestimmt. Allerdings wird die neue Umgebung je nach Aufnahmewilligkeit diese oder jene Tendenz begünstigen. In dieser Hinsicht haben die typischen Einwanderungsländer USA und Palästina/Israel in der Geschichte des deutschen Exils eine besondere Rolle gespielt. Es versteht sich auch, daß hier ideologische Prädispositionen (z. B. der Zionisten) die Emigration von vornherein mit dem Zeichen des Unwiderruflichen versehen haben. Für die mittelständisch-jüdische, in der Mehrheit unpolitische Massenemigration vollzog sich die Trennung vom Land der Herkunft in der Regel, wenn auch schmerzlich, so doch mit der gleichen Endgültigkeit wie der Übertritt in die Asyl gewährenden Staatsgebilde. Das Trauma der tödlichen Gefahr, der man als einzelner wie als Gruppe ausgesetzt war, hat – zusammen mit dem Aufatmen darüber, ihr entronnen zu sein – die Neigung zu einer etwaigen Rückkehr bei diesen Menschen auf ein Minimum reduziert.

Besondere Bindungen freilich (wie die der Schriftsteller an ihre Sprache) hatten vielfach den entgegengesetzten Effekt. Die Erfahrungen des Exils konnten diese Bindungen nicht zerstören, wiewohl dieselben die Existenznöte oft um ein Vielfaches gesteigert haben. Ähnliches gilt für die politisch motivierten Emigranten, die sich aus ihrem eigenen Selbstverständnis heraus (und meist auf Dauer) als Deutsche im Exil verstanden. Sie gerieten vielfach zwischen alle Stühle: die der Gastländer und die der (einseitig etwa am Zionismus oder auch an der »Americanization« orientierten) Mitemigranten eingeschlossen. Exil bedeutet für diese Menschen und für diese Gruppen nicht die Zwischenstation auf dem Weg in eine neue staatliche, sprachliche, soziale Einbindung, sondern vielmehr das Refugium, von dem aus dereinst, wie man hoffte, der Weg in die befreite Heimat würde angetreten werden können. Das Moment des Exterritorialen verband sich dabei zugleich mit dem Anspruch auf eine Art Stellvertretung und Treuhänderschaft für die der Sprache, des freien Wortes beraubten Deutschen im Reiche Hitlers.

5.

Unter fremden Himmeln nannte F. C. Weiskopf seine Darstellung, die als eine der ersten der deutschen Literatur des Exils als Ganzem gewidmet war.[6] Der Titel kennzeichnet nicht nur die Literatur, sondern das Faktum Exil schlechthin. Er deutet auf den gleichen Tatbestand, dem ein anderer Exilschriftsteller, der Dichter Max Herrmann-Neisse, in den elegischen Versen eines schmalen Bändchens *Um uns die Fremde* bereits in den frühen Exiljahren Ausdruck verliehen hatte.[7] Das Exil stellte sich zunächst also dar als Fremdheit, als ein Vertriebensein, als Entwurzelung, Bedrohtheit, Vereinsamung. Nichts hat all dies so erschütternd zum Ausdruck gebracht wie die in dem Gedichtbändchen *Mein blaues Klavier* vereinten Verse der im Jerusalemer Exil elend zugrunde gegangenen Else Lasker-Schüler:

Mein blaues Klavier

Ich habe zu Hause ein blaues Klavier
Und kenne doch keine Note.

Es steht im Dunkel der Kellertür,
Seitdem die Welt verrohte.

Es spielen Sternenhände vier
— Die Mondfrau sang im Boote —
Nun tanzen die Ratten im Geklirr.

Zerbrochen ist die Klaviatür ...
Ich beweine die blaue Tote.

Ach liebe Engel öffnet mir
— Ich aß vom bitteren Brote —
Mir lebend schon die Himmelstür —
Auch wider dem Verbote.[8]

In einem Brief an Freunde, wenige Monate vor ihrem Tode, schrieb Else Lasker-Schüler:

»Ich bin zu ermüdet. Um 7 Uhr auf, um 1/2 8 Zimmer reinigen, Bett ausklopfen draußen, entwanzen, entlausen, um 1/2 9 karges schlechtes Frühstück, um 9 Café, um 1/2 10 Café II, um 1/2 11 Café III, um 12 miserable Mittag, um 1 nix, um 2 nix, um 3 Café Sichel, ich arbeit mich zu Schanden und allerhanden, mit Gruß und Kuß Euer Intimus Jussuf.«[9]

Während ein Teil der Flüchtlinge in ihrem Dasein nicht mehr als das Walten eines blinden Schicksals erblickte, oder — wie Karl Wolfskehl — es gar als Sühne für vermeintlich eigene schuldhafte Verfehlungen zu interpretieren versuchte[10], hatte für die politisch Engagierten das Exil offensichtlich einen konkreteren Grund, waren doch sie diejenigen, die vor dem heraufziehenden Unheil gewarnt, es nach ihren Kräften bekämpft hatten und jetzt dafür verfolgt wurden. »Verjagt mit gutem Grund«, sagte Brecht in einem seiner Gedichte, und er meinte damit genau dieses.[11]

Von einem »Sinn« dieser Emigration zu sprechen, mag trotzdem zynisch erscheinen angesichts der Tatsache, daß in einem Akt irrationaler Gewalt die Machthaber des nationalsozialistischen Deutschlands sich nicht nur ihrer Gegner zu entledigen suchten, sondern gleichermaßen einen ganzen Sektor der Nation, nämlich den jüdischen, zum Feinde stempelten. An ihm entluden sich die aufgestauten Aggressionen. Man entrechtete ihn, eignete sich seine Habe an und betrieb am Ende seine Auslöschung – ein Vorgang ohne Präzedenz, den zu erklären auch dem angestrengtesten Bemühen bislang nur partiell gelungen ist. Der Emigration einen Sinn zu unterlegen – mußte auch aussichtslos bleiben angesichts der Tatsache, daß der Anlaß für die Verfolgung der je Einzelnen kaum auf einen Nenner zu bringen war. So konnte Ludwig Marcuse schreiben:

»Unter den Emigranten gibt es: arische Kommunisten, die wegen des Kommunismus, und deutsch-nationale Juden, die wegen des Judentums Deutschland verließen; Menschen, die aus Furcht, und Menschen, die aus Mut in die Verbannung gingen; arojüdische Patrioten, die sich in Sehnsucht nach Deutschland verzehren, und internationale Reiche, die nicht auf den Gedanken kommen, daß sie in der Verbannung leben. Man kann also ernsthaft über diese Emigration keine allgemeingültigen Aussagen machen.« [12]

Mit diesem Artikel replizierte Marcuse auf eine der frühen Exilschriften Heinrich Manns, die unter dem Titel *Der Sinn dieser Emigration* erschienen war. [13] In ihr wurde freilich weniger die trübe Wirklichkeit auf einen ihr innewohnenden »Sinn« befragt als vielmehr den auseinanderlaufenden Wünschen, Ansichten und Interessen der sie bildenden Gruppen und einzelnen eine »Sinngebung« abverlangt, deren diese zum materiellen Überleben, zu ihrem physischen Schutz und schließlich zur Abwehr des gemeinsamen Feindes, des Nationalsozialismus, so dringend bedurften.

Das Ziel einer antifaschistischen Kampfgemeinschaft wird schon in dieser frühen Schrift Heinrich Manns anvisiert. So fehlt es in ihr auch nicht an harter Kritik gegenüber jenen Tendenzen, die bisher das Entstehen einer solchen Kampfgemeinschaft verhindert hatten:

»Sie müssen das Bewußtsein bekommen, eine geordnete Gemeinschaft und dadurch, stehe es sonst um sie auch nur mäßig, doch eine Art von Macht zu sein. Die Forderung nach einer Gesamtvertretung ergibt sich von allen Richtungen her. Sie drängt sich der deutschen wie keiner anderen Emigration auf, denn die Natur jedes einzelnen versteht ein menschliches Zusammenleben nur unter der Form geregelter Verpflichtungen. Es kommt allein darauf an, ob man sich zum Bösen oder zum Guten verpflichtet. Das Dritte Reich ist der Zwang zum Bösen. Emigration kann nur heißen, gemeinsam das Gute wollen.«[14]

Der Topos der Gemeinsamkeit – hier nur als ein sehr Ungefähres angesprochen – begleitet das Exil, teils als Wirklichkeit des Gefühls und Gedankens, teils auch nur als ein Appell, als eine Beschwörung, der Zersplitterung Einhalt zu gebieten. Doch schon der Gedanke schien genügend tragfähig, um eine Begriffsbildung zu legitimieren wie die der »Humanistischen Front«: Es war der Titel, den Walter A. Berendsohn, der Nestor der Exilforschung und ihr erster Chronist, für sein Hauptwerk wählte.[15] Wenn auch das vielfältige Phänomen der freien deutschen Literatur hiermit nur sehr allgemein umschrieben wird, so mag gerade deshalb der Begriff so etwas wie den kleinsten gemeinsamen Nenner abgegeben haben, auf den das Selbstverständnis ihrer Urheber sich bringen ließ. Das Ziel der Aktivisten im antifaschistischen Kampf ging allerdings weit über die Gemeinsamkeit des Erleidens (und Bekennens) hinaus: Es gipfelte in den diversen Volksfrontbestrebungen, von den Bemühungen des Deutschen Volksfrontausschusses Mitte der dreißiger Jahre in Frankreich bis zu den Versuchen des »Nationalkomitees Freies Deutschland« in der Sowjetunion und ähnlicher Gruppierungen in Europa und Amerika in den letzten Kriegsjahren. Es wäre durchaus falsch, in alldem nur den Wunsch und das Werk kommunistischer Exilgruppen zu sehen oder das Scheitern dieser Anstrengungen allein auf die wachsenden Hegemoniebestrebungen des Sowjetkommunismus unter Stalin zurückzuführen. Auch hier zeigte sich vielmehr die Schwäche des deutschen Widerstandes, die sich bis in das Exil hinein fortsetzte. Die im Exil geführten Kontroversen zeugen davon.

6.

Die Debatten des Exils können hier nur summarisch benannt werden, handele es sich dabei um die literarischen oder um die politischen. Von den literarischen, besser: literatur-politischen Kontroversen sei hier nur eine genannt: die Expressionismus-Realismus-Debatte in der in Moskau erschienenen Zeitschrift *Das Wort*, die auch in anderen Exil-Zeitschriften ihre Fortsetzung gefunden hat (1937/39).[16] Man kann sie als eine Auseinandersetzung über die Methode des »richtigen«, (d.h. den damaligen Aufgaben) adäquaten Schreibens bezeichnen.

In den politischen Debatten wirkten vielfach noch die aus der Weimarer Zeit ererbten und keineswegs bewältigten Probleme nach, etwa die, die sich aus der Spaltung der Arbeiterbewegung ergaben. Zu ihnen waren jetzt zahlreiche, durch die Vertreibung bedingte, hinzugetreten. Auseinandersetzungen über Ursachen und Wesen des Nationalsozialismus haben verständlicherweise die gesamte NS-Zeit begleitet. Sie waren zum Teil noch von dem unzulänglichen Begriffsarsenal derer geprägt, die den NS-Staat nicht zu verhindern gewußt hatten: Die zu kurz gegriffene Formel der Komintern, die diesen auf eine bloße Agentur des Finanzkapitals reduzierte und seinen unmittelbar bevorstehenden Zusammenbruch erwartete, sei hier als Beispiel genannt. Doch wurden zur gleichen Zeit durch die Kritische Theorie der in die USA emigrierten Frankfurter Schule auch die Fundamente für eine Deutung des deutschen Faschismus gelegt, die sich bis in die Gegenwart hinein als fruchtbar erwiesen hat. Entzündet hatten sich die Auseinandersetzungen vor allem aber an den Volksfrontbestrebungen sowie an der Politik der Sowjetunion, sei es anläßlich der Moskauer Prozesse von 1936 bis 1938 oder anläßlich des deutsch-sowjetischen Paktes von 1939. Vermerkt sei auch die Diskussion über den »Tag danach«, die bereits im Jahre 1939 durch Leopold Schwarzschild im *Neuen Tage-Buch* eröffnet wurde, und in der kurzen Zeit, die das Blatt den Ausbruch des Zweiten Weltkrieges überdauerte, in eine allgemeine Kriegszieldebatte überging.[17]

Zu erwähnen bleiben ferner die viele Jahre später im New Yorker *Aufbau* und anderen Zeitschriften geführten Kontroversen über die Behandlung Deutschlands nach dem Kriege oder über jenen freilich utopischen Versuch deutscher Emigranten, mit der Gründung des »Council for a Democratic Germany« wenigstens tendenziell auf etwas wie eine deutsche Exilvertretung, wenn nicht gar Exilregierung, hinzuarbeiten. Die vorübergehende Bereitschaft Thomas Manns, sich dem noch im Vorbereitungsstadium befindlichen »Council« zur Verfügung zu stellen, und seine schließliche Absage sind im Zusammenhang mit den Äußerungen Brechts über Thomas Mann vor einigen Jahren mehrfach Gegenstand der Erörterung und gelegentlich auch einer überspitzten Polemik geworden.[18]

Die Ereignisse in Europa, vor allem die allmählich durchsickernden Nachrichten über die NS-Verbrechen, zusammen mit der Verbissenheit, mit der der längst verlorene Krieg an allen Fronten weitergeführt wurde, hatten der These von der Kollektivschuld der Deutschen auf massive Weise Vorschub geleistet. Sie erschwerten nicht nur den Stand der deutschen Exilanten gegenüber dem Ausland, sondern hatten auch zur Folge, daß sich die jüdische Emigration und das politische Exil zusehends auseinanderlebten. Noch Hoffnungen in eine Zukunft Deutschlands zu setzen, dazu gehörten schon ein Maß an politischer Naivität (oder aber an politischer Überzeugung) sowie eine Enge (oder aber eine Stärke) des Gedankens, die allesamt aus der wahrnehmbaren Realität der Kriegsjahre immer weniger Nahrung bezogen.

7.

Ein fernes Echo auf diese Exilhaltungen erleben wir noch heute in den Rezeptionsweisen, die dem Exil (und insbesondere auch der Exilliteratur) in der Bundesrepublik hüben, der DDR drüben widerfahren, gleichzeitig aber auch in den methodologischen Auseinandersetzungen, die die wissenschaftliche Aufarbeitung des Exils seit einigen Jahren begleiten. Ich muß mich hier mit Andeutungen begnügen.

Zunächst zur Aneignung der Exilliteratur durch die verlegerische Praxis: Es ist ein eindrucksvolles Bild, das durch die wiederaufgelegten Werke vermittelt wird, nicht zuletzt durch die vielbändigen Werkausgaben, mit denen zahlreiche Autoren – von Adorno bis zu Stefan Zweig – bedacht wurden. Dabei ließ sich von wenigen Ausnahmen (wie etwa Thomas Mann) abgesehen, die »Wiedereinbürgerung« der Exilliteratur nach 1945 vor allem in diesem Teil Deutschlands nur sehr zögernd an. Während Autoren, die (wie Robert Musil oder Hermann Broch) schon während der Exilzeit eher Geheimtips der Literaturbeflissenen waren, hier relativ früh rezipiert wurden, fanden die Werke von Heinrich Mann, Anna Seghers, Oskar Maria Graf, Klaus Mann, Ödön von Horvath, Ernst Weiß und anderen erst spät die ihnen zukommende Anerkennung. Der vehemente Durchbruch Brechts war begleitet von unwürdigen politischen Auseinandersetzungen. Eine Werkausgabe des bedeutenden Romanciers Arnold Zweig steht hier bis heute aus.[19] Zahlreiche Autoren blieben nahezu unbekannt. Relativ früh dagegen, jedoch außerhalb der publikumswirksamen Medien, wurde in der Bundesrepublik die Expressionisten-Generation gewürdigt.

Die Exilrezeption in der DDR verhielt sich, von Ausnahmen abgesehen, gegenüber dem eben skizzierten Bild nahezu spiegelverkehrt. Anders als in der Bundesrepublik, deren Literatur sich an einem fragwürdigen Nullpunkt zu orientieren versuchte, verstand sich die Literatur der DDR nicht zuletzt auch dem Traditionszusammenhang der Exilliteratur zugehörig, ja als deren unmittelbare Nachfolge. Dieses Erbe anzutreten schien ihr um so leichter, als eine beträchtliche Zahl linker Schriftsteller aus dem Exil in den östlichen Teil Deutschlands zurückgekehrt war, ein Tatbestand, für den es im Westen keine Parallele gab. Die Verlagspraxis in der DDR sparte freilich da aus, wo die des Westens kräftig zugegriffen hatte: bei *den* Schriftstellern, die mit dem Kommunismus gebrochen hatten und bei den betont avantgardistische Autoren. Allerdings haben sich während des letzten Jahrzehnts hüben wie drüben zahlreiche Lücken geschlossen, die Informationsdefizite, wenn auch nicht ausgeglichen, so doch erheblich verringert. Die kürzlich in der DDR erschienene siebenbändige Kunst- und Literaturgeschichte des antifaschistischen Exils – das bislang einzige fertig vorliegende Werk seiner Art – hat sich dazu bekannt, die verschiedenen Zentren des Exils »als Treffpunkt des antifaschistischen Kampfes« zu verstehen.[20] Doch hat es diesen Vorsatz bestenfalls hier und da verwirklicht. Ein Werk z.B. wie Arthur Koestlers *Sonnenfinsternis*, der epochale Deutungsversuch der Moskauer Prozesse, bleibt weiterhin unerwähnt. Die Differenzen des Exils und seine Widersprüche wirken in der

Geschichte seiner Rezeption bis heute nach. Die ihnen zugrundeliegenden Probleme sind weiterhin ungelöst.

8.

Versucht man – mit dem Abstand eines Menschenalters – die deutschsprachige Exilliteratur auf den Begriff zu bringen, so scheint dies schwieriger denn je zuvor. Ausgehend von einer Vielzahl und Vielfalt von Quellen, die die Summe der aus eigenem Erleben gewonnenen Kenntnisse und Einsichten gleichzeitig ergänzen und relativieren, gelangt man schnell an einen Punkt, wo sich einem die Definition versagt. Natürlich ist es einfach, bestimmte Teilfragen zu erörtern, um aus ihnen denkbare Ansätze zur Deutung eines Phänomens herauszudestillieren. Man kann sich etwa an spezifischen Exilthemen (Widerstand, KZ, Flucht, Vereinsamung) orientieren. Man kann die Exilliteratur vom Gesichtspunkt der Gattungen angehen und bestimmte Genres (wie den historischen Roman) für exiltypisch erklären. Man kann sich an bestimmte Stilrichtungen und ihre Bedeutung für die Exilliteratur halten, wie bereits die Realismusdebatte der dreißiger Jahre bewies. Auch an der Frage, ob die Exilsituation sich für die Literatur als fruchtbar oder hemmend erwiesen und ob sie eine Spracharmung gefördert oder einer Spracherweiterung gedient hat, ließe sich gewiß manches erhärten. Das gleiche gilt für die Frage, ob etwa das Verharren vieler Autoren auf einem traditionellen Erzählduktus die Stärke oder die Schwäche der Exilliteratur war oder gar beides oder keines von beidem.

Beharrt man darauf, in der Vielfalt der Erscheinungen ein gemeinsames Kennzeichen der Exilliteratur auszumachen, so wird man nüchtern festzustellen haben, daß dieses eigentlich nur durch das Faktum der Vertreibung, der Exilsituation und der damit gesetzten Gegnerschaft zum »Dritten Reich« gegeben war. Ein literarisches Gütesiegel verleiht dieses Faktum freilich nicht. Es war Teil einer historischen Tragödie, ein schlimmer, aber wenn man an das Schicksal derjenigen denkt, die – wie Erich Mühsam oder Carl von Ossietzky, wie Gertrud Kolmar oder Jura Soyfer – nicht mehr fliehen konnten, nicht der schlimmste.

Stark verallgemeinernd wird man sagen dürfen, daß die deutsche Exilliteratur von zwei Grundhaltungen geprägt war, von denen die eine sich als eine des »Erleidens«, die andere sich als eine des »Kämpfens« definieren ließe. Freilich wird es einer weiteren Auffächerung dieser Einstellungen bedürfen, um den Blick auf das ganze Spektrum konkreter Ausdrucksformen freizugeben, auf ein Spektrum, das den *Doppelcharakter* des Exils in zahlreichen Brechungen widerspiegelt.

Dieser Doppelcharakter des Exils, seine Existenz im Schnittpunkt des emphatischen Antifaschismus der geflüchteten Demokraten und Sozialisten *und* der Leidenserfahrung der vertriebenen Juden wird in der Literatur erst völlig offenbar. Dieser Tatsache mag es zuzuschreiben sein, daß in ihrem Bereich die Auseinandersetzungen und Fehden des Exils im Ganzen gesehen toleranter ausgetragen wurden – und auch Gemeinsamkeit leichter herzustellen war – als auf dem verkrusteten Boden der Politik. Ausnahmen bestätigen freilich auch hier die Regel. Eine allzu rigorose Einstellung der Exilliteratur in eine »erleidende« und eine »kämpferische« (oder in eine der Innerlichkeit und eine des antifaschistischen Engagements) wäre deshalb auch nicht in ihrem Sinn.

Denn welcher Kampf, ohne ideologische Beschönigung geführt, wäre ohne Leidenserfahrung, welches Leid riefe nicht auf, für seine Überwindung einzustehen! In den bleibenden Werken der Exilliteratur finden sich deshalb auch beide Kategorien gleichsam durch das Prisma der je anderen gebrochen, durch die je andere dialektisch vermittelt. Der alttestamentarische Gestus des Bürgers Thomas Mann, der listige Rationalismus des Sozialisten Bertolt Brecht, die stille Eindringlichkeit der Verzweiflung Else Lasker-Schülers, der humane Konservativismus Joseph Roths, der minutiöse Realismus von Anna Seghers, das menschheitliche Pathos Heinrich Manns, die Unbestechlichkeit Oskar Maria Grafs, die kluge Sensitivität Klaus Manns, aber auch Blochs emphatische Hoffnungsphilosophie ebenso wie Adornos aufklärerischer Pessimismus: All dies sind Beispiele dafür. Sie mochten sich Humanisten nennen oder Sozialisten; geleitet waren sie allemal von der Vision einer freieren und menschlicheren Zukunft, einer Welt ohne Krieg und ohne vermeidbares Elend.

9.
Die Botschaft des Exils – wenn es denn je eine solche gegeben haben sollte – wäre gewiß eher in den Werken der Literatur zu suchen als in der Mehrzahl jener politischen Aktivitäten des Exils, die teils ein Erbe von Weimar, teils ein Vorgriff auf das geteilte Deutschland waren. Dieses und auch den »Kalten Krieg« hatte diese »Botschaft« nicht vorgesehen, auch nicht den Abwurf der Atombomben über Hiroshima und Nagasaki und nicht die moderne Völkerwanderung, die das Ende des Zweiten Weltkrieges begleiteten. Der Nationalsozialismus war geschlagen, doch befand Thomas Mann schon 1943 zu Recht, daß »die faschistische Epoche des Abendlandes, in der wir leben, trotz dem militärischen Sieg über den Faschismus« noch lange nicht zu Ende sei.[21] Das neue Zeitalter, das ein erheblicher Teil der Exilschriftsteller anvisiert hatte (und in das diese gewiß von ihren Vorstellungen auch manches haben einbringen können) hat weder ihre utopischen Sozialvorstellungen noch ihren Wunsch nach dauerhaftem Frieden in die Realität umsetzen können. Die Verschmelzung von Demokratie und Sozialismus, um die es den meisten ging, wäre etwas grundsätzlich Neues gewesen. Selbst der »bürgerliche« Thomas Mann meinte in einer seiner Reden an die »Deutschen Hörer« (28. März 1944):

»Europa wird sozialistisch sein, sobald es frei ist. Der soziale Humanismus war an der Tagesordnung, er war die Vision der Besten in dem Augenblick, als der Faschismus seine schielende Fratze über die Welt erhob. Er, der das wahrhaft Neue, Junge und Revolutionäre ist, wird Europa seine äußere und innere Gestalt geben, ist nur erst der Lügenschlange das Haupt zertreten.«[22]

Was die Nachkriegszeit brachte, war indessen Stückwerk hüben und drüben, und zu allem Überfluß einander feindlich gesinnt – ein Grund übrigens für viele Schriftsteller (ältere wie Thomas Mann oder Oskar Maria Graf, jüngere wie Erich Fried oder Peter Weiß), den Gedanken an eine Rückkehr zu verwerfen. Ob die Existenz einer legitimierten und anerkannten deutschen Exilvertretung der Entwicklung eine andere Richtung hätte geben können, ist eine nicht zu beantwortende Frage.

Nur die Existenz einer starken Widerstandsbewegung hätte eine solche legitimieren können. Von den alliierten Mächten war sie freilich kaum erwünscht; die Neuaufteilung des Planeten unter dem Diktat der sich polarisierenden Interessengegensätze hatte längst begonnen.

Auf diesem Hintergrund sind der Glaube und die Hoffnung, die den emphatischen Antifaschismus nicht nur der ersten Exiljahre auszeichneten, von den Jüngeren heute wohl nur noch zum Teil nachvollziehbar. Von der »Heimsuchung des europäischen Geistes« sprach freilich schon Klaus Mann in seinem letzten Aufsatz, den er kurz vor seinem selbstgewählten Tode 1949 schrieb.[23]

Auschwitz auf der einen, die bereits abgeworfenen und angedrohten Atombomben auf der anderen Seite haben die Welt nachhaltiger verändert als alles bis dahin Dagewesene. Es waren Adorno und Horkheimer, die in ihrem kalifornischen Exil diese Tatsache als erste theoretisch auf den Begriff gebracht haben. Gegenüber dem Holocaust und gegenüber Hiroshima scheint der Trost des Hölderlin-Wortes »Wo Gefahr ist, wächst das Rettende auch« zu versagen. Und trotzdem: Wie wäre praktische Politik, der Kampf um das Bessere möglich gewesen ohne Zuversicht? Wie wäre sie heute möglich ohne das »Prinzip Hoffnung«? Wer eingreift und handelt, unterliegt immer der Gefahr, in die Irre zu gehen. Auf der Basis späteren Wissens ist man leicht versucht, nicht zum Zuge gekommene Optionen als Illusion zu desavouieren, wiewohl gerade in ihnen der Ansatz zu menschlicherem Dasein stecken kann. Man mußte wohl ein von der praktischen Politik so detachiertes Leben geführt haben, wie Adorno und Horkheimer es in Kalifornien taten, um die Befindlichkeit der westlichen Zivilisation, um die fundamentale Bedrohung menschlicher Gesittung und Kultur, die die zweite Hälfte des Jahrhunderts bereithielt, schon damals ganz ermessen zu können.

Die von ihnen in den letzten Kriegsjahren verfaßte *Dialektik der Aufklärung* ist das Resultat einer Reflexion, die den äußersten Kontrapunkt zum Blochschen *Prinzip Hoffnung* bildet. Will man die Epoche erkunden, so wird man an beides zu denken haben.

10.

Dabei haben wir auch der Tatsache eingedenk zu bleiben, daß das »Prinzip Hoffnung« unter unseren Händen viel zu häufig zur politischen Tagesparole verkümmerte. Die Narben sind erheblich, die Kurzschlüsse, Illusionen und ein beträchtliches Maß von Wunschdenken etwa hinsichtlich der Sowjetunion in uns hinterlassen haben. Das oft blinde Vertrauen in den – sozusagen – ideologischen Bannerträger des Antifaschismus, vor allem aber auch in die reale Macht, der als einziger die Zerschlagung des NS-Staates zuzutrauen war, hat die Gedanken vieler verbogen, die sich dem Nationalsozialismus mit wachem Verstand und einem ungetrübten Empfinden für politische Moral widersetzt hatten. Die – freilich von Widersprüchen nie freie und deshalb auch nie bedingungslose – Verstrickung Georg Lukács' in den Stalinismus hatte auf eine tragische Weise Schule gemacht. Die Ausbeutung des guten Glaubens hat später manch einen beschämt, der meinte, gegen die Despotie gefeit zu sein. Die manchem Linken durch die eigenen Genossen aufgenötigten Gewissensqualen waren nicht selten schlimmer als das ihnen durch den NS-Staat Widerfahrene. Vor dieser Tatsache gibt es kein Ausweichen. Der sinnlose Tod der im Gulag Zugrundegeganenen lastet auf den Gewissen derer, die davon zu lange nichts haben wissen wollen.

Und noch ein zweites. Ich muß mit Beschämung bekennen, daß viele von uns auch in bezug auf Auschwitz in einer Schuld stehen, wir, die wir zufällig überlebt haben und in Kenntnis dessen, was geschah, daran vorbeilebten und vorbeischrieben, die große Vision eines neuen, eines glücklicheren Zeitalters vor Augen, vor dem die Hekatomben von Toten (vermeintlich die letzten Opfer, von denen der unvermeidlichen Nachhutgefechte abgesehen) verblaßten. Ich spreche an dieser Stelle aus der Sicht eines bei Kriegsende knapp 25jährigen, der sich mit der Exilliteratur identifizierte, ohne deshalb schon dazuzugehören. Dazu war ich zu jung. Doch teilte ich mit ihr viele Hoffnungen und Illusionen. In Wirklichkeit hatten wir wenig Grund, uns in die Pose des Siegers zu versetzen. Auch wir waren ja nur noch einmal davongekommen. Gesiegt hatten die anderen.

Es ist nicht meine Absicht, hier auf das abzuheben, was in den letzten Jahren als »Überlebenssyndrom« Gegenstand der Sozialpsychologie geworden ist und die seelische Verfassung derjenigen beschreibt, die der Hölle von Auschwitz entronnen sind. Vielmehr möchte ich mit Bruno Bettelheim [24] auf die einfache Tatsache verweisen, daß auch wir, selber durch Verfolgung und Exil Gezeichnete, die Konfrontation mit der *vollen* Wahrheit gefürchtet hatten: der Erkenntnis nämlich der absoluten Irrationalität eines widerstandslosen und durch keine Hilfe und durch keinen Trost aufgehellten Sterbens.

Das Unfaßbare an Auschwitz ist eben dies: Hier wurde kein Feind vernichtet, keiner militärischen Notwendigkeit Genüge getan, keinem historischen Gesetz Folge geleistet, keine – wie immer definierte oder wie fragwürdig begründete – Schlacht geschlagen. Wäre dies anders gewesen, so hätte man sich wehren können. Für den bereits Gemeuchelten aber kommt der Gedanke an Verteidigung zu spät.

Wir sind es gewohnt, die Großen zu würdigen, die Helden zu ehren, den Märtyrern Denkmäler zu setzen. Die anonymen Millionen, die keine Helden und keine Märtyrer waren, sondern bloße Opfer, sind deshalb auch von niemandem zu reklamieren, am wenigsten für vordergründige politische Zwecke. Im Abgrund der Todeslager werden alle zerstörerischen und selbstzerstörerischen Möglichkeiten des Menschen offenbar. Dieses Offenbarwerden gibt dem Holocaust seine bleibende Bedeutung, denn von Sinn können wir hier ja schlechterdings nicht reden.

Paul Celan – auch er ein Emigrant – hat in einem unbetitelten Gedicht seiner Vision von der Agonie derer, die man ihr eigenes Grab zu schaufeln zwang, Ausdruck verliehen:

Es war Erde in ihnen, und
sie gruben.
Sie gruben und gruben, so ging
ihr Tag dahin, ihre Nacht. Und sie lobten nicht Gott,
der, so hörten sie, alles dies wollte,
der, so hörten sie, alles dies wußte.

Sie gruben und hörten nichts mehr;
sie wurden nicht weise, erfanden kein Lied,

erdachten sich keinerlei Sprache.
Sie gruben.

Es kam eine Stille, es kam auch ein Sturm,
es kamen die Meere alle.
Ich grabe, du gräbst, und es gräbt auch der Wurm,
und das Singende dort sagt: Sie graben.

O einer, o keiner, o niemand, o du:
Wohin gings, da's nirgendhin ging?
O du gräbst und ich grab, und ich grab mich dir zu,
und am Finger erwacht uns der Ring.

Erde war in ihnen bereits, als sie gruben, ihre Zugehörigkeit zur menschlichen Gattung ausgelöscht. Und dennoch der verzweifelte Aufschrei »O einer«, dem sofort das Bewußtsein der endgültigen Niederlage folgt: »O keiner, o niemand«. Bettelheim, der dieses Gedicht kommentiert, fügt hinzu: »Wir hätten für dieses Opfer ›jemand‹ sein sollen, sind ihnen aber nur ›niemand‹ gewesen. Das ist die Last, die wir zu tragen haben. Doch daß wir hier nichts wieder gutmachen können, berechtigt uns noch lange nicht, diese Schuld zu verleugnen oder zu verschleiern.«

O du gräbst und ich grab, und ich grab mich dir zu,
und am Finger erwacht uns der Ring.

Was angesprochen wird, ist das Du. Es ist das einzige, was die Agonie hätte überwinden können. Als Symbol steht hier dafür der Ring. Wir aber sind aufgerufen, so Bettelheim: »uns jenen Millionen zuzugraben, die so grausam, so sinnlos, so willkürlich vernichtet wurden«. »Das ist das Beste, was wir tun können, um zwischen uns und den Opfern ein festes Band zu knüpfen. Die Toten werden zwar nicht wach davon, aber vielleicht erwachen wir selbst dadurch zu einem sinnvolleren Leben.«

II.

Wer kann – wie gerne täten wir es! – nach Auschwitz behaupten, daß das Unfaßbare sich nicht wiederholen, ja die Gattung Mensch sich nicht selber in Frage stellen könnte? So wenig der Holocaust auch zu Vergleichen taugt, so liegt es dennoch nahe, *ihn* – mehr als Hiroshima – in unseren Gedanken zu bemühen, um das Inferno zu antizipieren, dem wir entgegenzutaumeln scheinen. Das menschenverachtende Atom-Pokern, das der politischen Rationalität zusehends zu entgleiten droht und eine Katastrophe von nie dagewesenen Ausmaßen auslösen könnte, hat zum mindesten *einen* Berührungspunkt mit den Endlösungsstrategien von damals: Wiederum sind die Schreibtischtäter und Buchhalter des Todes am Werk. Noch ist es ein Sandkastenspiel, das die Militärs beider Seiten treiben, doch in ihm werden biedere Bürger und Familienväter von heute zu den potentiellen Schreibtischmördern von morgen geschult.

Was wir dagegensetzen können – und damit komme ich in einem weiten Bogen auf unser Thema zurück – ist jene Solidarität der Vernunft, wie sie die freie deutsche Literatur im Exil angesichts der blinden Gefolgschaftstreue und Menschenverachtung der Nazis anstrebte, stolz, doch ohnmächtig, da die verbarrikadierte Grenze des Deutschen Reiches für das gedruckte freie Wort so gut wie undurchlässig blieb. Die Literatur hat hier und heute keine Verbannung und auch keine Zensur zu fürchten, wiewohl sie immer wieder von den politischen Tugendwächtern diffamiert, verdächtigt, geschmäht und ausgegrenzt wird. Wer den politischen Gegner in diesem Land als Schmeißfliege, Verbrecher oder Fünfte Kolonne beschimpft, braucht sich nicht zu wundern, wenn er damit unheilvolle Erinnerungen wachruft. Das öffentliche Ansehen kritischer Intelligenz war hier noch nie sehr groß. Dabei bräuchte dieses Land mehr denn je die Kraft ihrer Phantasie, leben wir doch in einer Zeit, in der – im Zeichen sich verknappender Ressourcen – das weltweite Ende reformistischer Konsensstrategien sich abzeichnet. Hier müßte Demokratie sich behaupten, wenn sie mehr sein wollte als ein Nebenprodukt des Wohlstands. In der wachsenden Ausländerfeindschaft wird der im Gange befindliche Verfall der politischen Moral ebenso deutlich wie in der Aushöhlung liberaler Asylpraxis. Und dies in einem Land, das nun wirklich *allen* Grund hätte, gerade hier mit Sensibilität, Umsicht und Verständnis zu reagieren. Einer Organisation wie der HIAG die Verfassungskonformität zu bescheinigen und solcherart »aus dem Schatten der Vergangenheit zu treten« – ich erinnere an die ominösen Worte eines führenden konservativen Politikers – das freilich sind spezifisch *deutsche* Facetten eines weltweiten Wendemanövers. Wir laufen in der Tat Gefahr, in eine »andere Republik« zu steuern, eine, wie sie weder den Vätern unserer Verfassung noch den deutschen Emigranten vorgeschwebt hatte. Eine Besinnung auf das Exil könnte hier andere Perspektiven eröffnen, andere Maßstäbe zur Diskussion stellen. Sie könnte uns helfen, der Verblendung zu widerstehen, mit der die sogenannten Sachzwänge uns in ihren Bann geschlagen haben. In Wahrheit sind es Herrschaftsverhältnisse, heute wie ehedem.

12.

Das Exil hatte gegenüber dem NS-Staat nichts bewirkt und nichts verhindert. Selbst die Gestaltung Nachkriegsdeutschlands wurde von seinen Ideen nur insoweit bestimmt, als sie in die Kultur der Besatzungsmächte eingeschmolzen oder – wie das Bauhaus, die Neue Musik, die Psychoanalyse – längst Bestandteil der internationalen Kultur waren. In unsere Zeit ragt es, jedenfalls in seiner emphatischen Bedeutung, noch immer wie ein uneingelöstes Vermächtnis.

Lion Feuchtwanger hat einmal von der »Größe und Erbärmlichkeit des Exils« gesprochen. Mit dem letzteren hatte er nicht nur auf die Entbehrungen und Tragödien des Emigrantendaseins hinweisen wollen, sondern vor allem auf die inneren Verhältnisse des Exils, seine Zerrissenheit, seine Zerwürfnisse, seine kleinlichen Fehden. Auf diesem Hintergrund (ebenso wie auf dem Hintergrund der Stillhaltepolitik der Westmächte gegenüber dem sich konsolidierenden NS-Staat) nimmt die Größe des Exils freilich um so deutlichere Konturen an. Für viele Emigranten war das Exil die Bewährungsprobe, ja die Schule des Lebens. Feuchtwanger meinte:

»Das Exil gab ihnen mehr Weite, Elastizität, es gab ihnen einen Blick für das Große, Wesentliche, und lehrte sie, nicht am Unwesentlichen zu haften (...). An diese Emigranten klammerten sich viele Hoffnungen innerhalb und außerhalb der Grenzen des Dritten Reiches.«[25]

Wie auch der deutsche Widerstand war das Exil der Beweis dafür, daß das deutsche Volk mit Hitler nicht gleichzusetzen war, eine Tatsache, auf die, gegenüber allen Kollektiv-Schuld-Thesen des Auslands, gerade die Emigranten immer wieder verwiesen haben. Die Schriftsteller unter ihnen aber haben aufgeschrieben und bewahrt, was als Zeugnis jener Jahre den Nachgeborenen zu übermitteln war. Werke wie *Das siebte Kreuz* und *Transit* von Anna Seghers, *Das Beil von Wandsbek* von Arnold Zweig, die *Flüchtlingsgespräche* von Bertolt Brecht, aber auch Klaus Manns *Vulkan* und *Mephisto*, Feuchtwangers *Geschwister Oppermann* und *Exil* seien hier stellvertretend aus der Fülle allein derjenigen Bücher genannt, die das Dritte Reich, den Widerstand und das Exil zum Gegenstand haben. Die durch die Sachwalter der Reichsschrifttumskammer sanktionierte Literatur hat in dieser Hinsicht nichts Nennenswertes hinterlassen.

Nach Jahrzehnten der Verdrängung unter dem Primat von Wiederaufbau und Wohlstandsdenken hat eine nachwachsende Generation neuerdings Themen wie Heimat, Nation, Identität und Ähnliches aufgegriffen, Themen, die sich in anderen Ländern zwanglos mit dem großen Thema der bürgerlichen Freiheiten in Verbindung bringen lassen, hierzulande jedoch sehr schnell eine Stimmung erzeugen, die zu Ängsten Anlaß gibt. Sie verweisen allemal auf ein emotionales Defizit, das nur durch eine kritische Aneignung der Geschichte behoben werden kann. Das deutsche Exil, und insbesondere seine Literatur, wäre ein Gegenstand, an dem eine solche Aneignung sich erproben ließe, zumal der Versuch, sich selbst zu definieren, hier sehr schnell auf Verhaltens- und Denkweisen stieße, die die eigene Bewußtseinslage bereits auf diese oder jene Weise antizipiert haben. Daß die Erforschung und Rezeption der Exilliteratur in den frühen siebziger Jahren einsetzte, hatte gewiß seinen Grund im Klima der damaligen Zeit. Das Interesse hat vorgehalten; es auszuweiten und zu vertiefen, vor allem auch: es vor einer nur-akademischen Vereinnahmung zu bewahren, bleibt unsere Aufgabe.

Nicht vergessen sei dabei die Feststellung von Adorno und Horkheimer in der *Dialektik der Aufklärung*:

»Nicht um die Konservierung der Vergangenheit, sondern um die Einlösung der vergangenen Hoffnung ist es zu tun.«[26]

ANMERKUNGEN

1 Zit. nach *Das Wort*, Jg. 2 (1937), H. 4/5, S. 12.
2 Auch in Döblin: *Aufsätze zur Literatur*, Olten 1963, S. 187-210.
3 Wolf Franck: *Führer durch die deutsche Emigration*, Paris 1935.
4 Zit. nach *Biographisches Handbuch der deutschsprachigen Emigration nach 1933*, Bd. 1, München usw. 1980, S. XIV.
5 Arthur Rosenberg: »Zur Geschichte der politischen Emigration, *Maß und Wert*, Jg. 2 (1938/39), H. 3, S. 375.
6 F(ranz) C(arl) Weiskopf: *Unter fremden Himmeln*, Berlin 1948.
7 Max Herrmann-Neisse: *Um uns die Fremde*, Zürich 1936.
8 Else Lasker-Schüler: *Mein blaues Klavier*, Jerusalem 1943; auch in: *Sämtliche Gedichte*, München 1966, S. 198 f.
9 Dies.: *Briefe*, Bd. 2, München 1969 (Brief vom 8. oder 9. Okt. 1944 an Sally und Sina Großhut).
10 Karl Wolfskehl: »Weh Hiob!«, *Sang aus dem Exil*, Heidelberg 1950, S. 55.
11 Bertolt Brecht: *Die Gedichte*, Frankfurt a. M. 1981, S. 721.
12 Heinz Raabe (d. i. Ludwig Marcuse): »Der Sinn dieser Emigration«, *Das Neue Tage-Buch*, Jg. 2 (1934), H. 17, S. 403 f.
13 Heinrich Mann und ein junger Deutscher: *Der Sinn dieser Emigration*, Paris 1934.
14 Ebda., S. 18.
15 Walter A. Berendsohn: *Die humanistische Front*, Bd. 1, Zürich 1946.
16 Nachdruck: *Die Expressionismusdebatte*, hg. von Hans-Jürgen Schmitt, Frankfurt a. M. 1973.
17 Leopold Schwarzschild: »Der Tag danach«, *Das Neue Tage-Buch*, Jg. 7 (1939), H. 29, S. 682-686, sowie weitere Artikel in den folgenden Nummern. Ders.: »Erste Sichtung« (der Diskussionsbeiträge), *Das Neue Tage-Buch*, Jg. 7 (1939), H. 34, S. 806-810.

18 Herbert Lehnert: »Bert Brecht und Thomas Mann im Streit über Deutschland«, *Deutsche Exilliteratur seit 1933*, Bd. I, Kalifornien, hrsg. von John M. Spalek und Joseph Strelka. Bern, München, Francke 1976, S. 62-88. Dort auch weiterführende Literaturangaben.
19 Eine solche hat inzwischen im Fischer Taschenbuch Verlag zu erscheinen begonnen.
20 *Kunst und Literatur im antifaschistischen Exil 1933-1945*, Bd. 1-7, Leipzig 1978-1981 (Lizenzausgabe Frankfurt a. M.).
21 Thomas Mann: »Nietzsches Philosophie im Lichte unserer Erfahrung«, Mann: *Neue Studien*, Stockholm 1948, S. 144.
22 Ders.: *Deutsche Hörer! 55 Radiosendungen nach Deutschland*, 2. erw. Ausg., Stockholm 1945, S. 111.
23 Klaus Mann: *Die Heimsuchung des europäischen Geistes*, München 1973, S. 115-132 (dtv 885); zuerst in der amerikanischen Zeitschrift *Tomorrow*, Juni 1949.
24 Bruno Bettelheim: »Der Holocaust eine Generation später«, Bettelheim: *Erziehung zum Überleben*, München 1982 (dtv 10022).
25 Lion Feuchtwanger: »Arbeitsprobleme des Schriftstellers im Exil«, *Freies Deutschland*, Jg. 3 (1943), H. 4, S. 27 f.
26 Max Horkheimer/Theodor W. Adorno: *Dialektik der Aufklärung*, Amsterdam 1947, S. 9.

Hoffnung in finsterer Zeit – Rede zum 50. Jahrestag der Bücherverbrennung. Vortrag, gehalten auf der Eröffnungsveranstaltung der »Woche der verbrannten Bücher« im Stadttheater Osnabrück am 10.5.1983, gesendet am selben Tag im »Abendstudio« des Hessischen Rundfunks, gedruckt in *Die Künste und die Wissenschaften im Exil*, hg. von Edith Böhne und Wolfgang Motzkau-Valeton, Verlag Lambert Schneider, Gerlingen 1992. Die Osnabrücker Veranstaltung wurde von Willy Brandt eröffnet.

***

Bis zum *Durchbruch Brechts* war es anderthalb Jahrzehnte lang ernsthaft umstritten, ob man in der jungen Bundesrepublik die Stücke des bedeutendsten lebenden Dramatikers deutscher Sprache spielen dürfe. Zunächst nahm man ihm übel, daß er in die DDR ging. Die Eröffnungsinszenierung des Berliner Ensembles wurde 1949 vom Berliner *Tagesspiegel* bewußt ignoriert. Als Brecht 1950 in München seine »Mutter Courage« inszenierte, forderte man von ihm in Zeitungsartikeln, er solle sich für die Bundesrepublik entscheiden, und Mitglieder des Münchner Stadtrates verlangten die Absetzung der Inszenierung. Seine Stücke gehörten zwar bald zu den meistgespielten, immer wieder wurden indessen Kampagnen und Boykottversuche gegen sie gestartet. Anläßlich einer Inszenierung des »Guten Menschen von Sezuan« erklärte die Frankfurter CDU-Fraktion 1952, das Stück sei »ohne jeden künstlerischen Belang«. Nach dem Aufstand vom 17. Juni 1953 riefen zahlreiche Bühnen zu einem Brecht-Boykott auf, der erst 1955 durchbrochen wurde und dann zu einer regelrechten Brecht-Welle in deutschen Theatern führte – bis zum nächsten politischen Ereignis, dem Aufstand in Ungarn 1956, der wiederum dasselbe Szenario von Verketzerung und Boykott in Gang setzte. Der Spuk dauerte diesmal zwar nur ein halbes Jahr, fand aber seinen Höhepunkt während einer Fragestunde des deutschen Bundestages, als der damalige Bundesaußenminister *Heinrich von Brentano* erklärte, er sei »der Meinung, daß die späte Lyrik des Herrn Bert Brecht nur mit der Horst Wessels zu vergleichen ist«. Der Vergleich mit dem SA-Barden *Horst Wessel* (»Die Fahne hoch, die Reihen fest geschlossen ...«) verhinderte nicht, daß Brecht sich durchsetzte, bis zum Bau der Berliner Mauer 1961, als der 1956 verstorbene Autor erneut ins Kreuzfeuer der Kritik geriet. Der führende Theaterkritiker Friedrich Luft befand damals: »Es gibt gar keine Diskussion, daß seine Stücke in Westberlin völlig inopportun sind.« Die Diskussion gab es trotzdem, denn diesmal wehrten sich die Theaterleute selbst. 66 Intendanten verwahrten sich in einer Erklärung vom November 1961 gegen »tendenziöse Beeinflussung der Spielpläne«. Danach wurde Brecht in den sechziger Jahren auf den Bühnen der Bundesrepublik nach Shakespeare zum meistgespielten Dramatiker. (Zitiert nach Ralf Schnell, *Die Literatur der Bundesrepublik*, Metzler-Verlag Stuttgart 1986, S. 137 f.).

»Aus dem Schatten der Vergangenheit zu treten« empfahl Alfred Dregger.

Exilforschung

Anfänge

Nachleben und frühe Darstellungen der deutschen Exilliteratur (1958)

Versucht man, sich vom Nachleben der deutschen Exilliteratur der Jahre 1933-45 im bundesdeutschen Geistesleben von heute einen Begriff zu machen, so bietet sich einem zunächst folgendes Bild dar:

Die Werke Thomas Manns und Brechts, Werfels und Stefan Zweigs, Feuchtwangers und Zuckmayers werden gelesen, ihre Stücke gespielt; Monographien und Dissertationen werden über sie verfaßt. Auch Bücher von Autoren, deren Namen dem großen Publikum früher weniger geläufig, wenn nicht gar unbekannt waren, schmücken die Regale der großen Buchhandlungen. Einige Verlage haben sich das Verdienst erworben, sich der schwer zugänglichen Œuvres etwa von Musil, Broch oder Walter Benjamin anzunehmen. Ja, verschiedene Moden schießen ins Kraut, die sich an ehemals verfemte und verbotene Namen knüpfen. Manches vergessene und verschollene geistige Gut wird dankenswerterweise durch die von der Akademie der Wissenschaft und Literatur in Mainz veröffentlichten Editionen der Reihe »Verschollene und Vergessene« wieder zutage gefördert. Germanistik und Bibliographie haben sich dieses so ergiebigen Gebietes angenommen: Und sucht man in der neuesten Auflage des *Reallexikons der deutschen Literaturgeschichte* (Berlin 1955) unter dem Begriff »Emigrantenliteratur«, so tut man dies nicht vergebens. Kurz: Die durch ein barbarisches Regime vertriebene Literatur ist wieder in ihre Heimat zurückgekehrt, den Menschen wieder zugänglich gemacht, für die sie seit jeher bestimmt war.

Dieses ist allerdings nur der oberflächliche Eindruck eines Tatbestandes, der in Wahrheit sehr viel kompliziertere Probleme in sich birgt. Betrachten wir die Sache nämlich genauer, so stoßen wir bald auf einen eigenartigen Widerspruch: Als *einzelne* zwar finden wir die Schriftsteller, die – unter Hitler verfemt, verbrannt und ausgebürgert – ihre Heimat mit dem Exil vertauschen mußten, wieder in den einheitlichen Strom der deutschen Literatur »integriert« (sofern man von einem solchen angesichts der Spaltung Deutschlands und ihrer Folgen für die Literatur noch reden kann); als *Gattung* – als Politikum – hingegen, wird die Exilliteratur dem Bundesbürger, so gut es geht, auch weiterhin vorenthalten.

Literaturkritischer Eintopf

Auch wenn man sich der nur bedingten Richtigkeit solcher Verallgemeinerungen bewußt ist, so bleibt doch die Tatsache bestehen, daß die deutsche Exilliteratur – und zwar eben als solche – hier auch heute noch im Grunde ein recht kümmerliches Dasein fristet, auf alle Fälle nicht im entferntesten *den* Rang einnimmt, der ihr ihrer literarischen und moralischen Bedeutung nach zukommt. Damit soll nicht der Erhaltung dieser Literatur als eines Fremdkörpers im deutschen Geistesleben das Wort geredet sein, im Gegenteil! Worauf es ankäme, wäre vielmehr, ihr Spezifikum herauszuschälen und auf die deutsche Literatur der Gegenwart, weit mehr als es geschieht, einwirken zu lassen. Wie die Dinge hier liegen, deuten jedoch die Bestrebungen der offiziellen Sachwalter der Literatur zumeist in entgegengesetzte Richtung. Man gewinnt den Eindruck, als seien die seinerzeit emigrierten Schriftsteller zwar »gnädig« wieder aufgenommen; im übrigen aber schleiche man eher wie die Katze um den heißen Brei. Das wäre nicht weiter verwunderlich, hätten wir etwa die Darstellung so dubioser Erscheinungen wie Paul Fechter oder gar Josef Nadler im Sinn. Das Übel ist leider viel weiter verbreitet, seine Wurzel liegt tiefer.

Betrachten wir zwei Beispiele unterschiedlichen Grades! In den *Annalen der deutschen Literatur* (Stuttgart 1952) wird zwar ausdrücklich von einer Emigrantenliteratur gesprochen, jedoch nur um diesen

Begriff aus der Literaturgeschichte zu verbannen, indem eine qualitative Eigenart dieser Literatur rundweg in Abrede gestellt wird. »Von der Dichtungsgeschichte gesehen«, heißt es hier wörtlich, »bedeutet dennoch das Jahr 1933 keinen echten Einschnitt. Eine grundsätzliche Trennung in ›Emigrantenliteratur‹ (inner- und außerdeutscher Art) und in NS-Dichtung ist nicht berechtigt (...). Nur trat vordergründig auf beiden Seiten eine stärkere Politisierung, Radikalisierung und auch Banalisierung ein (...).« Die Barbarei, ihre Opfer sowie die Streiter gegen diese Barbarei werden also auf eine Stufe gestellt! Kein Wunder, wenn dann im nächsten Abschnitt von einer Achse »Hitler und Becher« die Rede ist. Kein Wunder natürlich auch, wenn ein Minister in aller Öffentlichkeit sich vermißt, Brecht und Horst Wessel zu vergleichen!

Die bekannte und verbreitete *Deutsche Literaturgeschichte* von Martini (Stuttgart 1956) enthält derartige Entgleisungen nicht. Ihr Verfasser hat an anderer Stelle (im *Deutschland-Jahrbuch*, Essen 1953) der Emigrantenliteratur sogar eine eigene Betrachtung gewidmet. Auch in seiner Literaturgeschichte weicht er diesem Problem nicht aus, wird aber seiner Schwere und seiner Bedeutung für die deutsche Literatur nicht im entferntesten gerecht. Denn anstatt zu zeigen, wie an der Hitlerbarbarei sich, früher oder später, *alle* Geister *scheiden* mußten (und zwar unabhängig davon, ob dies nun tatsächlich zur Emigration führte oder nicht; diese war nur der sichtbarste und für die Literatur auch folgenschwerste Ausdruck des Protestes), präsentiert uns Martini ein Bild ohne Konturen, ohne Zäsuren, läßt in willkürlicher Aneinanderreihung die gegensätzlichsten Autoren vor unseren erstaunten Augen Revue passieren. So finden wir in einem Absatz etwa Friedrich Wolf, Günther Weisenborn, Ferdinand Bruckner und Hanns Johst (alias Präsident der »Reichsschrifttumskammer«!) gewissermaßen in friedlicher Eintracht beisammen; in einem anderen Ludwig Renn, Arnold Zweig, Georg von der Vring, Theodor Plivier und ... Ernst von Salomon! Als hätte den deutschen Literaturhimmel nie ein Wölkchen getrübt, als sei nie etwas geschehen! Daß dabei einem Ludwig Tügel 24 Zeilen, einem Arnold Zweig jedoch nur 5, Kolbenheyer gar 100, einem Dwinger 28, Hans Grimm 18, Hanns Johst 10, Tucholsky und Kerr je 4 Zeilen gewidmet sind, von Karl Kraus nur der Name, von Joseph Roth etwa oder Egon Erwin Kisch aber nicht einmal dieser genannt wird – das nur am Rande!

Als sei nichts geschehen! Es *ist* aber etwas geschehen, das zur Kenntnis genommen werden *muß*. Eine Literaturgeschichtsschreibung, die diesen Namen nicht nur hinsichtlich einer fernen Vergangenheit, sondern auch der erlebten Gegenwart beansprucht, kommt nicht um die Notwendigkeit herum, das Jahr 1933 als einen entscheidenden Einschnitt anzusehen; festzustellen, daß durch den Faschismus nicht nur beklagenswerterweise viele Schriftsteller ins Exil getrieben wurden, sondern die deutsche Literatur selbst, in ihrer Substanz, auf eine nie dagewesene Weise getroffen wurde, und zwar in ästhetischer Hinsicht nicht weniger als in moralischer. *Wie* sich die Literatur und wie sich jeder einzelne Schriftsteller dieser Herausforderung gegenüber verhielt, gerade das ist es, was eine ernste Literaturbetrachtung und eine echte Literaturforschung beschäftigen sollte. Andernfalls kommt sie über eine Aufzählung von Namen und Daten schwerlich hinaus.

Demokratisches Ethos

Nun herrscht, auch wenn wir nur einen oberflächlichen Blick auf die Exilliteratur werfen, hier eine solche Mannigfaltigkeit, daß es keineswegs einfach ist, sie auf einen gemeinsamen Nenner zu bringen. Am wenigsten kann man sie wohl von der formalen Seite her bestimmen, sie etwa mit irgendeinem der verschiedenen Ismen etikettieren, mit denen wir die Strömungen der Literatur dieser Jahrzehnte zu bezeichnen pflegen. Aber selbst, sie weltanschaulich oder politisch festzulegen, fällt außerordentlich schwer. Die scheinbare Willkür, mit der das Nazi-Regime die Kultur verbrannte und verbannte, hat konservative, liberale, pazifistische, sozialistische und kommunistische Schriftsteller ins Exil getrieben, zu schweigen von denen, die allein ihrer jüdischen Herkunft wegen gehen mußten. So wie aber hinter diesem System eine Methode stand, so dürfte auch das von diesem System verfemte analysierbar und definierbar sein; und wenn eben nicht im Sinne einer einheitlichen Richtung oder gar eines einheitlichen »Stiles«, so doch gewiß auf Grund bestimmter dominierender Charakteristika. Auf eine solche Definition zu verzichten, der Exilliteratur von vornherein jede Eigenart abzusprechen, kann nichts anderes bedeuten als den Versuch, den Leser vor dem humanistischen und demokratischen Ethos dieser Literatur abzuschirmen.

Die gewichtigen Darstellungen

Nun sind schon kurz nach 1945 ausführliche Darstellungen der Emigrantenliteratur erschienen, denen man eine nachhaltigere Wirkung, einen stärkeren Einfluß auf das heutige Denken hätte wünschen mögen. Sie können hier nur aufgezählt werden: Walter A. Berendsohn: *Die humanistische Front*, 1. Teil, 1933-39 (Zürich 1946); F. C. Weiskopf: *Unter fremden Himmeln* (Berlin 1947); Alfred Kantorowicz und Richard Drews: *Verboten und verbrannt* (Berlin-München 1947). Von Berendsohn soll noch ein zweiter Band folgen, der die Epoche von 1940-45 behandelt. Diese Bücher sind bis heute als Nachschlagewerke und Darstellungen unentbehrlich. Eine kurze Skizzierung der durch den Faschismus und den Zusammenbruch entstandenen Situation der deutschen Literatur lieferte Alfred Andersch in einer Broschüre, *Deutsche Literatur in der Entscheidung* (Karlsruhe 1948). Andersch unternimmt hier eine Klassifizierung der deutschen Literatur hinsichtlich der Anfälligkeit bzw. Immunität, die ihre verschiedenen Strömungen dem Hitlerismus entgegenbrachten. Ähnliches hatte übrigens schon zehn Jahre früher Döblin unternommen in seiner Untersuchung *Die deutsche Literatur: im Ausland seit 1933* (Paris 1938).

Tief in die noch schwärende Wunde griff Walter Muschg mit seinem in einem guten Sinne provozierenden Essayband *Die Zerstörung der deutschen Literatur* (Bern 1956). Während er in einigen seiner Essays verschiedenen Götzen des modischen Literaturkultes von heute erbarmungslos den Spiegel einer noch nicht vom puren und hohlen Ästhetizismus getrübten Kritik entgegenhält, befaßt er sich in der ersten Arbeit, die dem Sammelband den Namen gibt, vor allem auch mit dem Problem der deutschen Literatur unter dem Faschismus, der ins Ausland Emigrierten sowie der im Inland Verstummten. Leider läßt Muschg in seiner temperamentvollen, von Zorn und Besorgnis getragenen Studie die politische, antifaschistische, sei es bürgerlich-liberale, sei es linke, sozialistische Emigration zu sehr hinter die jüdische Emigration zurücktreten. Muschg zeigt eigenartigerweise weder für Thomas Mann noch für Brecht tieferes Verständnis, weshalb denn letzten Endes auch das Urteil von der »Zerstörung der deutschen Literatur« bei aller bedingten Richtigkeit gleichsam etwas Schiefes an sich hat.

Nun ist vor kurzem, und zwar nicht in Deutschland, sondern in Amerika, ein Buch des Germanisten William K. Pfeiler erschienen, das den Titel trägt: *German Literature in Exile; The Concern of the Poets* (University of Nebraska Press 1957), dessen baldige Übersetzung ins Deutsche man nur wünschen kann. Dieses Buch, das mit wissenschaftlicher Akribie speziell die im Exil entstandene Lyrik behandelt, steckt systematisch den ganzen Problemkreis ab und breitet die einzelnen Strömungen, Richtungen und Gruppierungen dieser Literatur vor uns aus. Die Mannigfaltigkeit allein, das hohe Ethos, von dem diese Literatur getragen war, die großen literarischen Leistungen, die sie hervorbrachte, sind ein Beweis dafür, daß die deutsche Literatur auch in dieser Zeit, wenn zwar an den Wurzeln angegriffen, so doch letzten Endes auch bewiesen hat, daß sie sich *nicht* zerstören läßt.

Nie zuvor war die deutsche Literatur solchem Terror, solchen Verfolgungen ausgesetzt. Daß sie in so entscheidendem Maße widerstand, daß ihre besten Vertreter zu Streitern und Märtyrern wurden, daß sie einen kämpferischen Humanismus entwickelte, wie ihn die deutsche Literatur hundert lange Jahre nicht gekannt hatte: All das ist ebenso neu wie die Geschehnisse, die diese Tatsachen hervorriefen. *Beides* – diese Geschehnisse selbst wie den Protest des Geistes, den sie auslösten – *nicht vergessen* zu machen, dazu kann, ja *muß* auch die Literaturgeschichte ihren Beitrag liefern.

ANMERKUNGEN

Erschien zuerst unter dem Titel »Die deutsche Literatur des Exils – Ihr Nachleben und ihre Darstellung in der internationalen Literaturkritik.« Unter dem Pseudonym L. Ernst in *Panorama, deutsche Zeitung für Literatur und Kunst*, München, Mai 1958.

***

Paul Fechter (1880-1958), Schriftsteller, Journalist, Literaturhistoriker. Seine »Geschichte der deutschen Literatur« erschien 1941 und 1952.

Josef Nadler, geb. 1884 in Neudörfl/Böhmen, gest. in Wien 1963, Professor in Fribourg/Schweiz (1912-1925), Königsberg (1925-1931) und Wien (1931-1945), seine monumentale Literaturgeschichte verkörpert ein Stück deutsche Geisteskontinuität vom Kaiserreich über die Weimarer Republik und die Nazizeit bis in die Bundesrepublik. Walter Muschg hat in seinem Essay-Band *Die Zerstörung der deutschen Literatur* (3., erweiterte Auflage Bern 1958) eine glänzende Analyse von Nadlers Werk geschrieben. Nadlers Literaturgeschichte erschien zuerst vierbändig ab 1912 unter dem Titel *Literaturgeschichte der deutschen Stämme und Landschaften* als antiindividualistische, völkische Geschichtsschreibung, der Literatur aller Art ein Instrument ist, um das Wesen von Stämmen zu ergründen. 1941 publizierte Nadler eine »völlig neubearbeitete« vierte Auflage unter dem Titel *Literaturgeschichte des Deutschen Volkes, Dichtung und Schrifttum der deutschen Stämme und Landschaften* – ein »ragendes Monument einer dem chauvinistischen Rassenwahn verfallenen Literaturwissenschaft« (Muschg). Danach, schreibt Muschg, »ist nur noch auf die 1951 erschienene, nochmals umfrisierte fünfte Auflage in einem Band hinzuweisen, die vom gröbsten antisemitischen und großdeutschen Unrat gereinigt ist und wenigstens die Rassentheorie preisgibt. Rasse sei keine geistesgeschichtliche Erklärungsmöglichkeit, steht in ihrer Einleitung, weil der »rassische Befund« in den Jahrhunderten vor der Photographie gar nicht und selbst im Zeitalter des Films nicht durchwegs erbracht werden könne, und von der Familienkunde heißt es jetzt: »Irrtum und Frevel haben dieses Gebiet der Forschung und Erkenntnis schwer mißbraucht. Darum muß die Ehre dieser Disziplin wieder hergestellt werden.« Nadler glaubt diese Rehabilitierung damit zu leisten, daß er einige Juden positiv würdigt, einige andere wenigstens erwähnt und im übrigen manchen braunen Wicht weiterhin glänzen läßt. Wie weit er von der Einsicht in den wahren Umfang seiner Irrtümer entfernt ist, zeigt die »Schlußrede«, wo er den verrufenen vierten Band damit verteidigt, daß seine Handschrift abgeschlossen worden sei,

»als das Deutsche Reich noch mit aller Welt in Frieden lebte, mit allen Staaten Gesandtschaften austauschte und Verträge schloß«, und zu schreiben wagt: »Wem hätte ich es nun eigentlich recht machen sollen, damit es auch dem andern recht gewesen wäre? Ich kann nichts dafür, daß die deutsche Literatur nun einmal gerade so und so und nicht wenige Dichter eben nur soso sind. Diesem Buch ist es von allem Anfang um gar nichts als um Erkenntnis gegangen.« Daraus ergibt sich, daß Erkenntnis offenbar auch eine Frage der Moral ist. Die historisch-nationale Betrachtung der Literatur hat in Nadlers Buch sich selbst widerlegt. Wie jede nicht von der Sache, sondern von einem Dogma ausgehende Methode kann sie nur noch zum politischen Mißbrauch der Dichtung führen, der heute im Namen vieler Dogmen betrieben wird.« (Walter Muschg, a. a. O.)

Zum *Minister, der Brecht mit Horst Wessel verglich*, s. Anm. zu »Hoffnung in finsterer Zeit«, S. 249 in diesem Band.

Zum Paradigmenwechsel in der Exilliteraturforschung (1991)

Als ich diesen Vortrag zu konzipieren begann, konnte ich nicht ahnen, welche Aktualität die Frage des Paradigmenwandels in der Exilforschung inzwischen erhalten sollte, auch wenn sie in bezug auf die Gegenwart noch kaum beantwortet werden kann. Es ist nicht schwer zu erraten, was ich meine: die unerwartete Vereinigung Deutschlands und ihre noch kaum zu definierenden Folgen für die Exilforschung. Allenfalls wird man davon ausgehen dürfen, daß sie sich von einem ideologischen Schisma befreit, welches ihr seinen Stempel aufgedrückt hatte und lange Zeit einen offenen Diskurs erschwerte. Sichtbar ist allerdings auch, daß dabei berufliche Existenzen vernichtet werden. Ich werde am Schluß noch einmal darauf zurückkommen.

Daß die Erforschung des deutschsprachigen Exils, und damit auch der Exilliteratur, sich in einem Umbruch befindet, war schon Jahre vor der deutschen Vereinigung auszumachen. Diese wird den im Gange befindlichen Prozeß vermutlich beschleunigen und möglicherweise auch seine Richtung verändern. Der Umbruch, von dem die Rede sein wird, ist äußerlich markiert durch das Ende einer zehnjährigen Förderung, vornehmlich der Grundlagenforschung, seitens der Deutschen Forschungsgemeinschaft im Jahr 1983 und der kürzlichen Errichtung eines mehrjährigen Schwerpunktprogramms, gleichfalls durch die DFG, zum Thema »Wissenschaftsemigration«. Ein weiterer Schwerpunkt über die Remigration soll folgen. Inhaltlich läßt sich als deutlichstes Merkmal dieses Umbruchs das Abgehen von einer weitgehend einseitigen Festlegung des Erkenntnisinteresses auf das emphatisch als »antifaschistisch« bezeichnete Exil konstatieren. Grundsätzlich war eine Umorientierung nicht nur in der BRD, sondern auch in der DDR, wiewohl in unterschiedlicher Intensität, festzustellen.

Der Beginn der Exilforschung ist bis in die Jahre des Exils zurückzudatieren.[1] Ihre Anfänge nach 1945 sind bekannt. Ich erinnere nur an das Wirken von Walter A. Berendsohn[2] und seiner Stockholmer Forschungsstelle, an die von Hanns-Wilhelm Eppelsheimer begründete Sammlung der Exilschriften in der Deutschen Bibliothek in Frankfurt am Main, an die Bibliographie der Exilliteratur von Wilhelm Sternfeld und Eva Tiedemann[3] 1962 sowie die gleichfalls durch die Deutsche Bibliothek ausgerichtete und von Werner Berthold verantwortete erste große Exilausstellung von 1965.[4] Die Exilsammlung der Deutschen Bücherei in Leipzig[5] sei nicht wegen ihrer minderen Bedeutung erst am Ende erwähnt, sondern weil sie ihre Existenz der einfachen Tatsache verdankt, daß sie – freilich sekretiert – als Teil des Bestandes der Deutschen Bücherei schon vorher bestand und sich in die Nachkriegszeit hat hinüberretten lassen können. Die meines Wissens nach erste Monographie (William K. Pfeiler: *German Literature in Exile*[6]) erschien Ende der fünfziger Jahre in den Vereinigten Staaten und befaßte sich mit der Lyrik des Exils. Der eigentliche Durchbruch gelang Hans-Albert Walter, der zuerst durch Rundfunkbeiträge und Zeitschriftenartikel dem Thema Geltung verschaffen konnte.[7]

Das in den beiden ersten Nachkriegsjahrzehnten in der BRD zu beobachtende Defizit an öffentlichem Interesse für das deutsche Exil schloß allerdings die Rezeption einzelner Autoren, insbesondere konservativer, nicht aus. Der Thematisierung des Exils jedoch war man geflissentlich ausgewichen, eine Tatsache, die sich am deutlichsten an den Schulbüchern demonstrieren ließe: Lesebüchern, Literaturgeschichten und Literaturlexika. Die Entwicklung in der DDR war demgegenüber nahezu spiegelverkehrt. Allein schon aus Legitimationsgründen hatte sie das antifaschistische Exil (so wie den antifaschistischen Widerstand) zu einem von ihr zu verwaltenden Erbe erklärt. Dieses blieb für lange Zeit freilich an der seinerzeitigen »Volksfront«-Praxis orientiert und damit auch durch Rezeptions- und Forschungslücken charakterisiert, welche jene Zwänge reproduzierten, die bereits während der NS-Zeit die Volksfrontpolitik bestimmten. Auf diese Weise blieben gerade viele der in der Bundesrepublik rezipierten Autoren von einer Rezeption in der DDR weitgehend oder völlig ausgeschlossen, einige davon bis zu deren Zusammenbruch. Ich denke bei den letzteren vor allem an solche Autoren, die wie Arthur Koestler, Gustav Regler oder Manès Sperber mit der Kommunistischen Partei gebrochen hatten. Der mit dem Verdikt des »Formalismus« einst verurteilten Moderne hatte sich die DDR schon wesentlich früher, wenn auch zunächst nur zögernd, geöffnet. Vermerkt sei hier vor allem das Beispiel der Zeitschrift *Sinn und Form*, die unter der Leitung von Peter Huchel bereits in den fünfziger Jahren Autoren veröffentlicht und ihre Werke zum Gegenstand der Forschung gemacht hatte, die – wie Theodor W. Adorno, Walter Benjamin, Hermann Broch oder Robert Musil – in der DDR anscheinend als außerhalb des herrschenden Literaturkanons stehend angesehen wurden.

Während in der DDR das politische Denken einem zur Staatsraison erhobenen, gleichsam »verordneten Antifaschismus« gehorchte, bedurfte es in der BRD erst der Herstellung eines Klimas, einer politischen Kultur von unten, um einen »nachgeholfenen Antifaschismus« zu befördern. Es war nur zu natürlich, daß im Zuge der politischen Bewegung gegen Mitte und Ende der sechziger Jahre – radikaldemokratisch und internationalistisch, wie sie gestimmt war – die überlieferten und durch den Nationalsozialismus diskreditierten nationalistischen Traditionen deutscher Vergangenheit ernsthaft in Frage gestellt, gleichzeitig aber auch neue Orientierungspunkte, sowohl der älteren wie der jüngeren deutschen Geschichte, anvisiert wurden: in der Folge eben auch das deutsche Exil, seine Gedanken und seine Literatur.

Das neu gewonnene Interesse an der Exilliteratur, insbesondere auch für die sich betont als »antifaschistisch« definierende, führte zwar zu einer gewissen Annäherung zwischen der ost- und westdeutschen Forschung, war jedoch noch weit davon entfernt, Kooperation zu stiften, wie sie sich zum Beispiel in gemeinsam ausgerichteten Kongressen hätte darstellen können. Ein Versuch dieser Art, nämlich dem Stockholmer Kongreß von 1966 sowie dem Kopenhagener von 1972 einen weiteren in Wien [8] folgen zu lassen, ging in die Brüche, kaum daß mit der Vorbereitung eines solchen begonnen wurde. Dies konnte freilich schon deshalb nicht verwundern, weil in den beiden deutschen Staaten selbst der antifaschistische Bereich nicht deckungsgleich sein konnte. Unnötig zu sagen, daß die DDR immer weniger legitimiert schien, allein das Erbe des antifaschistischen Exils zu verwalten, für das sie, wie für das Exil überhaupt – aber das gilt gleicherweise, wenn auch mit umgekehrten Vorzeichen für die BRD – ja ohnehin nur ein selektives Wahrnehmungsvermögen hatte. Doch auch ohne daß sich grundsätzlich die beiden deutschen Staaten in den siebziger und achtziger Jahren einander angenähert hätten, war am Ende die Isolation voneinander partiell doch schon so weit aufgebrochen, daß – dies meine These – davon ausgegangen werden kann, daß ein Paradigmenwandel hier wie dort sich ankündigte, in welchem Ausmaß auch immer.

Das Jahr 1968 war nicht nur das Jahr eines Aufbruchs der an den wirtschaftlichen Segnungen der westlichen Welt und deren Krisen und Kriegen (vor allem dem Vietnam-Krieg) irre gewordenen Jugend, der Aufbruchstimmung einer neuen Linken, sondern auch das Jahr, in welchem die Wahrnehmung und Erkenntnis der schlechten Praxis des realen Sozialismus sich von neuem und diesmal unwiderruflich in das Bewußtsein der alten Linken, soweit sie nicht längst davon abgerückt war (oder ihm ohnehin fernstand), eingegraben hatte. Die den »Prager Frühling« überrollenden Tanks der Streitkräfte der Warschauer-Pakt-Staaten hatten die Sowjetmacht, ihre Satelliten sowie die Mehrzahl der kommunistischen Parteien und ihre Anhänger in einem Maße diskreditiert, daß – wortwörtlich – »kein Staat« mehr damit zu machen war. Mehr noch: Auch die »Neue Linke«, die das Erbe der marxistischen Linken (ob mit eher reformistischem oder eher radikalem Hintergrund) anzutreten versuchte, versackte ihrerseits mit der Ausdehnung der »Bewegung« in einem ausweglosen Sektierertum, sofern es ihr nicht gelang, etwa auf dem »langen Marsch durch die Institutionen« einige Nischen zu erobern und auch die politische Kultur der BRD in gewissem Maß mitzuformen. Das Bedürfnis der Nachgeborenen nach einem nachgeholten Antifaschismus war Teil dieser Entwicklung. Skepsis war freilich schon damals am Platz hinsichtlich der Frage, ob es sich bei alldem tatsächlich um den Vorgriff auf ein neues Denken oder noch um einen Nachhall von zum Teil in Vergessenheit geratenen, zum Teil überholten linken Positionen handelte. Beides dürfte im Nebeneinander von Entwicklungssträngen wohl der Fall gewesen sein, wobei der von Jürgen Habermas geprägte Begriff einer »Neuen Unübersichtlichkeit« bereits auf eine spätere, von der »konservativen Wende« und der »Postmoderne« geprägte Situation hindeutete.

Die wachsende Unglaubwürdigkeit teleologisch bestimmter Entwicklungsmodelle, die die Selbstverwirklichung des Menschen im historischen Prozeß für ausgemacht hielten, hatte bereits die Vordenker der »Neuen Linken« – etwa die Vertreter der »Frankfurter Schule« – veranlaßt, Grundpositionen (seien es orthodoxe oder revisionistische) der »Alten Linken« zu hinterfragen. Neue Probleme verlangten jetzt nach neuen Antworten, freilich ohne daß die alten bereits gelöst gewesen wären. Zu ihnen zählten: der Nord-Süd-Konflikt, die Überrüstung (insbesondere durch die Anhäufung von Atomwaffen), die voraussehbaren ökologischen Katastrophen, die Bevölkerungsexplosion.

Dazu gesellte sich, insbesondere wohl im Zuge des inzwischen vollzogenen Generationenwechsels, sowohl in der Bundesrepublik als auch in anderen Teilen der Welt, die alt-neue, doch jetzt mit weitaus größerer Dringlichkeit als vordem gestellte Frage nach den Ursachen und den Bedingungen, die Auschwitz möglich gemacht hatten. Denn: Dementierte dieses nicht jeden Glauben an die Beständigkeit der westlichen Zivilisation, an den Triumph der Aufklärung, an die Rationalität als einer den Menschen im historischen Prozeß zugewachsenen und irreversiblen Größe? All dies waren Fragen, die sich quer zu den tradierten Lösungsmodellen der antifaschistischen Linken stellten und damit auch quer zu Teilen der von ihnen favorisierten Literatur.

Mit der Bedeutung, die Auschwitz etwa seit Beginn der achtziger Jahre für das öffentliche Bewußtsein der Erben sowohl der Opfer- als auch der Täterseite gewann, hat das (insbesondere jüdische) Leidens- und Opfermotiv gegenüber dem Widerstandsmotiv eine vermehrte Beachtung auch in der Exilforschung gefunden und eine davon weitaus unabhängige Dignität erhalten. Auch wird die Judenverfolgung heute eher als selbständige Zielsetzung nationalsozialistischen Handelns, und nicht mehr nur als eine abgeleitete faschistischer Herrschaft angesehen.

Auschwitz als Gegenstand von Literatur ist im wesentlichen allerdings ein Nachkriegsphänomen, und nicht eines der herausragenden Themen der deutschen Exilliteratur, konnte es auch nicht sein, solange man diese allein auf die Zeit des erzwungenen Exils (eventuell noch auf die der unmittelbaren Nachkriegszeit) bezog. Hebt man diese Beschränkung aber auf, und dies ist inzwischen ja weitgehend der Fall, so müßten schon allein aus diesem Grunde der »Antifaschismus«, oder was sich einmal als solcher bezeichnet hatte, zwangsläufig seine dominierende Rolle innerhalb der Exilliteraturforschung einbüßen, es sei denn, der Begriff würde nur die Tatsache beschreiben, daß die aus dem NS-Reich Geflüchteten sich ohnehin als Antinazis — und zumeist auch als Antifaschisten — verstanden hatten.

Erlaubt sei hier eine provozierende Frage: Könnte die starke Fokussierung des »antifaschistischen« Exils durch unser Erkenntnisinteresse unter weitgehender Ausklammerung der Massenvertreibung (und der Massenvernichtung) der deutschen und europäischen Judenheit nicht auch den Verdacht evozieren, daß eine Art geschichtlicher Deckerinnerung[9] dabei im Spiele war? Etwa, um das gerade noch Ertragbare vor dem Blick auf das Schlimmste abzuschotten? Weil dieses unfaßbar war und in keine wie auch immer geartete rationale Vorstellung paßte?

Mit der Aufhebung sich anbietender, doch im Grunde fragwürdiger zeitlicher Begrenzungen erwies sich der Usus allzu strenger Separierung von politischem Exil und (vorwiegend) jüdischer Emigration, und damit auch von Exilliteratur und Emigrationsliteratur, am Ende als nicht sonderlich hilfreich. Allein die vielen Übergänge in den einzelnen Lebensläufen haben eine solche Kategorisierung vielfach als inadäquat erscheinen lassen. Wie etwa wäre Autoren, die 40 Jahre nach der Zerschlagung des NS-Staates in ihrem Aufnahmeland weiterhin Deutsch schreiben (oder gar Menschen der zweiten Generation) beizukommen, die jenes Land zwar als ihren Dauerwohnsitz gewählt haben, sich aber dennoch einer vollen, nämlich auch sprachlichen Integration widersetzen? Eine wertende Scheidung gar in ein an Deutschland orientiertes »Exil« auf der einen Seite, in eine »jüdische Massenemigration« auf der anderen, verbietet sich von selbst. Leider war sie in der DDR-Historiographie lange Zeit die Regel. Sie dürfte der Vergangenheit angehören. Übrigens hat in den letzten Jahren der übergreifende Tatbestand von Vertreibung und Verlust ohnehin vermehrte Beachtung gefunden. Nicht erst seit gestern hat sich, insbesondere in den USA und Israel, die Migrationsforschung vermehrt den deutschsprachigen Einwanderern der NS-Zeit zugewandt. Der vorherrschende Schwerpunkt innerhalb der USA ist vor allem auf Fragen der Akkulturation der Einwanderer in das Gastland gerichtet sowie auf den intellektuellen Zugewinn, den das Gastland durch diese erfahren hat. Neuerdings wird in den USA freilich auch von den angeblichen Negativwirkungen durch die »German connection« der dreißiger Jahre gesprochen.[10]

Mit der Ablösung einer pionierhaften Forschergeneration, die sich aus guten Gründen zunächst einmal der »Botschaft« des Exils verpflichtet fühlte, sowie mit dem Übergang von der Exilliteraturforschung zur weiteren Exil- und vor allem auch zur Emigrations- und Immigrationsforschung, geht ein vermehrtes Interesse aus den Einzelwissenschaften einher: Im Endeffekt ist auch eine Aufnahme relevanter Forschungsergebnisse in die Einzelwissenschaften zu erwarten. Zweck der Exilforschung war und ist, ein vernachlässigtes Thema aufzugreifen, vorzustellen und in das historische Bewußtsein zu rücken. In dem Maße, wie dieses geschieht, wird sich das Sonderinteresse für das Exil eines Tages möglicherweise zurückbilden, wenn nicht die Einzelwissenschaften diesem Faktum mit neuen, zum Beispiel komparatistischen Fragestellungen begegnen. Man mag den damit verbundenen Verlust an Unmittelbarkeit bedauern, auch einen Trend zur Entpolitisierung konstatieren. Allerdings werden die Deutschen immer sich des Exils (wie des Widerstandes) als eines Stachels im öffentlichen Bewußtsein zu erinnern haben: als Erscheinungsform eines »anderen« Deutschland liberaler, demokratischer und sozialistischer, allemal also aufklärerischer Traditionen. Diese sind in der deutschen Geschichte schon immer zu kurz gekommen. In diesem Sinn sollte die Exilforschung so lange ihre Sonderexistenz verteidigen, wie altes und neues Unrecht unseren Protest herausfordern.

Man mag die Zäsur, die den jüngsten Paradigmenwandel deutlich macht, etwa bei 1980 ansetzen, dem Erscheinungsjahr des ersten Bandes des *Biographischen Handbuchs der deutschsprachigen Emigration nach 1933*[11], jener großangelegten Bestandsaufnahme, die das deutschsprachige Exil und die deutschsprachige Emigration in sich vereint. Sie ist nicht zufällig ein Gemeinschaftswerk deutscher und US-amerikanischer Forschungsinstitute. Mit diesem Werk wird, wie schon der Titel sagt, die Bevorzugung des Exils zugunsten einer umfassenden Berücksichtigung der gesamten Fluchtbewegung aus dem NS-Reich verlassen.

Bei deutlicher Beibehaltung sowohl der alten Akzente als auch gewohnter Leerstellen hatte aber auch das um 1980 in der DDR erschienene siebenbändige Werk *Kunst und Literatur im antifaschistischen Exil*[12], von dem einige Bände in verbesserter Neuauflage vorliegen, seinen Rahmen etwas weiter gesteckt als vordem. Die Herausgeber versuchten mit diesem Gemeinschaftswerk offensichtlich den Anschluß an die westdeutsche und internationale Forschung wiederzugewinnen, von deren beachtlicher Entwicklung sie sich abgekoppelt empfunden haben mochten. Wie weit das Ganze dem programmatischen Leitgedanken einer möglichst vielseitigen politischen (und nicht nur politischen) Fächerung hat folgen können, die Werner Mittenzwei im Vorwort ausgesprochen hat und in dem von ihm persönlich verfaßten Teil auch weitgehend einlöste, ist eine andere Frage.

Nicht nur dem Programm, sondern seiner ganzen Anlage nach geht das 1986 erschienene und von Silvia Schlenstedt herausgegebene Gemeinschaftswerk *Wer schreibt, handelt*[13] weit über die siebenbändige Exilgeschichte (und ihren eigenen Beitrag dazu) hinaus. Das Buch plädiert für die Überwindung einengender Grenzziehungen, wobei die chronologische Öffnung hinter das Jahr 1933 zurück die Möglichkeit bietet, das ganze Spektrum von – sei es primär künstlerisch, sei es primär politisch motivierten – Schreibweisen in den Blick zu bekommen, durch die die Autoren jener Jahre auf die anstehenden Gefahren reagierten oder sich ihnen entgegenstemmten. Nicht zufällig schließt das Buch mit 1935 ab. In diesem Jahr hatte in Moskau der VII. Weltkongreß der Komintern die neue Strategie einer antifaschistischen Volksfront formuliert, eine Politik, die auch vom Vorbereitenden Ausschuß einer Deutschen Volksfront übernommen wurde. Vor allem aber führte sie zum wachsenden Einfluß des Sowjetmarxismus Stalinscher Prägung auf die im Bannkreis des Volksfrontgedankens agierende Publizistik und Literatur.

Die Fortsetzung dieses Werkes über den gesteckten Zeitraum hinaus scheint im Strudel der Ereignisse der letzten Jahre steckengeblieben zu sein. Ob und in welchem Rahmen es weiter erscheinen wird, weiß ich nicht. Die Auflösung der Akademie der Wissenschaften in Ostberlin, die mit ihrem Zentralinstitut für Literaturgeschichte dieses und andere Werke der Exilliteraturforschung in der DDR verantwortet hatte, wird vermutlich das Ihre dazu beitragen, die Frage vorläufig unbeantwortet zu lassen.

Zu den unvorhergesehenen, wenn auch seit geraumer Zeit vor allem als Folge des Machtverlustes der UdSSR und des Zusammenbruchs des Warschauer-Pakt-Systems sich anbahnenden Entwicklungen gehört nicht nur das Ende des SED-Regimes, sondern auch die so eilig vollzogene, einer Mischung aus Anschluß und Eroberung gleichende Vereinigung der beiden Teile Deutschlands. Es war das sinnfälligste Ereignis im Zuge der Beendigung des »Kalten Krieges«.

In einer solchen Zeit besteht vielfacher Grund, an das Exil zu erinnern, an seine Hervorbringungen literarischer, künstlerischer und wissenschaftlicher Art, an die Fülle seiner Gedanken und fruchtbaren Auseinandersetzungen, aber auch an das Leid und die Erniedrigungen, die Menschen um ihrer Meinung oder gar um ihrer Herkunft willen beschert wurden. Dabei war das Exil, soweit es ein neues Leben verhieß, das minder schlimme Los, denn seine Alternativen hießen für die Betroffenen Folter und Tod und – soweit es sich um Juden handelte – das Gas der Vernichtungslager.

Ein neues Deutschland in einem neuen Europa im Visier, hatte das Exil, vor allem das politische, sich noch entlang jener ideologischen Gegensätze orientiert, die aus der Zwischenkriegszeit überkommen waren und die bereits während des Zweiten Weltkriegs und danach in den Ost-West-

Konflikt einmündeten. Allerdings wurden sie in der Publizistik und Literatur des Exils immer wieder von einem »Konvergenz«-Denken überlagert, welches die Postulate von Liberté und Égalité zu versöhnen trachtete. Daß der Realsozialismus und die westliche Zivilgesellschaft nicht konvergieren konnten, war die bittere Erfahrung der Nachkriegsgeneration. Sie wird den Gedanken selbst freilich auf Dauer nicht desavouieren können. Falsch wäre es allerdings, die Friedenssicherung allein auf der Beseitigung vorhandener Widersprüche aufzubauen, wiewohl eine solche der Herstellung eines Klimas für einen neuen Diskurs nur förderlich sein kann. Was im Ansatz bereits unter den Bedingungen gegnerischer oder gar feindlicher Gesellschaftssysteme möglich schien (wie etwa die KSZE), darf auch angesichts der aus den unterschiedlichsten Wohlstandsniveaus erwachsenden Gegensätze nicht verlorengehen. Auch als Überwölbung des Europa-Gedankens war eine Weltfriedensordnung als Ziel schon immer präsent. Bei aller Genugtuung über die Beendigung der Ost-West-Konfrontation – wenn es denn eine war – darf nicht vergessen werden, daß die wirklich globalen Herausforderungen uns noch bevorstehen. Der Golf-Krieg tat das Seine, um uns diese Tatsache ins Gedächtnis zu rufen. Noch sind seine Folgen nicht absehbar.

Heute, fünfzig Jahre nach dem Zweiten Weltkrieg, rücken die Konturen eines Europa wieder in die geistige Nähe, eines Europa, das in manchen Zügen den Sehnsüchten der deutschen Emigration nahekommt.[14] Es kann sich allerdings nicht auf die Funktion einer Wagenburg der begüterten Nationen beschränken. Unter keinen Umständen darf die Schwäche unserer östlichen Nachbarn – es sind nicht zufällig diejenigen, die unter der deutschen Besatzung am meisten gelitten haben – als Einladung verstanden werden, diese Länder politisch zu dominieren. Ihre wirtschaftliche Abhängigkeit vom Westen ist ohnehin schon groß. Der Vertrauensvorschuß, den das neue Deutschland mit seiner Installierung gefunden hat, darf nicht dazu führen, daß – wie Thomas Mann es in einer Rundfunkrede aus dem amerikanischen Exil formulierte – ein »deutsches Europa« entstehe, sondern vielmehr ein »europäisches Deutschland«.

Auch der Exilforschung könnten unter den veränderten Umständen neue Aufgaben zuwachsen. Mit der Vereinigung sind ehemalige Gräben ohnehin obsolet, eine Tatsache, die ihr inhaltlich zugute kommen könnte. Bei den »Abwicklungs«-Verfahren an den wissenschaftlichen und künstlerischen Einrichtungen der ehemaligen DDR wird man nicht selten allerdings auch an die Berufsverbote der siebziger Jahre in der BRD erinnert.

Es ist ein Los, von dem insbesondere der Personenkreis in den ideologisch sensiblen Bereichen der Gesellschafts- und Geschichtswissenschaften Tätigen betroffen ist. Dazu gehören auch zahlreiche Kollegen der ehemaligen Arbeitsgruppe Exilforschung, zumal aus dem Zentralinstitut für Literaturgeschichte der aufgelösten Akademie der Wissenschaften. Eine Anbindung der Arbeitsgruppe an ein bestehendes Universitätsinstitut scheint nicht intendiert zu sein. Die Mitarbeiter – einige von ihnen (auch im Ausland) renommierte Wissenschaftler – werden vermutlich in Pension bzw. Vorpension geschickt oder einer ihnen bis dahin unbekannten Konkurrenz auf dem freien Markt ausgesetzt. Für manchen könnte es das berufliche »Aus« bedeuten. Was die Nachwuchskräfte betrifft, so wird ihnen das gleiche Los beschieden sein wie ihren westdeutschen Kollegen, das bekanntlich nicht rosig ist. Doch ist es nicht nur dieses. Auch die Preisgabe gewohnter Lebensformen und Arbeitszusammenhänge, die einem zusammen mit dem Beitritt der DDR zur BRD abverlangt wurde, erwies sich als schmerzlicher Prozeß. Auch wenn man die Verdünnung aufgeblähter Apparate im Wissenschaftsbereich kaum zu bedauern haben wird, so sollte vor allem die Tatsache, daß einige der älteren Kollegen ein erfülltes Berufsleben so abrupt beschließen sollen, unsere Hilfsbereitschaft herausfordern. Man sollte den betroffenen Personen, aber auch der Forschung zuliebe alles daransetzen, daß Begonnenes trotzdem weitergeführt werden kann und hochqualifizierter Sachverstand nicht zum Erliegen gebracht wird.

Larmoyanz schiene mir hier freilich kein guter Ratgeber. Es ist ja kein Geheimnis, daß die Geschichts- und Gesellschaftswissenschaften in der DDR als Legitimationswissenschaft angesehen und entsprechend gefördert und/oder kontrolliert worden sind. Wissenschaftsfremde Bezugssysteme waren zu respektieren, wobei die Bereitschaft, dies zu tun, von Fall zu Fall unterschiedlich ausgefallen sein wird. Gleicherweise bekannt sind die materiellen Schwierigkeiten, denen die Wissenschaftler in der DDR ausgesetzt waren: der mangelnde Zugang zu den Quellen, die unzureichende Bestückung der Bibliotheken mit ausländischer Literatur, Reiseschwierigkeiten usw. Trotzdem glaube ich sagen zu dürfen, daß die Erforschung der deutschsprachigen Exilliteratur in der DDR schon vor der Vereinigung Deutschlands sich am Beginn eines »Umbruchs« befand, und kann nicht umhin, in der Tatsache, daß einige von denen, die ihn herbeizuführen suchten und jetzt die Früchte ihrer Bemühungen nicht ernten dürfen, auch tragische Züge festzustellen. Nicht der Verlust von Illusionen und nicht einmal von Positionen, doch von Hoffnung ist zu beklagen. Oder der des Rechts auf Irrtum. Auch ist zu wünschen, daß die erwähnten Vorgänge die Meinungsvielfalt nicht beeinträchtigen werden. Auch Trauerarbeit wird zu leisten sein. Und die Bereitschaft, Brücken zu bauen.

ANMERKUNGEN

1 Wolf Franck: *Führer durch die deutsche Emigration,* Paris 1935. Vgl. auch »Biographien/Bibliographien«, *Das Wort,* Jg. 2 (1937), H. 4-5, S. 154-204.

2 Walter A. Berendsohn: *Die humanistische Front,* 1. Teil, Zürich 1946; 2. Teil, Worms 1976.

3 Wilhelm Sternfeld/Eva Tiedemann: *Deutsche Exilliteratur 1933-1945. Eine Bio-Bibliographie,* 2. verb. und stark erw. Auflage, Heidelberg 1970. Erste Auflage mit einem Vorwort von Hanns W. Eppelsheimer 1962.

4 *Exil-Literatur 1933-1945. Eine Ausstellung aus Beständen der Deutschen Bibliothek,* Frankfurt am Main (Sammlung Exil-Literatur). Ausstellung und Katalog: Werner Berthold. Frankfurt a. M. 1965.

5 Helmut Lohse/Horst Halfmann: *Die Sammlung der Exilliteratur 1933-1945 der Deutschen Bücherei,* Leipzig 1973.

6 William K. Pfeiler: *German Literature in Exile. The Concern of the Poets*, Lincoln/ Nebraska 1957.

7 Hans-Albert Walter: *Deutsche Exilliteratur 1933-1950*, (bisher:) Bd. 2., Stuttgart 1984; Bd. 3, ebd. 1988; Bd. 4, ebd. 1978. Vorher bereits drei Bände unter dem gleichen Titel in der Sammlung Luchterhand, Neuwied 1972 ff.

8 An seiner Stelle fand 1975 ein auf das österreichische Exil beschränktes und von österreichischen Forschern ausgerichtetes Symposium statt. Auch hatten US-amerikanische Universitäten inzwischen begonnen, in jährlichen Symposien sich des Themas anzunehmen. Die Kongreßprotokolle sind unter verschiedenen Titeln und in unterschiedlichen Verlagen erschienen, u. a. im Bouvier Verlag Herbert Grundmann in Bonn.

9 Vgl. Dan Diner: »Negative Symbiose. Deutsche und Juden nach Auschwitz«, *Babylon. Beiträge zur jüdischen Gegenwart.* Frankfurt a. M. 1986, H. 1, S. 9 ff.

10 Vgl. Allan Bloom: *The Closing of the American Mind*, New York 1987.

11 *Biographisches Handbuch der deutschsprachigen Emigration nach 1933 / International Biographical Dictionary of Central European Emigrés 1933-1945*, hg. vom Institut für Zeitgeschichte München und von der Research Foundation for Jewish Immigrants, Inc., New York, unter der Gesamtleitung von Werner Röder und Herbert A. Strauss, Bd. I, Bd. II, 1-2 und Bd. III (Gesamtregister), München u. a. 1980-1983.

12 *Kunst und Literatur im antifaschistischen Exil 1933-1945*, Bd. 1-7, Berlin/DDR 1978-1981. Lizenzausgabe Frankfurt a. M. 1979 ff.

13 *Wer schreibt, handelt. Strategien und Verfahren literarischer Arbeit vor und nach 1933*, hg. von Silvia Schlenstedt, Berlin/DDR und Weimar 1986.

14 Vgl. Klaus Voigt (Hg.): *Friedenssicherung und europäische Einigung. Ideen des deutschen Exils 1939-1945*, Frankfurt a. M. 1988. S. a. Wolfgang Benz (Hg.): *Pazifismus in Deutschland. Dokumente zur Friedensbewegung 1890-1933*, Frankfurt a. M. 1988.

Zum Paradigmenwechsel in der Exilliteraturforschung. In: *Exilforschung.* Ein internationales Jahrbuch, hg. im Auftrag der Gesellschaft für Exilforschung von Thomas Koebner, Wulf Köpke und Claus-Dieter Krohn unter Mitwirkung von Lieselotte Maas, Band 9, Verlag edition text + kritik, München 1991. Der Aufsatz beruht auf einem Vortrag, der in jeweils aktualisierter Fassung zwischen 1989 und 1991 in Jerusalem, Freudenberg bei Siegen und Nashville/Tennessee gehalten wurde. Die Jerusalemer Fassung erschien in *Deutsch-jüdische Exil- und Emigrationsforschung*, hg. von Itta Shedletzky und Hans Otto Horch in der Reihe *Conditio Judaica*, Max Niemeyer Verlag, Tübingen 1993.

***

»Die im Banne des Volksfrontgedankens agierende Publizistik und Literatur«: In einer früheren Fassung dieses Aufsatzes führte der Autor aus: »Der 1. Allunionskongreß der Sowjetschriftsteller, der 1934 in Moskau stattfand und bei dem auch mehrere deutsche Exilschriftsteller (Johannes R. Becher, Willi Bredel, Albert Ehrenstein, Wieland Herzfelde, Theodor Plivier und Ernst Toller) teilgenommen hatten, war die letzte große Veranstaltung auf sowjetischem Boden, auf der unterschiedliche literarische Positionen kontrovers diskutiert werden konnten. Gleich danach hatte sich allerdings die Position des Sozialistischen Realismus durchgesetzt. Sie wurde fortan als Richtschnur für die Sowjetschriftsteller dekretiert. Avantgardistische Richtungen, sei es als literarische Praxis, sei es als literarisches Erbe, wurden als bürgerlich-dekadent gebrandmarkt, ihre Vertreter Repressalien ausgesetzt. Fast gleichzeitig wurde auch der Literatur des bürgerlichen Realismus die Weihe normativer Geltung verliehen und sie zum Ahnherrn des sozialistischen Realismus deklariert. Man kann nicht umhin, die sogenannte Expressionismus-Debatte in der Zeitschrift *Das Wort* auch im Schatten oder als Echo dieser Ereignisse in der UdSSR zu sehen. Sie koinzidierte zeitlich bereits mit dem Beginn der großen Säuberungswelle und der Serie von Schauprozessen in der UdSSR, durch die der ohnehin fragile Volksfrontgedanke, dem ich einen genuinen Kern auch heute nicht absprechen möchte, seine Glaubwürdigkeit verlor«.

Rede für Hans Mayer
(1987)

Sehr verehrter, lieber Herr Mayer,
es ist mir eine Ehre – aber auch eine große Freude – Sie heute im Kreise unserer Gesellschaft und deren Freunde begrüßen zu dürfen. Wir hatten Sie schon immer – unausgesprochenerweise – als einen der Unseren betrachtet, auch ohne, daß Sie formell unser Mitglied waren. Wir glaubten, diesen Zustand *unsererseits* korrigieren zu sollen, indem wir Ihnen anläßlich Ihres 80. Geburtstages eine Ehrenmitgliedschaft antrugen. Für die Annahme danken wir Ihnen. Sie ist der Anlaß, heute mit Ihnen zu dieser kleinen Feierstunde zusammenzukommen.

Persönlich haben wir uns erst vor einem Jahr bei einer Tagung kennengelernt. Doch hege ich die Vermutung, daß ich einer der wenigen in diesem Kreise bin, der Ihr Werk bereits seit 40 Jahren mit wachsendem Interesse verfolgt. Ich habe die teilweise von Ihnen, teilweise von Stephan Hermlin verfaßten Rundfunksendungen, die 1947 erstmals unter dem Titel *Ansichten über einige neue Schriftsteller und Bücher* im Druck erschienen sind, kurz nach Erscheinen gelesen. Das gleiche gilt für die erste Ausgabe Ihres Thomas-Mann-Buches, das 1950 erschien. Mir hatte ein Freund diese Bücher aus der DDR nach Tel Aviv mitgebracht. Sie haben mehrere Umzüge gut überstanden, auch unsere Übersiedlung nach Frankfurt vor 30 Jahren.

Es ist nicht meine Aufgabe, hier über Ihr Werk zu sprechen. Nur eines Ihrer letzten Bücher, Ihre Autobiographie *Ein Deutscher auf Widerruf,* will ich nicht unerwähnt lassen. Dieses breitgefächerte Panorama gelebter Zeit und gelebter Literatur setzt für mich als Leser und Zeitgenosse etwas fort, das in meiner Erinnerung untrennbar verbunden ist mit der Lektüre von zwei älteren Autobiographien. Es sind dies Stefan Zweigs spätbürgerliche *Welt von gestern* und Klaus Manns antibürgerlicher *Wendepunkt*: Zwei Bücher, die – mehr als andere – dem um Jahrzehnte Jüngeren das *Nach-Leben* dieser Zeit und ihrer Literatur ermöglicht hatten. *Sie* haben die »gelebte Literatur« auf Ihre Weise bis in die unmittelbare Gegenwart hinein weiterverfolgt und fortgesetzt. Sie tun es noch heute.

Die Tatsache, daß sie auf Ihrem Weg als Deutscher *und* Jude (hier ist gewiß keine Assoziation an einen Dritten intendiert) noch immer die Option eines Widerrufs offenhalten müssen, ist kein Ruhmesblatt für dieses Land. Allenfalls verwiese sie auf ein Selbstbestimmungsrecht, welches von den genannten Vorgängern nicht in Anspruch genommen werden konnte. Es gab ein solches nicht.

Sie haben sich Ihrer Freiheit allerdings schon als Student vergewissert, indem Sie, in linken Gruppierungen mitarbeitend, schon früh zu einem eigenen Standpunkt fanden. Die Zeichen der Zeit erkennend, orientierten Sie sich an der Notwendigkeit, die linke Zersplitterung zu überwinden, anstatt bei pseudo-revolutionären Parolen zu verharren. Einem »Leben in lauter Widersprüchen«, wie es sich Ihnen dargeboten hat, dürften auch Sie sich zunächst einmal »ahnungs- und regierungsweise« gestellt haben, freilich nicht in der Abgeschiedenheit eines Zauberbergs, sondern inmitten des politischen Getümmels, immerhin aber auch im Vorfeld einer neuen Katastrophe und eines neuen Donnerschlags.

Als Emigrant sind Sie den politischen Querelen und literarischen Scheingefechten ferngeblieben. Der totalen Staatsraison und der normativen Literaturtheorie, die der Sowjetkommunismus verbreitete, konnten Sie schon damals nichts abgewinnen. Doch allen bitteren Erfahrungen zum Trotz, die Sie dann noch später erwarteten, haben Sie Ihr Dissidententum nie durch den gängigen Antikommunismus mißbrauchen lassen.

Es war kein Zufall, daß Sie in den dreißiger Jahren Ihr Wissen, Ihr

Engagement, Ihre aufklärerische Intention in das Institut für Sozialforschung haben einbringen können. Ohne Identitätsverlust konnten Sie nach dem Krieg erst im westlichen, dann im östlichen und schließlich wieder im westlichen Deutschland lehren, schreiben und veröffentlichen und – im vorigen Jahre – wieder als Gast der Akademie für Wissenschaften in Berlin sprechen. Ich finde dies alles um so bemerkenswerter, als Sie weder – wie manch anderer – ein »Wanderer *zwischen* den Welten« sind, noch – wie Thomas Mann – gleichsam das »wahre Deutschland« zu vertreten gedachten. *Sie* standen nie *über* den beiden deutschen Staaten, sondern auf eine achtunggebietende, jedoch vertrackte Weise mittendrin. Sie haben beide, mit allem, was gegen sie zu sagen ist, erlitten und erduldet, aber auch von den Impulsen gezehrt, die beide – meist *unter* der Oberfläche oder *jenseits* der offiziellen Denkschablonen – zu bieten haben. Mehr noch: Sie haben selbst diese Impulse im Leipziger Hörsaal 40 oder im Rahmen der Gruppe 47 in einem erheblichen Ausmaß mitgetragen.

Eine »Außenseiter«-Position, wie sie nicht alltäglich ist, jedoch inzwischen an Boden gewinnt, hüben wie drüben: Es ist die Insistenz auf dem Aufklärungspostulat, das sich nicht mit einem wie immer gearteten allgemeinen und kollektiven Fortschritt zufrieden gibt, sondern seine Ernsthaftigkeit an der Respektierung der Rechte von Minderheiten erprobt. Der »Deutsche auf Widerruf« ist also nur die Ausformulierung eines Gedankens, der das Prinzip einer nach innen pluralistischen und nach außen übernationalen Gesellschaft zur Voraussetzung hat. Aber auch einer Befindlichkeit, die auf dem Grade der Durchsetzung dieses Prinzips beruht. Leider läßt unsere Gesellschaft nur Ansätze einer solchen Durchsetzung zu. Beispiele erübrigen sich.

Sie haben bereits in jungen Jahren der Praxis ein Primat über das Schreiben zuerkannt. Dabei verwahrten Sie sich allerdings vor einer Vereinnahmung der Philosophie, z. B. der Blochschen, für vordergründige politische Zwecke: Hoffnung, sagten Sie mit Recht, sei nicht mit Zuversicht zu verwechseln. Dem literaturpolitischen Kanon, der darauf abgestellt war, solche zu liefern, haben Sie das *ganze* Spektrum der literarischen Moderne entgegengesetzt – ohne Kafka gegen Thomas Mann oder Brecht gegen Sartre auszuspielen. Sie taten dies auch unter Umständen, die dem nicht günstig waren. Vielleicht ist es die hieraus gewonnene Stärke, die Sie in die Lage versetzt, auch jenen Stimmungen zu widerstehen, die den Weltuntergang bereits für ausgemacht halten. Selbst wenn er rechnerisch durchaus wahrscheinlich sein mag.

Daß wir in einer »Endzeit« leben, hat die Literatur unseres Jahrhunderts schon immer deutlich gemacht. Daß diese bürgerliche Endzeit nicht gleichzeitig auch die absolute Endzeit sei, war und ist noch immer unsere Hoffnung. Auch die deutsche Exilliteratur, deren Erforschung unsere Gesellschaft ihr Dasein verdankt, ist von einem Doppelcharakter geprägt, in dem sich die Trauer um den Verlust von Menschen und Heimat mit jener heute allerdings kaum noch nachvollziehbaren Zuversicht paarte, die ein neues Zeitalter in unmittelbare Nähe rückte. Die Zeit ist darüber hinweggeschritten. Sie hat uns mit dem, was wir heute als »Holocaust« – oder angemessener mit »Auschwitz« – bezeichnen, allerdings ein Zeichen eingebrannt, das sowohl die Überlebenden als auch die Nachgeborenen mahnt, das Desaster der Menschheit zu stoppen. »Wo Gefahr ist, wächst das Rettende auch«, sagte Hölderlin, ein Tübinger auch er. Ob dieses imstande sein wird – Ansätze dazu gibt es heute wie ehedem –, unsere düsteren Vorahnungen zu dementieren, weiß keiner von uns. Was aber wäre zu tun, als das Rettende zu mehren und zu stärken, dem »unglücklichen Bewußtsein« der Deutschen zum Trotz, die *weniger noch als andere* mit dem eingeborenen Widerspruch von »Geist und Macht« umzugehen gelernt haben. *Sie* sind diesem Ziel zeit Ihres Lebens nachgegangen. Nicht, indem Sie Geist und Macht zu versöhnen, vielleicht aber doch, indem Sie zwischen Literatur und Praxis zu vermitteln bemüht waren. Dafür danken wir Ihnen.

Ich darf Ihnen – als bescheidenes Zeichen dafür – im Namen unserer Gesellschaft und ihres Vorstandes – diese Urkunde überreichen.

ANMERKUNGEN

In den Räumen der Deutschen Bibliothek zu Frankfurt am Main wurde am 11. September 1987 Hans Mayer die Ehrenmitgliedschaft in der Gesellschaft für Exilforschung verliehen. Zu diesem Anlaß sprachen Günther Pflug, Generaldirektor der Deutschen Bibliothek, Ernst Loewy als Vorsitzender der Gesellschaft für Exilforschung und Thomas Koebner. Hans Mayer bedankte sich mit einer eigenen Rede. Die Reden sind dokumentiert in einer Broschüre der Gesellschaft für Exilforschung.

»Assoziation an einen Dritten«: Anspielung auf den autobiographischen Essay *Mein Weg als Deutscher und Jude* von 1921 des Schriftstellers Jakob Wassermann (1873-1934).

»Ahnungs- und regierungsweise«: leitmotivische Redeweise von Hans Castorp in Thomas Manns *Zauberberg*.

Nachrichtenbrief der Gesellschaft für Exilforschung

Fünf Editorials (1984-1991)

1984

Fünfzig Jahre nach dem Machtantritt des Dritten Reiches: Das sind auch fünfzig Jahre seit dem Beginn des Exils. Ist es zu diesem Zeitpunkt noch sinnvoll, ein weiteres, wenn auch bescheidenes Periodikum ins Leben zu rufen, das diesem Thema gewidmet ist? Von der Generation der Betroffenen sind, von wenigen Betagten abgesehen, nur noch Nachzügler am Leben, ich meine Personen, die bereits in ihrer Jugend ins Exil gezwungen wurden und denen dieses meist zur neuen Heimat wurde. Die Vermittlung und Erforschung des deutschsprachigen Exils ist längst ja in die Hände einer nachgewachsenen Generation übergegangen, ja bereits einer zweiten, die, anders als die vorherige der »Pioniere«, zum größeren Teil aus den Universitäten hervorgegangen ist. Anders auch als die von Walter A. Berendsohn und Gustav Korlén begründeten (und von Helmut Müssener weitergeführten) Berichte der Stockholmer Koordinationsstelle zur Erforschung der deutschsprachigen Exilliteratur, sich gleichwohl an ihnen orientierend, wollen die vorliegenden Mitteilungen denn auch der Exilforschung nicht mehr die Bahn freimachen, sondern ihre allenthalben zutage tretenden Ergebnisse dokumentieren und weitervermitteln.

Mit der Herausgabe des ersten Bandes *Exilforschung – Ein internationales Jahrbuch* durch den Verlag edition text + kritik ist die Lücke spürbar ins Bewußtsein getreten, die 1975 mit der Einstellung der Stockholmer Berichte entstanden ist. Sie kann auch durch das Jahrbuch nicht gefüllt werden. Die Rezeption und die Erforschung der Exilliteratur sind jedenfalls mit den Mitteln eines in kürzeren Abständen erscheinenden Informationsdienstes besser zu dokumentieren. Es ist dieser Gedanke, der dem *Nachrichtenbrief* zugrunde liegt und der ebenso wie das Jahrbuch im Auftrag der Gesellschaft für Exilforschung herausgegeben wird.

Zwischen 1975 und heute sind mehr als acht Jahre vergangen, Jahre, in denen die Exilforschung einen unerwarteten Aufschwung genommen hat. Die vielfältigen Veranstaltungen und Publikationen anläßlich des 50. Jahrestages der Bücherverbrennung machen dies deutlich. Dieser 50. Jahrestag markiert vermutlich aber auch das Ende einer bestimmten, in sich weitgehend kohärenten, Rezeptionsperiode, die in der BRD vor allem durch die Förderung von Großprojekten der Grundlagenforschung durch die Deutsche Forschungsgemeinschaft gekennzeichnet war. Diese Förderung ist mit dem abgelaufenen Jahr zu Ende gegangen.

Die Grundlagenforschung hat bereits in der letzten Phase dieser Periode in wachsendem Maße monographischen Studien Platz gemacht. Es ist zu erwarten, daß dieser Trend weitergeht. Gleichzeitig ist zu hoffen, daß die unter dem Zeichen interdisziplinärer Zusammenarbeit stehende (und dieser auch ihre Sonderexistenz verdankende) »Exilforschung« wieder vermehrt in die Fachdisziplinen hineinwirken wird. Damit würde auch auf wissenschaftlicher Ebene erfolgen, was auf politischer und kultureller Ebene gleichermaßen anzustreben ist: die »Aufhebung« des Exils als eines von der allgemeinen Geschichte noch immer Abgehobenen, oder anders gesagt: seine kritische »Aneigung« durch die Nachwelt. Der »Exilforschung«, freilich in einem engeren Sinne, verbliebe dann immer noch die Beschäftigung mit dem Besonderen des Phänomens: einer Daseinsform im Schnittpunkt von Bewahrung und Veränderung, von Traditionalismus und Neubeginn, von Disproportionen und Ungleichzeitigkeiten, von skurrilen und epochemachenden Widersprüchen. In einer Welt und in einer Zeit, in der Exilsituationen wie Kettenreaktionen aufeinander folgen, bieten sich auch komparatistische Verfahren an, um von der Exilforschung noch nicht aufgegriffene Felder zu bestellen.

Der *Nachrichtenbrief* wird auf wichtige Ereignisse im Bereich der Exilrezeption und der Exilforschung (Kongresse, Ausstellungen) sowie auf Projekte, bedeutende Neuerscheinungen etc. aufmerksam machen, desgleichen auf Lebens- und Todesdaten von Autoren des Exils. Auch die Tätigkeit der Gesellschaft soll in ihm dokumentiert und die Kommunikation zwischen den Mitgliedern und anderen Interessenten durch ihn gefördert werden. Sein Interesse gilt zunächst der Literatur im weitesten Sinne, d.h. dem geschriebenen Wort – insbesondere auch, wenn es Philosophen, Historiker, Sozialwissenschaftler, Publizisten und Politiker zu Verfassern hat. Daneben sollen auch die Medien (Film, Radio, Fernsehen), das Theater, die Musik und die bildenden Künste Beachtung finden. Der Begriff »Exil« wird sich an der Zeit des Dritten Reiches orientieren, wobei allerdings auch Vorgeschichte und Nachwirkungen angemessen berücksichtigt werden sollen. Das gleiche gilt für Grenzgebiete. Die Kriterien müssen hier durch die Praxis und von Fall zu Fall bestimmt werden.

Ein Vorhaben dieser Art setzt einen regelmäßigen Informationsfluß voraus. Es steht und fällt mit der Hilfe derjenigen, die vor Ort auf dem Gebiet der Exilforschung und -vermittlung tätig sind oder selber Emigranten waren. Es sei hiermit deshalb an Forscher, Bibliothekare, Archivare, Verleger, Redakteure und nicht zuletzt Exilautoren u.a. Emigranten, die durch ihre Person oder kraft ihres Amtes dem Thema verbunden sind, appelliert, mit Informationen, mit Anregungen aber auch mit Kritik zum Gelingen eines Projektes beizutragen, dessen erste Ausgabe hiermit vorgelegt wird. Dieses Heft ist insoweit freilich untypisch, da es – um das Jahr 1983 retrospektiv zu umfassen – als Doppelheft konzipiert werden mußte. Der noch deutliche Mangel an eigenen Informationen (Vorschau) konnte dadurch vielleicht ein wenig ausgeglichen werden. Die äußere Form des *Nachrichtenbriefs* soll indessen erhalten bleiben. Er soll in Zukunft zweimal im Jahr erscheinen und einen Umfang von etwa 50 Seiten haben. Die Art der erbetenen Informationen ist dem Inhaltsverzeichnis des Heftes zu entnehmen. Ihre Form sollte, wenn möglich, den für dieses Heft bereits gewählten Regeln entsprechen. Selbstverständlich nimmt der Herausgeber jedwede nützliche Information mit Dank entgegen. Informationen zu übermitteln muß – im Zeitalter der Xerokopie – ja keineswegs zeitaufwendig sein. Die Weitergabe von »News« (Personen, Neuerscheinungen, Projekte, Veranstaltungen betreffend) kann auch in Form von Zeitungsausschnitten sehr hilfreich sein. (...)

1986

Als vor weniger als drei Jahren die erste Ausgabe dieses Blattes erschien, konnte man bei entsprechendem Optimismus den Eindruck gewinnen, die NS-Vergangenheit stünde wie eine eherne Wegmarke vor den Deutschen und hindere sie daran, sich noch einmal in apologetischer Absicht in den Dunstkreis jenes mörderischen Nationalismus und jener blinden Selbstherrlichkeit zu begeben, aus denen sie erwuchs. Wir schrieben das Jahr 1983 und erlebten anläßlich des 50. Jahrestages der Machtübernahme durch die Nazis, aber insbesondere der Bücherverbrennung, eine geradezu erstaunliche Welle von Manifestationen, die die Hoffnung nährten, daß sich die Erinnerung an diese und die (durch sie signalisierten) Schrecken der darauffolgenden Jahre für immer in die Erinnerung dieses Volkes eingraben würde. Freilich mußte auch damals bereits auf die gegenläufige Tendenz, wie sie sich etwa in dem Skandal um die gefälschten Hitler-Tagebücher andeutete, hingewiesen werden. Aber nicht nur auf dieser, sondern auch auf akademischer Ebene traten Tendenzen zutage, die aufhorchen ließen, da sie die »Wende« auch im Geschichtsdenken ankündigten.

Historische Forschung spielt sich nicht im luftleeren, genauer: im politikfreien Raum ab. Das gilt selbstverständlich auch für die Exilforschung. Es war zu Beginn der siebziger Jahre, als diese in der Bundesrepublik ihren Durchbruch erlebte. Diese Tatsache stand gewiß in innerem Zusammenhang mit dem Klima, der Aufbruchstimmung der damaligen Zeit, welche ein Anknüpfen an progressive Elemente und Strömungen innerhalb der deutschen Geistes- und Kulturgeschichte beförderten. Zweifellos aber hatten sich diese, was die Zeit des »Dritten Reiches« betrifft, nur im Exil artikulieren können.

Eigenartigerweise hatte die bundesdeutsche Nachkriegsliteratur nicht weniger Zeit gebraucht als die Wissenschaften, um sich der Exilliteratur zu nähern, wenn nicht gar ihre Berührungsängste aufzugeben. Erst 1980 hatte das PEN-Zentrum Bundesrepublik Deutschland seine Zurückhaltung überwunden und eine seiner Tagungen (Bremen, Sept. 1980) der Exilliteratur gewidmet. Es dauerte fünf weitere Jahre, bis sich der Verband deutscher Schriftsteller (VS) auf einer dreitägigen Veranstaltung zum Thema »Kulturpolitik und politische Kultur 1945 bis 1985« (München, März 1985) u.a. auch mit den Gründen für die verspätete Rezeption dieser Literatur beschäftigte: Daß der Adenauer-Staat für die ausgebürgerten Antifaschisten wenig übrig hatte, konnte jedenfalls nicht der wahre Grund sein, auch nicht die Tatsache, daß die deutschen Nachkriegsschriftsteller danach dürsteten, sich mit den ihnen lange vorenthaltenen Autoren des Auslands zu beschäftigen. Unvoreingenommene Untersuchungen scheinen mir hier noch rar zu sein, wenn nicht ganz zu fehlen.

Den Versäumnissen einer politischen Kultur, die mehr sein will als ein Lippenbekenntnis, versuchte auch eine bei weitem gewichtigere Veranstaltung, der Kongreß der Internationalen Psychoanalytischen Vereinigung (Hamburg, Juli 1985), der erste auf deutschem Boden seit 1932, beizukommen. Der Kongreß war nach den Worten des Schriftstellers und Psychoanalytikers, Präsidenten des PEN-Zentrums deutschsprachiger Autoren im Ausland und Mitglieds unserer Gesellschaft, Hans Keilson, »ein Anfang, doch kein Versöhnungsfest«. Grundthema des Kongresses war das Phänomen der »Identifizierung«. Wiewohl hier vor allem die individualpsychologischen Aspekte desselben gemeint waren, konnten Grenzüberschreitungen nicht ausbleiben: Es war der 1. Bürgermeister von Hamburg, Klaus von Dohnanyi, der in seiner Begrüßungsrede die politische Implikation des Phänomens hervorhob, indem er sagte: »Es kann zwar kein Zufall gewesen sein, daß die drei großen Erneuerer Marx, Freud und Einstein Deutsch als Muttersprache sprachen. Aber dann ist es auch kein Zufall, daß sie alle von uns vertrieben wurden und die englische Sprache als Befreiung empfanden. Wer sagt: unser Bach und unser Beethoven, der muß auch sagen: unser Hitler.« (*Psyche*, Jg. 40/10)

Genau dieses wäre die Identifizierung, die eine Aneignung von Geschichte möglich machen würde. Die »Gnade der späten Geburt« ist jedoch nur der Fluch eines frühen Vergessens, der nichts anderes bedeuten kann als das Eingeständnis, sich den jeweiligen Mächten hilf- und willenlos auszuliefern, und seien es auch die teuflischsten. Wer eine solche Gnade in Anspruch nimmt, muß sich auch sagen lassen, daß er sich von der ge(nas)führten Masse vermutlich nicht unterschieden hätte. Geschichte als Fatum?

Versuche, das Ungeheuerliche einzuebenen, hatte es auch unter Historikern schon vorher gegeben. Was sich früher jedoch nur zögernd (bzw. nur am rechten Rande des Spektrums) hervorwagte, hat sich in den letzten Monaten auf breiter Front vor dem staunenden und kopfschüttelnden Zeitgenossen entfaltet: Es war der Versuch, die Vergangenheit zu »entsorgen«, durch fragwürdige Aufrechnungen und Vergleiche die deutsche Geschichte wieder salonfähig zu machen. Jürgen Habermas hat die apologetischen Tendenzen dieser neokonservativen Historiker auf den Begriff gebracht, indem er sie als die Aufkündigung eines Konsenses beschreibt, der – seit Heuß und über Heinemann bis zu Weizsäcker – gleichermaßen auf der Anerkenntis der Tatsache beruhte, daß allein die Deutschen die 1933 (und nicht erst 1945) erfolgte Zerstörung ihrer nationalen Lebenszusammenhänge zu verantworten haben, sowie ihrer Haftung für die unsäglichen Verbrechen, die das Resultat dieser Selbstzerstörung waren. Die Inszenierung einer »neuen Unbefangenheit« kann dagegen nur das eine Ziel haben, die Deutschen vom Bewußtsein dieser Dinge wie von einem lästigen Ballast zu befreien und ihnen damit einen möglichst ungestörten und unreflektierten Wiedereinstieg in das herkömmliche Traditionsverständnis zu verschaffen.

Die Einebnung der historischen Sensibilität, die gleichzeitig auch eine der politischen Kultur und Moral ist, hat eine Reihe nicht nur fragwürdiger, sondern auch gefährlicher Implikationen. Dem deutschen Nationalismus wird seine »sinnstiftende« Funktion zurückgegeben, ganz gleich, ob er sich im Antiamerikanismus entblößt oder hinter einer proamerikanischen Beflissenheit verbirgt. In beiden Fällen gilt der »Wiedervereinigung« die nie ermüdende Rhetorik, und dieses kann nur eine Verschärfung der internationalen Spannungen und eine Behinderung von Rüstungsvereinbarungen oder gar Rüstungsbeschränkungen bewirken. Die »Mitte Europas« wird wieder zum Gefahrenherd anstatt zu einem Ort des Ausgleichs.

Auf der anderen Seite aber kann die Erzwingung von »Normalität« im Verhältnis zwischen Verfolgern und Verfolgten, Tätern und Opfern – sei es durch Bitburg oder das Gesetz um die sogenannte »Auschwitz-Lüge«, sei es durch die (verhinderte) Aufführung des Faßbinder-Stücks oder auch die Waldheim-Affäre in Österreich – nur zum Gegenteil führen. »Normalität« kann es nur unter der Voraussetzung geben, daß sich die Deutschen voll zu Auschwitz bekennen, es bleibt der archimedische Punkt in den Beziehungen jedenfalls zwischen Juden und Deutschen. Es mag der Ort sein (so Saul Friedländer, nach *Frankfurter Rundschau*, 14.11.1986), an dem sich »eine immer größer werdende Unvereinbarkeit der geschichtlichen Erinnerung« festzumachen droht. Dem entgegenzusteuern, könnte auch die Exilforschung einen Beitrag leisten.

1988

Wir leben in einem Jahrzehnt der Gedenkjahre, unerfreulicher zumeist. Im Herbst 1988 wurden wir, insbesondere in der Bundesrepublik Deutschland, in unzähligen Veranstaltungen an die einst als »Reichskristallnacht« bezeichneten Pogrome erinnert, die vor fünfzig Jahren die bereits auf Hochtouren laufende Judenverfolgung mit einer neuen Qualität versehen hatten. Vor 1938 hatten viele Juden ihre Emigration noch als »Auswanderung« bezeichnet, ein zweifellos beschönigender Begriff. Ab jetzt gab es nur noch die Flucht oder den Tod.

Zu Beginn des letzten Jahres beging Österreich den fünfzigsten Jahrestag der Annexion dieses Landes an das von jetzt ab so bezeichnete »Großdeutsche Reich«. Zwei Jahre vorher beging Spanien den fünfzigsten Jahrestag des Angriffes der faschistischen Militärs auf den republikanischen Staat, der – nicht zuletzt durch die Komplizenschaft der Nazis – in einem drei Jahre währenden blutigen Bürgerkrieg zerstört wurde. Ein Jahr zuvor gedachte man – zum Teil auf peinliche Weise – des Tages, an dem vor vierzig Jahren das »Tausendjährige Reich« nach zwölf Jahren Terrorherrschaft in Schutt und Asche versunken war. Auch war es das fünfzigste Jahr nach Einführung der Nürnberger Gesetze, durch die die Verfolgung der Juden in Deutschland – Ordnung muß sein! – ihre pseudorechtliche Grundlage erhalten hatte. Eine Liste des Grauens! Wir haben in diesen Blättern, gelegentlich ausführlich, über die diesen Ereignissen zuzuordnenden Gedenktage und Gedenkveranstaltungen berichtet.

Bereits im ersten Heft unseres *Nachrichtenbriefes*, der sich sehr eingehend mit dem Tag der Bücherverbrennung befaßte, haben wir die Befürchtung geäußert, daß die Veranstaltungswelle des Jahres 1983, die sich insbesondere diesem Ereignis widmete, auch die Gefahr in sich berge, das Schlimmere, erst recht aber das Schlimmste in den Schatten zu rücken. Die Veranstaltungen des letzten Jahrs haben zweifellos viel dazu beigetragen, die Erinnerung an die Novemberpogrome 1938 zu evozieren, und zwar durch Aktionen, die auf jeder nur denkbaren staatlichen, regionalen und kommunalen Ebene stattfanden und sowohl auf von oben initiierten als von unten mit großem Engagement betriebenen Anstrengungen beruhten. Die Veranstaltungen nahmen in der Mehrzahl den 9. November zum Anlaß, um über die vorangegangene Verdrängung der Juden aus dem deutschen Wirtschafts- und Kulturleben, ihre juristische und physische Verfolgung bis zum Kriegsbeginn zu berichten, in zahlreichen Fällen jedoch auch, um die Geschichte des deutschen Judentums im Ganzen oder in Teilen nachzuzeichnen.

Die gleichsam flächendeckende Veranstaltungswelle des Jahres 1988 ließ ihrerseits die Frage offen, ob nicht auch sie von einem beträchtlichen Teil der Öffentlichkeit als »Schlußstrich« unter die sogenannte »Vergangenheitsbewältigung« verstanden wurde, anstatt die Tatsache zu markieren, daß das totale Grauen jenseits des 9. Novembers zu datieren bzw. zu lokalisieren ist, nämlich bei Auschwitz. Der anderen, die, wie die Sinti und Roma, gleichfalls in der Hölle von Auschwitz und anderer Vernichtungslager umkamen, hat außer den Betroffenen bisher ohnehin kaum jemand gedacht.

Ereignisse wie die Bücherverbrennung 1933 oder die Synagogenbrände 1938 geben zwar der Einfühlung Nahrung, strapazieren jedoch die Vorstellungskraft vergleichsweise wenig. Jeder kann sich die Ereignisse ausmalen oder eventuell sogar die eigene Erinnerung an sie aktualisieren. Auschwitz hatte kein Datum, es fand, als es einmal installiert war, jeden Tag statt. Es ist der nachvollziehenden Vorstellungskraft so gut wie entzogen. Auch ist ihm mit Gedenktagen nicht beizukommen.

1989

Die Ereignisse in der DDR in den letzten Wochen des ablaufenden Jahres waren bewegend, beschämend, aber auch irritierend: bewegend wegen des Geistes der Freiheit, dem sie zum Ausdruck verhalfen, beschämend, weil sie so spät vonstatten gingen, und irritierend, weil sie in einem solchen Tempo erfolgten, daß der Eindruck entstehen konnte, als geschehe vieles überstürzt und auf eine Weise, die nicht nur der Hoffnung, sondern auch gefährlichen Illusionen Nahrung gab. Revolutionen aber laufen nun einmal so ab und nicht anders: Was ihnen folgt, ist meistens ungewiß. Werden die Ereignisse den Menschen dort die neue Demokratie, die neue Freiheit bringen, wie es die meisten Spruchbänder der ersten Wochen forderten? Werden diese sich an einer neuen, effektiven, und gleichzeitig auch sozial und ökologisch verträglichen, Wirtschaftsweise, d. h. einer wirklich *neuen* Lebensqualität orientieren? Oder ist bloß die sogenannte »Wieder-Vereinigung« gemeint, wie es die »Deutschland-Deutschland«-Parolen beim Kohl-Besuch in Dresden und bei Öffnung des Brandenburger Tors zu suggerieren schienen, eine »Wiedervereinigung«, die unter den gegebenen Umständen nichts anderes als die Vereinnahmung der DDR, eine Art »Anschluß« an die Bundesrepublik sein könnte? Es entspräche voll und ganz den Wünschen der westdeutschen Stammtisch-Politiker, die den Menschen der DDR zeigen wollen, wo es lang geht. Zu wünschen wäre doch wohl, daß sich das Zueinanderkommen der beiden deutschen Staaten und Gesellschaften nicht nur auf einer Einbahnstraße vollziehen würde.

Wohltuend auf dem Hintergrund all dieser Fragen waren die Worte von Bundespräsident Richard von Weizsäcker in einem dem DDR-Fernsehen gegebenen Interview Mitte Dezember, in welchem dieser sowohl die Parteien als auch die Publizistik in der BRD davor warnte, die Entwicklung in der DDR zu instrumentalisieren und für eigene Zwecke anzuheizen. Auch hielt er die Verteufelung von Menschen, die in der Vergangenheit Fehler gemacht hätten, für unangemessen. Wenn etwas zusammenwachsen soll, so meinte er, könne dies nur aus der jetzigen Lage heraus geschehen, nämlich aus den zwei Staaten einer Nation. Auch daß dieses nur im Kontext der Realitäten dieser Welt geschehen könne, daran ließ Weizsäcker keinen Zweifel. Dazu gehöre neben der deutschen Dynamik auch die in Europa sowie die Dynamik der beiden Bündnissysteme als einer »Sicherheitsglokke«, die wir weiterhin bräuchten und unter der die europäische und die deutsche Dynamik in Tuchfühlung zu bleiben hätten. Selbstbestimmung, so Weizsäcker, sei die Aufforderung an »unsere Vernunft und unsere Mitverantwortung für Europa im ganzen.« In ähnlichem Sinne äußerten sich in diesem geschichtsträchtigen Dezember auch Michail Gorbatschow sowie François Mitterrand. Der Zusammentritt der Vier-Mächte-Botschafter-Konferenz im Alliierten Kontrollratsgebäude in Westberlin, zum ersten Mal seit 17 Jahren, deutete auch an, daß die Alliierten des Zweiten Weltkrieges – auch unter den sich verändernden Umständen in Europa – weiter zu den Verpflichtungen stünden, die sie gegenüber ihren und den Völkern der Welt, einschließlich dem deutschen, eingegangen seien. Dazu wäre dann wohl auch eine friedensvertragliche Regelung der »Deutschen Frage« zu rechnen, wenn einmal der europäische Integrationsprozeß unumkehrbar geworden ist und von dem »Europäischen Haus«, das Gorbatschow in die Diskussion gebracht hat und das inzwischen in aller Munde ist, mehr geblieben ist als eine schöne Utopie oder eine abstrakte Worthülse. Nichts könnte einer solchen Perspektive schädlicher sein, als wenn die aus der Situation geborenen Emotionen überhandnähmen und der alte Nationalismus seine Macht über die Deutschen zurückgewänne. Es wäre um so schlimmer, als die legitimen Wünsche der DDR-Bürger, an erster Stelle Besuchs- und Reisefreiheit, Aufhebung von Zensur und Bespitzelung, Herstellung demokratischer Verhältnisse und Rechtssicherheit etc., in entscheidenden Punkten bereits erfüllt sind bzw. einer sukzessiven Erfüllung harren. Dazu gehört auch eine Verringerung des Wirtschaftsgefälles, hier ist die Hilfestellung der BRD unmittelbar gefragt. Die vorgesehene Vertragsgemeinschaft ist ein gutes Zeichen. Es wäre besser, ihr die volle Kraft zu widmen, als sich in nutzlosen Debatten, die den Konsens über das Wesentliche erschweren, zu ergehen. Und dieses kann für die Deutschen weniger noch als für andere in einer ohnehin überholten Nationalstaatsideologie oder in einer Infragestellung bestehender Grenzen liegen.

Das schnelle Vergessen bleibt in dieser Hinsicht eine der größten Gefahren. Wie schnell wurde doch der Wunsch geboren, den 17. Juni (»Tag der deutschen Einheit«) gegen den 9. November (Aufhebung der Berliner Mauer) als nationalen Gedenktag einzutauschen und den Tag der Pogromnacht wieder auf das zu reduzieren, was er Jahrzehntelang ohnehin war: ein Tag, den die deutschen Juden unter sich begingen. Dieser Tag, vor einem Jahr erst allerorten öffentlich begangen, wieder zurechtgebügelt auf das eingängige Maß? Es ist zu befürchten, daß viele Deutsche damit wieder zu jener »Identität« zurückfänden, die sie während der letzten Jahrzehnte so sehr vermißt haben. Ein Appell an sie, beides miteinander zu verbinden, wäre wohl des Nachdenkens wert: die neue Freiheit als ein *Geschenk* der Geschichte *und* die Verpflichtungen aus der *Last* der Geschichte am gleichen Tag wahrzunehmen und nicht das eine als Absolution für das andere zu empfinden. Es könnte dazu beitragen, jene Bescheidenheit zu fördern, die wir *alle* benötigen, um gegenüber den globalen Herausforderungen der Zukunft – die in ihrem Kern keine nationalen, sondern ökologische und soziale sein werden, soweit sie es nicht längst sind – bestehen zu können.

1991

Der von Manfred Briegel und Wolfgang Frühwald vor Jahren anläßlich des Abschlusses des Schwerpunktprogramms »Exilforschung« der Deutschen Forschungsgemeinschaft herausgegebene Bericht *Die Erfahrung der Fremde* (Weinheim 1988) deutete in einem Resümee auf einige für die Zukunft des Forschungsbereiches maßgebliche Punkte:

1. die Ausweitung des Untersuchungsbereichs auf komparatistische und interdisziplinäre Fragestellung,

2. die Eingliederung seiner Ergebnisse in die Bezugswissenschaften (Germanistik, Politologie, Soziologie, Kunst- und Musikgeschichte u. ä.),

3. die Aufgabe obsolet gewordener Eingrenzungen kalendarischer und sachlicher Art (etwa die Beschränkung auf das erzwungene Exil).

Auch war die Einrichtung neuer Schwerpunktprogramme der DFG – »Wissenschaftsemigration« und »Remigration« – bereits angekündigt. Die umrissenen Aufgaben standen allenthalben hinter dem Hinweis auf das in ihrem Sinne bereits Geleistete. Die in den USA stattgefundenen Exiltagungen von 1985 in Durham, N.H. (vgl. *Kulturelle Wechselbeziehungen im Exil – Exile across cultures,* Bonn 1986), oder in Gainesville, Florida (*Literatur und die Künste nach 1933*, Bonn 1990), haben dies hinlänglich bewiesen.

Nicht zu verkennen ist die Tatsache, daß mit alldem nicht nur eine äußerliche Zäsur sich darstellte, sondern auch eine neue Forschergeneration auf den Plan getreten war. Es ist sicherlich nicht falsch, sie mit der Ablösung der »Betroffenen«-Generation, in der sich noch ehemalige Emigranten mit den Begründern der Exilforschung zusammenfanden, in Verbindung zu bringen oder sie aus ihr abzuleiten. Auch kann man, wie Claudia Albert es tut, den Übergang von einer vorwiegend durch »Innenperspektive« zu einer von »Außenperspektive« geprägten Sichtweise konstatieren (Claudia Albert: *Das schwierige Handwerk des Hoffens,* Stuttgart 1991, S. 37). Man wird kaum umhin können, der Autorin beizupflichten, wenn sie einen in der »deutschen Forschung anfänglich durch die Identifikation von Exilerlebnis und Forschungsperspektive« eingeschränkten Blickwinkel wahrnimmt. Es konnte freilich für eine in jedem Sinne engagierte Wissenschaft kaum anders sein.

Eingeschränkt war aber auch das Blick*feld,* und zwar durch die Unzugänglichkeit östlicher Archive. Der nun mögliche oder in Aussicht stehende Zugang zu einem unverzichtbaren Teil der Exil-Überlieferung wird gleichfalls der Objektivierung bislang nur lückenhaft oder gar nicht belegbarer Sachverhalte dienen. Es soll hier nur auf die im Erscheinen begriffenen Briefe von Johannes R. Becher im Berliner Aufbau Verlag oder auf das Ende 1991 erschienene stenographische Protokoll der inquisitorischen Nachtsitzungen der deutschen Parteigruppe des Sowjetschriftstellerverbandes unmittelbar nach dem ersten Moskauer Schauprozeß (August 1936) hingewiesen werden (*Die Säuberung*, Reinbek bei Hamburg, 1991, hg. von Reinhard Müller).

Es liegt mir freilich fern, heute möglich gewordene »Enthüllungen« und eine Untersuchung, die mit »archäologischem« Spürsinn den gleichsam unterirdischen Verästelungen von Denk- (und Kompositions-)Mustern und deren partielle Überschneidungen bei Eisler und Brecht, Bloch und Adorno (und damit nolens volens auch bei Thomas Mann) nachgeht, auf einen wie auch immer gearteten gemeinsamen Nenner zu bringen. Das eine bezieht sich auf krude Tatsachen, die erst durch die veränderten Umstände der letzten Jahre ans Licht gebracht werden konnten. Das andere ist Filigranarbeit, die weniger durch neue Funde als vielmehr durch neues Sehen besticht.

Wenn es eines Beweises gegen die mannigfaltigen Unkenrufe, daß der Exilforschung allmählich die Luft ausgehe, bedürfte, so glaube ich, sie sowohl mit diesem Hinweis auf noch unerschlossene Materialien wie auf die Möglichkeit neuer, integrativer Sichtweisen widerlegt zu haben. (...)

ANMERKUNGEN

Hier sind Auszüge aus verschiedenen Editorials versammelt, die Ernst Loewy für den von ihm herausgegebenen *Nachrichtenbrief* der »Gesellschaft für Exilforschung« zwischen 1984 und 1991 geschrieben hat. Es handelt sich um Auszüge aus den Editorials der Nr. 1/2 (1984), 5/6 (1986), 9/10 (1988), 11 (1989) und 13 (1991).

Die »Gesellschaft für Exilforschung e.V.« hat sich 1984 in der Bundesrepublik etabliert; hervorgegangen ist sie aus der »Society for Exile Studies Inc.« in den USA, mit der sie weiterhin kooperiert. Zeugnisse ihrer Arbeit sind das Jahrbuch *Exilforschung*, das in der edition text + kritik München erscheint, und die *Nachrichtenbriefe*, die u. a. eine möglichst vollständige bibliographische, phono- und filmographische Dokumentation anstreben. Die 15 Nummern des *Nachrichtenbriefes* sind als Reprint erschienen: Gesellschaft für Exilforschung: *Nachrichtenbrief 1984-1993*, Nr. 1-15 mit Gesamtregister, hg. von Ernst Loewy u.a., Verlag K. G. Saur, München 1994.

Loewy verknüpft in den Editorials die Resultate der Exilforschung mit aktuellen Fragen des politischen und kulturellen Lebens der Bundesrepublik. Seine Überlegungen zur Entwicklung der Forschung im Editorial 13/1991 führen Gedanken weiter, die im Aufsatz »Zum Paradigmenwechsel in der Exilliteraturforschung« (S. 261) formuliert wurden.

Immer noch offene Wunde oder: Die unbewältigte Gegenwart

Die versäumte Abrechnung

Epilog zu »Literatur unterm Hakenkreuz«

(1966)

Gottfried Benn, Ernst Jünger und Hans Carossa – jeder dieser drei Autoren hat auf seine Weise der Despotie seinen Tribut entrichtet, der eine, indem er im Augenblick der kritischen Entscheidung sich ihr nicht nur unterwarf, sondern ihr begeistert zustimmte, der zweite, indem er ihr schon Jahre vorher den Boden bereiten half, der dritte, indem er dazu beitrug, den unpolitischen Bildungsphilister zu beruhigen und der Despotie gefügig zu machen. Keiner von den dreien war Nazi. Aber auch keiner von ihnen hat die notwendige Abrechnung mit dem Nationalsozialismus – und mit sich selbst – mit jener Konsequenz vollzogen, die man von ihm erwarten mochte.

Benn war ein geistreicher Essayist und ein bedeutender Dichter; in politicis war er ein Mann von erbarmungswürdiger Blindheit. Betrachten wir seine 1950 erschienene Schrift *Doppelleben*[1], in der er seine »Fehltritte« von 1933 und 1934 zu erklären versucht. Dieser Versuch, in dem sich Benn auf die »Legalität« der Machtübernahme beruft, gehört – man kann es nur bedauern – zum Kläglichsten seiner Art. Wenige Dokumente der Nachkriegszeit drücken deutlicher das Versagen deutscher Intellektueller aus als dieses:

»(...) ich jedenfalls und viele andere mußten die neue Regierung als legal zur Exekutive gekommen betrachten, Gegenargumente lagen eigentlich gar nicht vor. Der vom Volk gewählte Reichspräsident hatte, offenbar nach schweren inneren Bedenken, die neue Regierung ernannt, sie war ihrer Zusammensetzung nach keineswegs totalitär, Zentrum und Konservative waren im Kabinett, der Reichstag bestand weiter, die Presse erschien, die Gewerkschaften waren noch im Gange. Ob der Reichspräsident ein kluger und weitsichtiger Mann war, oder ein unkluger und unweitsichtiger, wie man es heute behauptet, wurde damals nicht erörtert, es stand nirgends zur Diskussion. Also, es war eine legale Regierung am Ruder, ihrer Aufforderung zur Mitarbeit sich entgegenzustellen, lag zunächst keine Veranlassung vor.«[2]

Wohlgemerkt: Diese Erklärung stammt aus dem Jahre 1950, und der sie verfaßte, hieß nicht Dwinger oder Burte oder Grimm. Sie ist nicht das Geistesprodukt eines als konservativ oder als obrigkeitsgläubig geltenden Mannes, sondern eines Dichters, der sich auf seine intellektuelle Radikalität, seine geistige Verantwortung, sein selbstkritisches Bemühen einiges zugute hielt ...

Hatte Benn, dem doch schon 1934 oder 1935 das Erörtern und Diskutieren unmöglich gemacht wurde, der in der offiziellen SS-Zeitschrift *Das schwarze Korps* als »Ferkel«, »widernatürliches Schwein«, »warmer Bruder«, »Judenjunge« tituliert wurde, in den Tagen der »Machtergreifung« wirklich gar nichts gemerkt? Die Gegenargumente, die nach Benn damals »eigentlich« nicht vorlagen, waren dennoch hörbar genug, um auch sein vom Rausch betäubtes Ohr und Hirn zu erreichen. Sie kamen von den inzwischen ins Exil gegangenen Schriftstellern, darunter solchen, die ihn bis dahin als einen der Ihren wähnten. Er hatte sie in seiner *Antwort an die literarische Emigration* 1933 auf perfide Weise geschmäht; ihre Gegenargumente zählten für ihn nicht. 1950 mußte er immerhin zugeben, daß Klaus Mann, an den diese *Antwort* gerichtet war, »die Situation richtiger beurteilt, die Dinge genauer vorausgesehen« hatte als er.[3]

Dieses Eingeständnis, wie auch die Wiedergabe des Briefwechsels in *Doppelleben*, mag zeigen, daß es Benn an subjektiver Ehrlichkeit nicht mangelte; gleichzeitig unterstreicht es die Brüchigkeit eines Rechtfertigungsversuches, dessen einziger Sinn doch nur darin bestehen konnte, sich selbst aus der Verantwortung für das eigene Tun zu entlassen. Daß er sich auf schnöde Weise »reinwaschen« wollte, wird man Benn nicht unterstellen wollen; man mag ihm glauben, daß er seine Haltung auch rückblickend für unausweichlich hielt. Daß er sich 1933 verrannte, mag man, wenn man unbedingt will, erklärlich finden; daß er auch 1950 für sein früheres Handeln noch keine Alternative sah, ist beschämend. Es ist die totale Bankrotterklärung des Geistes vor der Macht, die ihn auch dann noch gefangenhielt, als sie selbst längst zerschlagen war.

Das Exempel zeigt, daß Nicht-Nazi-Sein und Anti-Nazi-Sein nicht dasselbe war. Der Nicht-Nazi konnte sich arrangieren; er konnte sogar vorübergehend den Demagogen zum Opfer fallen. Er konnte von ihnen angespien werden und sich in ein Schneckenhaus oder ins Militär oder in die »innere Emigration« zurückziehen. Er konnte, je nach Temperament oder Kompromißbereitschaft oder beruflicher Ausweichmöglichkeit, leidlich weiterexistieren oder unleidlich dahinvegetieren. Der Anti-Nazi war für das KZ designiert, sofern er nicht das Exil vorzog.

Dieser Unterschied ist auch heute noch relevant, nicht in dem Sinne freilich, daß wir ihn für unüberbrückbar hielten; selbst in der NS-Zeit war er nicht in jedem Falle eindeutig zu bestimmen, allein deshalb nicht, weil niemand als Anti-Nazi geboren wurde, das heißt, daß man auf diese oder jene Weise, aus diesem oder jenem Grunde erst dazu wurde. Nur die Juden wurden zwangsläufig zu solchen gemacht. Für alle anderen war es eine Sache des Geschmacks, der Erkenntnis, des Engagements. Heute geht es deshalb weniger darum, was einer war und was einer tat, sondern was einer ist und was einer tut, genauer: wie einer heute bzw. in der Nachkriegszeit die Dinge von damals sieht.

Auf dem Hintergrund dieser Fragestellung ist auch der Fall Jünger zu beurteilen. Ernst Jünger hatte sich, im Gegensatz zu Benn, schon 1933 von den Nazis fernzuhalten versucht; er hatte dem *Völkischen Beobachter* seine Mitarbeit versagt und sich sogar geweigert, der umgebildeten Dichter-Akademie beizutreten. Ja, er hatte bereits 1927 ein Reichstagsmandat abgelehnt, das die Nationalsozialisten ihm angeboten hatten. Jünger hatte seine eigenen Vorstellungen von einem autoritären Staatswesen, von Nationalismus und von Militarismus. Von Hitler wollte er nichts wissen. Seine während der Nazizeit erschienenen Bücher *Auf den Marmorklippen* sowie *Gärten und Straßen* offenbaren seinen Degout an dem Schmierkomödiantentum der Nazis, an ihrer Gossenpolitik und unmenschlichen Kriegsführung. Jünger wird deshalb in weiten Kreisen nicht nur zur »inneren Emigration« gezählt, sondern gar als Widerständler angesehen. War er das wirklich?

In der NS-Zeit, und selbst während des Krieges, erschienen nicht nur die Bücher, die Jüngers Ruf als Gegner des Nazi-Regimes begründeten, sondern auch Neuauflagen seiner früheren Schriften, wie etwa *In Stahlgewittern* oder *Die Totale Mobilmachung*. Ihr Erscheinen konnte von den Machthabern nur mit Genugtuung registriert werden. Jünger war während des Krieges als Hauptmann eingezogen worden. Nach zwei Frontjahren beschäftigte man ihn im deutschen Hauptquartier in Paris mit der Sichtung und Zusammenstellung von Akten; an den eigentlichen Kriegshandlungen hatte er fortan nicht mehr teilgenommen. Der mit dem Pour le mérite ausgezeichnete Soldat des Ersten Weltkrieges hatte sich in einen kühlen Beobachter des Zweiten verwandelt. In der freien Zeit, die ihm in Paris reichlich verblieb, beschäftigte er sich mit Büchern und Studien; er erfreute sich des Verkehrs mit bedeutenden Geistern und schönen Frauen und lebte, jedenfalls für einen Soldaten in Kriegszeiten, in beträchtlichem Komfort.

Über seine innere Haltung während des Krieges gibt Jünger selbst Auskunft. Sein Kriegstagebuch *Strahlungen*[4] ist 1949 erschienen; vor allem seine Pariser Zeit ist darin festgehalten. Die Aufzeichnungen sind also während des Krieges entstanden. Da ihr Verfasser sie nach dem Kriege herausbringen ließ, muß angenommen werden, daß er sich auch 1949 noch zu ihnen bekannte. Man wird indessen *Strahlungen* eher zu den Rechtfertigungsschriften zählen müssen als zu einem Dokument des Widerstandes ...

Jüngers Haltung läßt sich im wesentlichen auf vier Grundtendenzen zurückführen: auf seinen Ästhetizismus, sein Elite-Denken, seinen Neutralismus und seinen Geschichts-Fatalismus bzw. Schicksalsglauben. Es wäre nachzuprüfen, inwieweit Widerstand sich damit verbinden ließ, und wenn überhaupt, dann: welche Art von Widerstand. Schon Jüngers merkwürdiger Ästhetizismus, erprobt in sprachlich ausgefeilten Schilderungen der Stadt Paris, versagt, wo es um Menschenleben geht. Da lesen wir etwa:

»Alarme, Überfliegungen. Vom hohen Dache des Raphael sah ich zweimal in der Richtung von St. Germain gewaltige Sprengwolken aufsteigen, während Geschwader in großer Höhe davonflogen. Es handelt sich um Angriffe auf die Flußbrücken. Die Art und Aufeinanderfolge der gegen den Nachschub gerichteten Maßnahmen deutet auf einen feinen Kopf. Beim zweitenmal, bei Sonnenuntergang, hielt ich ein Glas Burgunder, in dem Erdbeeren schwammen, in der Hand. Die Stadt mit ihren roten Türmen und Kuppeln lag in gewaltiger Schönheit, gleich einem Blütenkelch, der zu tödlicher Befruchtung überflogen wird.«[5]

Dergleichen ist nicht nur geschmacklos; es ist unmenschlich. Und es ist kein Zufall: Diese Art Ästhetizismus ist das Privileg derer, die sich über dem Gewimmel wähnen, die persönlich, jedenfalls im Kern ihres Wesens, nicht betroffen sind; in diesem Fall das Privileg eines Mannes, über den der Oberbefehlshaber von Paris seine schützende Hand hielt. Es war ein, wenn auch prekärer Schutz, dessen Jünger in der Tat bedurfte; man beargwöhnte ihn. Um so sonderbarer ist es, daß Jünger für diejenigen, die nicht unter diesem Schutz standen, nicht nur kein Verständnis hatte, sondern ihnen eine tiefe Verachtung entgegenbrachte.

»Nachmittags trat Dr. Göpel ein, der auf dem Wege von Amsterdam nach Dresden war. Er erzählte, daß Drieu la Rochelle sich in Paris erschoß. Es scheint ein Gesetz zu geben, nach dem gerade jene, die aus edlen Gründen die Freundschaft zwischen den Völkern fördern wollen, fallen müssen, während die niederen Geschäftemacher davonkommen. Auch Montherlant soll verfolgt werden. Er war noch in der Meinung befangen, daß ritterliche Freundschaft möglich wäre, und wird nun von den Stiefelputzern des Besseren belehrt.«[6]

Dieser Satz ist entlarvend; er zeugt von einer politischen Blindheit, die geradezu grotesk ist. Diejenigen, die Jünger hier in Schutz nimmt, waren Leute, die von den Franzosen der Kollaboration bezichtigt waren; die, die er die »Stiefelputzer« nennt, Männer der Résistance ...

Er hätte wissen müssen, von wem er sprach; er hätte wissen müssen, an wen er Lob und Tadel austeilte. Die Stelle ist noch in anderer Hinsicht interessant. Es ist hier von Rittertum die Rede und von Stiefelknechten. Letztere, der Pöbel, beherrschten für ihn auf beiden Seiten das Feld: Der Krieg war für Jünger nichts als eine Auseinandersetzung zwischen dem deutschen und dem französischen Pöbel. »Ritterliche Freundschaft«, über die Fronten hinweg, war alles, was er dem entgegenzusetzen hatte, wobei er das, was »ritterlich« war, selbst bestimmte. Die Männer des Maquis waren es jedenfalls nicht ...

Die angesichts des Schreckens zur Schau getragene Kälte hat etwas Unheimliches. Unheimlicher noch ist der absolute Mangel an Einsicht in die eigene Mitverantwortung, das Fehlen jeder kritischen Auseinandersetzung mit sich selbst, die einem Mann wohl angestanden hätte, der wie wenige seinesgleichen einmal dazu beigetragen hatte, dem Faschismus in Deutschland das Feld zu bereiten. Jünger hatte 1927 nicht nur das ihm von den Nationalsozialisten angebotene Reichstagsmandat abgelehnt; es konnte ihm eben auch angeboten werden. So hautnah muß er wohl damals den Nazis gewesen sein.

Jünger verleugnet seine früheren Ansichten nicht; das macht ihm Ehre. Indessen stilisiert er das von ihm Gedachte und Geschriebene in objektiven Geist um, für den er die persönliche Autorschaft ablehnt. Die Gleichsetzung des Geistes mit einem Seismographen mag bestechend sein, aber nur für diejenigen, die gleich Jünger den Kopf aus einer Schlinge ziehen wollen, die sie sich selbst geknüpft haben ...

Auch die subtilsten Sprachfiguren können zu leeren Ausflüchten herabsinken, und sie tun es hier auf eine Weise, die Erbarmen fordert – nicht mit dem Mann Jünger, sondern mit dem objektiven Geist, der so auf den Hund gekommen ist. Distanz und Objektivität sind notwendige Voraussetzungen zur Erforschung der Wahrheit. Sie werden zu einer hohlen Gebärde, wenn man sie nicht an sich selbst erprobt ...

Wesentlich anders als bei dem politischen Schriftsteller Jünger, indessen nicht weniger seltsam, sehen die Rechtfertigungsversuche bei dem unpolitischen Dichter Carossa aus. Carossa war kein Nazi, er hat sich auch niemals freiwillig in die politische Nähe der Nazis begeben. Er hat sich bloß einmal eine Art Führergedicht abringen lassen und ist, wie er behauptet und wie wir ihm gerne glauben, gegen seine Willen zum Präsidenten einer »europäischen« Schriftstellervereinigung von Goebbels' Gnaden gemacht worden. Und dennoch: Wie unqualifiziert ist das, was er in seinem Buch *Ungleiche Welten* als politische Urteile drucken läßt! Die folgenden Exempel sprechen für sich selbst.

Über seine bereits erwähnten Glückwünsche zu Hitlers 50. Geburtstag schreibt er:

»Zu Beginn des Jahres 1939 empfing ich zwei amtliche Briefe, die beide einen Glückwunsch zu Hitlers Geburtstag verlangten. Dergleichen Huldigungen wurden damals wie Steuern eingetrieben ... Eine bloße Gratulation wurde leider von vornherein als ungenügend bezeichnet; sie sollte mit einem klaren Bekenntnis zum Führer verbunden sein ... Ich stellte aus einigen meiner Bücher Zitate von allgemeiner Gültigkeit zusammen und ergänzte sie durch den Schluß, der Dichter, der Künstler habe im Bereich seiner Arbeit den eigenen schmalen abseitigen Weg mit der gleichen Entschiedenheit zu gehen wie draußen auf dem Kampfplatz irdischer Gewalten der Mann der Tat den seinigen. Dieser Glückwunsch für Hitler war zu einer Zeit geschrieben, wo man die Hoffnung, ihn jemals loszuwerden, hatte aufgeben müssen. Wer ihn richtig las, mußte in ihm eine höflich-mittelbare Beschwörung des Mannes erkennen, von dessen Entschlüssen nun einmal unsere Zukunft abhing. Und so war auch der Segenswunsch am Schluß durchaus ernst gemeint, da er doch der Gesamtheit unseres Volkes galt.«[7]

An anderer Stelle des Buches kommt Carossa auf die Ausrottung der Juden durch Hitler zu sprechen; er entwickelt dabei eine makabre Theorie:

»Er hat Millionen Juden, Erwachsene und Kinder, töten lassen und dadurch erreicht, daß alle guten Menschen der ganzen Erde sich in grenzenlosem Mitgefühl dem Judentum zuwandten. Ohne sein Wüten gäbe es vielleicht noch keinen Staat Israel. Wenn das jüdische Volk den großen Sinn der Stunde erkennt, wenn es durch Verzicht auf Rache der Welt ein Beispiel überlegener Weisheit gibt, so wird ihm die Zukunft einen unverwelklichen Palmzweig reichen.«[8]

Den Emigrantenschriftstellern klopft Carossa wohlwollend auf die Schulter:

»Wir konnten es den deutschen Schriftstellern, die sich draußen im Exil behelfen mußten, nicht verargen, wenn sie allem, was herinnen veröffentlicht wurde, mit großem Mißtrauen begegneten. Diese Menschen hatten mit der Heimat auch ihr Seelengleichgewicht verloren; wir durften keine wohlwollend abwägenden Urteile von ihnen verlangen.« [9]

Carossas Grundhaltung im Dritten Reich mag schließlich folgende Stelle verdeutlichen:

»Wir glaubten nach jeder neuen Gewalttat, nun sei das Höchstmaß der Brutalität erreicht, nun müßten Besinnung, Lockerung, Milderung eintreten. Ein Glück für uns, daß wir noch nicht ganz erkannten, welch dichtes Netz von Unredlichkeit und Bosheit über das Land geworfen war; wie wäre es sonst möglich gewesen, immer noch mit Mut und Lust dem eigenen Tagwerk nachzugehen.« [10]

Das eigene Seelenheil zu retten, indem man den Kopf in den Sand steckt: Gibt es eine trostlosere Verzichtserklärung des Geistes als dieses Rezept? Die »Naivität«, die Carossa hier an den Tag legt – wie nimmt sie sich aus angesichts einer Welt, in der bereits die gepflegte »Harmlosigkeit« zur ungewollten Mittäterschaft wird?

Man muß sich fragen, ob das Interesse des deutschen Publikums für diese Autoren nicht – bei all ihrer Gegensätzlichkeit – auch in den ihnen gemeinsamen Schwächen begründet ist. Eine bestimmte Schicht des intellektuellen Nachkriegs-Deutschlands mag sich in ihnen wiedererkannt haben; wer der gleichen Haltung verfiel, erteilte sich die Absolution, derer man bedurfte, um das angeschlagene Gewissen heil über die Runden zu bringen.

Bestrebungen dieser Art gehören auch auf anderen Gebieten zu den fragwürdigsten Erscheinungen, mit denen uns die bundesdeutsche Wirklichkeit konfrontiert. Sie sind, versteht sich, nicht allein an Texten nachzuweisen, die sich mit Vergangenem beschäftigen. Die Spuren des kompromittierten Denkens begegnen uns auf Schritt und Tritt, wie sehr sie sich auch jeweils mit Gegenwärtigem vermischt und sich in dieses integriert haben mögen.

ANMERKUNGEN

1 Gottfried Benn: *Doppelleben*, Limes Verlag, Wiesbaden 1950.
2 Ebd., S. 78 f.
3 Ebd., S. 83.
4 Ernst Jünger: *Strahlungen*, Heliopolis Verlag, Tübingen 1949.
5 Ebd., S. 522.
6 Ebd., S. 556.
7 Hans Carossa: *Ungleiche Welten*, Insel Verlag, Wiesbaden 1953, S. 72 f.
8 Ebd., S. 31.
9 Ebd. S. 80 f.
10 Ebd., S. 43.

Die versäumte Abrechnung – Epilog zu »Literatur unterm Hakenkreuz«. In: *Frankfurter Rundschau*, 3.9.1966. Dem redaktionellen Vorspann der Zeitung ist zu entnehmen, daß sich etwas bewegt im bundesrepublikanischen Gefühlshaushalt jener Jahre. Neue und starke Gefühle werden geäußert, wenn von der nationalsozialistischen Vergangenheit die Rede ist. »Erschreckt, beschämt« und zur »Selbstprüfung« gezwungen steht der Redakteur vor Loewys Sammlung mit ihrer »harten Analyse«. »Ein Menetekel, ein Warnruf« sei das Buch, »es sollte Pflichtlektüre im zuweilen noch immer unorientierten Deutschunterricht unserer Schulen werden«, heißt es da.

Zur Entstehung und zum Charakter der Dokumentation siehe in »Grenzüberschreitungen«, S. 68 in diesem Band.

Betrifft: Ernst Jünger – Ein Leserbrief
(1982)

Wenn es stimmt, was die Frankfurter Rundschau vom 5. August mitteilte, daß nämlich der von Herrn Rudolf Hirsch eingebrachte Vorschlag, Ernst Jünger mit dem Frankfurter Goethepreis zu ehren, vom Goethepreis-Kuratorium einstimmig angenommen wurde, so ist es Zeit, danach zu fragen, warum eigentlich einem Wegbereiter des Dritten Reiches dieser Preis zuerkannt werden mußte. Wollte man damit etwa Dreggers Anregung aufnehmen, endlich aus dem Schatten Hitlers herauszutreten? Gewiß: Jünger hatte sich vom Nationalsozialismus distanziert, als dessen Gossenpolitik, dessen barbarische Kriegführung und der industriell betriebene Massenmord an der jüdischen Bevölkerung Europas den Abscheu des Ästheten herausforderten. Daß er als Besatzungsoffizier in Paris seiner eigenen Auffassung von Ehre treu blieb und sich dem Widerstand, freilich in hochmütiger Abgrenzung von den einfachen Leuten der Résistance, verpflichtet fühlte, verdient alle Anerkennung. Es macht jedoch ein Werk nicht ungeschehen, das sich – wie wenige seinesgleichen – am Gedanken des Krieges und eines fragwürdigen Heroismus sowie an der Idee des Nationalismus und der »totalen Mobilmachung« für einen autoritär-faschistischen Staat orientierte. Sein »revolutionärer«, d.h. offensiver Konservativismus war und blieb ein Angelpunkt seines Denkens, dessen Widerpart – der Liberalismus – er in all seinen Schattierungen bekämpfte. Indem er das Judentum mit dem Liberalismus in eins setzte, geriet es ihm zur willkommenen Zielscheibe (auch wenn er in ihm nicht den Vater, sondern den Sohn des verhaßten Urfeindes sah). Ich weiß nicht, ob die Juroren Jüngers Aufsatz über »Nationalismus und Judenfrage« kennen, den er im September 1930 in den Süddeutschen Monatsheften erscheinen ließ (vielleicht hätten sie dann von ihrer Entscheidung Abstand genommen). Wer jedoch Jüngers Werk nur ein wenig kennt, darf sich über diesen Aufsatz nicht wundern, der Antisemitismus gehörte zu dem Weltbild, das sein Autor vertrat und ist aus diesem schlechthin nicht wegzudenken. Was Jünger mit ihm bezweckte, war, die Juden auszugrenzen, indem er ihren Einfluß als »gefährlich, ansteckend, zerstörend« charakterisierte. Wörtlich heißt es hier: »Im gleichen Maße jedoch, in dem der deutsche Wille an Schärfe und Gestalt gewinnt, wird für den Juden auch der leiseste Wahn, in Deutschland Deutscher sein zu können, unvollziehbarer werden, und er wird sich vor seiner letzten Alternative sehen, die lautet: in Deutschland entweder Jude zu sein oder nicht zu sein.« — Um nicht mißverstanden zu werden: Ich unterstelle nicht, daß Jüngers Absicht *die* »Endlösung« war, wie sie schließlich in die Geschichte eingegangen ist. Er hatte weder die physische Ausrottung noch die Zerstörung der religiösen und ethnischen Identität der Juden im Sinn. Wofür er warb, das war die totale Segregation des (deutschen) Judentums, die Zunichtemachung aller Leistungen, die in der Rückschau heute als deutsch-jüdische Symbiose bezeichnet werden, der Widerruf von Aufklärung und bürgerlicher Rechtsgleichheit. Dabei war er kein Mitläufer, sondern ein Vor-Denker. Die Auffassung hat Schule gemacht, hat sich in die Geschichte eingegraben, in die deutsche und in die jüdische zugleich. Es gehört schon ein gerüttelt Maß an Ignoranz oder an Zynismus dazu, um uns unter dem Zeichen Goethes nachträglich noch Toleranz dafür abzuverlangen.

ANMERKUNG

Geschrieben am 6.8.1982. Die Verleihung des Frankfurter Goethe-Preises an Ernst Jünger gehört zur Vorgeschichte der wachsenden Beachtung und Beliebtheit, deren sich heute Ernst Jünger und mit ihm die Autoren der Konservativen Revolution der Weimarer Republik bei Halb-, Ganz- und Extremrechten erfreuen. Gegen die Verleihung gab es damals, im August 1982, Opposition von seiten der Frankfurter Grünen, der Jusos und von Studenten. Während diese anläßlich der Preisverleihung vor der Frankfurter Paulskirche friedlich mit Jünger-Zitaten demonstrierten, fand in der Paulskirche die Feier statt – ohne Prominenz und ohne die Frankfurter SPD-Abgeordneten, die abgesagt hatten, aber mit dem SPD-Kulturdezernenten, der als Goethepreis-Kuratoriumsmitglied zwar einer Rede aus dem Weg gehen konnte, nicht aber der Anwesenheit. Die Lobreden hielten Oberbürgermeister Walter Wallmann (CDU) und der Berliner Verleger und Feuilletonist Wolf Jobst Siedler. Der greise Jubilar begrüßte dann im Publikum »meinen letzten Gefechtsläufer aus dem Ersten Weltkrieg« und bedankte sich mit Ansprache und Lesung.

Nachsitzen für Philologen
(1966)

Über die Misere des deutschen Schullesebuches ist in den letzten Jahrzehnten viel geschrieben und noch mehr diskutiert worden. Wie groß diese Misere ist, zeigen folgende Zahlen: In 116 Lesebüchern, die 1961 in der Zeitschrift *Deutsche Jugend* untersucht wurden, fanden sich insgesamt zwölf Texte, die von den im Jahre 1933 aus der Preußischen Dichterakademie ausgeschlossenen Autoren stammen: die nachrückenden »Dichter« hingegen waren mit 334 Beiträgen vertreten. Allzuviel dürfte sich an diesem Verhältnis bis heute kaum geändert haben. Mit diesem Hinweis soll nicht unterstellt werden, daß die in unseren Schulen zugelassenen Lesebücher das Nazi-Schrifttum propagieren; überraschend groß indes scheint die Sympathie, die ihre Herausgeber jenen Autoren entgegenbringen, die durch ihre Gefolgschaft gegenüber dem Nazistaat belastet und kompromittiert sind – nicht selten in einem Maße, von dem man meinen sollte, daß es eine unkritische Wiedergabe ihrer Texte von vornherein ausschlösse.

Schweigen wir von den Dwingers und Vespers, die in einem Lesebuch überhaupt nichts zu suchen haben (und dennoch gerade hier sich mit größerer Zähigkeit behaupten als anderswo). Gemeint sind vielmehr all jene Autoren, die nicht eo ipso als nationalsozialistisch zu apostrophieren sind, jedoch ohne Mühe von den Nazis mit Beschlag belegt und gleichgeschaltet werden konnten. Daß sich mit ihnen so verfahren ließ, war gewiß kein Zufall, vertraten diese Autoren zumeist doch eine Geisteshaltung, die mit der der Nazis nicht nur nicht kollidierte, sondern ihr stellenweise zum Verwechseln ähnlich sah.

Die Ursprünge dieser Geisteshaltung reichen freilich weit hinter die Nazizeit zurück, eine Tatsache, die es den Lesebuch-Kompilatoren so leicht macht, das fragliche Schrifttum – zwar befreit von dem offensichtlich nazistischen Beiwerk, sonst aber unangetastet – der kommenden Generation als ewigen Born deutscher Art und deutschen Wesens zu offerieren. Altväterlichkeit, Weltferne und Gartenlaubenstil zeichnen die betreffenden Geistesprodukte aus; Schlagworte wie »Innerlichkeit«, »Besinnlichkeit«, »Traumwelt«, »Geistesdämmerung« und ähnliche Bezeichnungen aus dem Begriffsarsenal des Irrationalismus mögen zu ihrer Charakterisierung dienen. Teils neuidealistisches Epigonentum, teils auch bloß oberlehrerhaftes Bildungsgeschwätz verbauen den Weg zu Literatur und Wirklichkeit, anstatt zu ihnen hinzuführen.

»Das ›Nationalgesicht‹«, schreibt Walther Killy, ein Wort Hofmannsthals benutzend, »das hier den Kindern als ›Lebensgut‹ entgegengehalten wird, hat seine edelsten Züge verloren. Ein leeres Antlitz oder ein Zerrbild blickt uns an: als ob wir ein Volk wären fast ohne Vergangenheit, gewiß eines ohne große Literatur, ein Volk von idyllischen Ackerbauern, dessen talentlose Schriftsteller nur zuweilen herben Stolz oder tiefes Gefühl durchbrechen lassen, je nach dem, ob das deutsche Individuum eines Verräters oder eines Waldvögeleins ansichtig wird.« Was sich hinter einer solchen Haltung verbirgt, das ist der Wunsch, die Dichtung von ihren sozialen, politischen und historischen Implikationen zu lösen und dem jungen Menschen als Wert an sich anzubieten, vor dem er mit frommem Augenaufschlag und gefühlsseliger Ergriffenheit aufzublicken hat. Der Rückzug auf die Sprache, die Beschränkung auf die sogenannte Textinterpretation ist nur eine vornehmere Abart des gleichen Verfahrens. »Nur keine großen kulturhistorischen Überblicke, man halte sich strikt an die Texte; durch sie spricht Dichtung unmittelbar zu uns (...), die neue Orthodoxie hat überall Zäune errichtet; gesellschaftskritische Probleme aufwerfen heißt Verrat am Dichterwort; Biographie und Psychologie sind erledigt. Für viele ist die Lehre vom Wort Weltanschauung und Dogma geworden (...). Innerlichkeit, derart potenziert, ist Fluchterscheinung vor der Geschichte, Alibi vor unbequemen Fragen; die Leidtragenden sind die Dichter selbst, sie werden im Niemandsland angesiedelt; Zugang erhält nur, wer fern vom Lärm des Tages der reinen Versenkung sich hingibt; die ganze Literatur ist ins Feierliche umstilisiert.« So der französische Germanist Robert Minder.

Die Infragestellung des bisherigen Kanons deutscher Lesebuch-Kompilation ist den verantwortlichen Stellen (Kultusministerien, Schulbuchverlagen, Pädagogen) eher von außen aufgezwungen worden, als daß sie hier ihren Ausgang genommen hätte; und wenn wir heute das provokative Modell eines Lesebuch-Entwurfes vor uns haben, so ist auch diese Tatsache einem Verlage zu verdanken, der auf diesem Gebiete ein Außenseiter ist und nur auf eigene Initiative handelt. Als einen »polemischen Gegenentwurf« zur traditionellen Gestalt deutscher Lesebücher bezeichnen die Herausgeber ihr Buch *Versäumte Lektionen.* Auf dem Wort »Versäumnis« liegt der Akzent; denn was die beiden Autoren hier vorlegen, das ist eine Sammlung all des in den herkömmlichen Lesebüchern Ausgesparten, das, was sie die »Tradition der Aufklärung« nennen. Daß es eine solche gibt, wird nach der Lektüre dieses Buches niemand mehr bezweifeln; wenn sie in den Schullesebüchern bisher keine Berücksichtigung fand, ist dies nicht die Folge mangelnden Vorkommens, sondern die Folge mangelnder Rezeption in einem von repressiven Ideologien beherrschten Land. Irrationalismus und Pseudo-Idealismus standen hier seit jeher höher im Kurs als das kritische, an den Ideen der Aufklärung, der Demokratie oder gar des Sozialismus geschulte Denken (und Dichten). Kann sich, so muß man allerdings fragen, ein Staatswesen, das für sich den Anspruch erhebt, demokratisch zu sein, ein solches Versäumnis auf die Dauer leisten? Gibt es sich nicht vielmehr selber auf, wenn es nicht auch auf dem Gebiete der Erziehung die Grundsätze, auf denen es fußt, zur Geltung bringt? Erziehung ist in einer Demokratie nicht weniger ein Politikum als in einem totalitären Staat; jede Gemeinschaft formt die neuen Mitglieder nach ihrem Bilde. Für ein Lesebuch folgt hieraus, wie die beiden Herausgeber betonen: »Auch die demokratische Gesellschaft muß darauf achten, daß die Normen, nach denen ein Lesebuch-Herausgeber seine Texte auswählt, mit denen der demokratischen Gesellschaftsordnung übereinstimmen. Welche

Normen das sind, lehrt zum Beispiel ein Blick in das Grundgesetz. So wird man es nicht als einseitig bezeichnen können, wenn das Lesebuch, das für Schüler einer sozialen und politischen Demokratie gemacht wurde, auch die Sprecher und Verteidiger einer sozialen und politischen Demokratie in Vergangenheit und Gegenwart häufiger zu Wort kommen läßt als ihre absolutistisch und aristokratisch gesinnten Widersacher; die Vertreter sozialer und politischer Gleichheit mehr als die Verteidiger feudaler Privilegien und obrigkeitsstaatlichen Denkens.«

Die Herausgeber bleiben – im Gegensatz zu den meisten bisherigen Kritikern des Lesebuches – nicht bei der Ablehnung einer ländlichen »Überfremdung« stehen. Ihre Kritik zielt aufs Ganze. In vier Abschnitten breiten sie ihre Funde und Vorschläge vor dem Leser aus. In Gruppe I und II des Buches werden Lesestücke dargeboten, die die Mächte »Staat« und »Gesellschaft« erfahrbar machen sollen, Texte also zur politischen und Sozialgeschichte. Gruppe III soll anhand von Beispielen zeigen, wie auch die Literatur in den Gesamtzusammenhang der Gesellschaft gehört, während die Texte der Gruppe IV vor allem programmatisch gemeint sind: Es handelt sich um Dokumente, die den Geist der Aufklärung von Kant bis Brecht unmittelbar zum Ausdruck bringen.

Diese beiden Namen bezeichnen nicht nur ein Programm; mit ihnen ist vielmehr auch der Weg abgesteckt, von dem dieses Lesebuch Zeugnis ablegt. Namen wie Lessing, Forster, Börne, Heine, Büchner, Marx, Engels, Heinrich Mann, Tucholsky, Borchert markieren (zusammen mit anderen bekannten und auch fast vergessenen Namen) wesentliche Stationen auf diesem Wege, von dem – wir wollen es hoffen – erst der Anfang hinter uns liegt. Die für unsere Lesebücher Verantwortlichen sollten sich wirklich einmal fragen, ob sie nicht, angeregt durch das hier verständnisvoll Zusammengetragene, besser daran täten, die Schüler mit *diesem* Erbe deutschen Geistes vertraut zu machen, als sie mit einer Feld-Wald-und-Wiesen-Idyllik zu füttern, die sie für das Verständnis der gelebten Gegenwart gewiß nicht reifer macht und ihnen selbst die Vergangenheit nicht näher bringt.

Die Absicht, die die Herausgeber mit ihren *Lektionen* – leider übrigens nur Prosatexte! – verfolgen, ist eine polemische; es geht ihnen nicht darum, dieses Buch an die Stelle der bestehenden Lesebücher zu setzen.

Es ist nicht als ein Ersatz, sondern als eine Ergänzung derselben gedacht. Aus diesem Grunde findet sich in ihm auch nichts von dem wiederholt, was als unangefochtener Bestandteil aller Lesebücher gelten darf und auch weiter gelten wird. Nur dem Ausgesparten gilt die Bemühung, nur das Verdrängte und Vergessene soll wieder zum Bewußtsein gebracht werden. Man wird das Buch gerne als eine Art »Hausbuch« jedem geistig Interessierten empfehlen. Vor allem ist es freilich für die Pädagogen, die Eltern, die Verleger (und auch die Schüler) gedacht, die den Wunsch haben, »das hoffnungslos irreale und falsche Bild der Welt und der Literatur zu korrigieren«, das die vorgeschriebenen Lesebücher zu oktroyieren suchen. Nicht zuletzt aber ist es ein konstruktiver Beitrag im Rahmen jener nun seit Jahren andauernden Diskussion um das Lesebuch, die zwar einige erste Reformversuche gezeitigt hat, auf ihren durchschlagenden Erfolg aber immer noch wartet.

ANMERKUNGEN

Nachsitzen für Philologen. In: *Diskus*, Nr. 1, 1966. Rezension des Bandes *Versäumte Lektionen. Entwurf eines Lesebuches*, hg. von Peter Glotz und Wolfgang Langenbucher, Sigbert Mohn Verlag 1965.

***

Walther Killy, geb. 1917 in Berlin, Professor für neuere deutsche Literaturgeschichte, ist Koautor des vielbeachteten Bändchens *Germanistik – eine deutsche Wissenschaft*, s. S. 324.

Robert Minder, geb. 1902 im Elsaß, gest. 1980 in Cannes, Professor für deutsche Sprache und Kulturgeschichte in Nancy, ab 1957 am Collège de France in Paris.

Von der Dauer des Exils
(1989)

Von der Dauer des Exils zu sprechen, ist ein schwieriges Unterfangen. Für einige der aus Deutschland Geflüchteten war sie nur kurz: Sie haben die NS-Zeit nicht überlebt. Zu ihnen gehörten diejenigen, die – nachdem auch ihr Gastland ein Opfer des »Dritten Reiches« geworden war – verhaftet und ins KZ geworfen oder deportiert wurden oder welche Hand an sich legten, um ihren Häschern zu entgehen. Für andere dauerte das Exil bis zu dem Tage, an dem sie in ihre Heimat zurückkehren konnten. Für wiederum andere dauert es noch heute an. Ganz zu tilgen sind seine Folgen nie.

Schwer allerdings ist es auch, vom Exil als einem Ganzen zu reden. Ich halte mich deshalb gern an unser Thema, das sich ja mit der Exil*literatur* befaßt, schweife allerdings gelegentlich auch davon ab, um die Literatur als einen Teil jenes größeren Ganzen zu verstehen, dem sie Ausdruck verleiht. Fünfzig Jahre danach scheint es mir allerdings unmöglich, nicht auch die Exilliteraturforschung, ja Exilforschung in die Betrachtung einzubeziehen: Spiegelt doch auch sie ganz wesentlich unsere Absicht wider, Exil und Exilliteratur in einem Spiegel zu sehen, den die Gegenwart ihnen vorhält. Heimkehr und Rezeption sind zwei Seiten einer Münze. Voneinander zu trennen sind sie nicht.

Wir schreiben das Jahr 1988 und damit das fünfundfünfzigste Jahr nach dem Machtantritt der Nationalsozialisten in Deutschland. Um diese Jahreszeit waren bereits viele vor dem Terror des NS-Staates ins benachbarte Ausland geflüchtet, vor allem die Funktionäre der politischen Linken sowie zahlreiche Schriftsteller und Publizisten, die es versucht hatten, die drohende Entwicklung aufzuhalten, bevor ihr der bereits morsche Weimarer Staat endgültig freien Lauf ließ. Viele dieser früh Geflüchteten – wie etwa Ludwig Renn, Heinz Liepman oder Willi Bredel – waren bereits im Gefängnis oder KZ gewesen. Einer der frühen Warner, Kurt Tucholsky, hatte schon vor 1933 Deutschland verlassen, er nahm sich 1935 aus Verzweiflung das Leben. Zwei andere Schriftsteller, ebenfalls frühe Warner, Emigranten der ersten Stunde, Lion Feuchtwanger und Bertolt Brecht, hatten sich allerdings ein Jahr zuvor noch ein Haus bauen lassen, der eine in Berlin, der andere auf dem Lande in Oberbayern. Wenn sie auch die heraufkommende Gefahr durchaus gesehen hatten, so waren sie sich, selbst nachdem sie bereits vor ihr geflüchtet waren, noch immer nicht des vollen Ausmaßes dessen bewußt, was die Zukunft für sie selber, für Deutschland und für die ganze Welt bereithielt. Daß die von Hitler in *Mein Kampf* gegen die Juden ausgesprochenen Drohungen eines Tages voll in die Wirklichkeit umgesetzt werden könnten, daran dachte damals noch kaum jemand, weder Juden noch Nichtjuden. Nur allzu gerne glaubte man, daß das, was gerade über sie hereingebrochen war – trotz oder eben wegen der barbarischen Formen, in denen dieses geschah –, nur ein Spuk sein könne, dessen baldiges Ende abzusehen war. Bei den Kommunisten war dieser Wunschtraum ideologisch von dem Gedanken untermauert, daß die Herrschaft des Nationalsozialismus unmittelbar in eine andere, eine revolutionäre Epoche überleiten würde, in der sich die Linke dann bald das Reich der Freiheit erkämpfen könne. Es ist ein Gedicht von Brecht, dem mein Vortrag den Titel verdankt. Es heißt: »Gedanken über die Dauer des Exils«. Das Gedicht besteht aus zwei Teilen, von denen der erste die noch trotzig-gläubige Gefühlslage eines Linken in der frühen Exilzeit, etwa bis 1935, zum Ausdruck bringt. Der zweite Teil spricht eine andere Sprache.

Bertolt Brecht
Gedanken über die Dauer des Exils

I
Schlage keinen Nagel in die Wand
Wirf den Rock auf den Stuhl.
Warum vorsorgen für vier Tage?
Du kehrst morgen zurück.

Laß den kleinen Baum ohne Wasser.
Wozu noch einen Baum pflanzen?
Bevor er so hoch wie eine Stufe ist
Gehst du froh weg von hier.

Zieh die Mütze ins Gesicht, wenn Leute vorbeigehn!
Wozu in einer fremden Grammatik blättern?
Die Nachricht, die dich heimruft
Ist in bekannter Sprache geschrieben.

So wie der Kalk vom Gebälk blättert
(Tue nichts dagegen!)
Wird der Zaun der Gewalt zermorschen
Der an der Grenze aufgerichtet ist
Gegen die Gerechtigkeit.

II
Sieh den Nagel in der Wand, den du eingeschlagen hast:
Wann, glaubst du, wirst du zurückkehren?
Willst du wissen, was du im Innersten glaubst?
Tag um Tag
Arbeitest du an der Befreiung

Sitzend in der Kammer schreibst du.
Willst du wissen, was du von deiner Arbeit hältst?
Sieh den kleinen Kastanienbaum im Eck des Hofes
Zu dem du die Kanne voll Wasser schlepptest!

Während des Schreibens an diesem Gedicht hatte der Autor erkannt, daß an einen baldigen Zusammenbruch des NS-Staates nicht mehr zu denken war. Implizit fordert er jetzt seine Leser auf, sich auf diese neue Situation einzustellen, sich im Exil für eine ungewisse Dauer einzurichten.

Das Ende des Exils war nicht mehr auszumachen: »Öfter die Länder als die Schuhe wechselnd« (Brecht: *An die Nachgeborenen*), trieb es indessen die Schriftsteller umher, nachdem der Terror im Innern des Reiches die Voraussetzungen geschaffen hatte, um nun auch die Aggression nach außen zu tragen und fast ganz Europa mit ihr zu überziehen. Die Flucht der Regimegegner, durch Ausbürgerungslisten in vielen Fällen auch individuell aktenkundig gemacht, wurde durch die Massenflucht der von Jahr zu Jahr stärker bedrängten und schließlich auch physisch gefährdeten Juden zahlenmäßig um ein Vielfaches übertroffen. Bereits in seinen frühen theoretischen Überlegungen über die Struktur der deutschen Flüchtlingsbewegung hatte Wolf Franck auf den Doppelcharakter der Emigration aus Deutschland hingewiesen.

Man hat später mit einigem Recht *hier* von »Exil«, *dort* von »Emigration« gesprochen, wiewohl die Übergänge sowohl in der Sache fließend waren, als auch ein einheitlicher Gebrauch der beiden Begriffe nicht auszumachen ist. Je nachdem, was der jeweils Betroffene (oder auch der nachvollziehende Forscher) unter der Sache versteht, ist denn auch deren zeitliche Begrenzung von unterschiedlichen Auffassungen geprägt. Der *Beginn* des Exils ist natürlich für jeden einzelnen leicht zu datieren: Er setzt ein mit dem Überschreiten der Grenze. Anders steht es mit dem *Ende* des Exils: Ein Problem, das bereits der Vergleich der unterschiedlichen Buchtitel von Standardwerken der Exilforschung deutlich macht. Heißt z.B. die Bibliographie von Sternfeld und Tiedemann: *Deutsche Exilliteratur 1933 bis 1945*, so nennt Hans-Albert Walter sein umfangreiches Werk *Deutsche Exilliteratur 1933 bis 1950*. Das voluminöse *Biographische Handbuch* spricht in seinem Titel einfach von der »Deutschsprachigen Emigration nach 1933«. Die Unterschiede sind nicht zufällig: Bedeutete doch das Jahr 1945 nur das *Ende* der *erzwun-*

genen Emigration aus Deutschland (und Österreich). Es bezeichnete jedoch nur in selteneren Fällen *auch* den Zeitpunkt der Rückkehr. Eine solche erfolgte, sofern überhaupt, in der Regel erst später. Das Jahr 1950 stand, was Deutschland betraf, bereits im Zeichen einer endgültig vollzogenen Teilung: Mit ihr war auch die erste Nachkriegszeit zu Ende, die Konturen des jeweiligen deutschen Nachfolgestaates traten deutlich hervor. Diese Tatsache macht die Wahl des Jahres 1950 für dieses vielfach so gesetzte Ende des Exils plausibel.

Den beiden Varianten eines *zeitlich begrenzten* Exils steht die dritte Variante, nämlich die eines zeitlich gleichsam *unbegrenzten* Exils, der das *Biographische Handbuch* folgt, gegenüber. Mit Bedacht wird hier allerdings schon im Titel nicht mehr von »Exil«, sondern von »Emigration« gesprochen. Es ist ein Begriff, der sich weniger an einer eventuellen Rückkehrbereitschaft der Betroffenen orientiert, als vielmehr an den Zielen derjenigen, die – unter Benutzung des (zweifellos verniedlichenden) Ausdrucks »Auswanderung« oder unter dem Zeichen der Flucht – mit dem Überschreiten der Grenze auch das Band zum Land ihrer Geburt zerschnitten haben. Vielen war dies auf der Stelle bewußt. Ihr Verhalten war von Anbeginn auf möglichst schnelle Integration ins Gastland abgestellt. Vor allem in den typischen Einwanderungsländern USA und Palästina war man bemüht, sich möglichst bald eine neue Heimat zu erobern. Blieben die Betreffenden aber schon – indem sie den rettenden Hafen erreichten – von den Problemen des Exils verschont? In einem bitter-ironischen Artikel aus dem Jahre 1943 unter dem Titel »We Refugees« in der amerikanischen jüdischen Zeitschrift *Menorah Journal* erschienen, setzte sich Hannah Arendt mit dem illusionären Optimismus derjenigen auseinander, die – eben in New York angekommen, man könnte dafür auch Haifa sagen – nur ja nicht als »Flüchtlinge« gelten wollten, sondern sich allein als »Neuankömmlinge« oder »Einwanderer« verstanden:

»Wir taten unser Bestes, um anderen Leuten zu beweisen, daß wir ganz gewöhnliche Einwanderer seien. Wir erklärten, daß wir uns ganz freiwillig auf den Weg in ein Land unserer Wahl gemacht hätten, und bestritten, daß unsere Situation irgend etwas mit ›sogenannten jüdischen Problemen‹ zu tun hätte (...).

Wir wollten uns eine neue Existenzgrundlage schaffen, das war alles. Man muß ein Optimist und sehr stark sein, wenn man eine neue Existenz aufbauen möchte. Also legen wir großen Optimismus an den Tag.«

Weiter aber heißt es:

»Unsere Zuversicht ist in der Tat bewundernswert, auch wenn diese Feststellung von uns selbst kommt. Denn schließlich ist die Geschichte unseres Kampfes *jetzt* bekannt geworden. Wir haben unser Zuhause und damit die Vertrautheit des Alltags verloren. Wir haben unseren Beruf verloren und damit das Vertrauen eingebüßt, in dieser Welt irgendwie von Nutzen zu sein. Wir haben unsere Sprache verloren und mit ihr die Natürlichkeit unserer Reaktionen, die Einfachheit unserer Gebärden und den ungezwungenen Ausdruck unserer Gefühle. Wir haben unsere Verwandten in den polnischen Ghettos zurückgelassen, unsere besten Freunde sind in den Konzentrationslagern umgebracht worden, und das bedeutet den Zusammenbruch unserer privaten Welt.«

Und weiter:

»Ich weiß nicht, welche Erfahrungen und Gedanken des Nachts in unseren Träumen hausen. Ich wage nicht nach Einzelheiten zu fragen, denn auch ich bliebe lieber optimistisch. Doch manchmal stelle ich mir vor, daß wir zumindest nachts an unsere Toten denken oder uns an die einst geliebten Gedichte erinnern. Ich könnte sogar verstehen, wenn unsere Freunde an der Westküste während der Sperrstunde auf den komischen Gedanken gekommen sein mögen, daß wir nicht nur ›künftige Staatsbürger‹, sondern im Augenblick ›feindliche Ausländer‹ sind (...).

Mit unserem Optimismus stimmt etwas nicht. Es gibt unter uns jene seltsamen Optimisten, die ihre Zuversicht wortreich verbreiten und dann nach Hause gehen und das Gas aufdrehen oder auf unerwartete Weise von einem Wolkenkratzer Gebrauch machen.«[1]

In vielen Fällen war die Loslösung von Deutschland ein langer, schwieriger und schmerzlicher Prozeß: Er zeichnete auf umgekehrte Weise eine Entwicklung nach, die der vor allem im Krieg exzessiv sich ausbreitende Nazi-Terror vorgab. Unter dem Eindruck der Nachrichten aus Osteuropa litt auch das Verhältnis zwischen den sich als politisch verstehenden (und weiterhin an dem Gedanken eines »anderen« Deutschland orientierenden) *Exilanten* und den den Bruch mit Deutschland konsequent oder auch nur vorübergehend vollziehenden *Emigranten*. Er führte zu zahlreichen Kontroversen, nicht zuletzt über die deutsche Schuld.

War auch der Gedanke an eine Kollektiv*schuld* aller Deutschen weder theoretisch noch moralisch haltbar, so hatte doch die Involviertheit des deutschen Volkes, seine offenkundige Instrumentalisierung durch den totalen Staat, zur Folge, daß sich der Gedanke seiner kollektiven *Verantwortung* für den Krieg (sowie für die hinter seinen Fronten begangenen Massenverbrechen) immer mehr durchsetzte. Diskussionen, wie die gegen Kriegsende geführten heftigen Auseinandersetzungen (etwa zwischen Bertolt Brecht und Thomas Mann) über das Gewicht eines »anderen« Deutschland, hatten im Schatten der Enthüllungen über Auschwitz allerdings immer mehr an realer Bedeutung eingebüßt. Es handelte sich bereits um Scheingefechte angesichts vollzogener Tatsachen: der von den Alliierten längst beschlossenen Nachkriegsordnung in Europa. In ihr war für eine selbständige deutsche Politik auf lange Sicht kein Raum mehr.

Auch dieses war ein Faktum, welches dazu beitrug, das Exil ins Unendliche zu verlängern. Nicht etwa, weil es alle potentiellen Remigranten an ihrer Rückkehrabsicht gehindert hätte, sondern weil zahlreiche im Exil gepflegten Träume und Illusionen an dieser Tatsache zerbrachen. Sie konnten den Tag nicht überdauern, an dem der gesamtdeutsche Orientierungsrahmen nicht mehr existierte, auf den sie sich bezogen. Trümmer also auch hier: Die unterschiedlich akzentuierte Rezeption des Exils in den beiden deutschen Nachfolgestaaten hat sie noch einmal deutlich gemacht.

1945: Der Krieg ist zu Ende. Die Alliierten hatten ihn auf dem Schlachtfeld gewonnen. Die Welt atmete auf. Die Überlebenden der Lager kamen frei, die meisten von ihnen waren an Leib und Seele zerbrochen, viele starben an den Folgen ihrer Leiden. Die Deutschen empfanden in ihrer Mehrheit das Ende des Krieges, das hinauszuzögern sie alles getan hatten, als »Zusammenbruch« – als ob dieser nicht in Wahrheit bereits mit der Machtübergabe an die Nazis 1933, mit der Zerschlagung der demokratischen Institutionen und der Installierung der Mordmaschinerie, stattgefunden hätte. Noch vierzig Jahre danach stritten die Deutschen/West sich darüber, ob der 8. Mai 1945 als Tag der Befreiung gefeiert zu werden verdiente. Daß dieser Tag auch *ihnen* nicht nur das Ende der Gewaltherrschaft beschert hatte, sondern bald auch die Segnungen von Demokratie und Wohlstand brachte, empfanden die meisten von ihnen als etwas, das ihnen zukam. Denn in dem kalten Krieg, der dem heißen fast auf dem Fuße folgte, standen sie ja – wie man ihnen bedeutete – ganz auf der »rechten« Seite. Sie wurden gebraucht. Nur wenige Jahre vergingen, und man war wieder wer.

Nur die Antifaschisten hatten den Tag der Befreiung als solchen empfunden. Doch selbst der Schriftsteller Arnold Zweig wollte in einem Aufsatz, den er zur Würdigung dieses Tages schrieb, nur von einem »Aufatmen« sprechen: Zu groß schienen ihm die Aufgaben, die jetzt anzupacken waren. Und Thomas Mann meinte noch 1947, daß durch die militärische Niederlage der NS-Staat zwar vernichtet worden sei, der Faschismus jedoch noch nicht zu bestehen aufgehört habe. Konnte denn unter solchen Umständen das Exil *sein* Ende erreicht haben?

Man hätte annehmen sollen, daß die bald nach dem Kriege etablierten Länderregierungen die Menschen im Exil – zumal die namhaften Schriftsteller, aber natürlich nicht nur diese – aufgerufen hätten, in ihre Heimat zurückzukehren. Aber nichts dergleichen geschah, übrigens auch nicht von seiten der 1949 gegründeten deutschen Bundesrepublik.

Die ersten deutschen Schriftsteller, die aus dem Exil in den Westen zurückkehrten, taten dies in den Uniformen und im Auftrag der Alliierten: Stefan Heym, Hans Habe und Golo Mann etwa als Presseoffiziere der Amerikaner, Alfred Döblin als französischer Kulturoffizier. Zu den ersten, auf eigene Faust nach Westdeutschland remigrierten Autoren gehörten Hans Mayer und Stephan Hermlin. Bereits am 30. April mit der Gruppe Ulbricht wurden aus Moskau nach Berlin eingeflogen: Fritz Erpenbeck, einer der engsten Mitarbeiter von Johannes R. Becher, sowie der Journalist Wolfgang Leonhard, wenig später Johannes R. Becher selbst und Willi Bredel, Theodor Plivier und andere. Weitere Autoren, vor allem aus dem betont antifaschistischen Lager, folgten nach, zum Teil auch aus westlichen Ländern: insbesondere aus Mexiko (Anna Seghers und Ludwig Renn), aus den USA (Bertolt Brecht, Ernst Bloch und Alfred Kantorowicz), aus Israel (Arnold Zweig). Auch siedelten Stephan Hermlin und Hans Mayer bald aus dem westlichen in den östlichen Teil Deutschlands über; mehr als ein Dutzend Jahre später traten Alfred Kantorowicz, Hans Mayer und schließlich Ernst Bloch den Weg in die umgekehrte Richtung an. Bertolt Brecht hatte einen österreichischen Paß erworben, bevor er in die DDR ging, wo er 1956 starb.

Wichtiger für unser Thema indessen scheint mir die Tatsache, daß eine Reihe von Schriftstellern, nach einem Versuch, im westlichen Teil Deutschlands Fuß zu fassen, wieder ins – diesmal europäische – *Ausland* zurückkehrte oder sich von vornherein dort niederließ. Zu ihr gehörten Alfred Döblin und Carl Zuckmayer, Fritz von Unruh und Hans Habe, Hermann Kesten und Walter Mehring, vor allem auch Thomas Mann. Einige lebten nach Beendigung des erzwungenen Exils weiter aus gepackten Koffern (wie Klaus Mann). Fritz von Unruh kam noch einmal in die Bundesrepublik zurück, um hier seine letzten Jahre zu verbringen, ähnlich wie Ludwig Marcuse. Alfred Döblin kehrte zurück, um hier zu sterben. Beispiele für eine Heimatlosigkeit, die nicht einmal dadurch abzuschütteln war, daß man das Exil wieder mit dem Land seiner Herkunft eintauschte. Einmal im Exil, immer im Exil: Es war eine Erfahrung, die die Mehrzahl der Rückkehrer machen mußte.

Daß sich die Heimatlosigkeit gelegentlich auch bis zur Selbstverleugnung steigerte, hatte für die Betreffenden das Problem nicht leichter gemacht. Denn, so schrieb der österreichische Schriftsteller Jean Améry in einem Essay »Wieviel Heimat braucht der Mensch?« (1966):

»Das echte Heimweh war nicht Selbstmitleid, sondern Selbstzerstörung. Es bestand in der stückweisen Demontierung unserer Vergangenheit. (...). Die Feindheimat wurde von uns vernichtet, und zugleich tilgten wir das Stück eigenen

Lebens aus, das mit ihr verbunden war. (...) Der Schmerz steigerte sich aufs unerträglichste, wenn mitten in der angestrengten Arbeit der Selbstvernichtung dann und wann auch das traditionelle Heimweh aufwallte und Platz verlange. (...) Therapie hätte nur die geschichtliche Praxis sein können, ich meine: die deutsche Revolution und mit ihr das kraftvoll sich ausdrückende Verlangen der Heimat nach unserer Wiederkehr. Aber die Revolution fand nicht statt, und unsere Wiederkehr war für die Heimat nichts als eine Verlegenheit, als schließlich die nationalsozialistische Macht von außen gebrochen wurde.«[2]

Ich glaube heute, daß dieser (von mir leicht gekürzte) Text in seiner Schärfe den Verlust von Heimat realitätsgerechter und auch ehrlicher wiedergibt als so manches Erzeugnis sozialistischen Edelkitsches, zu welchem leider auch die in den frühen Jahren der DDR von Johannes R. Becher gereimten (und von Hanns Eisler vertonten) »Neuen deutschen Volkslieder« zu rechnen sind. Sie wollten Heimat beschwören, wo keine mehr war. Denn der von der DDR *verordnete* Antifaschismus, auch wenn man ihn unter den gegebenen Umständen prinzipiell für gut befunden haben mochte, war die Revolution nicht, die – wenn überhaupt – Wunden hätte heilen können. Ich möchte dennoch der DDR einen *Versuch* zugute halten, der in der Bundesrepublik Deutschland nicht einmal im Ansatz geleistet wurde. Wir sollten uns nichts vormachen: Auch die bei uns eingeführte Demokratie war verordnet, und zwar von außen, nicht anders als der Antifaschismus in der DDR. Ich wäre der letzte, der die *Demokratie* deshalb schelten würde. Doch daß sie es mit ihrem Siegeszug hier leichter hatte als der reale Sozialismus in der DDR, hat leider nicht nur mit ihrer Überzeugungskraft zu tun, sondern auch mit dem wirtschaftlichen Gefälle zwischen uns hüben und denen drüben. Der Antifaschismus des Exils hatte eigentlich beides im Visier: Demokratie *und* soziale Gerechtigkeit. Daß bereits zu seiner Zeit diese beiden Grundforderungen nicht immer über einen Leisten geschlagen wurden, will ich nicht verschweigen. Sie liefen entlang jenen Fronten, die sich bereits in den zwanziger Jahren herausgebildet hatten und die auch heute noch das Bild unserer Welt entscheidend bestimmen.

Geradezu peinlich aber waren jene besserwisserischen und verletzenden Aussagen solcher Autoren, die sich zur sogenannten inneren Emigration gerechnet hatten, wie die von Walter von Molo oder Frank Thieß (aber auch solche von Erich Kästner) über Thomas Mann, oder gar die des ersten Bundesaußenministers, Heinrich von Brentano, als er Bertolt Brecht mit dem Nazibarden Horst Wessel verglich. Bis weit in die fünfziger Jahre hinein war die deutsche Gegenwartsliteratur noch beherrscht von den Autoren, die sich, meist unbefragt, zur inneren Emigration zählten oder, wie Gottfried Benn oder Ernst Jünger, zu ihr gezählt wurden. Sie alle waren präsent, insbesondere in den gängigen Literaturgeschichten und Literaturlexika sowie in den Schullesebüchern. Man muß sich nur einmal der Mühe unterziehen und nachprüfen, wieviel Raum diese Autoren im Vergleich etwa zu Arnold Zweig und Anna Seghers, Joseph Roth und Alfred Döblin, Klaus Mann und Heinrich Mann, Kurt Tucholsky und Alfred Kerr zugebilligt erhielten. Die Nennung dieser Namen war zufällig: Von Thomas Mann abgesehen, hätte man hier nahezu alle Exilschriftsteller nennen können. Germanistik – eine deutsche Wissenschaft?

Germanistik – eine deutsche Wissenschaft: Das von Eberhard Lämmert und anderen jüngeren Germanisten herausgegebene schmale Suhrkamp-Bändchen markierte mit seinem Erscheinen 1967 allerdings eine deutliche Zäsur in diesem Fach. Sein Erscheinen koinzidierte nicht zufällig mit dem Erwachen eines öffentlichen Interesses auch für die deutsche Exilliteratur.

Zurückzuholen waren die Autoren des Exils freilich nicht mehr. Die meisten von ihnen waren nicht mehr am Leben. Allerdings galt es, ihre Werke in die deutsche Literaturgeschichtsschreibung einzubringen, vor allem aber auch in Neudrucken dem Lesepublikum zugänglich zu machen.

Nicht, daß eine Anzahl bekannter Autoren inzwischen nicht wieder neu aufgelegt worden waren, daß man sich nicht mit ihnen befaßte, nicht über sie schrieb (seien es Zeitungsartikel oder Dissertationen). Das Bild aber, das man sich daraus machen konnte, blieb seltsam einseitig. Ausgeblendet blieb das Erlebnis des Exils, als ob es in ihrem Leben – und in bezug auf ihr

Werk – nicht stattgefunden hätte oder spurlos an ihnen vorübergegangen sei. Allgemeiner gesagt: Als einzelne fand man eine Reihe von Exilschriftstellern, die unter dem Faschismus verfemt und ausgebürgert waren, wieder einem deutschen Lesepublikum zurückgegeben; als Politikum aber wurde die Exilliteratur nicht zur Kenntnis genommen. Unter diesen Umständen blieb die Mehrzahl der durch das Exil gegangenen Autoren auch weiterhin unbekannt.

Selbst die Gruppe 47 hatte keine Anstrengungen gemacht, diesen Zustand korrigieren zu helfen, was um so mehr überrascht, als eine Anzahl von Exilschriftstellern (etwa Peter Weiss, Wolfgang Hildesheimer, Hans Mayer) zu ihr gestoßen war. Das Thema Exil als Fixpunkt der eigenen Standortbestimmung existierte für die wichtigste literarische Gruppierung im deutschen Sprachraum der Nachkriegszeit nicht, wiewohl sie sich durchaus als engagiert und progressiv verstand. Ihr Wunsch, »ohne Väter« auszukommen, hatte auch diejenigen beiseite geschoben, von denen man doch – gelinde gesagt – einigen Grund gehabt hätte, sich etwas abzugukken. Daß dies im Einzelfall auch geschah, soll nicht bestritten werden.

Daß der Adenauer-Staat für die ausgebürgerten Antifaschisten wenig übrig hatte, konnte wohl nicht der Grund des Desinteresses gewesen sein, auch nicht die Tatsache, daß die deutschen Nachkriegs-Schriftsteller danach dürsteten, sich mit den ihnen lange vorenthaltenen Autoren des Auslands zu befassen. Hans Werner Richter ließ vor kurzem wissen, daß es sich in seinen Augen um eine Generationenfrage gehandelt haben muß: Eine solche mag zwar die Tatsache erklären, daß nur einige der jüngeren Exil-Schriftsteller den Weg zur Gruppe (oder die Gruppe den Weg zu ihnen) gefunden hatten. Das mangelnde Bedürfnis der Gruppe 47, sich mit der Exilliteratur historisch und theoretisch auseinanderzusetzen, wird damit nicht erklärt. Erst der PEN-Kongreß 1980 in Bremen zeigte, daß auch bei den Autoren der Gruppe 47, die als solche freilich nicht mehr bestand, die Dinge in Bewegung geraten waren.

Die Frage nach der Dauer des Exils und insbesondere nach der zeitlichen Begrenzung der Exilliteratur ist in diesem Kontext keine nebensächliche Frage. Das Beharren auf einem Exilbegriff, der sich an der *aktuellen* Auseinandersetzung mit dem »Dritten Reich« und an dem *erzwungenen* Auslandsaufenthalt orientiert, zeigt mit dem Wegfall dieser Bedingungen aber auch seine Grenzen. Er schließt nämlich eine Vielfalt von Personen und Werken aus. Natürlich wird man den Exilbegriff eng halten, wenn man die Aufmerksamkeit des Lesers vor allem auf den im engeren Sinn »antifaschistischen« Aspekt dieser Literatur lenken will. Diese Akzentsetzung, der vorherrschenden auch in meiner eigenen, auf die Jahre 1933 bis 1945 sich beschränkenden Dokumentation, die vor zehn Jahren erschien, führt zu Lücken, die mir von Jahr zu Jahr schmerzlicher bewußt werden. Während ein Autor wie Peter Weiss bloß der zeitlichen Zäsur zum Opfer fiel, fielen Autoren wie Rose Ausländer, Paul Celan oder Gertrud Kolmar gänzlich aus dem formalen Raster, da sie in *seinem Sinne keine* Emigranten waren. Gertrud Kolmar hatte zwar Emigrationspläne, sie jedoch verworfen, eine Tatsache, die sie das Leben kostete, sie wurde nach Auschwitz deportiert. Paul Celan und Rose Ausländer entgingen der Deportation, Celan wurde in ein rumänisches Arbeitslager verpflichtet, Rose Ausländer tauchte unter. 1944 in das heimatliche Czernowitz zurückgekehrt, gingen beide 1945 nach Bukarest, Celan 1947 von dort über Wien nach Paris, Rose Ausländer 1946 in die USA. Diese Autoren, wie zahlreiche ungenannte, in meine Überlegungen einzubeziehen, ist mir heute um so wichtiger, als ihr Werk nicht zuletzt ein Thema behandelt, das von den Autoren des Exils zunächst nicht oder kaum behandelt werden konnte, obwohl Sie es vielleicht von ihnen erwartet hätten. Ich meine Auschwitz. Die alliierte Publizistik hatte den Holocaust erst spät, zu spät, zur Kenntnis genommen, die alliierte Kriegsführung ihn geflissentlich übersehen. Auch die Emigranten waren auf die alliierten Kommunikationsmittel angewiesen und verfügten über keine besseren Informationen als diese. Die Wucht der Schreckensnachrichten traf auch sie nahezu unvorbereitet, wiewohl sie längst mit dem Schlimmsten rechnen mußten. Selbst Menschen, die die Qualen der (gleichsam »normalen«) Konzentrationslager am eigenen Leibe erfahren hatten, hatten ihre Mühe, die nochmalige Steigerung des Grauens gedanklich und emotional nachzuvollziehen. Das Ende des Krieges war überdies in Sicht und die Gedanken vieler auf den Tag gerichtet, an dem das Schreckensregiment in Europa zu Ende und der NS-Staat besiegt sein würde, sich also neue Perspektiven – welcher Art auch immer – vor jedem einzelnen eröffneten. Der einzige mir bekannte, die Vernichtungslager behandelnde Text, der noch *vor* Beendigung des Krieges veröffentlicht wurde, ist Johannes R. Bechers balladeskes Gedicht »Kinderschuhe aus Lublin«. Es erschien bereits 1944 in der *Internationalen Literatur* in Moskau. Das Erscheinen der eigentlichen Holocaust-Literatur setzte erst nach dem Kriege ein. Zu nennen sind hier insbesondere die Gedichte der Nelly Sachs, die 1947 unter dem Titel *In den Wohnungen des Todes* in Ostberlin erschienen sind sowie die frühen Gedichtbände, um ihn doch zu erwähnen, von Paul Celan. *Der Sand aus den Urnen* (Wien 1948) und *Mohn und Gedächtnis* (Stuttgart 1952). »Schreiben *nach* Auschwitz« – das Rahmenthema dieser Veranstaltung – und vor allem auch das »Schreiben *über* Auschwitz« waren vor allem das Signum und die (selbstgewählte) Aufgabe jüngerer Autoren wie die bereits genannten Peter Weiss und Paul Celan, von Nachkriegs-Schriftstellern, und nicht nur solchen deutscher *Sprache.*

Einen Autor, Österreicher von Geburt, habe ich bereits zitiert: Jean Améry, der sowohl (als antifaschistischer Regimegegner) das Exil *mit*erlebt und (als Jude) die Hölle von Auschwitz *über*lebt hatte. Sein Buch *Jenseits von Schuld und Sühne – Bewältigungsversuche eines Überwältigten* (1966), ist eines der erschütterndsten und signifikantesten Dokumente einer Art von Exilliteratur, welche mit der (zum Teil wehmütigen, zum Teil emphatischen) der dreißiger und frühen vierziger Jahre nur noch wenig gemein hat. Améry, als Emigrant noch jung und nicht jener literarischen Prominenz zugehörig, die sich seinerzeit in Paris, Amsterdam, Zürich, Sanary-sur-Mer, New York und andernorts traf, macht einen neuen Generationen- und Erlebnishintergrund deutlich. Er schilt die Exilschriftsteller wegen ihrer Illusion, die sie als die Stimme des »wahren Deutschland« erscheinen läßt. Wörtlich schreibt er:

»Nichts dergleichen für uns Anonyme. Kein Spiel mit dem imaginären wahren Deutschland, das man mit sich genommen hatte, kein formales Ritual einer im Exil für bessere Tage aufbewahrten deutschen Kultur. Die namenlosen Flüchtlinge lebten in einem der deutschen und internationalen Realität gerechteren gesellschaftlichen Sein: Das davon bestimmte Bewußtsein gestattete, erforderte, erzwang eine gründlichere Erkenntnis der Wirklichkeit. *Sie* wußten, daß sie Verjagte waren und nicht Konservatoren eines unsichtbaren Museums deutscher Geistesgeschichte.«[3]

Die Exilanten konnten Améry, als er dies vor zwanzig Jahren schrieb, kaum mehr erreichen. Doch hat er auch die Exil*forschung* jener Jahre nicht beeinflußt. Sollte man sich nicht einmal die Frage stellen, ob das Beharren der Forschung auf dem »antifaschistischen« Exil – unter weitgehender Ausklammerung der Massenvertreibung und Massenvernichtung der deutschen und europäischen Judenheit – nicht *auch* den Verdacht nähren könne, einer Deckerinnerung zu erliegen? Etwa, um das Entsetzliche hinter dem gerade noch Ertragbaren zu verbergen? Weil es unfaßbar war und in keine wie auch immer geartete rationale Vorstellung paßte?

Zweifellos sind Exilrezeption und Exilforschung weitgehend motiviert durch die Option für das »andere« Deutschland, für das das antifaschistische Exil, ebenso wie der antifaschistische Widerstand, kämpfte, aber von dem es vielfach auch nur träumte. Leider war es auf keiner Landkarte zu finden, es sei denn auf Karten der Konzentrationslager und anderer Leidensstationen, ein Grund mehr übrigens für die Deutschen, ihm im Denken und Handeln das verdiente Heimatrecht zu geben. Illusionismus und Romantizismus wären allerdings auch hier keine guten Ratgeber. Jedenfalls wäre es niemandem dienlich, wenn man das »andere« Deutschland mit dem »wahren« verwechselte: Das »wahre« Deutschland, wenn dieses Wort denn überhaupt einen Sinn hat, kann doch nur das reale sein, allerdings in seiner konkreten Differenziertheit.

Darauf sollte man auch gegenüber der DDR bestehen. Daß sie aus dem Erbe des Widerstandes und des antifaschistischen Exils neue Traditionszusammenhänge zu gewinnen suchte, ich habe dies bereits angedeutet, hatte für uns Emigranten viel Ermutigendes. Der Versuch jedoch, das Erbe des »Dritten Reiches« damit gleichsam an den Westen abzutreten, wurde einer Vergangenheit nicht gerecht, an deren Bürde nun einmal die beiden deutschen Staaten zu tragen haben. Eine Einsicht übrigens, die auch in der DDR an Boden gewinnt.

Allein die Emigranten, und nur sie, durften in der Frühzeit des NS-Staates noch glauben, in der Auseinandersetzung mit dem – den Deutschen vermeintlich nur aufgezwungenen – Nationalsozialismus das »wahre« Deutschland zu vertreten. Nur sie konnten sich mit einem gewissen Recht als die »Stimme des stumm gewordenen Volkes« verstehen (Heinrich Mann). Denn in *ihnen* war die Erinnerung an *jene* Menschen noch lebendig, die sich unter Einsatz ihres Lebens gegen den Naziterror aufgebäumt hatten. Doch bereits Tucholsky, der 1935 freiwillig aus dem Leben geschieden war, hatte die Realität und die Stimmung in Deutschland genauer erkannt. Er hätte eine solche Zuversicht mit einem müden Achselzucken quittiert. In den Ohren der Überlebenden von Auschwitz müßte sie nachgerade wie Hohn geklungen haben.

Man wird, wenn man von Exilliteratur spricht, auch die potentiellen *Leser* dieser Literatur im Auge behalten müssen: Es waren leider nicht die Deutschen innerhalb der Reichsgrenzen, sondern die 500 000 vorwiegend jüdischen Co-Emigranten deutscher Sprache in den Aufnahmeländern der Welt. Von ihnen ist in der deutschen Exilforschung mit gutem Grund immer mehr die Rede. Daß das Exil zunächst durch die *Werke* seiner Literatur Eingang in das Bewußtsein der deutschen Nachkriegsgesellschaften gefunden hat und noch immer findet, ist nur natürlich. Die Beredten, der Sprache Mächtigen, die Literaten und Publizisten, natürlich auch Vertreter anderer künstlerischer Disziplinen, drücken nun einmal am sinnfälligsten aus, was die anderen erdulden, erleiden, erhoffen und zu erkämpfen versuchen.

Nicht zuletzt aus dieser Einsicht heraus gerät selbst das »Exil der kleinen Leute« immer mehr in das Blickfeld. Der anonym gebliebene Emigrant wird entdeckt. Ich will nicht verhehlen, daß auch die Alltagsgeschichte ihre Fußangeln enthält und man, indem man sich in ihnen verfängt, Gefahr läuft, Zusammenhänge zu verfehlen. Die Menschen, um die es sich hier handelt, haben in ihrer Mehrheit Deutschland für immer den Rücken gekehrt, es geht um den *Verlust* dieser Menschen und ihrer Leistungen, wie auch um das, was ihnen angetan worden ist.

Die Deutschen haben gewiß allen Grund, jenen Emigranten dankbar zu sein, die – auf Dauer – zurückgekehrt sind oder auf andere Weise wieder Beziehungen zum Land ihrer Herkunft aufgenommen haben. Einfordern können sie dergleichen nicht. Die wertende Scheidung der Vertriebenen in Angehörige eines an Deutschland orientierten »Exils« auf der einen Seite, in die Vertreter einer jüdischen »Massenemigration«, die mit dem Land ihrer Herkunft gebrochen hat, auf der anderen, scheint mir dabei der Vergangenheit anzugehören. Ohnehin hat in den letzten Jahren der übergreifende Tatbestand der Vertreibung vermehrte Beachtung gefunden. Zahlreiche Veröffentlichungen und Veranstaltungen deuten darauf hin.

Mit dem Aussterben der Emigranten geht das deutsche Exil seinem Ende entgegen. Die Narbe aber bleibt. So sehr die Re-Integration des Exils und seiner Leistungen in das deutsche Kultur- und Geistesleben erwünscht, ja erforderlich ist, so wenig würde ihm eine bloße Vereinnahmung gerecht werden. Man wird sich vor allem des Abgrunds bewußt bleiben müssen, in den ein Volk gerät, das sich aktiv und passiv einer Gewalt überläßt, die jeder Rationalität entbehren zu können glaubt, jedem freien Gedanken abschwört und nur *ein* Bestreben kennt, alles im Verhältnis zu seinem nationalistischen und rassistischen Mythos »andere« *und* »Andersartige« zu vernichten. Das Ende des Exils wird in einem tieferen Sinne erst dann erreicht sein, wenn diese Botschaft gehört wird und wenigstens die Nachgeborenen sie angenommen haben.

ANMERKUNGEN

1 In Hannah Arendt: *Zur Zeit. Politische Essays,* Rotbuch Verlag, Berlin 1986, S. 1 ff. (Wir Flüchtlinge).
2 In Jean Améry: *Jenseits von Schuld und Sühne. Bewältigungsversuche eines Überwältigten,* Klett-Cotta, 2. Aufl., Stuttgart 1980, S. 88. (»Wieviel Heimat braucht der Mensch«).
3 Ebd., S. 80.

***

Von der Dauer des Exils. Vortrag, gehalten auf der Veranstaltung »Schreiben nach Auschwitz« am 6.11.1988 in der Frankfurter Paulskirche. Gedruckt in *Schreiben nach Auschwitz,* hg. von Peter Mosler, Bund-Verlag, Köln 1989, S. 38 ff. Erweiterte Fassung in *Eine schwierige Heimkehr. Österreichische Literatur im Exil 1938-1945,* hg. von Johann Holzner u. a. in der Reihe *Innsbrucker Beiträge zur Kulturwissenschaft,* Innsbruck 1991.

Jüdische Existenz in der Bundesrepublik

Juden in der Bundesrepublik

Bewältigung oder Mystifizierung?

(1982)

»Trend-Wenden« – wie die konservative Welle der letzten Jahre – haben die Eigenschaft, auch Gruppen zu erfassen (oder etwas in ihnen auszulösen), die sich für dergleichen Anfechtungen zunächst als immun betrachten. Dieser Vorgang kann die Form der Anpassung annehmen, aber auch die der Besinnung: der Abwehr nämlich solcher Aspekte des zurückgedrängten Trends, in denen sich dieser gleichsam überschlagen hat und der eigenen Rationalität aus dem Ruder gelaufen ist. Die Frage nach einer eigenen *jüdischen* Identität unter linken Intellektuellen in der BRD fällt gewiß nicht zufällig mit der wachsenden Aktivität, die christliche Jugendliche in ihren Kirchen entfalten, zusammen, doch ist dies nicht das eigentliche Problem. Das Bedürfnis, sich seiner jüdischen Identität zu versichern, ist viel eher die Folge eines Zustandes, der nach außen hin durch die jüngste Welle von antisemitischen Äußerungen charakterisiert ist, vor allem aber in den anhaltenden Folgen der Verdrängung der jüngeren deutschen Geschichte sich darstellt. Diese Verdrängung hat – und dies ist die beklemmende Einsicht – auch bei den nach-achtundsechziger Linken nicht haltgemacht. Es ist dies der Punkt, der nicht nur zu den einäugigen Ausfällen Henryk M. Broders geführt hat, sondern auch das Thema der letzten *alternative* (Nr. 140/41, Dez. 1981) bestimmt und in dem Beitrag von Micha Brumlik »Bewältigung oder Verdrängung?« in der Januar-Nummer von *links* seinen Niederschlag gefunden hat.

Der Tenor dieser Bemühungen ist, die Judenvernichtung wieder als ein konstitutives Element des Nationalsozialismus zu erkennen, eines, das ihn als eine Bewegung sui generis auszeichnet und es verbietet, ihn einfach im Begriff des Faschismus aufgehen zu lassen. Dies nicht zu sehen bedeutete, den »Holocaust« einer Abstraktion zu opfern, hinter der das Besondere sich der Nachfrage nur allzu gerne entzog, einer Nachfrage, die Verfolgern wie Verfolgten gleichermaßen hätte gelten müssen. Zweifellos war es ein immenser Fortschritt der sechziger Jahre, den NS-Staat aus seinen gesellschaftlichen Bedingungen zu erklären und nicht länger als einen Irrtum oder Unfall der Geschichte zu verharmlosen. Auch die Aufgabe jenes falschen – und durch das Fernsehen dutzendweise frei Haus gelieferten – Bildes, das die Juden entweder (betenderweise) als exotische Wesen verklärte oder (kämpfenderweise) als Helden der Wüste emporstilisierte, ist dieser Zeit zu verdanken. Die Frage nach der Befindlichkeit der noch (oder wieder) in Deutschland lebenden Juden, die Frage des Verhältnisses dieser (lebenden, nicht abstrakten) Juden zu ihrer Umgebung und dieser Umgebung zu ihnen wurde dabei nicht gestellt – und nicht allein ihrer geringen Zahl wegen.

Jüdische »Subkultur«

Der Versuch einer Ortsbestimmung junger linker Juden in der BRD scheint mir überfällig. Die Rede von Brumlik enthält (wie auch das erwähnte *alternative*-Heft, insbesondere der Beitrag von Cily Kugelmann) Beobachtungen, Erfahrungen und Einsichten, die den Leser, sofern er sich die Mühe macht, diesen Gedanken zu folgen, zutiefst betroffen machen müssen. Denn was hier ausgebreitet wird, widerspricht allen vertrauten Stereotypen. Allerdings liegt dem ein sehr spezifischer Erfahrungshorizont zugrunde, der für viele jüdische Jugendliche in der BRD typisch ist. (...) Ich möchte ihn folgendermaßen skizzieren: Kernpunkt ist die Schizophrenie, unter der die Sozialisation dieser heute Mittdreißiger sich vollzogen hat, zumeist Kinder von Überlebenden der Vernichtungslager, osteuropäischer Juden, die durch die Verhältnisse der unmittelbaren Nachkriegszeit nach Deutschland verschlagen wurden, in ein Land also, das sie bis dahin nur als das ihrer Peiniger kannten. Die Kinder »lernten« von ihren Eltern, Kontakte mit Deutschen auf das Notwendige zu beschränken und wie diese ihre sozialen und kulturellen Bedürfnisse innerhalb der engen Subkultur eines aus dem Boden gestampften jüdischen Gemeindelebens zu befriedigen. Ihre Ideologie war die des Zionismus, mit der die Eltern ihr schlechtes Gewissen über die Tatsache, in diesem Lande zu leben, zu kompensieren suchten. Ihr Dasein hier war in der Tat die am wenigsten plausible Variante einer ihnen angemessenen Nachkriegsexistenz: Eine Niederlassung (sei es in den USA, sei es in Israel) hätte sie vielleicht eher von den Schatten der schrecklichen Vergangenheit befreien können. Nicht in der Lage, diesen Widerspruch zu verarbeiten, gingen sie ansonsten eher den Weg des je geringeren Widerstandes. Politisch neigten sie zu einem lähmenden Geist der Ausgewogenheit, der weder an jüdische (bzw. israelische) noch an deutsche Tabus zu rühren wagte. Die vermeintliche Abstinenz erwies sich praktisch als ein Bündnis mit den restaurativen Kräften der BRD.

Die Kinder sahen sich deshalb mit einem doppelten Gegner konfrontiert: Da waren auf der einen Seite die Deutschen, die die Generation ihrer Eltern physisch vernichtet oder psychisch zerstört hatten, auf der anderen Seite aber auch diese Eltern selbst, in einem Maße beschädigt, daß sie, zwar wirtschaftlich gesichert, politisch-moralisch nur noch eine Schattenexistenz zu führen in der Lage waren. Weder imstande noch willens, die Leiden ihrer Eltern mit diesen gemeinsam zu verbalisieren und zu diskutieren, ja überhaupt nur an deren Traumata zu rühren, agierten die Kinder diese stellvertretend für sie aus. Dieser doppelten Verletztheit (durch das deutsche und das jüdische Milieu zugleich) suchten die Heranwachsenden vielfach dadurch auszuweichen, daß sie für sich selber das wahr machten, wovon ihre Eltern nur redeten: Sie wanderten nach Israel aus. Ein Teil von ihnen kehrte allerdings in die BRD zurück, nachdem ihnen – in der Auseinandersetzung mit der israelischen Wirklichkeit, die ihre Träume nicht erfüllte – nun auch verdrängte oder achtlos beiseite geschobene »deutsche« Elemente ihres Sozialisationsprozesses bewußt wurden und von ihnen akzeptiert werden konnten. Deutschland erschien für sie nicht mehr in einem ausschließlich kontradiktorischen Licht.

Auf dem Weg zur Mystifikation

Judentum ist Gruppenexistenz, auf alle Fälle aber Gruppenschicksal: Wo und in welchem Maße auch immer Juden sich als Gruppe verstehen, ist dies in der von ihnen gewählten Form (und diese muß keine religiöse sein) zu respektieren. Kein Linker kann sich dieser Einsicht verschließen, es sei denn, er setze die unselige Tradition einer eindimensionalen Aufklärung fort nach dem Motto »Für die Juden als Individuen alles, für die Juden als Volk nichts« (1789, vgl. Brumlik). Das ist das eine. Das andere aber ist, daß Juden seit der Aufhebung der Ghettos und der Auflösung eigener territorialer, sprachlich-kultureller, rechtlicher und religiöser Zusammenhänge auch in anderen Zusammenhängen leben und von diesen geprägt sind. Wobei diese Prägung unterschiedliche Grade annehmen und das »Jüdische« sich unter Umständen auch verflüchtigen kann.

Auch diese Tatsache ist zu akzeptieren, will man der Verdrängung nicht mit einer Mystifikation begegnen. Ich greife drei Punkte aus der Rede Brumliks heraus, die mir bedenklich erscheinen:
– das »Aufwachsen auf verfluchtem Boden«,
– das »authentische Deutschland«,
– die Remigration.

Der Boden, auf dem wir leben, ist ebensowenig »verflucht« wie etwa der Israels »heilig« ist. Boden hat gleichermaßen etwas mit Besitzverhältnissen wie mit Landschaft zu tun, Auschwitz freilich nichts mit deutschem Boden. Die deutsche Landschaft hat für viele, auch jüdische Emigranten, etwas bedeutet, und zwar weniger, weil diese Landschaft »deutsch« als weil sie mitteleuropäisch und uns als »Heimat« vertraut war. Der Begriff ist noch nicht deshalb anrüchig, weil mit ihm Mißbrauch getrieben wird.

Natürlich geht es nicht um Koordinaten der physikalischen Geographie! Aber auch mit dem Begriff »deutsch« geht Brumlik nachlässig um. Daß der Nationalsozialismus sich »auch als das authentische Deutschland« entpuppt hat und nicht nur als sein Zerrbild, scheint mir inzwischen hinlänglich bekannt. Man sollte redlicherweise hinzufügen, daß auch der Widerstand das »authentische Deutschland« war und nicht nur sein Idealbild. Immerhin war er das erste Opfer der uns gemeinsamen Verfolger. Die deutsche Linke mußte zerschlagen werden, bevor die »Endlösung« in Gang gesetzt werden konnte.

Nicht um das »authentische Deutschland« zu suchen, kehrten jene wenigen Emigranten zurück, die es nicht primär um der materiellen Vorteile wegen taten, sondern einfach darum, weil sie Deutsche waren. Indem ich dies schreibe, schrecke ich vor dem Wort »einfach« zurück, denn »einfach so« tat es wohl keiner von uns, sondern mit verbissenen Zähnen, ahnend, worauf wir uns einließen und dennoch hoffend, daß das Wagnis gelänge. Daß dieser Hoffnung der Glaube an die Möglichkeit eines Wandels zugrunde lag, wer will dies bestreiten? Eines Wandels von deutscher »Volksgemeinschaft« zu so etwas wie deutscher »Nation« (und sei sie auch zweigeteilt). Dieser Wandel setzt allerdings die Ent-Ideologisierung und Ent-Mystifizierung eines obsoleten Volksbegriffes voraus. Er reduziert »Nation« auf einen Gesellschaftsverband, der sich (vorwiegend) der deutschen Sprache bedient und auf ein (kleineres oder größeres) Stück gemeinsamer Geschichte und Kultur zurückblicken kann. Dergleichen kann einem viel bedeuten, vor allem, wenn man es vermißt, schlimmer noch: wenn es einem aufgekündigt wird. Sollte man sich nicht auch dagegen wehren, daß ein so menschenverachtendes und mörderisches Diktat post mortem noch weiterwirkt? Zumal wir auch hier längst wieder Freunde und Weggefährten haben! Und Kinder, die hier in die Schule gegangen oder gar hier geboren sind!

Die Rückkehr deutsch-jüdischer Emigranten war etwas anderes als die Niederlassung von Flüchtlingen in einem ihnen fremden Land: Diese mußten, wenn sie psychisch bestehen wollten, etwas von ihrer Eigenart wahren. Unsere Eigenart aber gerade war es, die uns für ein Leben in Deutschland optieren ließ, wohl wissend, daß es das deutsche Judentum, aus dem wir stammen, nicht mehr gibt und damit auch eine greifbare, historisch kohärente jüdische Gruppenidentität (jenseits der religiösen Sphäre) für uns kaum noch erkennbar ist. Was dennoch auch uns noch an (mehr emphatisch verstandener oder gelassen bejahter) »Jüdischkeit« bleibt, ist das Bewußtsein unserer Herkunft sowie die Zugehörigkeit zu einer »Schicksalsgemeinschaft«, der wir uns weder entziehen können noch entziehen wollen. Vielleicht auch jenes schwer faßbare Moment von

Nicht-Identität, welches sich in der Abwehr jeder Volksgemeinschaftsideologie kundtut. Auch die Schwierigkeit, mit der uns die Aussage, Deutscher zu sein, über die Lippen kommt, weil sie sich immer noch so leicht mit jenem Bekenntnis zum Deutschtum, das wir verabscheuen, vermischen will. Diese Schwierigkeit wird umso geringer werden, je mehr sich das so verstandene Jüdische (etwa Blochs Heimat, »worin noch niemand war«) einbringen läßt in das Bewußtsein und die Wirklichkeit unserer Umgebung, je mehr es darin im Hegelschen Doppelsinn »aufgehoben« (d. h. »bewahrt«) sein wird. Insoweit sollten wir alle auf Entwicklungen von der Art der Friedensbewegung nicht nur mit »Verwunderung« reagieren und uns auch von ihren Widersprüchen nicht gleich »verstören« lassen, vielmehr mit Genugtuung zur Kenntnis nehmen, daß hier etwas in Bewegung geraten ist, auf das wir seit langem gewartet haben. Dazu gehört nicht zuletzt auch die Besinnung junger Deutscher auf ihre Identität — eine Besinnung, die freilich nur dann etwas erbringen kann, wenn sie als Auseinandersetzung mit der eigenen Geschichte erfolgt. Als Juden sollten wir keine Barrieren dagegen errichten, im Gegenteil!

ANMERKUNG

Juden in der BRD — Bewältigung oder Mystifizierung? In: *links*, Sozialistische Zeitung, Nr. 144, Jg. 14, März 1982. In der ersten Hälfte der achtziger Jahre waren in der Friedensbewegung — damals eine Massenbewegung, die sich an der NATO-Nachrüstung, der Stationierung von Atomraketen, mobilisiert hatte — nationale Töne zu hören. Über die Bedrohung aus West und Ost wurden Deutschland und seine Mittellage entdeckt. Die Souveränitätsfrage wurde gestellt, auch von gestandenen Linken. So sehr sich die Friedensbewegung in der BRD (»Ohne Rüstung leben!«) den Friedensbestrebungen, die in der DDR von unten sich bemerkbar machten (»Schwerter zu Pflugscharen«), verwandt fühlte, so sehr fühlte sie sich in Frankreich und USA mißverstanden und zu Unrecht des Nationalismus bezichtigt. Gleichzeitig kam eine Debatte um »nationale Identität« auf, die auch die Zeitschrift *links* – freilich in kritischer Absicht – aufgriff. In der Nummer 142 (Januar 1982) der *links* hatte Micha Brumlik einen Beitrag unter dem Titel »Juden in der BRD – Bewältigung oder Verdrängung?« publiziert. Ihm antwortete Ernst Loewy.

Zur Frankfurter Kontroverse um Fassbinders »Der Müll, die Stadt und der Tod«

Zehn Bemerkungen zu deutscher »Normalität«

(1986)

1. Das Stück als Katalysator

Die Diskussion um das Stück hat gezeigt, daß auch unter seinen Kritikern keine Einigkeit darüber erzielt werden konnte, ob es als antisemitisch zu bezeichnen ist oder nicht. Einige von ihnen haben diese Frage als irrelevant zurückgewiesen. Schließlich ging es um einen Autor, der mit mehreren Filmen, vor allem *Angst essen Seele auf*, nicht zuletzt aber auch durch seine eigene Existenz, vehement Außenseiterpositionen vertrat. Ohne mich hier selber auf diese Frage einlassen zu wollen, hat der Kontext, in welchem schließlich die Verhinderung der Uraufführung des Stückes in Frankfurt stattgefunden hat, den Verhinderern recht gegeben. Einig waren sich allerdings alle, die dem Stück kritisch gegenüberstanden, in der Feststellung, daß sich in ihm – so Henryk Broder – antisemitische Gefühle »katalysieren«. François Bondy schrieb bereits nach seinem Erscheinen 1976 in der Schweizer *Weltwoche*:

»Man ist verlegen, vom läppischen Streit zu berichten, ob nun Fassbinder antisemitisch sei. Es kam niemals auf den *Affekt* des Künstlers an – kein Mensch hat ihn wirklich bei diesem vermutet –, sondern auf den möglichen *Effekt* dieses Stückes, vielleicht auch auf die völlige Gleichgültigkeit des Autors gegenüber diesem Effekt auf ein Publikum, das nicht unbedingt die Schablone als Schablone aufnehmen würde, sondern mit dem Ressentiment-Potential eigener Klischees. In den Erklärungen Fassbinders ist von einer Ahnung dieses Umstandes nicht das geringste zu spüren.« (*Die Weltwoche*, 28.04.1976)

»Selbst wenn«, sagte Dan Diner in einem Diskussionsbeitrag zu der vorjährigen Fassbinder-Kontroverse, die Absicht des Autors darauf hinauslief, »Antisemitismus durch die Darstellung des antisemitischen *Stereotyps vom Juden* allgemein erkennbar und damit auch ablehnbar zu machen, ist seine Wirkungsweise in Deutschland antisemitisch. Und nicht etwa dadurch, daß dies als allgemeiner Aufruf zum Pogrom mißverstanden werden könnte, sondern weil auf dem Hintergrund von Auschwitz die Darstellung des gewöhnlichen Antisemitismus die Gaskammern verleugnet.«

Diese Feststellung führt weiter zu meiner zweiten Bemerkung:

2. Der Versuch, den Juden die »Normalität« beizubringen

Zu Beginn noch einmal Dan Diner:

> »Der anhand des Fassbinder-Stückes geführte Konflikt war eine Auseinandersetzung um Normalität in Deutschland. Normalität insoweit, als mit der Darstellung des gewöhnlichen Antisemitismus Anschluß an ein Kulturphänomen gesucht wurde, das seit der Judenvernichtung tabu ist.«

Mit anderen Worten: »Normalität« in Deutschland war und ist jedenfalls so lange antisemitisch, wie der Normalbürger, der die Zeit des sogenannten »Dritten Reiches« miterlebt hat, von allem »nichts gewußt« haben will. Geht man einer solchen Schutzbehauptung nämlich auf den Grund, so trifft sie realiter allerhöchstens und auch dann nur partiell auf Auschwitz zu, d.h. die Vernichtungslager. Denn von allem Vorangegangenen – wie dem Judenboykott, den Nürnberger Gesetzen, der wirtschaftlichen Ausplünderung der Juden, der sog. »Kristallnacht« und schließlich der Vertreibung – *muß* der Normalbürger gewußt haben, da sich all dieses *vor* seinen Augen, also in aller Öffentlichkeit abgespielt hat.

Solange die Dinge verdrängt bleiben, die zu Auschwitz geführt haben und die aus Auschwitz hervorgegangen sind, bleibt dieses nur ein krimineller Akt von wenigen, von dem man zur Tagesordnung übergehen kann. Der Bundeskanzler hat diese Haltung in seiner Person (lt. *Spiegel*, 5/1986) drastisch dokumentiert, indem er anläßlich des Falles des CSU-

Abgeordneten Fellner zugegeben haben soll, daß die überwältigende Mehrheit der Deutschen so denke wie Fellner – Antisemitismus aber sei dies nicht. »Nur« Auschwitz also? Die Herstellung wirklicher Normalität in den deutsch-jüdischen Beziehungen würde natürlich eine entgegengesetzte Haltung erfordern: nicht ein »Heraustreten aus dem Schatten der Vergangenheit«, wie es Dregger schon vor Jahren forderte, als vielmehr sich dieser Geschichte voll bewußt zu werden. Und das heißt: anders als die Wende-Praktiker und Wende-Historiker sich dieses vorstellen.

3. Die Tabuisierung der Juden oder die Tabuisierung des Antisemitismus?

Fassbinder spricht in der Nachbemerkung zu seinem Stück von den »tabuisierten Juden«. Hätte er nicht eigentlich von der Tabuisierung des Antisemitismus sprechen müssen? Es kann doch ernstlich nicht die Rede davon sein, daß es je verboten gewesen wäre, sich auch kritisch gegenüber Juden zu äußern, d.h. darzutun, daß sie mit den gleichen Mängeln behaftet sind wie andere Menschen auch. Noch einmal François Bondy:

> »Die Erkenntnis, daß Juden auch arge Bösewichte sein mögen, konnte nur in einer deutschen Diskussion so vorgebracht werden, wie sie es wurde: als aufregende Entdeckung und als Bruch eines ›Tabus‹. (...) Keiner langen Diskussion war die Behauptung wert, was wirkliche Verhältnisse sind, müsse auch gezeigt werden, wie unbequem es auch für manche sein mag. Das sollte sich von selbst verstehen und hat mit dem in seiner ganzen Anlage unrealistischen Schauspiel nicht viel zu tun.«

Sofern das »Tabu«, von dem hier die Rede ist und das auch während der Frankfurter Kontroverse in aller Munde war, je existierte, so nur in den Köpfen einer bestimmten Spielart von Philosemiten. Ich will nicht abstreiten, daß der Philosemitismus auch von Juden, aber nicht *den* Juden gefördert wurde; *ihre* Erfindung war dieser jedenfalls nicht.

Allgemeiner Konsens allerdings bestand über die Aufhebung der Ächtung des öffentlichen Gebrauchs von Symbolen und Metaphern des

Nationalsozialismus. Hierauf wird man *realiter* das dem Frankfurter Theaterintendanten zugeschriebene Wort, daß nach 40 Jahren die »Schonzeit für die Juden« zu Ende sei, beziehen müssen. In diesem Wort, das so gesagt zu haben er allerdings bestritt, offenbart sich der Kern des sog. Frankfurter Theaterskandals. Ob »Schonzeit« oder »Schonbezirk«: Es verstand, wer das Gespür dafür hatte: die Juden und die Antisemiten gleichermaßen. Ich lasse dahingestellt, was der Intendant wirklich meinte. Verräterisch ist Sprache allemal. Der »Schonzeit« folgt die »Jagdsaison«, und *neben* dem »Schonbezirk« liegt das »Jagdrevier«.

4. Stereotypen und Schablonen

Von den Metaphern ist hier der Weg nicht weit zu den Stereotypen und Schablonen. Das Stück ist voll davon. Vor allem kritisiert wurde die Figur des »reichen Juden«, wiewohl sie zugegebenermaßen unter den dargestellten Lemuren der Frankfurter Unterwelt nicht nur in der Inszenierung, sondern auch im Text die sympathischste ist. Doch ob »Stürmer«-Figur oder ihr Gegenteil: Weder ist *der* Jude reich, noch sind es *die Frankfurter* Juden. Auch hat die überwiegende Zahl der deutschen Juden nichts mit dem Baugewerbe zu tun, wobei dieser Beruf ebenso ehrbar ist wie z.B. der des Bauern – beide leben weitgehend von der öffentlichen Hand. Schwarze Schafe aber gibt es überall. Daß etliche jüdische Immobilienmakler und Spekulanten bei der umstrittenen Modernisierung des historischen Westends in Frankfurt mitgewirkt haben, ist nie ein Geheimnis gewesen. Hat man aber die Herren Antes oder Kaußen oder auch die Direktoren der »Neuen Heimat« je nach ihrer Konfession oder nach ihrer Herkunft gefragt? Den »reichen Juden« als Sündenbock für eine, übrigens auch von mir beklagte, jedoch im Einklang mit der herrschenden Wachstumsideologie *und* der bestehenden Rechtsordnung befindlichen Entwicklung herauszuheben, ihn 15 Jahre *nach* den Ereignissen gleichsam an den Pranger zu stellen, heißt, uralte Mechanismen wieder aufleben zu lassen, den vagen populistischen Antikapitalismus an den Juden abzureagieren. Da wundert es einen denn auch letztlich nicht, wenn *der* Jude mit »einer sagenhaften Potenz« ausgestattet ist, dabei aber ein kalter Rechner bleibt, den der Tod nicht schreckt, da »in ihm kein Leben lebt«.

Daß dies alles nur so »in ihm denkt«, nämlich in der Figur des Alt-Nazi Hans von Gluck, dem wenig erfolgreichen Gegenspieler und Konkurrenten des »reichen Juden«, macht die Sache nicht besser, im Gegenteil. (Die Gegenüberstellung des reichen, gebildeten, ja »feinsinnigen«, arrivierten Juden und des armen, wirtschaftlich unterlegenen Hans von Gluck scheint mir übrigens der Punkt, an dem der Antisemitismusverdacht gegenüber dem Stück sich am ehesten festmachen ließe.) Was da »dumpf brodelt, was sprachlich blubbert« (Esther Schapira), ist Volkes Seele, soll es jedenfalls sein. Das in ihr rumorende »Es« hatte in der deutschen Geschichte in der Tat eine identitätsstiftende Funktion. Trotz oder gerade wegen seiner Unbestimmtheit war es bislang noch immer mächtiger als die Rationalität der Aufklärung. Es ist dieses Faktum, vor dem sich zu ängstigen und gegen das sich zu wehren die Juden allen Grund haben.

5. *Der antisemitische Populismus*

Es war das Wiederaufleben eines sich als antikapitalistisch gebenden *Populismus*, der eine Solidarisierung zwischen – vor allem – jungen jüdischen Linken und der mehrheitlich konservativ eingestellten Generation ihrer Eltern zur Folge hatte. Jedenfalls war dieses der Eindruck, den auch zurückhaltende Beobachter der Frankfurter Szene bei den vorjährigen Auseinandersetzungen gewinnen mußten. Weder der mindere Kunst-, noch der mangelnde Erkenntniswert des Stückes konnten die Beharrlichkeit, Sturheit und Rechthaberei derjenigen bremsen, die – wie Rühle und seine Mannen – wohl meinten, es sei endlich an der Zeit, hinter den »tabuisierten« Juden die »wahren« zu erkennen. Ein Ruch von Geheimnis, das zu lüften sei, stand im Raum. Es blieb Peter Iden vorbehalten, in der *Frankfurter Rundschau* das Kind beim Namen zu nennen: »jüdisches Kapital« und »rechtes Power-Kartell«, mit welch letzterem Wort wohl das antiamerikanische Ressentiment nachgeschoben und mit dem antijüdischen zur Deckung gebracht werden sollte. Iden ging noch über Fassbinder hinaus, indem er bei den Juden eine Machtfülle vermuten ließ, die sie in Wahrheit nicht besitzen. Er verwechselte Macht mit Einfluß, trotz der Widerrufbarkeit des letzteren durch das erste, und trug dadurch zur Verdunkelung von Verhältnissen bei, die man nicht plakativ beschwören, sondern nur durch angestrengte Reflexion erhellen kann.

Es ist hinzuzufügen, daß auf seiten der protestierenden Juden – sei es durch aufgebrachte Jugendliche, sei es durch einen israelischen Parlamentarier – viel Groteskes, Hysterisches vorgebracht wurde, wobei, in Unkenntnis der Tatsachen, Fassbinder schlechthin zur Galionsfigur des Antisemitismus gemacht wurde.

6. Fassbinders Jude und der wirkliche Jude

Es muß für viele ernüchternd gewesen sein, als noch am Abend der Verhinderung der Uraufführung der vermeintliche Protagonist, das angebliche Urbild des »reichen Juden«, sich im Fernsehen offen zu seiner Rolle (ob schön oder unschön) im Frankfurter Häuserkampf bekannte und dabei von sich als einem »Spekulanten« und »Konjunkturritter«, der er gewesen sei, sprach. Zu einem Schritt wie diesem gehört ein beachtlicher Mut, freilich auch ein Stück Unbefangenheit, welche nur jemand haben kann, der sich mit seinem Beruf und mit seinem Geschäftsgebaren in Übereinstimmung weiß. Aber schließlich leben wir in einer kapitalistischen Welt. Man kann sie bejahen, man kann sie kritisieren. Jemanden *als Juden* für sie verantwortlich zu machen, kann man nicht.

Alles in allem hat Ignatz Bubis in den Medien, einschließlich *Spiegel* und *stern* – für seine Person geradestehend – mehr zur allgemeinen Aufklärung beigetragen als Fassbinders »reicher Jude«. Gewisse Blackouts scheinen mir in einer Aussage verzeihlich zu sein, die *nicht* unter Eid steht, um so mehr als andere ergänzende Details nachgeschoben haben, zum Beispiel über die auch hier seinerzeit üblichen, nicht eben zimperlichen Zwangsräumungen. Ich erinnere hier auch an das Dreiergespräch, das der *Spiegel* Ende 1985 mit den Gegnern von damals – ich meine den Gegnern im Frankfurter Häuserkampf – geführt hat: Ignatz Bubis und Daniel Cohn-Bendit (*Der Spiegel*, 46/1985).

7. Zum Zensurvorwurf

In der Wertehierarchie steht sicherlich die Freiheit der Meinung ganz obenan, eine Tatsache, die denen, die das Stück verhindert haben, gewiß nicht unbekannt ist. Zumal sie diese selber brauchen wie die Luft zum Atmen. Sie gegen die Provokation abzuwägen, als die sich das Fassbinder-Stück auf dem realen Hintergrund von Ängsten und Gefühlen ehemaliger Auschwitzhäftlinge und anderer Überlebender des Holocaust und ihrer Kinder erwies, hätte eine Schamschwelle verbieten sollen, die bei den Veranstaltern anscheinend inexistent war.

Und noch eines: Die Frontenbildung, die sich gegenüber dem Fassbinder-Stück ergeben hat, lief quer durch und zu den Parteien. Sie zerreißt, um hier noch einmal Dan Diner zu zitieren,

»die traditionelle Unterscheidung von ›links‹ und ›rechts‹. Wallmann und die CDU waren gegen die Aufführung, weil sie zu recht ein Überborden der Diskussion um das Stück und um Antisemitismus fürchteten, was zumindest eine Verlangsamung der von ihnen so sehr angestrebten Normalität bedeutet hätte. Traurig ist, daß viele, die sich zur Linken zugehörig betrachten, nicht begriffen, daß es hier nicht um ›Zensur‹, nicht um die Meinungs- und Kulturfreiheit ging, sondern um die Normalität von Antisemitismus. Deutschland ist eben nicht irgendein Land. Auf dem Hintergrund der Geschichte verzerrt sich jede *nur gutgemeinte* Intention ins Gegenteil.« (*links*, Dezember 1985)

8. Bitburg – Ausgrenzung der Juden

Die Fassbinder-Affäre war nur die Spitze eines Eisberges, der sich spätestens seit Bitburg in das Bewußtsein der jüdischen Bürger dieses Landes geschoben hat. Die bis dahin unvorstellbare Tatsache, daß ein deutscher Bundeskanzler Normalität im Verhältnis zu den Juden just auf den Gräbern von Waffen-SS-Angehörigen erzwingen wollte, hat schlagartig enthüllt, wie dünn die Eisdecke ist, auf der die so viel beschworene Versöhnung zwischen Juden und Deutschen (exakter: deutschen Juden und Nichtjuden) sich bislang abgespielt hat.

Atemberaubend war auch die Insistenz, mit der der bundesdeutsche Kanzler den US-amerikanischen Präsidenten genötigt hat, einen Schritt mitzuvollziehen, den nicht nur Amerikaner und Juden, sondern auch die Völker jenseits der Elbe, alle Opfer des Faschismus, wo auch immer, sowie auch alle Antifaschisten hierzulande als Provokation empfinden mußten. Dabei hätte es in den letzten Jahren genügend triftige Anlässe gegeben, sich der amerikanischen Administration gegenüber standhaft zu zeigen.

Mit Bitburg jedenfalls hat die Vergangenheit die Gegenwart wieder eingeholt. »Normalität« sollte im Sinne eines Status quo ante wiederhergestellt werden. Daneben sollte mit dem »Auschwitzlüge«-Gesetz einer Symmetrie im Verhältnis von Verfolger-Mentalität und Verfolgten-Bewußtsein zum Durchbruch verholfen werden.

Auf Bitburg haben die deutschen Juden vergleichsweise mäßig, auf Fassbinder indessen um so heftiger reagiert. Das Frankfurter Kammerspiel war gewiß nur ein Nebenschauplatz: Auf diesem konnte sich allerdings der Protest einer so kleinen Gruppe wie der der Frankfurter Juden um so deutlicher artikulieren.

Formal war das, was dort geschah, mit der begrenzten Regelverletzung zu vergleichen, die Ende der sechziger Jahre durch die Studenten- und Protestbewegung aufkam. Die Mittel waren ähnlich, die Inhalte anders, die Ausführenden keine aufmüpfigen Studenten, sondern eher unpolitische Jugendliche sowie brave und biedere Bürger, denen – ganz einfach gesagt – der Kragen geplatzt war. Es waren Leute, die – im ganzen gesehen – es eher gewohnt waren, in vergleichbaren Fällen die Polizei zu rufen als Gefahr zu laufen, sich von ihr forttragen zu lassen.

9. Die real existierenden Juden in der BRD

Vorweg in Kürze: Es gibt in diesem Lande etwa ebenso viele von den Finanzämtern registrierte – und somit Steuern zahlende – Juden wie es Einwohner in Korschenbroich gibt. Von den einen ist viel die Rede, von den anderen hat die größere Öffentlichkeit erst durch ihren famosen Bürgermeister Graf Spee gehört. Wirklich aufgefallen sind die in der BRD lebenden Juden allerdings kaum. Außer bei jüdisch-christlichen Verständigungsritualen wie der Woche der Brüderlichkeit oder gelegentlichen Jüdischen Kulturwochen traten sie selten an die Öffentlichkeit – bei den letzteren gern mit sog. Benefiz-Veranstaltungen für Israel. In ihrem Privatleben blieben vor allem die Älteren am liebsten unter sich. Es ist kein Wunder, daß sie ihre Traumata an die Kinder weitergaben, die sie auf ihre Weise ausagierten, in den meisten Fällen innerhalb des noch von den Eltern vorbestimmten Rahmens der zionistischen, d. h. an einer denkbaren späteren Übersiedlung nach Israel orientierten Jugendorganisation. Natürlich haben sie ihre Kinder auch in den religiösen Praktiken des Judentums unterwiesen bzw. durch den Religionsunterricht unterweisen lassen. Das Familienleben bot das entsprechende Ambiente. Ansonsten verhielten sich die Juden eher angepaßt, sie gingen ihren Berufen oder ihren Geschäften nach, vorwiegend mittelständischen. Viele sind dabei zu Wohlstand, einige sogar zu Reichtum gelangt.

Dies war, wohlgemerkt, ein verkürztes Bild der deutschen Juden, das sich freilich in den Medien – vor allem dem Fernsehen – hartnäckig behauptet. Daß viele Juden diesem Bild nicht entsprechen, wird selten gezeigt. Nicht alle der den Gemeinden angehörigen Juden praktizieren die Religion ihrer Väter. Das ist nicht viel anders als bei den Christen. Auch gehören zahlreiche sich trotzdem als Juden verstehende Bürger dieses Landes den Religionsgemeinden gar nicht an. Die Dunkelziffer ist schon deshalb nicht feststellbar, weil über die Definition, wer Jude ist und wer nicht, zwischen den berufenen Autoritäten und den Betroffenen nicht immer Einigkeit herrscht.

Bitburg hat nicht nur zu einem größeren Selbstbewußtsein unter den Juden dieses Landes geführt, sondern auch eine Selbstbefragung evoziert, die von Mitgliedern der jüngeren Generation – der Generation der hier nach dem Kriege Geborenen – ausgegangen ist. Die jüdische Gemeinschaft in der BRD ist – im Gegensatz zu vielen wohlmeinenden, jedoch meist uninformierten Vorstellungen junger Deutscher – in ihrem Kern keine Fortsetzung des deutschen Judentums von vor 1933. Weder die Vorstellungen vom jüdischen Bildungsbürgertum noch die von einer deutsch-jüdischen Symbiose lassen sich mit ihr in Übereinstimmung bringen. Obwohl eine Anzahl, jedoch nur wenige, deutsch-jüdische Remigranten nach 1945 vor allem im Kulturleben eine bedeutende Rolle gespielt haben

– ich nenne hier nur die Namen Adorno, Horkheimer und Bloch –, das Leben der jüdischen Gemeinschaft bestimmten sie nicht.

Das hat seinen Grund darin, daß die sich nach 1945 formierenden Gemeinden sich vor allem aus den Überlebenden der Lager zusammensetzten, zumeist Angehörigen des osteuropäischen Kulturkreises, die der Zufall hierhergespült hatte. Sie waren vielfach gegen ihr eigenes Gefühl und Gewissen im Lande derer »hängengeblieben«, die sie bis dahin nur als ihre Peiniger oder gar als die Mörder ihrer nächsten Verwandten kennengelernt hatten. Erst später sind andere, z. B. Remigranten, hinzugekommen, vor allem aber auch neue Emigranten, sei es aus der ČSSR oder der Sowjetunion.

Ihr Profil hatten die jüdischen Gemeinden einmal durch die den Lagern entronnenen Opfer erhalten. Es erlebt zur Zeit eine Wandlung, und zwar nicht zuletzt durch die zweite Generation, d. h. die bereits hier Geborenen. In ihrer Mehrzahl sitzen heute weder die Jüngeren noch die Älteren (wie ehedem) auf »gepackten Koffern«, um in ein ihnen freundlicher erscheinendes Land – etwa Israel oder die USA – weiterzuwandern. Es ist diese Tatsache, die – zumindest tendenziell – ebenso wegführt von der Gewohnheit vieler Juden, sich für die Politik Israels instrumentalisieren zu lassen als auch von der Bereitschaft, sich der Politik der BRD unkritisch zu unterwerfen.

Sich weiter anzupassen aber hieße nach Dan Diner, den ich hier ein letztes Mal zitiere, daß die Juden ihre Erinnerungen an die Vergangenheit preisgäben, und dies, obwohl

> »ihre Existenz in diesem Lande insgeheim in Verbindung mit dieser Erinnerung steht. Sie können keine jüdische Existenz in Deutschland vor sich selbst rechtfertigen, sollte dieses Land zu sich selbst zurückkehren, sich normalisieren. Insofern ist ihr Widerstand gegen die Aufführung paradoxerweise auch eine Entscheidung, hier in diesem Land leben zu wollen.«

Mit dieser Entscheidung aber werden sie auch aus ihrer Isolierung heraustreten, ein Prozeß, der bereits im Gange ist, insbesondere bei der jüngeren Generation. Sie werden sich einzumischen haben in die öffentlichen Angelegenheiten, auch wo es nicht nur um ihre partikularen Belange geht, sondern um die Verhältnisse in diesem Land ganz allgemein – etwa das Asylproblem, die Ausländerfeindlichkeit, Minderheiten, um nur das Nächstliegende zu benennen.

10. Schlußbemerkung

Das reale Stück, das jenseits der Bühne in Frankfurt gespielt wurde und das seine Fortsetzung in zahlreichen Diskussionsveranstaltungen fand, hat mehr ans Tageslicht befördert, als es das fiktionale gekonnt hätte. Ich will damit sagen, daß die verhinderte Aufführung mehr an Aufklärung bewirkt hat als eine stattgefundene je hätte leisten können. Der Disput ist noch im Gange, zahlreiche Veröffentlichungen zeugen davon. Ich hoffe, daß seine Folgen heilsam sind. Der in der Frankfurter *»Harmonie«* – der Versammlungsort, ein Programmkino, hieß tatsächlich so – eingeleitete Prozeß eines versachlichten Diskurses zwischen jüdischen und nichtjüdischen Linken wird hoffentlich weiter fortschreiten und dabei auch manche verquere Frontenstellung zum Verschwinden bringen.

Versöhnung allerdings kann nur von seiten der Opfer und ihrer Nachkommen – nach eigenem Ermessen – angeboten werden. Man kann sie ihnen nicht aufzwingen. Wollte man sie – à la Kohl – auch mit den Mitteln des Theaters dekretieren, so wäre die »Wende« auch hier perfekt. Mit ihr wäre freilich auch ein Mechanismus in Gang gesetzt, der dazu führen könnte, daß Fassbinder *und* die Juden sich eines Tages im gleichen Boote wiederfänden.

ANMERKUNGEN

Die Sanierung des Frankfurter Wohnviertels »Westend«, die um 1970 zu Demonstrationen, Hausbesetzungen, Räumungen und Polizeieinsätzen eskalierte, bildete den Hintergrund für Fassbinders Stück »Der Müll, die Stadt und der Tod«, das 1974 geschrieben wurde. Schon seine Erstveröffentlichung 1976 löste eine heftige Kontroverse aus, in der die Grundpositionen abgesteckt wurden: Der Vorwurf des Antisemitismus oder antisemitischer Wirkung von seiten der Kritiker und Fassbinders Antwort in einem offenen Brief aus Paris vom 28.3.1976. Die Uraufführung am Frankfurter »Theater am Turm« unter Fassbinder selbst kam 1976 ebensowenig zustande wie 1984 an der Frankfurter Alten Oper oder im Berliner Renaissance-Theater. 1985 versuchte der damalige Intendant der Städtischen Bühnen Frankfurt, Günther Rühle, noch einmal eine Uraufführung. Sie wurde im Kammerspiel von Demonstranten verhindert und fand dann halb öffentlich, vor handverlesenem Publikum, am 31.10.1985 dennoch statt. Ob das eine Uraufführung im juristischen Sinne war, mögen die Spezialisten klären – jedenfalls riefen Rühles hartnäckige Bemühungen um das Stück den Streit hervor, der heute als Frankfurter Fassbinder-Kontroverse bezeichnet wird. Im Kontext dieses Streits fand auch in Osnabrück eine szenische Lesung des Stückes statt. Ernst Loewy meldete Interesse an, sich zu äußern, und wurde am 3.6.1986 vom Fachbereich Literatur, Sprache und Medien der Universität Osnabrück zu einem Vortrag eingeladen, der hier erstmals gedruckt wird. Fassbinders Stück ist in der *Theaterbibliothek* des Frankfurter Verlags der Autoren erschienen, die verschiedenen Kontroversen sind dokumentiert in der Broschüre *Fassbinder ohne Ende*, Deutsche Szenen, Nr. 1/2, hg. vom Schauspiel Frankfurt, Oktober 1985.

Die Jahre 1985/86 hatten es in sich. Als die Deutsche Bank die Feldmühle Nobel AG übernahm, verfügte sie die Zahlung von fünf Millionen Mark an die jüdische »Claims Conference« als Entschädigung für ehemalige Zwangsarbeiter. Diese Entscheidung führte zu einer Diskussion über Zwangsarbeit und deren Entschädigung. In einem Interview mit dem *Kölner Expreß* erklärte der innenpolitische Sprecher der Bonner CSU-Landesgruppe, *Hermann Fellner*, damals 35 Jahre alt, die Forderungen nach Geldzahlungen für einstige Zwangsarbeiter hätten »weder eine rechtliche noch eine moralische Grundlage«. Er meinte: »Die Juden sollten uns durch solche Forderungen nicht in Verlegenheit bringen«, und äußerte schließlich: »Es wird der Eindruck erweckt, daß die Juden sich schnell zu Wort melden, wenn irgendwo in deutschen Kassen Geld klimpert.« Bei einem »Journalisten-Schlachtfest« im Kanzler-Bungalow – vielleicht gab's pfälzischen Saumagen – wurde der Kanzler auf Fellners Worte angesprochen. Über seine Reaktion berichtete der

Spiegel (5/86): »Wie Fellner, so der Kanzler, denke die überwältigende Mehrheit der Deutschen. Darüber soll sich bloß niemand täuschen, Antisemitismus sei das aber nicht.« Der Regierungssprecher dementierte Kohls Äußerung kurz darauf, Werner A. Perger aber, der Journalist, der den Kanzler befragt hatte, berichtete im *Deutschen Allgemeinen Sonntagsblatt*, Kohl habe gesagt, es sei »barer Unsinn«, Fellners Äußerung als antisemitisch zu bezeichnen. Einige Zeit später wurde der Kanzler auf einer Pressekonferenz noch einmal nach seiner Haltung zu Fellners Worten befragt. Er raffte sich zu der eher verräterischen als kämpferischen, im übrigen typisch Kohlschen Äußerung auf: »Wenn ich den Kollegen Fellner sehe, werde ich ihm sagen: Bitte formulieren Sie so nicht.« (*Spiegel* 6/86).

Der Korschenbroicher CDU-Bürgermeister Wilderich Freiherr von Mirbach *Graf von Spee* sagte bei den Etatberatungen seiner Gemeinde: »Um den Ausgleich des Haushaltes 86 zu schaffen, müßte man schon einige reiche Juden erschlagen.« (*Spiegel* 6/86)

Bitburg: Der Auftritt des amerikanischen Präsidenten und des deutschen Bundeskanzlers auf dem Soldatenfriedhof von Bitburg anläßlich des 40. Jahrestages des Kriegsendes war als Fanal gedacht: Der Zweite Weltkrieg wurde zum europäischen Normalkrieg umstilisiert. In Bitburg waren auch Angehörige der Waffen-SS begraben, die unter dem Kommando von Heinrich Himmler gestanden hatten und an Greueltaten gegen Zivilisten beteiligt gewesen waren. Die meisten der Soldaten in den über vierzig Gräbern mit der Aufschrift »Waffen-SS« hatten der 2. SS-Panzerdivision angehört, die unter dem Namen »Das Reich« bekannt war. Einige dieser Soldaten waren an dem Massaker von Oradour-sur-Glane beteiligt gewesen. Dort waren im Juni 1944 alle 642 Dorfbewohner getötet worden, darunter 207 Kinder. Wie Helmut Kohl den amerikanischen Präsidenten Ronald Reagan zu diesem Besuch zuerst überlistete, dann zwang, hat niemand anschaulicher und detaillierter dargestellt als einer, der es wissen muß: der damalige US-Außenminister George P. Shultz in seinen Memoiren *Turmoil and Triumph. My Years as Secretary of State.* Auf Deutsch ist das Bitburg-Kapitel dieser Memoiren erschienen in den *Blättern für deutsche und internationale Politik*, 6/94, Juni 1994, S. 707 ff.

Die Bundestagsmehrheit aus CDU/CSU und FDP beschloß am 25. April 1985, die Leugnung von Verbrechen der Nationalsozialisten und anderer Willkür- und Gewaltherrschaft zu bestrafen, ohne sie von Amts wegen verfolgen zu lassen (*»Auschwitzlüge-Gesetz«*). Diesem Beschluß zufolge kann das Leugnen der Naziverbrechen an den Juden ebenso als Beleidigung verfolgt werden wie das Abstreiten von Verbrechen, die »unter einer anderen Gewalt- oder Willkürherrschaft gegen Deutsche« verübt wurden. Gedacht war dabei an die Vertreibung der Deutschen aus dem Osten nach Kriegsende. Heinz Galinski, Vorsitzender der Jüdischen Gemeinde Berlin, erklärte, mit diesem Beschluß des Bundestages sei »ein Stück Einvernehmen über die Grundlagen der Demokratie preisgegeben«. Der Gleichstellung liege eine »ungeheure Aufrechnungstheorie« zugrunde. »Hier werden Vergleiche angestellt, die nicht zu vergleichen sind. Der Massenmord an den Juden ist ein einmaliges Verbrechen in der Geschichte der Menschheit.« Empört war Galinski auch darüber, daß die Leugnung und Verharmlosung des Nazi-Massenmordes nur als Beleidigung, strafrechtlich also als geringfügige Straftat, geahndet werden sollte. SPD und Grüne hatten gegen das Gesetz gestimmt und eigene Entwürfe vorgelegt.

Mit einem kleinen Nachlaß begann es (1959)

Von den älteren Bürgern Frankfurts mag sich noch der eine oder andere daran erinnern, daß zu den Schätzen der alten Stadtbibliothek an der Schönen Aussicht eine umfangreiche Hebraica- und Judaica-Sammlung zählte, die in ihrer Art die größte in Deutschland, ja wohl die bedeutendste auf dem europäischen Kontinent war. Wenig bekannt ist es bis heute, daß ein beträchtlicher Teil dieser Sammlung Nazizeit und Krieg unversehrt überstanden hat und seit Jahren den Grundstock einer wieder im Aufbau begriffenen Judaica-Sammlung abgibt.

Deshalb hat auch die Deutsche Forschungsgemeinschaft, die die westdeutschen Bibliotheken bei der Behebung ihrer Kriegsschäden unterstützt, indem sie für die Pflege sogenannter Sondersammelgebiete bei den wissenschaftlichen Bibliotheken laufend bestimmte Zuschüsse leistet, unsere Stadt- und Universitätsbibliothek in die Lage versetzt, den Altbestand zu ergänzen und die Neuerscheinungen auf diesem Gebiet zu beschaffen. Dadurch ist die Frankfurter Bibliothek wieder die Zentralstelle judaistischer Literatur in Deutschland geworden. Die Wahl Frankfurts für den neuerrichteten Lehrstuhl für die Wissenschaft des Judentums dürfte nicht ohne Zusammenhang auch mit dieser Tatsache stehen.

Die Geschichte der Frankfurter Judaica-Sammlung läßt sich bis zu Beginn des 18. Jahrhunderts zurückverfolgen, als mit dem Nachlaß des bedeutenden Orientalisten Hiob Ludolf (gest. 1704) auch eine Reihe von hebräischen Grammatiken, Lexika sowie Bibeln an die Stadtbibliothek kam. Die von ihr später übernommenen Klosterbibliotheken brachten vor allem durch alte rabbinische Werke den ersten Zuwachs. Beträchtlichere Ausmaße aber erhielt die Sammlung erst seit der Mitte des vorigen Jahrhunderts durch Schenkungen, Vermächtnisse und Nachlässe von Rabbinern, jüdischen Gelehrten und Mäzenen.

Als im Jahre 1932 Professor Aron *Freimann*, der die Judaica und Hebraica der Frankfurter Stadtbibliothek betreute, seinen umfangreichen, 646seitigen Katalog herausgab, war die Sammlung eine der wertvollsten ihrer Art. Übrigens sollte dieser Katalog, der nur die Judaica, d.h. judaistisches Schrifttum in abendländischen Sprachen enthielt, durch einen zweiten Band, enthaltend die Hebraica, ergänzt werden; dies konnte jedoch wegen des Ausbruchs des Naziregimes nicht mehr geschehen. Aber auch so gilt der Katalog, der im Gegenteil zu anderen Judaica-Katalogen, etwa des British Museum in London oder der Bibliotheca Bodleiana in Oxford, nicht alphabetisch, sondern nach sachlichen Gesichtspunkten gegliedert ist, noch heute vielen Fachleuten als unentbehrliches bibliographisches Werkzeug und wissenschaftliches Hilfsmittel.

Mit der Nazizeit begann auch für die Frankfurter Stadtbibliothek ein dunkles Kapitel. Kurz nach 1933 mußte der Leiter der Judaica-Sammlung, Prof. *Freimann*, ausscheiden; die Sammlung wurde der öffentlichen Benutzung entzogen. Größte Gefahren drohten ihr durch die 1939 erfolgte Etablierung des parteiamtlichen »Instituts zur Erforschung der Judenfrage« von Alfred Rosenberg in dieser Stadt. Dieses »Institut« hatte sich die »Sammlung« der geraubten jüdischen Bibliotheksschätze aus fast ganz Europa zur Aufgabe gemacht. Auch die Stadtbibliothek wurde gezwungen, ihre Judaica-Bestände zwecks »Auswertung« zur Verfügung zu stellen. Glücklicherweise wurde die Sammlung jedoch vor einer Beschlagnahme bewahrt und verblieb auch weiterhin in den Räumen der Stadtbibliothek.

Als während der alliierten Luftangriffe auf Frankfurt Ende 1943 bis Anfang 1944 die Stadtbibliothek in Flammen aufging, verfügte sie über einen Gesamtbestand von etwa 600000 Bänden. Von diesen wurden, da rechtzeitig ausgelagert, 150000 gerettet, unter ihnen die Judaica. Im

Gegensatz hierzu sind allerdings die Hebraica fast in ihrer Gesamtheit dem Krieg zum Opfer gefallen. Nur ein Teil der sprach- und literaturwissenschaftlichen Werke blieb erhalten sowie 65 Inkunabeln (darunter eine aus dem Besitz von Johann Reuchlin).

Ziel der Bibliothek ist es heute, durch Lückenergänzung und Beschaffung der Neuerscheinungen, die Sammlung wieder den Erfordernissen wissenschaftlicher Forschung anzupassen. Nach den fast totalen Verlusten, der Zerstörung, die die Nazizeit den jüdischen Bibliotheken in Deutschland (und nicht hier allein!) gebracht hat, soll in Frankfurt dieses für die Geschichte der Weltkultur so bedeutsame Schrifttum wieder sachgemäß und systematisch gepflegt werden. Dabei hat sich allerdings, dem Charakter der erhaltenen Bände entsprechend, das Schwergewicht innerhalb der Sammlung entscheidend verlagert.

Erhalten sind glücklicherweise die Bücher, die sich mit der Geschichte und Kultur des jüdischen Volkes befassen. Einschränkend muß allerdings bemerkt werden, daß die hiesige Sammlung sich im wesentlichen auf das nachbiblische Judentum beschränkt. Die Geschichte des biblischen Judentums ist im Sondersammelgebiet der Bibelwissenschaft mitenthalten, das von der Tübinger Universitätsbibliothek gepflegt wird. Grundlegende Werke auf diesem Gebiet werden zur Abrundung der Judaica-Sammlung auch hier eingestellt, jedoch nur in sehr kritischer Auswahl. Dafür obliegt ihr jedoch heute die Sammelpflicht auf einem ganz neuen Gebiete, an dessen sprunghafter Entwicklung früher kaum jemand gedacht haben konnte, nämlich der Literatur über den Staat Israel. Kurzum: In dieser Sammlung stellt sich das ganze Judentum in seinem komplizierten Entwicklungsprozeß dar, und zwar in seinen verschiedenen Formen, sei es hier etwa als Religion, dort als ethnische Minderheit, im Staate Israel als moderne Nation.

Selbstverständlich gilt das besondere Interesse der Stadt- und Universitätsbibliothek *der* Literatur, die sich mit der Geschichte des deutschen Judentums befaßt. Eines ihrer vordringlichsten Anliegen ist es dabei, die noch aus den Tagen der alten Stadtbibliothek erhaltenen beträchtlichen Bestände durch solche Schriften zu ergänzen, die die vom deutschen Faschismus heraufbeschworene Katastrophe und Vernichtung des deutschen und europäischen Judentums zum Inhalt haben. Auf ihre Weise trägt sie dazu bei, die Erinnerung an die geschehenen Verbrechen wachzuerhalten, indem sie all denjenigen, die sich in diesem Sinne bemühen und die Vergangenheit durch Bewußtmachung zu bewältigen versuchen, das geistige Rüstzeug an die Hand gibt.

ANMERKUNG

Mit einem kleinen Nachlaß begann es. In: *Frankfurter Rundschau*, 21. August 1959. Von 1957 bis 1964 war Ernst Loewy Leiter der Judaica-Abteilung der Frankfurter Stadt- und Universitätsbibliothek. Wie er zu diesem Posten kam und was diese Tätigkeit für ihn bedeutete, schildert er in »Grenzüberschreitungen«, S. 65 in diesem Band. Die Judaica-Abteilung enthält heute weit über 100000 Titel.

Schreiben nach Auschwitz

Judith Klein: Literatur und Genozid (Rez.) (1993)

»Schreiben nach Auschwitz« ist zur vielzitierten Metapher geworden, vor allem seit Adornos Verdikt, daß nach Auschwitz man keine Gedichte mehr schreiben könne. Von Adorno freilich schon auf sein wahres Maß zurechtgestutzt, hat der oft mißverstandene Satz sich auch von alleine dementiert: durch die Gedichte etwa von Paul Celan und Nelly Sachs oder auch durch mehrere deutsche Lyrik-Anthologien, die im ganzen oder kapitelweise die Shoah zum Thema haben. Wahrscheinlich ist es kein Zufall, daß – während andernorts noch debattiert wurde, ob das Grauen der Lager überhaupt literarisch gestaltet werden dürfe – in Frankreich eine Vielzahl, sei es autobiographischer, sei es fiktionaler Werke zu diesem Thema entstand. Die Rede ist allerdings von einem Land, dessen Literatur schon immer der Geschichte und Politik einen nicht zu übersehenden Platz eingeräumt hat.

Im Kontext solcher Überlegungen ist die Untersuchung von Judith Klein angesiedelt. Die Autorin versucht, anhand einer Reihe von Texten Licht in diese Zusammenhänge zu bringen, wobei sie – ohne das Ganze je aus dem Blick zu verlieren – sich vor allem der Analyse der unterschiedlichen Strukturen der von ihr herangezogenen Werke widmet.

In ihrer Einleitung vermerkt sie ein Defizit der Literaturwissenschaft, nämlich jahrzehntelang zwar über das Verhältnis von Literatur und Realität, »über Mimesis und Repräsentation, über die ›nicht mehr schönen Künste‹, (...) Krankheit und Kitsch vom klassischen Griechentum (...) bis zur Pop Art« geforscht, nie aber die »Möglichkeiten einer Literatur des Genozids« untersucht zu haben. Und: »Nie hat die allgemeine Literaturforschung die Überlegung angestellt, ob etwa diese Literatur Auswirkungen auf das Schreiben insgesamt haben könnte, ob nicht Verfolgung und Genozid die Möglichkeits- und Geltungsbedingungen von Literatur, den Gesamtcharakter von Kultur, tiefgreifend veränderten oder verändert haben sollten.« (S. 13) Es waren die Schriftsteller selbst oder jüdische Philosophen, die die Frage nach der literarischen Darstellung der Shoah stellten. Die Autorin zeichnet die Geschichte dieser literaturtheoretischen Reflexion von 1945 bis 1989 nach, wobei sie im Vergleich mit Frankreich auch deutsch- und englischsprachige Publikationen berücksichtigt hat.

Vorbehalte gegen literarische Formgebung scheinen in Frankreich weniger einschneidend gewesen zu sein als andernorts, wo Schweigen oder allenfalls die sprachliche und visuelle Dokumentation als allein legitim anerkannt wurde. Die »Nicht-Zeugen mochten zwar aufrichtig bemüht sein, sich in das Leiden der Opfer hineinzuversetzen, sie hätten aber die Tendenz, es in stilistischen Kunstgriffen zu ersticken« (S. 46), meinte etwa der Philosoph George Steiner. Judith Klein scheint, was die von ihr untersuchten Werke betrifft, dieser Meinung nicht beizupflichten. In der französischen Theorie rage im übrigen, wie sie betont, eine ganz andere Position heraus: *Alle* Literatur, alles Schreiben, sei von der Verfolgung und Vernichtung der Juden tangiert, zum mindesten die Abwesenheit der vernichteten Juden sei in aller Literatur gegenwärtig.

Folgerichtig skizziert die Autorin zunächst ihre Einschätzung der Bewußtseinslage *nach Auschwitz*, vornehmlich in Deutschland und Frankreich, sowie den literaturwissenschaftlichen Diskurs über die »literarische Gestaltung von Realität«, um sich sodann dem Thema »Literatur und Genozid in der theoretischen Reflexion« zuzuwenden. Dabei unterscheidet sie deutlich die französischsprachigen Publikationen von den deutsch- und englischsprachigen. Auffällig ist bei einem solchen Vergleich, welche Bedeutung Begriffe wie »expérience concentrationnaire« oder gar »concentrationnat« im französischen Sprachgebrauch angenommen haben. In ihm scheint allerdings die Trennung zwischen »normalen«, vorwiegend zur Ausschaltung von politischen Gegnern und Widerstandskämpfern dienenden KZs und den Vernichtungslagern, die der Ausrottung der Juden und anderer mit dem Signum »unwertes Leben« Behafteter dienten, verwischt.

Das kollektive und individuelle Bewußtsein der Franzosen muß also vom »concentrationnat«, dessen Spuren noch in ihrem heutigen Lebensgefühl präsent sind, in weit umfangreicherem Maß geprägt sein als das Bewußtsein der Deutschen. Jean Cayrol hat die vielfachen Manifestationen des »concentrationnat« in der heutigen Welt aufgedeckt. Die Autorin warnt freilich davor, solche Hinweise als Ausdruck falscher Vergleiche mißzuverstehen (S. 53 ff.).

Judith Kleins Arbeit, das erste Werk einer deutschen Literaturwissenschaftlerin, das sich mit der französischsprachigen »Literatur des Genozids« befaßt, hebt auf die Formenvielfalt ab, in der sich diese Literatur den Lesenden präsentiert – übrigens auch den deutschsprachigen, denn die von Judith Klein behandelten Werke liegen alle auch in deutscher Übersetzung vor.

Jeder einzelne Autor, jede einzelne Autorin hat den Versuch unternommen, das Nicht-Darstellbare zu benennen, und hat dabei die spezifische Form gefunden, um dem Leiden eine »eigene Stimme« zu geben. Die auf eigenem Erleben beruhenden (sei es dokumentarischen oder fiktionalen) Texte behelfen sich häufig mit einer minimalistischen Symbolik: Robert Antelme zum Beispiel läßt in seinem Werk *L'espèce humaine* (1947/1978) – *Das Menschengeschlecht*, übersetzt von Eugen Helmlé – »Gewalt sich im Kleinen, in einzelnen Episoden spiegeln«; er zeichnet das Grauen »schrittweise und nicht erschöpfend« (S. 68) nach. Charlotte Delbo hingegen nennt in ihrer Trilogie *Auschwitz et après* (1965/1971) – *Auschwitz und danach*, übersetzt von Eva Groepler und Elisabeth Thielicke – Lebensbezüge der Lesenden, um diese von dort zum Universum der Lager hinzuführen. »Sie baut ›Eselsbrücken‹ zwischen dem von ihr Erfahrenen und dem beschränkten Vorstellungsvermögen der Lesenden.« (S. 86) Anna Langfus kleidet in ihrem autobiographischen Roman *Le sel et le soufre* (1960) – Salz und Schwefel, übersetzt von Martha J. Hofmann – traumatische Situationen und Schockerlebnisse in Träume und Halluzinationen.

Die nicht auf eigener Erfahrung beruhenden Werke behelfen sich mit Transpositionen als Stellvertretung für nicht-darstellbares Grauen« (S. 187). Durch Ironie oder Selbstreflexion verweisen die Autoren auf die »Bewußtheit der eigenen Inadäquatheit, der Nicht-Darstellbarkeit des Geschehens und der Gefahr kultureller Konsumierbarkeit« (S. 135).

In Georges Perecs Werk *W ou le souvenir d'enfance* (1975) – *W oder die Kindheitserinnerung*, übersetzt von Eugen Helmlé – alterniert der fiktive Bericht über den auf Spori gegründeten faschistisch-satanischen Inselstaat Feuerland mit der schmerzhaften Abarbeitung der Kindheit des Autors, deren Verluste und Ängste (der Vater stirbt an einer Kriegsverwundung, die Mutter wird deportiert und ermordet, das Kind lebt in der ständigen Gefahr, deportiert zu werden) Erinnerungslücken und Phantasmen produzieren, die das authentischste Zeugnis dieser Kindheit sind. Romain Garys Erzählperspektive in *La danse de Gengis Cohn* (1956) – *Der Tanz des Dschingis Cohn*, übersetzt von Herbert Schlüter – ist die des im Körper eines SS-Peinigers hausenden *Dibbuk*. Er ist die »Seele« eines in Auschwitz ermordeten Juden, der von seinem Mörder nicht abläßt, bis in diesem Ansätze einer Schulderkenntnis entstehen. André Schwarz-Bart versucht in dem Roman *Le dernier des justes* (1959) – *Der Letzte der Gerechten*, übersetzt von Mirjam Josephson – eine religionsphilosophische Darstellung jüdischen Martyriums, die mit dem Tod des »Letzten der Gerechten« in Auschwitz endet: Die Lagerwirklichkeit schien dem Autor nicht darstellbar, sie bleibt ausgespart.

Judith Klein erhellt nicht nur auf eindringliche Weise das Ineinander von Inhalt und Form in jedem einzelnen Werk, sie zeigt auch, wie sich der Widerspruch zwischen Unmöglichkeit und Notwendigkeit des Schreibens löst. Sie beschreibt, aber wertet nicht, sie grenzt ein, nicht aus: Die am Realismus orientierte Literaturtheorie erweist sich bei diesem Gegenstand als ebenso inadäquat wie die an der autonomen Freiheit von Imagination und Sprache orientierte avantgardistische Theorie. Alle Werke widersetzen sich in der einen oder anderen Weise der literarischen Kohärenz: »Ihrer Stimme haftet nicht die Klarheit und Souveränität des Erzählens an. Sie münzen die Machtlosigkeit der Opfer nicht in souveräne Sprache und Sinnstiftung um. Sie zerstören die Idylle des Erzählens.« (S. 190) Dabei gehorchen sie der außerliterarischen Auflage, den historischen Fakten nicht zu widersprechen.

Die Darlegung unterschiedlichster Formen scheint das Ziel, das Judith Kleins Textauswahl geleitet hat. Das geht zu Lasten anderer möglicher Unterscheidungs- und Auswahlkriterien. Sie analysiert Texte von Juden und von Nicht-Juden, von Überlebenden und von bloßen Zeitzeugen oder von Nachkommen der Opfer. Diese Zugehörigkeiten gehen zwar in die Analyse ein, dienen aber nicht der Abgrenzung der Texte. Und tatsächlich ist eine Abgrenzung schwierig, evozieren doch auch die nichtjüdischen Autoren, die ihre eigene Deportation literarisch verarbeiten, die Vernichtung der Juden.

Inwieweit die Authentizität des unmittelbaren Erlebens sich von der imaginierten bzw. der durch die kollektive Erinnerung gespeisten abhebt, bleibt auch nach der Lektüre des Buches eine weitgehend offene Frage. Es ist allerdings eines der Verdienste Judith Kleins, sie gestellt zu haben. Ihre Beantwortung würde freilich den Rahmen einer literaturwissenschaftlichen Analyse sprengen. Sie würde wohl auch anderssprachige Texte berücksichtigen sowie nicht an literarischen Maßstäben meßbare autobiographische Texte heranziehen müssen.

ANMERKUNG

Literatur und Genozid. In: *Die Neue Gesellschaft/Frankfurter Hefte*, Nr. 4, 1993. Rezension von Judith Klein: *Literatur und Genozid. Darstellung der nationalsozialistischen Massen-Vernichtung in der französischen Literatur,* Böhlau Verlag Wien/Köln/Weimar 1992.

»Mein Judentum«
Selbstaussagen jüdischer Autoren
(1992)

Regierungen stürzen, Reiche bersten, Doktrinen werden außer Kraft gesetzt, Utopien in Frage gestellt. Da kann es nicht ausbleiben, daß auch innere Befindlichkeiten sich wandeln, liebgewonnene Vorstellungen überdacht und unter Umständen revidiert werden. Dergleichen muß nicht von heute auf morgen passieren (oder passiert sein), es wird im Einzelfall vielmehr eine längere oder gar lange Vorgeschichte haben. Das gilt auch für diesen Vortrag.

Wir befassen uns mit Selbstaussagen jüdischer Autoren deutscher Sprache der späten 70er Jahre zu ihrem Judesein. Man könnte übrigens auch sprechen von deutschen Autoren, die Juden sind, oder ganz einfach von deutsch-jüdischen Autoren. Daß dies nicht so ganz einfach ist, erfuhr ich während der Vorbereitung eines Symposiums in Osnabrück vor einem Jahr, das dem Thema auf umfassendere Weise gewidmet war. Einige der teilnehmenden Schriftsteller, es waren Israelis und andere ausländische Autoren darunter, waren es, die sich nicht als Deutsche bezeichnen lassen konnten oder wollten. Andere bestanden geradezu auf der Formulierung »deutsch«, hinsichtlich der Literatur nämlich, die sie produzierten und die sie aus gutem Grunde aus der Sprache heraus definierten und nicht mit dem Blick auf das Territorium, dessen Staatsbürger sie etwa waren, oder der Nation, der sie sich zugehörig fühlten — oder eben nicht. Ich will Sie aber mit solchen »Spitzfindigkeiten« — es sind übrigens keine! — hier nicht traktieren, vielmehr gleich in medias res gehen, denn das Kapitel deutschsprachiger Literatur, von dem hier die Rede ist, stand allemal im Schatten des säkularen Ereignisses, das sich immer häufiger mit einem Ortsnamen verbindet, durch den sich Peter Weiss bereits 1965 veranlaßt fand, von »Meiner Ortschaft« zu sprechen. Es ist eine Ortschaft, die den eher unauffälligen Namen Auschwitz trägt.[1]

Man wird, schrieb Heinrich Böll[2] Anfang 1979 in der *Frankfurter Allgemeinen Zeitung*, wenn von Juden und von Judentum die Rede sei, in Zukunft von der Zeit »*vor Holocaust*« und von der Zeit »*nach Holocaust*« sprechen müssen, und er meinte damit nicht nur das im nachhinein so genannte historische Phänomen der Judenvernichtung selbst – im Sprachgebrauch der Nazis als »Endlösung der Judenfrage« bezeichnet –, sondern auch die Fernsehserie »Holocaust«. Dabei galt Bölls Artikel, in dem er dies schrieb, primär keineswegs diesem Film. Allerdings machte er darin die bemerkenswerte Feststellung, daß es bis zur Ausstrahlung des Films im deutschen Fernsehen keine adäquate Wahrnehmung der Judenvernichtung in der größeren Öffentlichkeit dieses Landes gegeben habe, daß diese Wahrnehmung vielmehr erst dem Film und der Art seiner Darbietung am häuslichen Bildschirm zu danken sei. »Vor-« und »Nach-Holocaust« darum auch hier: *vor* und *nach* dem schockierenden Fernseh-Ereignis.

Es ist kein Zufall, daß Böll diese Feststellung in der Rezension eines Buches trifft, das, von Hans-Jürgen Schultz herausgegeben, unter dem Titel *Mein Judentum*[3] zwanzig Beiträge deutsch-jüdischer Autoren vereint. Sie waren kurz vorher im Originalton vom Süddeutschen Rundfunk ausgestrahlt worden und etwa in der gleichen Zeit entstanden, in der auch die »Holocaust«-Serie für die deutschen Bildschirme adaptiert wurde.

So wenig hier freilich ein kausaler Zusammenhang konstruiert werden soll, so sehr scheinen mir die beiden Medienereignisse dem eben erwachten Bedürfnis zu entsprechen, jahrzehntelang Verdrängtes in das öffentliche Bewußtsein zu heben. Vielleicht mußte erst eine neue Generation herangewachsen sein, und zwar sowohl auf der Seite der Opfer als auf der der Täter, die solches möglich machte, und dies auf eine wesentlich andere Weise als sie etwa das jüdisch-christliche Gespräch oder auch die Politikwissenschaft der ersten Nachkriegszeit bestimmt hatte.

Ich möchte die zeitliche Koinzidenz des Erscheinens dieses (künstlerisch wie immer bewerteten) epochalen Filmwerkes *und* des zwar bedeutenden, doch leider viel zu wenig beachteten Buches – es ist vor einigen Jahren allerdings auch als Taschenbuch erschienen – nicht überbewerten. Sie bleibt so lange eine Marginalie, wie man in dem Erscheinen des Buches nicht ein vergleichbares Bedürfnis erkennt: in diesem Fall nämlich, Juden *selbst,* jüdische Gegenwartsautoren deutscher Sprache, über sich selbst zu befragen und damit, wie durch einen Lackmus-Test, auch ihren eigenen Standort, *ihre* »Ortschaft« und ihre Befindlichkeit zu evozieren. Diese zieht sich zwangsweise, auf die eine oder andere Art, wie ein roter Faden durch die Beiträge des Buches. Die daraus zu gewinnenden Einsichten gehören zu den erkenntnisträchtigsten Resultaten seiner Lektüre.

Freilich bedurften Juden nicht dieses Films, um des Holocaust von neuem gewahr zu werden. Doch das Thema lag in der Luft, Fragen wollten beantwortet sein, auch die nach dem je-eigenen Judesein, dem Judesein in dieser Zeit, dem Judesein von Menschen deutscher Sprache, dem Judesein von Schriftstellern *nach* Auschwitz. Denn eines war offensichtlich: Nicht nur die Angehörigen und Erben der Täterseite hatten in großem Ausmaß verdrängt. Auch auf der Seite der Opfer war Verdrängung im Spiel, ja auch bei Menschen, die nur mit knapper Not der Hölle entronnen waren. Die Gründe waren andere, ja entgegengesetzte. Schuldgefühle standen allemal dahinter, wenn auch nur die, das Entsetzliche verdrängt oder überhaupt überlebt zu haben. Den Blick auf die *Zukunft* gerichtet, hatte sich die Gegenwart jedenfalls leichter ertragen lassen, sei es auf eine zionistische oder sozialistische Zukunft. Vielleicht hat es mit dem *Verlust* von Hoffnungen oder von Illusionen zu tun, wenn sich die Sicht auf die Vergangenheit wieder eingestellt hat und dabei auch bislang Verdrängtes freigibt. Allgemein läßt sich sagen: Auschwitz ist uns näher gerückt, um so größer der zeitliche Abstand geworden ist, der uns davon trennt.

Daß bei alldem auch der Generationenwechsel im Spiel ist, wurde bereits angedeutet. Durch ihn tritt die »Opfer«- und »Täter«-*Seite* an die

Stelle der Opfer und Täter selbst, da die Kinder, die Nachfahren derselben primär nur durch das Erzählen (oder Verschweigen) der Eltern und Älteren von den Schrecken der Vergangenheit erfuhren und durch diese Vermittlung damit konfrontiert wurden. Es war eine Sicht, die die Abstraktion förderte, den Gegenstand vielfach aber auch im Ungefähren beließ. Unter diesen Umständen ist es kein Wunder, wenn die jüdische Nachkriegsgeneration in diesem Lande sich deutlich von Identitätsproblemen geplagt fand und sich schwer damit tat, sich als »deutsch« zu definieren. Doch selbst Hans Mayer, Jahrgang 1907, beschrieb sich bereits vor zehn Jahren als ein *Deutscher auf Widerruf*.[4] Damit sind wir buchstäblich inmitten unseres Themas.

Wenn hier von Generationen die Rede ist, wird man Hans Mayer wohl der *mittleren* Generation deutscher Nachkriegsautoren zurechnen, derjenigen, die unmittelbar vor oder während der NS-Zeit ins Berufsleben traten und erst im Exil zu veröffentlichen begannen. Sie, wie Peter Weiss oder auch Erich Fried, bilden den Kern dieser mittleren Generation. Die *erste* Generation bestünde dann aus bereits *vor* 1933 bekannten oder gar avancierten Autoren, die ins Exil gehen mußten, doch auch in der Nachkriegszeit noch schrieben und veröffentlichten. Darunter waren Schriftsteller wie Lion Feuchtwanger, Alfred Döblin oder Arnold Zweig, welche bereits den größeren Teil ihres Werkes veröffentlicht hatten und nur noch mit ihrem Spätwerk in die Nachkriegszeit hineinragen. Man wird sie aus gutem Grund nicht an dieser festmachen wollen. In dem fast halben Jahrhundert, das nach dem Krieg vergangen ist, ist andererseits auch schon eine *dritte* Generation zu Wort gekommen, junge Autoren um die vierzig. Barbara Honigmann und Maxim Biller, Matthias Hermann und Rafael Seligmann gehören zu ihnen.

In der von mir herangezogenen Sammlung von Selbstaussagen kommen – von einer Ausnahme abgesehen, es handelt sich um Jurek Becker – nur Vertreter der mittleren Generation zu Wort. Von der älteren war kaum noch einer am Leben, die jüngere hatte noch nicht zu publizieren begonnen. Tatsache aber ist, daß gerade bei dieser mittleren Generation sich die spezifische »Nach-Holocaust«-Befindlichkeit herauszudifferenzieren begann. Hier wäre vielleicht auch die Differenz zur (vielfach antifaschistisch-utopisch grundierten) Exilliteratur auszumachen, genauer, die Schwelle, die diese – auch beim gleichen Autor – von jener trennt!

Um Mißverständnisse auszuschließen: Auschwitz als Verbrechen unvorstellbaren Ausmaßes, als Faktum, als statistische Größe war zum mindesten den Juden seit Kriegsende immer bewußt, keine jüdische Familie, die davon unberührt geblieben wäre. Viele unter ihnen, vor allem die Zionisten, interpretierten die Verbrechen aus *ihrer* Sicht jüdischer Geschichte.

Neu ist der *Bedeutungswandel*, dem das Phänomen der Vernichtungslager durch die historische Wissenschaft und das historische Erinnern unterworfen wurde, und das Gewicht, welches es dabei angenommen hatte. Das führte dazu, den Holocaust, die Shoah, schließlich als »Zivilisationsbruch« (Dan Diner u. a.) [5] von bislang einmaliger Art wahrzunehmen und auf diesem Hintergrund die Anfälligkeit menschlicher Zivilisation und Kultur bis hin zur Negation ihrer selbst zu konstatieren. »Schreiben *nach* Auschwitz«, von Adorno längst problematisiert, ist darum eine Meßlatte für die Wahrnehmung eines Phänomens, das menschlicher Gesittung und Vernunft so diametral sich entgegengestellt hat wie kein anderes.

An der Schwelle zu einer historischen Gezeitenwende, die das Vordringen des Neokonservativismus so sinnfällig machte, trat nicht nur die Zerstörung des europäischen Judentums von neuem ins Bewußtsein: Auch die Frage nach den Inhalten jüdischer Existenz wurde von neuem gestellt. Das Resultat der zwanzig Selbstaussagen, die »Mein Judentum« vereint, ist erstaunlich. Fast keine gleicht der zweiten. Jeder der Autoren äußert sich auf seine ganz persönliche und in vieler Hinsicht nahezu unvergleichlichen Weise, eine Tatsache, die ich schon einmal in einer Rezension für das 1980 erschienene *Jahrbuch für deutsche Geschichte* (Tel Aviv) zum Anlaß eigener Reflexionen genommen hatte.

Die nachholende Fokussierung auf Auschwitz in meiner *heutigen* Rückschau ergänzt das damals Gesagte, ohne ihm darum zu widersprechen. Die Akzente freilich haben sich verschoben. Ich vermute, daß dies auch bei einigen Autoren dieses Bandes, würden sie heute noch einmal befragt werden, der Fall sein würde. Das macht die Aussagen von damals nicht weniger gewichtig.

Was ist Judentum? Was Judesein? Die Religion? Die Zugehörigkeit zum jüdischen Glauben? Oder die zu einer Nation? Im Vorwort zu seinem Buche zitiert der Herausgeber Hans-Jürgen Schultz Sigmund Freud, der die gleiche Frage *für sich* einmal so zu beantworten versuchte:

»Was mich ans Judentum band, war – ich bin schuldig, es zu bekennen – nicht der Glaube, auch nicht der nationale Stolz; denn ich war immer ein Ungläubiger, bin ohne Religion erzogen worden, wenn auch nicht ohne Respekt vor den ›ethisch‹ genannten Forderungen der menschlichen Kultur. Ein nationales Hochgefühl habe ich, wenn ich dazu neigte, mich zu unterdrücken bemüht, als unheilvoll und ungerecht, erschreckt durch die warnenden Beispiele der Völker, unter denen wir Juden leben. Aber es blieb genug anderes übrig, was die Anziehung des Judentums und der Juden unwiderstehlich machte, viele dunkle Gefühlsmächte, um so gewaltiger, je weniger sie sich in Worte fassen ließen, ebenso wie die klare Bewußtheit der inneren Identität, die Heimlichkeit der gleichen seelischen Konstruktion. Und dazu kam bald die Einsicht, daß ich nur meiner jüdischen Natur die Eigenschaften verdankte, die mir auf meinem schwierigen Lebensweg unerläßlich geworden waren: Weil ich Jude war, fand ich mich frei von vielen Vorurteilen, die andere im Gebrauch ihres Intellektes beschränkten; als Jude war ich darauf vorbereitet, in die Opposition zu gehen und auf das Einvernehmen mit der ›kompakten Majorität‹ zu verzichten.«[6]

Wer aber *ist* Jude? Wer *nicht*? Für die Halacha, das jüdische Religionsgesetz, ist diese Frage eindeutig beantwortet. Jude ist, wer eine jüdische Mutter sein eigen nennt. Dieses Faktum zwingt den einen, Jude zu sein, schließt den anderen – die andere – hingegen aus. Es ist eine Bestimmung, welche von *nicht* religiös bestimmten Juden ignoriert wird, zumal sie nur in einer Mischehe, die ohnehin nicht vorgesehen ist, wirksam werden kann. Heinrich Böll meint in der erwähnten Rezension, und dieses ehrt ihn: Jude sei für ihn letzten Endes nur einer, der sich als solcher bekennt. Denn aus gutem Grunde lehnt er das Moment der Herkunft ab, da es biologistischer oder gar rassistischer Denkart Vorschub leiste. Die Aussagen unserer Autoren allerdings geben diesem Standpunkt selber nur geringe Unterstützung, nicht einmal der Beitrag des zum Katholizismus konvertierten deutsch-französischen Politologen

Alfred Grosser. Zu verwundern ist dies freilich nicht. Ist doch gerade dieses *nicht* das Thema der Befragung. Doch auch bei Anerkennung kollektiver Bewußtseinsinhalte halte ich Bölls Äußerung für außerordentlich wichtig, da auch mir die Hypostasierung einer Vorbestimmtheit durch Familie, Herkunft, Vererbung im Prinzip suspekt ist, da sie den Begriff der autonomen Persönlichkeit einzuengen und mit ihrer politischen Instrumentalisierung auch zu vernichten droht.

Trotzdem kann auch ich nicht umhin, die Erkenntnis Jurek Beckers zu bestätigen, die da lautet:

»Ich weiß wohl, daß man nicht nur der ist, der zu sein einem vorschwebt, daß man wohl oder übel auch der zu sein hat, für den die anderen einen halten.«

»Und so gesehen«, fährt Becker fort, »bin ich in drei Teufels Namen der, der ich nach dem Urteil vieler gefälligst zu sein habe: Jude.«[7] Das ist treffend gesagt. Doch niemand, der Beckers Werk einigermaßen kennt, wird ihm dies abnehmen, wiewohl man gewiß nicht Jude sein muß, um seinem Werk eine jüdische Thematik zu unterlegen. In diesem Fall scheint mir Beckers spezifische Sozialisation ebenso wie die enge Auslegung des Begriffes »Jude« in der DDR dem ehemaligen DDR-Autor die Feder geführt zu haben. Dennoch möchte ich an dieser Stelle den Begriff *Fremdbestimmung* einführen: »Jude ist, wen Hitler dazu erklärt hat!« Eine »Minimaldefinition des Juden«, wie Hilde Domin diese seinerzeit tödliche Formel genannt hat.[8] Sie umschrieb damit das Wesen der Nürnberger Gesetze, welche Millionen von Juden das Leben gekostet hat. Daß es für Hilde Domin mit der »Minimaldefinition« nicht sein Bewenden hat, belegen viele ihrer Texte.

»Jude sein ist, um es ganz deutlich zu sagen, keine Glaubensgemeinschaft für mich, keine Volkszugehörigkeit (...), natürlich keine Rassenfrage. Es ist eine Schicksalsgemeinschaft. Ich habe sie nicht gewählt wie andere Gemeinschaften, die dann zu Schicksalsgemeinschaften werden. Ich bin hineingestoßen worden, ungefragt wie in das Leben selbst. In das Leben hier in Deutschland, in diesem Jahrhundert, und als Kind meiner Eltern.«[9]

Vor einer *Schicksalsgemeinschaft* könne man sich nicht drücken, auch nicht der emanzipierte, der »befreite« Mensch:

»Die menschliche Solidarität gehört unabdingbar zu seinem Credo, ohne sie wäre er nichts als ein Objekt der Umstände.« [10]

Zu den eindrucksvollsten Beispielen dieser Solidarität gehört Hilde Domins »schwesterlicher« Brief an Nelly Sachs zu deren 75. Geburtstag.[11] Emphatischer als die anderen Autoren empfindet Hilde Domin aber auch das Glück einer »*Heimkehr ins Wort*«: Überhaupt versteht sie sich eher als Dichterin der »Rückkehr« denn als Autorin des Exils. Dieses hat seinen Grund wohl darin, daß ihre Existenz als deutsche Dichterin erst mit ihrer Rückkehr einsetzte. Die scheinbare Unbefangenheit mancher ihrer frühen Gedichte kann freilich nicht über ihre immer wache und bewußte Wahrnehmung falscher Heimatseligkeit der Ewiggestrigen hinwegtäuschen. Wenn sie gegen Adornos Verdikt, man könne nach Auschwitz keine Gedichte mehr schreiben, und gegen Enzensbergers Postulat vom »Ende der Literatur« heftig polemisierte, so nicht um Abgetanes zu verteidigen, sondern um neue Wege für die deutsche Dichtung zu erproben. Muß ich hinzufügen, daß sie sich ganz als Exponentin dieser Dichtung, dieser Literatur betrachtet? Die Frage nach dem Jude-Sein erweist sich hier expressis verbis auch als eine nach dem Deutsch-Sein unserer Autoren. Daß jeder von ihnen diese Frage anders beantwortet, ist eine Sache für sich.

Auch Wolfgang Hildesheimer würde sein Judentum am ehesten »als Zugehörigkeit zu einer Schicksalsgemeinschaft definieren«. Es »wirft keine brennenden Fragen auf und stellt mich nicht vor Entscheide.« [12] Die Teilhabe sei eine akzeptierte Selbstverständlichkeit, wiewohl sie weder die Wahl seines Wohnsitzes, seiner Freunde noch die Art seiner Tätigkeit und Gedanken bestimme. Aber dann heißt es doch: »Wir Juden sind anders.« [13] Nicht jedoch, meint Hildesheimer, durch Eigenschaften, die nicht auch bei Nichtjuden anzutreffen wären, doch durch ein *Ensemble* solcher Eigenschaften, das freilich variabel ist. Die kühle Distanz dieses Selbstprotraits gibt vielleicht mehr als andere Beiträge dieses Bandes einen Abglanz von dem, was einst (unter dem Begriff »deutsch-jüdische Symbiose«) zu den Kennzeichen des assimilierten jüdischen Intellektuellen gehört hatte. Was hier erstaunt, ist die weitgehende *Ausblendung* dessen, was sich heute mit dem Namen Auschwitz verbindet. Es ist doppelt erstaunlich, da Hildesheimer bei den Nürnberger Kriegsverbrecherprozessen als Simultandolmetscher gearbeitet hatte, d. h. sich schon von Berufs wegen unmittelbar nach dem Kriege mit dem Holocaust konfrontiert fand. Diese Tatsache wird hier freilich nur kurz und eher ausweichend kommentiert, und zwar mit der Bemerkung, daß die »Bewältigung der Vergangenheit« nicht *seine* Sache sei, womit er ja fraglos recht hatte. Trotzdem verwundert dies bei einem so sensiblen Beobachter, der wie kein anderer in diesem Band die innere Physiognomie eines assimilierten deutschen Juden seiner Zeit zu erhellen wußte. *Des* Juden, den gibt es freilich auch für Hildesheimer nicht einmal in dieser, ohnehin auf Zeit und Raum beschränkten Gruppe.

Was unser Buch mit äußerster (und damit dankenswertester) Deutlichkeit vor Augen führt, ist die Tatsache, daß es *den* Juden *überhaupt* nicht gibt. Oder vielleicht doch? Etwa in Israel? Hierzu noch einmal Hildesheimer:

»Wir sind alle entwurzelt, außer natürlich den Israelis, die sich aber weniger als Juden betrachten, als eben als Israelis, und die uns Diaspora-Juden insgeheim verachten (...).«[14]

Aber Israel bedeutet ja wohl nur eine andere Art, Jude zu sein, doch in ihrer Mehrzahl leben die Juden nun einmal in der Diaspora, sie sind von eben dieser Tatsache geprägt. Ihre Geschichte, Sprache und Kultur ist von der ihrer Gastländer, die sie normalerweise ja auch als ihre Heimat betrachten, nicht zu trennen. Identifikationsprobleme, wie sie als Folge widerstreitender Kultureinflüsse aufzutreten pflegen, gibt es auch in Israel jede Menge, im besten Fall: *andere* als in der Diaspora. Auch dort gibt es Entwurzelte: jüdische wohlgemerkt.

Hans Mayer hatte sich gegen Ende seines Buches über die »Außenseiter« unter Berufung auf Adorno und Sartre durchaus schon an

Auschwitz orientiert.[15] Doch in dem später erschienenen Beitrag zu *Mein Judentum* und insbesondere in seinen Lebenserinnerungen kommt Auschwitz – wie der Autor freimütig einbekennt – eher als Leerformel vor.[16] Als Sozialist mußte er in *Mein Judentum* feststellen:

»Die ganze Dauer des Exils hindurch habe ich an meiner These von der Lösbarkeit der Judenfrage in einer nicht mehr klassengespaltenen Gesellschaft festgehalten. Wenn die jüdische Emanzipation unter der bürgerlichen Gesellschaft offenkundig mißlungen war, wie die mörderische Praxis des Dritten Reiches bewies, so war damit, wie ich meinte, noch nichts ausgesagt gegen Lösungsmöglichkeiten jenseits der Bürgerwelt. Es kam hinzu, daß ich auch in den schwierigen Tagen des Exils keine Erfahrungen zu machen hatte, die ein Bewußtsein meiner gleichsam existentiellen Fremdheit als Jude hervorgerufen hätten. (...) Im Umgang unter politischen Emigranten gab es keinen Unterschied zwischen Juden und Nicht-Juden.«[17]

Entsetzt stand Mayer dann – wie viele andere – den Verbrechen des Stalinismus gegenüber: den »antisemitischen Schauprozessen in Moskau und Prag, Sofia und Budapest«.[18] Sie belehrten ihn, daß – wiewohl in der DDR von antisemitischen Erfahrungen anscheinend verschont – das Verhältnis nicht nur des Kapitalismus, sondern auch des sowjetischen Kommunismus zu Aufklärung und Menschenrechten ein gebrochenes war. Es war eine Erkenntnis, die gerade den Marxisten Mayer wie ein Schock getroffen haben muß. Sie ist der Hintergrund für das tief resignative Fazit, mit dem er seine Selbstbefragung beschließt:

»Ich bin jüdischer Abkunft und lebe in einem der beiden deutschen Staaten, nachdem ich, durchaus ohne irgendeine Diskriminierung ob meiner Herkunft, in der DDR habe arbeiten können. Empfinde ich mich als Deutscher, nachdem so viel geschehen ist? Geblieben ist die Skepsis gegenüber allen Möglichkeiten der vollständigen Emanzipation von Juden auf deutschem Boden (...). Noch gibt es ein bißchen Wohlstand. Wie aber, wenn wirklich die Krise eintritt und eine neue Verblendung? Wie es dann zugehen könnte, dafür gibt es viele Beispiele in der jüdischen Geschichte und auch in der deutschen.«[19]

Nicht Anpassung – darauf heben die meisten unserer Autoren ab – ist also gefordert, sondern Wachsamkeit. Weder Opportunismus noch Überheblichkeit, weder Ängste noch Kraftmeierei. Eine solche Haltung freilich lebt und bewährt sich erst im Verbunde. »Denn das ist mein Judaismus seit jeher«, sagt Manès Sperber:

»Solidarität mit den Juden, eindeutige, unanzweifelbare Identifikation mit ihnen – wie sollte es auch nach allem, was ihnen in diesem Jahrhundert angetan worden ist, anders sein?

Und auch das ist mein Judaismus: Solidarität mit allen, denen Unrecht getan wird. Das ist seit jeher mein Sozialismus gewesen; er ist es geblieben wie die häufig genug erfolglose und dennoch ungeduldige Bemühung um eine Welt, in der Theorie und Praxis sich versöhnen und für immer vereint sein würden. Ich fühle mich keineswegs verpflichtet, zu allem, was die eigenen tun, ja zu sagen, sondern eher im Gegenteil dazu berechtigt, schärfer als sonst zu kritisieren, was bei ihnen ungerecht, unwürdig, zu anspruchsvoll oder opportunistisch und daher unecht sein kann.«[20]

Von hier ist der Schritt nicht weit bis zu den zahlreichen Bekenntnissen dieses Buches etwa zum Internationalismus, Kosmopolitismus, Pazifismus, Sozialismus, kurz: zu dem von Bloch bündig so genannten »Prinzip Hoffnung«. Zum Teil pathetisch, zum Teil nüchtern stehen sie in einer Tradition, die spezifisch »jüdisch« zu nennen nur ihrer Herkunft gegenüber gerechtfertigt sein mag, denn ihre Botschaft zielt auf ein *Mehr* an Universalität und Weltbürgertum. An Liberté, aber auch an Égalité, ein Begriff, der – nachdem er Jahrzehnte so verhunzt worden ist – in den Umbrüchen der letzten Jahre fast in Vergessenheit geraten ist.

Vor dem Hintergrund einer solchen Haltung muß das Bekenntnis zum Judentum immer auch als Kritik am Judentum sich verstehen und manifestieren. Dies geschieht denn auch vor allem bei der Einschätzung der aktuellen Politik des Staates Israel durch mehrere Autoren dieses Buches. So schreibt der gesetzestreue und gleichzeitig linkszionistische Pädagoge Ernst Simon:

»Meinen politischen Platz fand ich, schon vor Bubers Einwanderung, in verschiedenen Organisationen für jüdisch-arabische Verständigung, an denen immer auch eine Minderheit religiöser Juden teilnahm. Heute bin ich Mitglied einer (...) politischen Gruppe, die innerhalb des gesetzestreuen Judentums gegen Chauvinismus und für Völkerverständigung eintritt (...). Ich bin im Laufe meines langen Lebens immer mehr zu der Überzeugung gelangt, daß der Sache Gottes auf Erden manchmal besser als durch seine organisierten Anhänger durch seine Leugner gedient wird. Gegen ihren Willen sagen sie Amen.«[21]

Die Gegenwart, in der der Konservativismus weltweit auf dem Vormarsch ist und auch der weitgehend selbstverschuldete Untergang des sogenannten Realsozialismus alternative soziale Lösungen für lange in den Bereich des Utopischen verbannt hat, der Sozialismus für absehbare Zeit auf sozialstaatliche Korrekturen am Kapitalismus beschränkt bleiben wird, muten uns Gedanken wie die zitierten bereits wie aus einer anderen Welt kommend an. So schnellebig ist unsere Zeit, daß ich befürchten muß, daß die jüngste Generation deutsch-jüdischer Autoren dies alles kaum noch nachvollziehen kann. Um so wichtiger scheint es mir, sie der Vergessenheit zu entreißen. Denn die Probleme, vor denen wir Älteren standen, sind auch heute so wenig gelöst wie zuvor.

Ich komme zurück auf den Holocaust, auf Auschwitz, die Shoah – als Thema meine ich. Ob Celan, hätte er noch gelebt, einen Beitrag zu dieser Sammlung von Selbstaussagen geleistet hätte, möchte ich bezweifeln. Sein Werk handelt davon – wenn wir von Nelly Sachs absehen – wie kaum ein anderes. Irgendwie schwingt diese Erfahrung aber überall mit, und sei es auch nur als allzu deutliche Ausklammerung. »Die Nazi-Wunde heilt nicht völlig zu«, sagt der Philosoph Michael Landmann, »Heiterkeit stellte sich nur mühsam, Lebens- und Menschenvertrauen nie ganz wieder her.«[22] Das ist das eine, das andere die Verpflichtung, die der Zufall des Überlebens in sich birgt. Günther Anders spricht angesichts der in Auschwitz aufbewahrten »Gebirge von Schuhen, Brillengestellen, ausgebrochenen Gebissen, abgeschnittenen Haarschöpfen und herrenlos gewordenen Handkoffern« von der Scham, »als Jude noch dazusein«.[23] Diese Scham, nämlich zufällig, ohne eigenes

Verdienst, verschont worden zu sein, kann – wenn überhaupt – nur durch das Bewußtsein einer Verpflichtung gegenüber den Opfern ausgelöscht werden. Am deutlichsten vielleicht sagt dies der Schriftsteller und Zukunftsforscher Robert Jungk:

»Als überlebender Jude muß ich für alle diejenigen sprechen, die man stumm machte, als einer der ausgespart bleibt, habe ich mir dieses Überleben und Weiterleben täglich zu verdienen.«[24]

Weder Anders noch Jungk haben Auschwitz persönlich erleiden müssen. Anders Jean Améry. Vielleicht ist deshalb sein Beitrag einer der ergreifendsten. Als Sohn einer christlichen Kriegerwitwe des Ersten Weltkrieges, der seinen Vater nie gekannt hatte, nach dem jüdischen Religionsgesetz *kein* Jude war, auch von seiner Sozialisation her vom Judentum nichts wußte und sich erst als Emigrant bewußt als Jude konstituierte, hat für ihn das Jude-Sein erst in Auschwitz

»jene endgültige Gestalt (angenommen), die es bis heute behielt. Zwar war ich als Résistant verhaftet worden, aber in Auschwitz trug ich den gelben Stern und war ein Jude wie alle jene, die niemals gewagt hatten, auch nur aufzumucken, geschweige denn staatsgefährliche Flugblätter zu verteilen. Im Höllenkreis wurden nun die Unterschiede erst so recht spürbar und brannten sich in unsere Haut wie die tätowierten Nummern, mit denen man uns zeichnete. Alle ›arischen‹ Häftlinge befanden sich im Abgrund noch auf einer nur nach Lichtjahren zu messenden Höhe *über* uns, den Juden (...). Sie waren vielleicht bestimmt, Sklaven des Herrenvolkes zu sein. Wir waren dem Tode zugesprochen.«[25]

Auch Amérys Buch *Jenseits von Schuld und Sühne – Bewältigungsversuche eines Überwältigten* (1966), das es in diesem Zusammenhang zu erwähnen gilt, ist die erschütternde Innenansicht eines Überlebenden der Hölle. Obgleich selber noch zu den Emigranten zählend und, wie gesagt, in Belgien für die Résistance arbeitend, zieht er – wenn er von den Exilschriftstellern spricht – zwischen sich und den anderen eine erst durch seine Lager-Erfahrung verfestigte und nicht mehr zu überbrückende Grenze:

»Kein Spiel mit dem imaginären wahren Deutschland, das man mit sich genommen hat, kein formales Ritual einer im Exil für bessere Tage aufbewahrten deutschen Kultur. Die namenlosen Flüchtlinge lebten in einem der deutschen und internationalen Realität gerechteren gesellschaftlichen Sein: das davon bestimmte Bewußtsein gestattete, erforderte, erzwang eine gründlichere Erkenntnis der Wirklichkeit. Sie wußten, daß sie Verjagte waren und nicht Konservatoren eines unsichtbaren Museums deutscher Geistesgeschichte.«[26]

Hier schließt sich der Kreis. Ich möchte nicht resümieren und nichts hinzufügen außer dem einen: Wenn es wirklich eine »Stunde Null« in der deutschen Literatur gegeben haben sollte, so scheint mir diese eher durch das von Améry Angedeutete markiert als durch den Schnitt, mit dem sich die im Lande verbliebene Literatur nach 1945 neu zu definieren begann. Gleichsam an einem Nullpunkt stehen heute aber die ersten Versuche junger Juden, sich in der deutschen Sprache eine literarische Heimat zu erobern. Es sind zum Teil gelungene, zum Teil problematische Versuche, über welche – über Rezensionen hinaus – noch kaum geredet worden ist. Es bleibt abzuwarten, ob daraus mehr als nur ein sprachliches »Zuhause« werden wird, denn wer möchte hier schon von Heimat reden?

Heimat – wie sagte doch Jean Améry 1966? Heimat

»hätte nur die geschichtliche Praxis sein können, ich meine: die deutsche Revolution und mit ihr das kraftvoll sich ausdrückende Verlangen der Heimat nach unserer Wiederkehr.«[27]

Die Wiederkehr der Verfolgten, der Ausgestoßenen, der Emigranten, der Juden, der zur Flucht gezwungenen Schriftsteller! »Aber die Revolution«, fuhr Améry fort:

»fand nicht statt, und unsere Wiederkehr war für die Heimat nichts als eine Verlegenheit, als schließlich die nationalsozialistische Macht von außen gebrochen war.«

Inzwischen sind mehr als 45 Jahre vergangen. Die sichtbarsten Folgen von Krieg und NS-Zeit sind mit der Vereinigung Deutschlands getilgt. Eine umfangreiche Literatur, Mahnmale, Veranstaltungen erinnern an das Gewesene. Das ist gut so. Doch die Wunde bleibt. Möge sie dazu beitragen, unser *aller* Gewissen wachzuhalten. Dem Gewesenen gegenüber. Aber ebenso auch dem Kommenden.

ANMERKUNGEN

1 Peter Weiss: »Meine Ortschaft«, *Der Monat*, Jg. 12, 1965, H. 200, S. 42-46.
2 Heinrich Böll: »Das Gelände ist noch lange nicht entmint«, *Frankfurter Allgemeine Zeitung*, 17.2.1979.
3 Hans-Jürgen Schultz (Hrsg.): *Mein Judentum*, Kreuz Verlag, Stuttgart 1978.
4 Hans Mayer: *Ein Deutscher auf Widerruf. Erinnerungen 1./2.*, Frankfurt a.M. 1982/84.
5 Dan Diner (Hrsg.): *Zivilisationsbruch. Denken nach Auschwitz*, Frankfurt a.M. 1987.
6 Schultz 1978, vgl. Anm. 3, S. 5.
7 Ebda., S. 14.
8 Ebda., S. 108.
9 Ebda., S. 107.
10 Ebda. S. 108.
11 Hilde Domin: »Offener Brief an Nelly Sachs.« *Nelly Sachs zu Ehren. Zum 75. Geburtstag am 10. Dez. 1966*, Suhrkamp, Frankfurt a.M. 1966.
12 Schultz 1978, vgl. Anm. 3, S. 164.
13 Ebda., S. 272.
14 Ebda., S. 272 f.
15 Hans Mayer: *Außenseiter.* Frankfurt a.M. 1975, S. 449 ff.
16 Mayer 1982, vgl. Anm. 4, S. 414.
17 Schultz 1978, vgl. Anm. 3, S. 258.
18 Ebda., S. 257.
19 Ebda., S. 260.
20 Ebda., S. 189 f.
21 Ebda., S. 102.
22 Ebda., S. 142.
23 Ebda., S. 63.

24 Ebda., S. 286.
25 Ebda., S. 87.
26 Jean Améry: *Jenseits von Schuld und Sühne,* 2. Aufl., Stuttgart 1980, S. 80.
27 Ebda., S. 88.

***

Vortrag, in der vorliegenden Fassung zuerst gehalten im Literaturhaus Berlin am 15.5.1992, später auch in Frankfurt a.M., Halle/Saale und Karlsruhe, gedruckt in *Wir tragen den Zettelkasten mit den Steckbriefen unserer Freunde,* Acta-Band zum Symposium »Beiträge jüdischer Autoren zur deutschen Literatur seit 1945«, Universität Osnabrück, 2.-5.6.1991, hg. von Jens Stüben und Winfried Wösler, Darmstadt, Häusser 1993. Ihm liegt eine Rezension des Sammelbandes *Mein Judentum* zugrunde, die Loewy im *Jahrbuch des Instituts für Deutsche Geschichte* der Universität Tel Aviv, Bd. IX, 1980, veröffentlicht hatte. In ihr hatte er das Trennende zwischen den zitierten Autoren stärker betont, in der obigen, neuen Fassung arbeitet er stärker das Gemeinsame heraus. Dieser Vortrag knüpft – gewissermaßen in großem Bogen – an den ersten Beitrag dieses Bandes an.

Nachwort
von Felix Schneider

1. »Zunächst jedoch hieß es sich zu fragen, was denn gerade an meinem Leben und an meiner Person öffentliche Aufmerksamkeit beanspruchen sollte.« Die Frage, die sich Ernst Loewy schon 1986 stellte, ist heute dringlicher geworden, da ein Bewußtsein um sich greift, das die Akten der soeben vergangenen Epoche schließen möchte wie einen Ordner mit vergilbten Papieren. Die Schlußstrich-Mentalität gilt genau jenen Themen, die Loewys Denken immer wieder beschäftigt haben: Nationalsozialismus, Sozialismus/Kommunismus und Judenvernichtung. Ob die entwickelte Gedenk-Kultur der Bundesrepublik einem lebendigen Erinnern förderlich ist oder die Vergangenheit eher entsorgt, scheint mir nicht ausgemacht. Fest steht dagegen, daß es in diesem Land noch zahlreiche Menschen gibt, denen die jüngst vergangene Epoche mit ihren nach wie vor ungelösten Problemen keineswegs als erledigt gilt. Sie ist ihnen vielmehr bedrückend gegenwärtig, und sie empfinden den Abstand zu ihr als sehr gering. Ihnen hat Ernst Loewy vieles zu sagen.

2. Den Ort, den Ernst Loewy im Rückblick als den seinigen erachtet, hat er nicht freiwillig gewählt. Zwischen die Stühle wurde er immer wieder gestoßen, zum ersten Mal von Lehrern und Schülern seiner Krefelder Schule. Im großen und ganzen der Etablierung einer neuen Macht mag es nur ein Detail gewesen sein, wie der Knabe von der Schulbank gedrängt wurde. Andere erlitten Schlimmeres. Aber das Detail kennzeichnet sehr genau den Charakter der Nazi-Revolution und ihren Mut gegen Wehrlose.

Loewys Exil, das nun begann, hatte seine Besonderheiten, welche nicht nur den jungen Emigraten selbst und dessen Lebensweg wesentlich bestimmten, sondern auch seine Schriften und deren Wirkung bis zum heutigen Tag. Loewy war 15 Jahre alt, als er mit der Jugend-Alijah nach Palästina ging. Für ihn setzte die Emigration einen Bruch zwischen der Kindheit, die ihn mit Deutschland verband, und einer »Adoleszenz, in die Kindheit kaum eingehen konnte«. Er hat sich als Angehöriger einer »Zwischengeneration« bezeichnet: »zu jung, um bereits etwas gelernt oder gar geleistet zu haben, gleichzeitig aber auch schon zu alt, um das bereits Gewordene, an mir Erfahrene verwischen oder gar auslöschen zu können«. Im Unterschied zu den vor der Emigration bereits Berühmten, Bekannten oder wenigstens Etablierten konnte er weder Ruhm noch Geld als Ersatzheimat mitnehmen, ja nicht einmal die Sprache, die Kultur und den Beruf hatte er als bereits festerworbenes Gut im Reisegepäck. Andererseits war er in der deutschen Sprache und Kultur doch weit stärker verwurzelt als die draußen Geborenen oder Aufgewachsenen, und die Traumatisierung durch die Nazi-Barbarei war bei ihm nicht so groß, daß sie zum Haß auf alles Deutsche hätte führen müssen.

Zunächst war Ernst Loewy in Palästina einer jener vielen, namenlosen Vertriebenen, die das alltägliche Elend des Exils kennenlernten. Von ihm ist, eher als von den Berühmten, Aufschluß über die Tiefe des Exils zu erwarten. Jedenfalls empfindet er sein Leben und seine Entwicklung »durchaus nicht als exzeptionell«, »sondern eher als ein Abklatsch einer Zeit und ihrer Anforderungen, denen ich mich nach meinen Kräften und auf meine Weise stellte.« Anforderungen, ja Zumutungen stellte schon das Exilland selbst: materielle zunächst. Zu erkämpfen war der Lebensunterhalt und die ersehnte Bildung. Anforderungen, Anfechtungen anderer Art folgten bald: Palästina war, jedenfalls dem zionistischen, also dem herrschenden Selbstverständnis nach, ein Einwanderungsland, eine Gesellschaft auf dem Weg zur Nation und zum Staat. Notwendig waren deswegen die Bestrebungen, die unterschiedlichen Flüchtlingsströme nicht in ihrer Eigenständigkeit bestehen zu lassen, sondern sie einzuschmelzen in ein nationales Ganzes. Erspart blieb Ernst Loewy, und das war entscheidend für sein Denken und Empfinden, was Jean Améry in

Belgien erleben mußte, daß nämlich »die Heimat in Gestalt der deutschen Eroberertruppen uns nachrückte« (Jean Améry: »Wieviel Heimat braucht der Mensch?«, *Jenseits von Schuld und Sühne*). Für Améry, den um acht Jahre älteren, verursachte das Exil schon vor Verhaftung, Folter und Lager lebenslange, unheilbare Selbstentfremdung. Améry beschreibt den Schock, den er empfand, als ihm sein heimatlicher Dialekt, die Sprache seiner Kindheit, aus dem Munde eines SS-Offiziers entgegenschlug, der an die Wohnungstür polterte, hinter welcher Amérys Widerstandsgruppe ihren Stützpunkt etabliert hatte: »In diesem Augenblick«, schreibt Améry, »begriff ich ganz und für immer, daß die Heimat Feindesland war.« »Der mit Selbsthaß gekoppelte Heimathaß« gebietet ihm, jede Erinnerung an deutsche Landschaften, an deutsche Geschichte und deutsche Geschichten, an deutsche Freunde sogar, zu unterdrücken. »Ganz unmöglich« wird es ihm, »die Heimat als von einer fremden Macht unterdrückt zu denken« – zu bruchlos identifizierten sich die Deutschen, die er erlebte, mit dem Führer. Er fühlt seine, die deutsche Spache verkümmern, sie wurde ganz und gar die Sprache des Feindes. Worte wie »Füllest wieder Busch und Tal...« hätte »auch der mit gezücktem Dolch vor uns stehende Mörder im Munde führen können«. Busch und Tal waren vielleicht noch Verstecke, aufgestöbert aber wurde der Widerstandskämpfer im stillen Nebelglanz...

»Heimat«, sagte mir Ernst Loewy einmal in schöner Zweideutigkeit, »das war eine grüne Wiese in Israel.« Ob er nach dem Wort »Wiese« ein Komma gesetzt wissen wollte, sagte er nicht. Den Rhein und seine Landschaft hat er bei der Rückkehr nach Deutschland mit Enthusiasmus begrüßt wie einen alten Bekannten. Für seine Frau Rega war der Schwarzwald die Heimat. Sie arrangierte in Israel Weihnachtsfeiern, die keiner christlichen Botschaft galten, sondern poetische Familienfeste waren: gelebte Exilliteratur. Geladen war jeweilen eine Runde deutschsprachiger Emigranten, die wohl alle Erinnerungen an Weihnachtstage mit sich herumschleppten, die sie in Deutschland im Kreise der eigenen oder befreundeter Familien verbracht hatten. Ihnen und den Kindern wurde erzählt, der Weihnachtsmann sei vom Stockberg im verschneiten Schwarzwald mit dem Hubschrauber nach Israel geflogen. Ein Mitglied der Runde ging draußen den Hubschrauber bewachen, der ja ohne Landebahn direkt neben dem Haus hatte aufsetzen können, während drinnen der Weihnachtsmann mit roter Mütze die Geschenke aus einem großen Sack hervorzauberte. Oft hat Rega Loewy den Weihnachtsmann selbst gespielt. Aber es kam auch vor, daß ein Vetter – überzeugter Kibbuznik und überzeugter Zionist – besorgte, was in Tel Aviv nicht zu bekommen war: Er fällte in seinem Kibbuz einen Weihnachtsbaum, schleppte ihn hundert Kilometer weit nach Tel Aviv und spielte den Weihnachtsmann noch obendrein. Eingeweihte wußten auch, wo der unentbehrliche Baumschmuck, die Weihnachtskugeln, zu bekommen waren: im arabischen Jaffa.

Ernst Loewy hat ein Leben lang versucht, seine zugleich rationale und gefühlvolle Vorstellung von Heimat festzuhalten und gegen Ideologisierungsversuche zu verteidigen. Zuletzt waren es die politische Wende und die Identitätssuche der bundesrepublikanischen Achtzigerjahre, die ihm dazu Gelegenheit gaben. Micha Brumlik hatte beklagt, daß eine ganze Generation von Juden auf »verfluchtem Boden« aufgewachsen sei. Ihm entgegnete Loewy, daß der Boden hierzulande ebensowenig verflucht sei, wie etwa der Boden Israels heilig. »Boden hat gleichermaßen etwas mit Besitzverhältnissen wie mit Landschaft zu tun, Auschwitz freilich nichts mit deutschem Boden. Die deutsche Landschaft hat für viele, auch jüdische Emigranten, etwas bedeutet, und zwar weniger, weil diese Landschaft ›deutsch‹ als weil sie mitteleuropäisch und uns als ›Heimat‹ vertraut war.«

Ernst Loewy hat mehrmals gesagt, sein erstes, tiefgreifendes Leseerlebnis als Jugendlicher in Palästina sei Thomas Manns *Tonio Kröger* gewesen. Man kann sich auch diese Szene gut vorstellen und dabei vielleicht erahnen, welche Bedeutung *Die deutsche Literatur: im Ausland seit 1933* (Döblin) für viele Emigranten hatte: Der kaum Zwanzigjährige, dessen Zimmer mit Reproduktionen von Kollwitz, Barlach und Kolbe, von Rodin und van Gogh dekoriert ist, wendet seinen Blick vom Fenster ab: weg vom neu erbauten Stall und der Reihe bescheidener Wohnhäuser des Kibbuzes Kirjath Anavim, der etwas verloren in der üppigen südlichen Vegetation eines einsamen Tales unter der mediterranen Sonne liegt. Er liest. Das heißt, er geht, vielleicht selbst im Marine-Anzug des Hans Hansen mit der dänischen Mütze auf dem Kopf, durch die giebeligen Gassen der engen, von der Wintersonne beschienenen Stadt. Vom Gymnasium mit seinen gotischen Klassengewölben schlendert er ins herrschaftlich-großbürgerliche Haus, das seit Generationen der Familie des Konsuls und Getreidehändlers Kröger gehört. Statt landwirtschaftlicher Geräusche und Iwrit hört er Tonios Geige und das Plätschern des Springbrunnens unter dem alten Walnußbaum im Krögerschen Garten. Eskapismus? Vielleicht, aber ebenso: Formung, Bewußtwerdung, Bewältigung des Mitgebrachten und bereits Erfahrenen. Und, was das Thema des Außenseiters betrifft, was die Spannung zwischen den Aspirationen des Literaturbeflissenen und den »Wonnen der Gewöhnlichkeit« angeht, bestimmt auch aktuelle Problembewältigung. Ernst Loewys Erzählungen und Reflexionen bezeugen immer wieder, daß Exilliteratur für nicht wenige Emigranten notwendige Lebens- und Überlebenshilfe gewesen sein muß.

Setzen wir noch einmal Gedanken von Jean Améry dagegen: »Die damals berühmten oder auch nur eingermaßen bekannten Emigrantenschriftsteller deutscher Zunge (...) trafen einander in Paris, Amsterdam, Zürich, Sanary-sur-mer, New York. Auch sie hatten Sorgen und redeten über Visum, Aufenthaltserlaubnis, Hotelrechnung. Aber in ihren Gesprächen ging es auch um die Kritik eines jüngst erschienenen Buches, eine Sitzung des Schutzverbandes der Schriftsteller, einen internationalen antifaschistischen Kongreß. Sie lebten zudem in der Illusion, sie seien die Stimme des ›wahren Deutschland‹, die draußen sich laut erheben durfte für das in die Fesseln des Nationalsozialismus geschlagene Vaterland. Nichts dergleichen für uns Anonyme. Kein Spiel mit dem imaginären wahren Deutschland, das man mit sich genommen hatte, kein formales Ritual einer im Exil für bessere Tage aufbewahrten deutschen Kultur. Die namenlosen Flüchtlinge lebten in einem der deutschen und internationalen Realität gerechteren gesellschaftlichen Sein: das davon bestimmte Bewußtsein gestattete, erforderte, erzwang eine gründlichere Erkenntnis der Wirklichkeit. Sie wußten, daß sie Verjagte waren und nicht Konservatoren eines unsichtbaren Museums deutscher Geistesgeschichte.«

Amérys schonungslose Analyse wird von der Geschichte wohl bestätigt, und doch ist sie ergänzungsbedürftig. Emigranten wie Ernst Loewy und andere deutschsprachige Flüchtlinge in Palästina, von denen er erzählt, repräsentierten allerdings niemanden als sich selbst, da es kein anderes Deutschland gab, das von ihnen vertreten sein wollte. Sie sprachen für niemanden als für sich. Sie selbst aber waren – zusammen mit dem Widerstand – durchaus das andere Deutschland und vor allem die andere Kultur, jedenfalls sind sie es für uns Nachgeborene, die wir, wollen wir uns erinnern, gar keine andere Wahl haben, als hinwegzublicken über die Bundesrepublik der fünfziger Jahre, die das Erbe, das sie antreten sollte, ausschlug, und anzuknüpfen an ihrer Sprache, an ihrer Kultur, an ihren Werken, die von den Widersprüchen der Zeit zeugen. Wenn wir heute Goethes Versen noch einen anderen Sinn abgewinnen können als die schwere Todesdrohung, die ihnen Améry beimessen mußte, so stellen wir uns, zumeist unbewußt, in die Tradition jener Emigranten, die wie Ernst Loewy Goethe zu verteidigen suchten gegen das Verdikt, ausschließlich deutsch im verhängnisvollen Sinne gewesen zu sein.

An einer Biographie wie der von Ernst Loewy läßt sich ablesen, daß es den Emigranten ja nicht leicht gemacht wurde, den Faden der kulturellen Tradition weiterzuspinnen. Den Zugang zur Bildung mußte er sich selbst eröffnen, sein Kampf um das Buch mußte erst aufgenommen und gewonnen werden. Ein Detail wie seine Schilderung des Kibbuzes macht schlaglichtartig deutlich, welche Schwierigkeiten der junge Emigrant mit Palästina und Palästina mit ihm hatte: Er beurteilte den Kibbuz zunächst keineswegs in erster Linie nach dem Nutzen, den er dem Jischuw zu bringen vermochte, sondern vorwiegend nach den Bildungsmöglichkeiten, die er ihm eröffnete oder verschloß.

Die Vorstellung von einem anderen, wahren Deutschland mag eine Illusion gewesen sein, aber dennoch oder vielleicht gerade deswegen entfaltete sie ihre Kraft für diejenigen, die sie zum Leben und Arbeiten brauchten. Ohne sie wäre wohl eine ganze Reihe bedeutender Werke der Exilliteratur, auf die heute angewiesen ist, wer das Zeitalter besichtigen will, nicht entstanden. Schon Brecht bat um Nachsicht, das heißt um Verständnis, Einfühlungsvermögen und um den Willen, in die Vergangenheit zu blicken. Und wer könnte dabei gleichgültig bleiben, wenn er etwa den aussichtlosen Kampf der kleinen, kritischen Zeitschrift *Orient* gegen übermächtige und unfaire Gegner verfolgt? Wer bliebe ungerührt, wenn er sich die Szene vorstellt, wie der augenkranke Arnold Zweig in Tel Aviv ausgerechnet im Lampengeschäft »Goldschmidt und Schwabe« aus seinen Werken las, geladen vom Besitzer des Geschäftes, Dr. Arnold Czempin, der vor seiner Emigration in Berlin Mitglied in Wangenheims Theatergruppe »Die Mausefalle« gewesen war – um sich geschart das kleine Grüppchen deutschsprachiger Emigranten, Linke noch dazu, die wohl schon fest entschlossen gewesen sein müssen, Kultur für bessere Tage zu bewahren. Zusammengefunden hatte sich diese Gruppe um die von Loewy mitredigierte Zeitschrift *Heute und Morgen*, die im verschärften innenpolitischen Klima von Palästina gerade noch als interne Publikation für einen »Kreis der Bücherfreunde« erscheinen konnte. Unter derart widrigen Umständen die deutsche Sprache für eine ungewisse Zukunft zu pflegen, vermittelt etwas von der Erbärmlichkeit des Exils, die, so muß man es heute wohl sehen, seine Größe war.

Loewys autobiographische Schriften belegen, daß da, wo die Umstände es ermöglichten, nicht nur die berühmten und bekannten Emigrantenschriftsteller von Neuerscheinungen der Exilverlage sprachen, sondern durchaus auch die anonymen Vertriebenen. Da in Palästina die Leserschaft für deutsprachige Bücher infolge der Flüchtlingsströme wuchs, die Flüchtlinge aber nicht genug Geld hatten, um Bücher zu kaufen, wurden Leihbibliotheken eröffnet. Loewy berichtet, wie viele Flüchtlinge, die zunächst arbeitslos waren, täglich oder alle zwei Tage kamen, um Bücher zu holen. Die Werke der Exilliteratur sollen bald zerlesen und zerfleddert gewesen sein. Und einer, erinnert sich Loewy, kam plötzlich nicht mehr. Er hatte sich umgebracht. In Emigrantenkreisen erzählte man sich, er habe keine Neuerscheinungen mehr gefunden ...

Als Buchhändler erlebte Loewy Flüchtlinge, die ihre ganze Habe zurückgelassen und nur das mitgenommen hatten, was sie für das Wertvollste hielten: ein oder zwei Koffer voll Bücher. Und wenn sie sich von deren Verkauf Wunder versprachen, so erwiesen sie dadurch noch dem gedruckten Wort unfreiwillig eine letzte Ehre, indem sie den materiellen Wert ihrer Bücher maßlos überschätzten.

3. Um sich nicht umzubringen, bedurften wohl viele einer Illusion oder eines Glaubens. Einige hingen, wie Ernst Loewy, dem Kommunismus an. Der Leser dieser Aufsatzsammlung kann den Prozeß verfolgen: Der junge Loewy glaubt an die Sowjetunion. Mit dem Sozialismus verbindet er Erinnerungen an das Leben im Kibbuz. Erst zu einem Zeitpunkt, da sein Glaube zwar schon schwindet, aber noch immer zwanghaft festgehalten wird – 1951 – tritt er in die Kommunistische Partei Israels ein. Diese erleichtert ihm den Schritt durch die Illusion eines Volksfrontprogramms, deprimiert ihn aber sogleich durch ihre devote Haltung zu den Stalinschen Prozessen. Mit der Tauwetterperiode von 1956 erneuert sich die politische Hoffnung wieder und weicht schließlich, da die DDR-Behörden ihm die Einreise verweigern, der schmerzhaften, aber auch befreienden Einsicht, daß es nicht »unsere Hoffnung war, die im real existierenden Sozialismus Wirklichkeit geworden« ist.

Ernst Loewy hat von diesem Prozeß Rechenschaft abgelegt. Für ihn, wie wohl für viele designierte Opfer, für viele denkende und empfindende Zeitgenossen des Nationalsozialismus überhaupt, hatte der Kommunismus eine psychologische Schutzfunktion. In der Zeit des Nationalsozialismus ließ sich nur leben, weil man die Schrecken der Epoche, soweit man von ihnen erfuhr, nur unvollkommen wahrnahm und weil man das Wahrgenommene nicht wirklich an sich herankommen und in sein Denken eindringen ließ. Je grauenhafter die Nachrichten wurden, desto notwendiger wurde eine Perspektive, die grundlegende und endgültige Besserung versprach. Der Kommunismus bot den entsetzten Zeitgenossen Schutz vor Verzweiflung: Sogar mit Notwendigkeit und objektiver Stringenz, so versprach er, müsse seine optimistische Zukunftsvorstellung Wirklichkeit werden. Richtete man den Blick fest auf die Zukunft, so konnte man die Gegenwart leichter übersehen: Man konnte sie überschaubar ordnen und über ihre allzu grauenhaften Abgründe hinwegsehen.

In einem Interview mit Norbert Seitz (*Die Neue Gesellschaft/Frankfurter Hefte*, 8/1989) sagt Ernst Loewy: »Ich geniere mich, dies alles auszusprechen, aber so sehr hatte der bornierte Fortschrittsglaube von uns Besitz ergriffen, daß wir auch die Toten von Auschwitz einfach zu den Opfern addierten, die die Nazis der Menschheit abgenötigt hatten. Vielleicht mußten auch wir den tieferen Einsichten und den wahren Gefühlen so sehr entraten, um nicht die Millionen von Toden mitsterben zu müssen.«

Überschaubar zu ordnen war zunächst der so neuartige und verstörende Konflikt im Nahen Osten. Auch in Loewys Artikeln aus der palästinensischen Zeit werden manchmal Verschwörungstheorien bemüht, einfache Frontlinien quer durch die Welt gezogen und parteikommunistische Sprachregelungen übernommen. Da bringen Imperialismus und Fanatismus das palästinensische und das jüdische Volk gegeneinander auf, da sollen die nationalen Interessen der Juden und die nationalen Interessen der Palästinenser gemeinsam Seite an Seite mit der UdSSR ins Feld geführt werden gegen arabischen Feudalismus und britisch-amerikanischen Imperialismus. Über eine Analyse der zionistischen Landnahme zur Erkenntnis vorzudringen, daß der Konflikt zwischen Juden und Palästinensern ein antagonistischer, also unlösbarer war, wäre wohl zu deprimierend gewesen. Rückblickend kann man nur zufrieden sein, daß kein zionistischer Führer Loewys Empfehlung gefolgt ist, den Jischuw politisch ganz auf die UdSSR auszurichten und sich vom Westen abzuwenden. Er hätte die Existenz Israels aufs Spiel gesetzt.

Thomas Mann hat 1950 in der Rede »Meine Zeit« über die Russische Revolution gesagt: »Wenn nichts anderes mir Achtung für sie geböte, so wäre es ihre unveränderliche Gegenüberstellung zum Faschismus italienischer oder deutscher Färbung, – dieser rein reaktiven und läppischen Nachäffung des Bolschewismus, einer Afterrevolution ohne jede Beziehung zur Idee der Menschheit und ihrer Zukunft. Eine solche Beziehung wird niemand der großen Russischen Revolution abstreiten.« Diese Äußerung wirkt heute nicht nur wie eine vorweggenommene Antwort an Ernst Nolte, weil auch Thomas Mann (und lange vor ihm schon Hannah Arendt) ebenso von einer »Verwandtschaft« der beiden totalitären Regime ausgeht wie Nolte, den Befund aber anders wertet: Die Untertöne, Hintergedanken und Absichten machen die Musik! Vor allem aber benennt hier Thomas Mann eine wesentliche Quelle für die Attraktivität des Kommunismus: seine Beziehung zur Vernunft, zur Idee der Menschheit. Das teuflische Geflecht von Vernunft und Unvernunft, das da sowjetische Politik hieß, zu entwirren, muß für Emigranten im fernen Palästina mit ihren begrenzten Informationsmöglichkeiten ein Ding der Unmöglichkeit gewesen sein. Denken und Gefühl sprachen dafür, daß die Sowjetunion sich auf die Seite der Juden stellen müßte. Und in der Tat schien das der Fall zu sein. Das Jüdische Antifaschistische Komitee der UdSSR bestand aus bedeutenden Persönlichkeiten wie Ilja Ehrenburg und entfaltete eine nicht unwichtige Aktivität. Wenn seine weltweite Werbung um Unterstützung für die Sowjetunion während des Krieges in Palästina auf Gehör stieß, gerade beim Kreis um die Zeitschrift *Orient*, so hatte das gute Gründe: Der Zusammenbruch der Sowjetunion, von der keineswegs sicher war, daß sie den Hitlerarmeen würde standhalten können, hätte nicht nur die Niederlage Nazideutschlands für lange Zeit unwahrscheinlich gemacht, sondern Palästina selbst in unmittelbare Gefahr gebracht. »Ein Angriff über den Kaukasus würde die Zange geschlossen haben, und der Jischuw wäre dem Völkermord ausgeliefert gewesen, von dem die ersten Nachrichten schon in die Weltöffentlichkeit gedrungen waren.« (Hans-Albert Walter: *Im Anfang war die Tat*, Arnold Zweigs *Beil von Wandsbek*, Büchergilde Gutenberg Frankfurt a.M. 1985, p. 23) In der Nachkriegszeit schien die UdSSR ihrer vernünftigen und menschlichen Politik den Juden gegenüber treu zu bleiben. Liest man in Keesings *Archiv der Gegenwart* die Tagesereignisse der Jahre 1946 bis 1948 nach, so erfährt man nicht nur auf sehr eindrückliche Weise, wie sich der Konflikt in Palästina, bei dem es für den Jischuw um Sein oder Nichtsein ging, von Tag zu Tag über Attentate und hektische politisch-diplomatische Aktivitäten zuspitzte, bis er sich schließlich im Krieg von 1948 entlud. Man liest dort auch mit Erstaunen, welch zweideutige Politik England und die USA betrieben. Eindeutig fielen nur einige Erklärungen insbesondere der englischen Regierung aus: eindeutig antisemitisch unterlegt nämlich. Wie schmerzlich müssen die Juden, nach allem, was soeben geschehen war, klare Worte der Solidarität vermißt haben! Sie bekamen sie zu hören: von der Sowjetunion. Diese hat als einzige Großmacht in der UNO unbeirrt an ihrer pro-israelischen Politik festgehalten. Ihr Delegierter Andrej Gromyko scheint der einzige UNO-Diplomat gewesen zu sein, der die einfachen Worte fand, die Juden müßten ihren eigenen Staat haben, nach allem, was sie unter Hitler erlitten hätten. Ohne die Sowjetunion wäre Israel wohl nicht entstanden. Und schon während Gromyko noch in der UNO die Interessen der Juden verteidigte, liefen in Moskau die Vorbereitungen zu jener dramatischen Wende, die bereits im Winter 1948/49, wenige Monate später also, dazu führte, daß das Jüdische Antifaschistische Komitee verhaftet und bald liquidiert wurde, daß die jüdische Kultur der Sowjetunion zerschlagen und eine antisemitische Kampagne gegen den »Zionismus« gestartet wurde, die dann sehr schnell in Schauprozessen, etwa dem Prager Slansky-Prozeß, gipfelte. Noch größeres Unheil verhinderte nur der Tod Stalins, die Juden aber bleiben in der Sowjetunion und in ihrem Einflußbereich Geächtete. War nun die sowjetische Politik, die die Gründung des Staates Israel ermöglichte, noch Ausdruck jener »Beziehung zur Idee der Menschheit«, oder war sie schon Taktik einer teuflischen Unvernunft, die das Regime als Ganzes wesentlich prägte? Die Zeigenossen hätten es sofort entscheiden sollen.

Übersehen oder entschuldigen ließ sich gar manches, was die Genossen in Palästina doch wußten oder ahnten vom Stalinismus. Die Strategien der Entlastung kennt man: Das unentwickelte Land, die letzten Reserven, die im Krieg gegen Hitler mobilisiert werden mußten, auch wenn sie vorrevolutionärer Natur waren usw.

Ernst Loewy arbeitete nach dem Unabhängigkeitskrieg tagsüber als Bibliothekar beim Auslandspresseamt der israelischen Regierung. Von der Wohnung, die seine Familie mit zwei anderen Familien teilen mußte, blieb für seine Frau, ihn und bald zwei Söhne – der eine 1946, der andere 1951 geboren – ein Zimmer übrig. Wenn Loewy in der Nacht arbeiten wollte, suchte er das »Kämmerlein« auf, ein Treppenabsatz, mit einem Bett und einem Stuhl, durch einen Bretterverschlag abgetrennt. Hier schrieb er auf Makulatur, denn frisches Papier war zu teuer: »Parteilichkeit und künstlerische Wahrheit. Zur Theorie des sozialistischen Realismus.« Wäre die Arbeit veröffentlicht worden oder würde sie heute erscheinen, Loewy riskierte, als Dogmatiker, wenn nicht gar als Stalinist zu erscheinen. Bei näherem Zusehen entdeckt man zwar Abweichungen von der reinen Lehre. Schon die Entgegensetzung von Parteilichkeit und künstlerischer Wahrheit, die Behauptung, daß die beiden nicht ineins fielen, sondern zu vermitteln wären, widersprach orthodoxer Auffassung. Die wirkliche

Bedeutung des Textes ist aber überhaupt nicht aus seinem Wortlaut zu erschließen, sondern aus seiner Funktion für den Autor. In der Sprache der Partei formuliert sich hier die Flucht aus der Partei. Es handelt sich um einen Versuch, Distanz zur Organisation zu gewinnen und doch der Bewegung als Ganzer, ihren Grundgedanken, nahe zu bleiben. Schon das abwegige Thema sicherte die verächtliche Nichtbeachtung der Aktiven und war doch auch Aktivität für die Partei. Im übrigen war die angestrengte Arbeit Flucht aus vielfältiger Verzweiflung: Verzweiflung über die lebensbedrohende Erkrankung eines der Kinder, Depression über den Zustand der Partei, Zweifel am Kommunismus und Enttäuschung über die Entwicklung, die das Land Israel nach 1948 nahm. Unkenntnis der wissenschaftlichen Methoden und beschränkte Informationsmöglichkeiten erleichterten es, Zweifel und Verzweiflung unter dem Aufbau eines scheinbar kristallklaren, von ehernen historischen Gesetzen bestimmten Gedankengebäudes zu begraben.

Wenn Ernst Loewy hier seine politische Biographie offenlegt und dokumentiert, so riskiert er Ablehnung oder zumindest Unverständnis in einem Land, das den Antikommunismus zur Religion erhoben hat. Denn wie jede Religion tendiert auch diese dazu, Geschichte zu verdrängen. Noch die Toten werden vor die imaginäre Inquisition zitiert, und die Lebenden kommen nicht allein mit aktuellen Glaubensbekenntnissen davon. Sie haben nachzuweisen, daß sie immer schon dem richtigen Glauben anhingen, oder wenigstens mit einer regelrechten Konversion aufzuwarten. Das Büßerhemd des Konvertiten aber hat sich Ernst Loewy nie angezogen. Er bezeichnet es noch heute als historische Bedeutung des Kommunismus, unterdrückte Emanzipationsbestrebungen von Klassen und Völkern artikuliert und zur Geltung gebracht zu haben. Den identitätsstiftenden Erfahrungen insbesondere älterer Genossen begegnet er mit Achtung. Er sagt: »Unantastbar bleibt mein Respekt für diejenigen, die ihre Existenz, ihr Leben für die Sache der Freiheit aufs Spiel gesetzt haben, ich fühle mich in ihrer Schuld.« So fühlt wieder einmal ein Verfolgter eine Schuld, während Nachgeborene frohgemut diskutieren, ob auch kommunistische Widerstandskämpfer Widerstandskämpfer gewesen und der Erinnerung würdig seien. Loewy betrachtet die Sowjetunion, unabhängig von ihrer inneren Verfaßtheit, über die er zu lange Illusionen gehegt habe, wie er selbst bekennt, als »das Land, das die Hauptlast des Krieges gegen das NS-Reich getragen hat. Dafür sind wir ihr heute noch dankbar.« Solche Worte widersprechen wohltuend der falschen Versöhnung, die anläßlich der Feiern zum 50. Jahrestag der Schlacht bei Stalingrad in den Medien sich breit machte und seither nicht mehr verschwunden ist: Eure Väter, sagt solche Versöhnung, waren Opfer eines scheußlichen Tyrannen, unsere Väter ebenso, bei uns gab's Greueltaten wie bei euch, reichen wir uns die Hand! – Was dann in der Regel vor Fersehkameras auch zu geschehen pflegt. Als ob nicht jeder denkende und empfindende Mensch auf der ganzen Welt den Sieg der Alliierten und die Niederlage der deutschen Armee herbeigesehnt hätte. In westliches Triumphgeheul hat Ernst Loewy angesichts des östlichen Zusammenbruchs nicht eingestimmt, statt forschem Utopieverbot vernehmen wir bei ihm eher verhaltene Trauer: »Was auf der Strecke bleibt, ist nicht nur ein marodes System, sondern – vorerst jedenfalls – auch ein uralter Menscheitstraum, ohne den, in welcher Form auch immer, wir keine Zukunft hätten.«

4. Geschichte ist bekanntlich kein feststehendes Gut, das weitergegeben werden könnte wie ein Staffettenstab von Hand zu Hand. Sie verändert sich mit dem Blick, der sich auf sie richtet. Ernst Loewys Publikationen schreiben Erinnerung ein in die Aktualität der Gegenwart, allerdings nicht nur so, daß aus der Betrachtung der Vergangenheit Einsichten oder Verpflichtungen für die Gegenwart formuliert werden, sondern auch umgekehrt: Die Gegenwart verändert die Vergangenheit. Loewys Schriften benutzen die jeweilige Gegenwart gleichsam als optisches Instrument, das, in die Vergangenheit gerichtet, bestimmte Aspekte scharf einstellt und andere verschwimmen läßt. So erscheint je nachdem, welche Gegenwart als Rückblicksoptik installiert wird, ein etwas anderes Bild der Vergangenheit. Immer allerdings blickt Loewy wirklich in die Vergangenheit, er stellt uns nie – um im Bild zu blieben – bloß einen Spiegel vor die Nase, so daß wir dazu verurteilt wären, nur uns selbst und die gegenwärtigen Zustände zu bestaunen. Perspektivwechsel im Blick zurück sind auch nicht bloße Anpassungen an Zeitströmungen, sie erfolgen reflektiert und

begründet. Wie sich der Blick zurück und mit ihm die Vergangenheit selbst je nach der Gegenwart verändern, von der aus der Rückblick erfolgt, dokumentiert dieser Band auf vielfältige Weise. So wird etwa der Kibbuz noch im Rückblick des Jahres 1986 mit den respektlos wißbegierigen Augen des jugendlichen Neuankömmlings gesehen: Er erscheint auf dem Hintergrund Europas als geistige Provinz (»Jude, Israeli, Deutscher«). Im Jahre 1950 dagegen scheint eine fast zionistische Begeisterung ein- und denselben Kibbuz völlig verwandelt zu haben (»Wiedersehen mit dem Kibbuz«). Die Zeit des Kriegs von 1948 war einer der seltenen und nur kurz andauernden Momente, in denen Ernst Loewy auf einem Stuhl Platz nahm: Nie war sein Einverständnis mit Israel so ausgeprägt wie in diesem Moment, da der Staat und mit ihm der Jischuw um seine Existenz kämpfte.

Dem Wechsel der Perspektiven war auch Loewys zentrales Thema, die Exilliteratur und ihre Rezeption, unterworfen. Den Prinzipien des Autors entsprechend, hatte sich der Blick auf die Literatur des Exils mit der Entwicklung der Bundesrepublik zu verändern.

Zur Situation des 1956 remigrierten Autors in der jungen Bundesrepublik ist im Grunde schon alles gesagt, wenn man erwähnt, daß er seine ersten Artikel unter Pseudonym veröffentlichte. Manche Emigranten haben, aus den verschiedensten Gründen, in der Emigration Pseudonyme benutzt oder ihre Namen geändert, Ernst Loewy auch nach der Rückkehr. Befragt, warum er das tat, verweist er auf eine tiefgehende Unsicherheit, die ihn damals befallen habe. Als Publizist, der sich ausgerechnet der Exilliteratur widmete, aber auch als Emigrant, Linker und Jude saß er nun wieder zwischen etlichen Stühlen.

Als Emigrant zunächst: In der Bundesrepublik der fünfziger Jahre waren die ehemaligen Parteigenossen Staatssekretäre, Minister, Kanzler, Richter und Lehrer, während die NS-Greueltaten verjährten und die Emigranten draußen vor der Tür blieben oder die Türen zumindest selbst und mit viel Mühe aufstoßen mußten. Sicher, es gab auch schrille und explizit emigrantenfeindliche Töne, damals, entscheidender aber dürfte die strukturelle Emigrantenfeindlichkeit der bundesrepublikanischen Gesellschaft gewesen sein. Ehemalige Exilierte wie Ernst Loewy stießen auf ihnen fremde Begriffe: »Diplombibliothekar«, »Prüfung über die Zulassung zum

Hochschulstudium ohne Reifeprüfung« (»Begabtenabitur«), »mittlerer« und »höherer« »Dienst« – so nannten sich einige der unscheinbaren Instrumente, mit denen sich die Zurückgekehrten konfrontiert sahen. In den Kategorien des Apparates sei er ein Luftmensch gewesen, sagte Ernst Loewy. Zumal den Namenlosen wurde kein Empfang mit offenen Armen bereitet, eher wurden die Hürden der Bürokratie vor ihnen aufgebaut. Ordentliche Papiere und Diplome, die die Emigranten natürlich nicht vorweisen konnten, zählten mehr als internationale Erfahrung, demokratische Gesinnung und mit Entbehrungen bezahlte Gegnerschaft zum Nationalsozialismus. Ernst Loewy jedenfalls wurde damals eine »mittlere Reife« nicht attestiert. Und wenn er für sich und seine Frau Rega formuliert: »Der Antikommunismus war unsere Sache nicht«, so mußte er sich im Frontstaat des kalten Krieges außerhalb des gesellschaftlichen Konsens fühlen. Kein Wunder also, daß in Loewys Schriften auf die frühe Bundesrepublik ein zwar sympathisierender, aber durchaus distanzierter Blick fällt. Selbst der Bundesdeutschen liebstes Kind, das Wirtschaftswunder, das schnelle Geld, erschien Loewy eher suspekt nach allem, was in deutschem Namen und durch Deutsche geschehen war.

Ernst Loewy fand trotzdem relativ bald eine Stelle als Leiter der Judaica-Abteilung der Frankfurter Stadt- und Universitätsbibliothek. Er war darob seinem Förderer Hanns Wilhelm Eppelsheimer, dem Direktor der öffentlichen Bibliotheken Frankfurts, sehr dankbar, fühlte sich aber dennoch durch die berufliche Festlegung auf sein Judentum, die er nicht gesucht hatte, irgendwie mißbraucht. Um dieses Gefühl zu verstehen, muß man berücksichtigen, welche Rolle den Juden bei der »Vergangenheitsbewältigung« der frühen Bundesrepubik zugedacht war.

Ein Mann wie der von Loewy mit Rührung erwähnte Arbeiter Sitzen, der angesichts zurückgekehrter jüdischer Nachbarn in den Ruf ausbrach: »Was haben wir euch angetan!« – der Kommunist, der heute nach dem Willen vieler aus der Geschichte wieder gestrichen werden soll – war die große, seltene Ausnahme. Es herrschte, was den Nationalsozialismus betraf, »das kalte und leere Vergessen« (Adorno), gepaart mit besonderer Aufmerksamkeit für die Juden. Ein verdächtiger Kontrast war zu spüren zwischen der Reaktionsträgheit und Indifferenz gegenüber der Nazivergangenheit und einer besonderen Wertschätzung der Juden. In dem, »was Franz Böhm so prägnant die nicht-öffentliche Meinung nannte« (Adorno), gab es wohl auch die Empfindung, »Hitler« wäre gar nicht so schlecht gewesen, wenn er nur »das mit den Juden« nicht gemacht hätte. Niemand schien sich so richtig wohl zu fühlen, nun, da der soeben noch allgegenwärtige Antisemitismus über Nacht spurlos verschwunden war. Gutmeinende bekämpften deswegen das Gespenst des Antisemitismus, von dem sie vermuteten, daß es noch irgendwo weiterlebte, mit Hinweisen auf die großen Leistungen der Juden in der Vergangenheit. Aber: »Lobreden auf die Juden, welche diese als Gruppe absondern, geben selber dem Antisemitismus allzuviel vor.« (Adorno). Auch die in bester Absicht arrangierten Begegnungen zwischen jungen Deutschen und jungen Israelis gingen »allzusehr von der Voraussetzung aus, der Antisemitismus habe etwas Wesentliches mit den Juden zu tun und könne durch konkrete Erfahrungen mit Juden bekämpft werden« (alle Zitate aus: Theodor W. Adorno, *Was bedeutet: Aufarbeitung der Vergangenheit,* 1959). Auch paßten solche Begegnungen allzu gut in das außenpolitische »Wiedergutmachungs«-Konzept der Bundesregierung, welche das Wohlwollen Israels brauchte, um in der internationalen Diplomatie wieder mitreden zu können.

Nicht nur Ernst Loewy sondern eine ganze Generation junger Intellektueller spürte, daß hier von den Juden geredet wurde, um nicht von der eigenen Schande und von den gesellschaftlichen Bedingungen reden zu müssen, die fortbestanden. Gegen die verbreitete Ansicht vom Nationalsozialismus als einem Betriebsunfall der Geschichte zielten kritische Bemühungen darauf ab, den Nationalsozialismus als »Faschismus« zu begreifen und ihn aus seinen gesellschaftlichen Bedingungen zu erklären. Daß dabei die Auffassungen, die breiter wirksam wurden, arge Verkürzungen und bequeme Abstraktionen enthielten, die ihrerseits neuerlichen Verdrängungen Vorschub leisteten, trat erst später, in den achtziger Jahren, deutlich zu Tage. Vorerst blieb die Judenvernichtung in ihrer säkularen Bedeutung unerkannt, und der Antisemitismus galt vielen als bloßes Herrschaftsmittel, das eingesetzt wurde, um die Aggressionen der Unterdrückten zu entpolitisieren und auf Sündenböcke abzulenken. Betont wurde eher, auch von Ernst Loewy, daß es ja keineswegs nur die Juden gewesen seien, die vom Nationalsozialismus verfolgt wurden. Die Versuche der Jüngeren, den Nationalsozialismus als Produkt der bürgerlichen Gesellschaft zu sehen, die konkrete Verstricktheit ihrer Eltern zu erhellen und zugleich die verschütteten Traditionen des Widerstands und des Exils wieder auszugraben, mußten zwangsläufig ein verstärktes Interesse an der Exilliteratur wecken. Diesem Interesse kam das Selbstverständnis vieler Exilierter entgegen. Sie hatten, wie Ernst Loewy, die Exilliteratur primär als antifaschistische Literatur gelesen, deren Sinn, Zusammenhang und Aktualität am besten durch Berendsohns Begriff von der »humanistischen Front« wiedergegeben wurde. Ausdruck dieser Auffassung ist Loewys kommentierte Textsammlung *Exil*, die allerdings erst 1979 (die Taschenbuchausgabe sogar erst 1981) erschien – zu spät, wie Loewy heute findet.

Zu spät, aus verschiedenen Gründen. Mitte oder Ende der sechziger Jahre hätte sie ihre Wirkung im Zusammenhang der Studentenrevolte entfalten können. Noch früher, als Dichtung noch gern als Wert an sich verstanden wurde, losgelöst von sozialen, politischen und historischen Implikationen, wäre sie eine heilsame inhaltliche Provokation gewesen gegen den oft deutschtümelnden Provinzialismus bundesrepublikanischer Lesebücher und hätte vielleicht »das kalte und leere Vergessen« stören können. Denn Loewy konstatierte damals, nachdem er sich schon Ende der fünfziger Jahre ohne Echo um die Exilliteratur bemüht hatte: »In 116 Lesebüchern, die 1961 in der Zeitschrift *Deutsche Jugend* untersucht wurden, fanden sich insgesamt 12 Texte, die von den im Jahre 1933 aus der Preußischen Dichterakademie ausgeschlossenen Autoren stammen: die nachrückenden ›Dichter‹ hingegen waren mit 334 Beiträgen vertreten.«

Vor allem aber gelangte Ernst Loewy über die Arbeit an seiner Anthologie *Exil* an einen End- und Wendepunkt seines eigenen Verständnisses von Exilliteratur. Auf dem Hintergrund der Entwicklungen, welche in Politik und Theorie die achtziger Jahre bestimmten, vollzog er einen Perspektivwechsel. Er gewann die Überzeugung, daß die Auswahl und Gewichtung der Exillitertur, die er präsentiert hatte, noch allzusehr die Epoche des Nationalsozialismus als Rückblicksoptik benutzte und deswegen den Blick vor allem auf den antifaschistischen Aspekt des Exils scharf einstellte, dagegen die Massenvertreibung und die Massenvernichtung der europäischen Juden im Bereich des Unscharfen verschwimmen ließ. Die Wahrnehmung der Exilliteratur, die er als betroffener Zeitgenosse aufgebaut hatte, geriet bei ihm selbst in den Verdacht, als »Deckerinnerung« zu wirken, weil sie das gerade noch Erträgliche so sehr in den Mittelpunkt rückte, daß es den Blick auf das Schlimmste verstellte. Schließlich entpuppte sich ja auch manche Faschismustheorie, die mit ökonomistischen Verkürzungen operierte, und manch vorschnelle Politisierung eher als Verdrängungsleistung denn als Erkenntnis von Geschichte. Befriedigte Loewys *Exil* nicht allzu widerspruchslos die Bedürfnisse der politischen Opposition der Endsechziger und Siebziger Jahre, die nun aber in die Krise gekommen war? Jedenfalls erkannte auch Loewy den Holocaust als das säkulare Thema, das er indessen schon durch die zeitliche Begrenzung seiner Exil-Dokumentation auf die Jahre von 1933 bis 1945 so gut wie ausgeklammert hatte, denn Auschwitz als Gegenstand von Literatur ist im wesentlichen ein Nachkriegsphänomen. Die neueren Beiträge der vorliegenden Aufsatzsammlung verdeutlichen, wie Loewys fundamentaler Sinneswandel sein Bild der Vergangenheit noch einmal verändert hat.

Politisch brachten die achtziger Jahre schon vor der Vereinigung der beiden deutschen Staaten eine Renationalisierung der Bundesrepublik. Die Diskussionen um »nationale Identität« entbrannte, für die Bundesrepublik und sogar für die deutsche Geschichte wurde der Status der Normalität reklamiert. In Bitburg und in der Frankfurter Fassbinder-Debatte sahen sich die Juden mit der Forderung nach forcierter, wenn nicht erpreßter Versöhnung konfrontiert. Manche Dämme brachen, antisemitische Töne wurden laut, Ausländer und Flüchtlinge, Exilierte auch sie, gerieten in Gefahr. An Ernst Loewy konnte diese Entwicklung nicht spurlos vorbeigehen, sogar so grundsätzliche Entscheidungen seines Lebens wie der Entschluß, nach Deutschland zurückzukehren, hatte er nun für sich und für andere noch einmal zu erklären. Er beschäftigte sich in dieser Zeit und als Reaktion auf sie verstärkt mit Fragen des Judentums und seiner eigenen Zugehörigkeit dazu. Gleich der erste Beitrag, der in diesem Band abgedruckt ist, bezeugt es. Er trägt den programmatischen Titel: »Jude, Israeli, Deutscher – Mit dem Widerspruch leben.«

Biographie

1920
Geboren in Krefeld als Sohn von Richard Loewy aus Waidhaus/Oberpfalz und Erna, geb. Levy, aus Krefeld

1926-1930
Jüdische Volksschule in Krefeld

1930-1935
Realgymnasium in Krefeld

1936
Mit der Jugend-Alijah nach Palästina

1936-1938
Im Kibbuz Kirjath Anavim, dann Übersiedlung nach Tel Aviv, Buchhändlerlehre

1938
Nach der sogenannten »Reichskristallnacht« folgen die Eltern nach Palästina.

1942-1943
Zivilangestellter bei der britischen Armee

1943-1948
Kaufmännischer Angestellter

1945
Heirat mit Regina, geb. Schaller, aus Schweighof (heute Badenweiler)

1946
Geburt des Sohnes Ronny

1948-1949
In der israelischen Armee

1949-1950
Arbeit im Buchhandel

1950-1956
Bibliothekar und Archivar im Presseamt der Israelischen Regierung

1951
Geburt des Sohnes Peter

1956
Rückkehr in die BRD, lebt seit 1957 in Frankfurt am Main.

1957-1964
Leiter der Judaica-Sammlung der Stadt- und Universitätsbibliothek Frankfurt am Main. Besuch von Veranstaltungen der Johann-Wolfgang-Goethe-Universität, vor allem des Germanistischen Seminars und des Instituts für Sozialforschung

1960
»Prüfung über die Zulassung zum Hochschulstudium ohne Reifeprüfung« (»Begabtenabitur«), mündliche Prüfung bei Prof. Dr. Theodor W. Adorno (über Thomas Mann), Prüfung zum Diplom-Bibliothekar an der Frankfurter Bibliotheksschule

1961
Geburt des Sohnes Hanno
Das *Bilderbuch für Vergeßliche* von Richard Errell und Ernst Loewy erscheint bei der Europäischen Verlagsanstalt in Frankfurt am Main, Lizenzausgabe bei der Büchergilde Gutenberg (1984).

1964-1983
Referent im Deutschen Rundfunkarchiv, Initiator des von der Deutschen Forschungsgemeinschaft geförderten Projektes »Exil und Rundfunk«

1967
Literatur unterm Hakenkreuz erscheint bei der Europäischen Verlagsanstalt, seither zahlreiche Neuausgaben, u. a. in der Fischer Bücherei (1969).

1974
Als Ergänzung zu Thomas Manns *Gesammelte Werke in dreizehn Bänden* erscheint im S. Fischer Verlag von Ernst Loewy ein Supplementband u.d.T. *Thomas Mann — Ton- und Filmaufnahmen — Ein Verzeichnis.*

1979
Exil-Literarische und politische Texte aus dem deutschen Exil 1933-1945, unter Mitarbeit von Brigitte Grimm, Helga Nagel und Felix Schneider, erscheint im Metzler-Verlag, Stuttgart, die Taschenbuchausgabe in 3 Bänden 1981/82 in der Fischer Bücherei.

1984-1991
Vorsitzender der Gesellschaft für Exilforschung e.V., Marburg (inzwischen Berlin). Gibt *Nachrichtenbrief* für diese heraus (bis zu seiner Einstellung 1993).

1986
Es erscheint das von Loewy konzipierte und unter seiner Mitwirkung hergestellte *Handbuch* von Cornrad Pütter, *Rundfunk gegen das »Dritte Reich«* (Resultat des Forschungsprojektes »Exil und Rundfunk« im Verlag K.G. Saur, München).

1987

Gastdozent und seit 1988 Lehrbeauftragter an der Universität Osnabrück

1989

Verleihung der Ehrendoktorwürde des Fachbereichs Sprach- und Literaturwissenschaft der Universität Osnabrück

1990

Anläßlich des 70. Geburtstages von Ernst Loewy erscheint *Rückkehr aus dem Exil – Emigranten aus dem Dritten Reich in Deutschland 1945 – Essays zu Ehren von Ernst Loewy.* Die in Marburg erschienene und von der »edition text + kritik« in München vertriebene Festschrift wurde von Thomas Koebner und Erwin Rotermund herausgegeben.

1995

Gesellschaft für Exilforschung: *Nachrichtenbrief 1984-1993,* Nr. 1-15 mit Gesamtregister, hg. von Ernst Loewy, erscheint als Reprint im K.G. Saur Verlag, München.

Ernst Loewy lebt in Frankfurt am Main.